教师专业发展学校探索书系

JIAOSHI ZHUANYE FAZHAN XUEXIAO TANSUO SHUXI

优秀教师成长之路

YOUXIU JIAOSHI CHENGZHANG ZHI LU

文剑辉 编著

暨南大學出版社
JINAN UNIVERSITY PRESS

中国·广州

图书在版编目（CIP）数据

优秀教师成长之路/文剑辉编著. —广州：暨南大学出版社，2016.1（2024.9 重印）
（教师专业发展学校探索书系）
ISBN 978－7－5668－1668－9

Ⅰ.①优…　Ⅱ.①文…　Ⅲ.①优秀教师—师资培养　Ⅳ.①G451.2

中国版本图书馆 CIP 数据核字(2015)第 270718 号

优秀教师成长之路
YOUXIU JIAOSHI CHENGZHANG ZHI LU
编著者：文剑辉

出版人： 阳　翼
责任编辑： 武艳飞　邓铃妹　周优绚
责任校对： 周海燕　刘舜怡
责任印制： 周一丹　郑玉婷

出版发行： 暨南大学出版社（511434）
电　　话： 总编室（8620）31105261
营销部（8620）37331682　37331689
传　　真：（8620）31105289（办公室）　37331684（营销部）
网　　址： http：//www.jnupress.com
排　　版： 广州市新晨文化发展有限公司
印　　刷： 广州方迪数字印刷有限公司
开　　本： 787mm×1092mm　1/16
印　　张： 18.5
字　　数： 330 千
版　　次： 2016 年 1 月第 1 版
印　　次： 2024 年 9 月第 3 次
定　　价： 43.00 元

序　努力做一名让学生和家长满意的教师

立志做一名教师不难，但当一辈子教师就很难，教一辈子书并能够成为名师更难，想要成为一名国家级优秀教师则难上加难。30 多年前，文剑辉老师听从父母“要好好读书，长大后考大学，读师范，以后当一名好老师”（作者前言）的教导，考上韩山师范学院，走上了人民教师的岗位。不管是在乡村中学，还是后来到了韩山师范学院，他都热爱党的教育事业，热爱教师职业，怀着满满的爱心和高度的责任心认真教学，积极学习教学理论知识，并在教学实践中不断探究教学改革之路，终有所成。他的教学效果很好，得到学生和同行的认可，并被评为“全国优秀教师”。难得的是，他还是个有心人，平时注意积累资料，把自己从事教学改革的实践和思考记录下来，进行分析研究，整理、编写成了一部指导青年教师如何成长为优秀教师的著作，这就是摆在我案头的这本《优秀教师成长之路》。

读了文剑辉老师的书稿，我觉得有几个方面值得向大家推介。

一是内容全面，体系性强。2014 年 9 月 9 日，第 30 个教师节到来前夕，习近平总书记在北京师范大学与师生座谈时发表讲话，要求师范生和教师要成为“四有”的好老师。“四有”即“有理想信念、有道德情操、有扎实学识、有仁爱之心”，这也是习近平总书记对全体教师提出的要求。翻开文剑辉老师的这本书稿，它包括“教师的基本功”“教师的基本品质”“新教师如何尽快进入角色”“新教师成长的有效途径”“教师的反思内涵和方法”“教师教育教学艺术策略”“教师的专业发展策略”“教师的‘中国梦’”八章内容。基本上，习近平总书记所提到的四个方面该书都涉及了，而且在志向与爱心、师德与品质、教学技术与艺术、教学技巧与策略等方面都做了有机的组织编辑，编成“基础篇”“起步篇”“成长篇”“策略篇”和“幸福篇”五篇，自成体系。所以，读者可以把这本书作为帮助青年教师理解和践行习总书记的要求，做一名合格的人民教师的辅助读物来学习。

二是理论联系实际，指导性强。这本书基本上是文剑辉老师从教 30 多年的经验总结，无论是谈师德和品质问题，还是谈教学艺术和技巧问题，都有具体的教学实践案例可资借鉴，使读者容易理解并掌握。例如他谈教师的基本品质，把其总结为体现教师爱心的“园丁精神”：第一，提升人格魅力，让学生认可你；第二，脸上常带笑容，让学生靠近你；第三，心里多一分宽容，让学生喜欢你，等等，都是宝贵的经验。我认为，“热爱教育事业、热爱教师职业、热爱学生”这三个“热爱”，应当是教师最基本的品质。培养师范生，应该先从职业品质入手。一个人如果热爱自己的事业和职业，就一定会想尽办法努力去做好。在这一点上，我与文老师的看法是相同的，相信准教师和新教师们也会赞同。

三是与时俱进，先进性强。本书无论是谈教师的品质和师德的理论问题，还是谈教师的教学技术问题，都是站在时代的前沿来谈的。正像文老师在书中谈“教学基本功”时谈到的“时代性”特点一样。举个例子，由于信息技术的迅速发展，教师教学技术的发展日新月异，电子教学设备、电子课件、网络课程、慕课等教学新形式的出现，使教师不得不对每一年的教案和课件都进行更新，以便吸收最新的研究成果和发明技术，努力把自己的课上得更好。在文剑辉老师的这本书中，我们读到的是比较前沿的理论知识，我相信，对于教坛新手来说，一定会开卷有益。

我自己也是有志于当一名人民教师的。1982 年夏天从中山大学中文系毕业时，我可以随意到政府任何一个部门去当一名公务员，但为了能够当一名大学教师，我考研了，拿到硕士学位以后如愿当上了大学教师。现在，从我母亲开始，到我，我女儿，已经有三代人当上了教师。我觉得当教师很好、很光荣，很有自豪感和满足感。因此，我对文剑辉老师的这本书很有好感，并在对其仔细的阅读过程中产生了颇多共鸣。所以，我很乐意为其点赞，并推介之。

是为序。

林伦伦

（韩山师范学院校长、教授）

羊年（乙未年）春节于羊城番禺南村雅居乐村居

前言

我出生于教师家庭，父母都是小学教师，他们在潮安县凤凰山区的教学园地上辛勤耕耘了一辈子。我两个妹妹也是小学教师，跟父母一样为凤凰山区的小学教育做出努力。记得在我刚懂事的孩提年代，父母就经常对我说："要好好读书，长大后考大学，读师范，以后当一名好老师。"说来也真巧，恢复高考后，我如愿以偿，1978 年考上了韩山师范学院，当了父亲的师弟（父亲是 20 世纪 50 年代韩师的毕业生），记得我来韩山师范学院读书时用的皮箱，还是父亲读韩师时用过的，我觉得，它装载的不仅仅是温暖，还是两代人的夙愿。1981 年大学毕业后，我接过了父母的教鞭，在凤凰山区当了 11 年的乡村教师，1992 年调入韩山师范学院工作至今。掰掰指头算一算，我在教育岗位上已走过了 30 多年。旅途中，虽不能说脚下的每一步都留下了光辉的印迹，但脚踏实地是我的一贯作风。工作中，虽没有取得显赫的成绩，但也得到了学生和同事的认可，1989 年有幸被评为"全国优秀教师"。在教师生涯中，虽然也做过管理工作，当过中学校长，担任过韩山师范学院人事处、系党总支、组织部负责人，但我从未走下讲台，可以说，当老师就是我的最爱，上讲台是我的强项。好多朋友、同事问我："干吗还上课呢？不烦不累吗？"说实在的，也曾经烦过、累过，但从未放弃过。这也许是一种情结，注定我一辈子跟教师、讲台结缘，不离不弃，乐此不疲。2014 年到潮安县给中小学教师上培训课，有位老师问我："假如从头再来的话，你还会选择当教师吗？"我毫不犹豫地回答："一定！当小学教师也好，当中学教师也好，当大学教师当然更好！"

30 多年，弹指一挥间。"当了半辈子教师，究竟该为我们教师大家庭做点什么？"这是我最近几年总在思考的问题。恰好 2014 年汕头市澄海区东里三中的校长邀请我给该校的教师开个讲座，并给我定了一个讲座主题：教师的价值观和幸福感。我认为这是与教师们交流思想的好机会。在讲座中我谈了自己的体验、思考和感想。没想到教师们的反响很好。讲座后，学校认真组织教师们对讲座的话题进行了专题讨论，并要求教师们写听后感。其中有一位郑老师写了下面的文章，我一字没改拿出来与大家一起分享。

三部曲

——听文老师演讲有感

郑曙丹

题记：耕耘心田，播种幸福，聆听智者的教诲，胜读十年书。

第一部：疑。

我觉得幸福的字眼很难与教师这一职业联系在一起，我更不敢相信，聆听一次演讲，会让我们的幸福指数上升多少，可是，当演讲者文老师微笑着走上讲台，用他亲切的话语娓娓道来，把他32年的从教经验毫无保留地与我们分享时，我的怀疑开始有了动摇。文老师睿智的微笑、智慧的思辨、机智的处事、达观的人生态度，让人折服，聆听这样精彩的演讲，我用怀疑堆砌的堡垒刹那间被击毁。

第二部：半信半疑。

那是怎样一趟丰富的精神之旅？一个多小时的时光，文老师从五个方面谈了他的幸福感，我一字一句，把他说的每一句话都记录了下来。也许，我还是半信半疑，毕竟，他们那一代人探索的从教之路，与我们这一代人要走的路还是有很大的不同。譬如，他们是从艰苦走向幸福，用达观去诠释幸福，那么，我们这一代教育者，更像是戴着镣铐舞蹈，在冷漠的大地上寻找春暖花开。我也跟文老师一样，相信梦想，相信热情，相信终身读书，相信工作应该有心，相信生活应该有色彩。只是，前人的经验，是前人的探索，我们，应该有不同的路，正如凤凰之涅槃，正如九死一生的不悔！

第三部：信。

演讲最后，我们一次又一次以热烈的掌声答谢文老师的演讲，我发现同行们没有疲惫的神色，尽管天色已晚，有的人回家之路迢迢。我也倾听到更多来自心海的消息，一句来自学生的真诚话语，一份学生对老师表达感谢的小礼物，都让老师心中涌起阵阵暖流。是啊，幸福是暖，是那些最真切的平凡琐事。我又忆起刚到新学校两个多月的经历，就像电影镜头回放，每一次回眸都有无言的感动。文老师的话语，是催人向上的鞭策，负重前行，只因梦想就在远方；相信未来，不仅仅是诗人用天真的话语在雪花上写下的誓言。

我不敢说我的讲座水平有多高，我更不认为自己是位智者，我只不过是实实在在地把我的经历和感想说出来与同行交流，真的没想到引起老师们那么大的思想共鸣。英国作家萧伯纳说过："如果你有一个苹果，我有一个苹果，彼此交换后，我们每个人仍然只有一个苹果；如果你有一种思想，我有一种思想，彼此交换后，我们每个人就有了两种思想。"由此，我萌发了把思想敞开来引发大家的交流和探讨的想法，以期对工作、对教师自身的成长和成熟带来裨益。

《优秀教师成长之路》这本书的编写就是在这样的背景之下展开的。我设想通过"基础篇""起步篇""成长篇""策略篇""幸福篇"等层面来描述教师成长的基本轨迹，重点阐述教师的基本要求、成长要素、策略原则以及由一名合格教师成长为优秀教师的基本路径，旨在为师范生和中小学教师提供可资借鉴的成长方案。是否能达到预期设想，这应该由读者决定。说到效果话题，我很自然地想起向全国特级教师丁有宽老师学习交流的一件往事：那是在2001年，我带领韩山师范学院化学系的实习生到潮安县松昌中学进行教育实习，在此期间有幸与同学们一起到潮安县六联小学拜访了丁有宽老师，聆听了丁老师两个多小时的对教育、教学经验的介绍。丁老师在讲话结束前说了一段话，我记忆犹新。他说："我下午谈了两个多小时的感受，其中如果有一两句话或一两个事例对大家有启发，我就非常高兴了。"老先生一句谦虚的话，引发了我们一阵阵热烈的掌声。由此设想，本书如果能带给读者一点启发或帮助，我就很满足了。

文剑辉

2015年8月

目　录

成 长 篇

策 略 篇

幸 福 篇

基础篇

1　教师的基本功

唐代文学家、教育家韩愈在《进学解》一书中云：“业精于勤，荒于嬉。”教师的“业”就是基本功，就是表现在教师课堂教学上面的技能和艺术。在教育和教学过程中，它能反映出教师的素质和能力，也是教师形象的重要表现形式。传统教育理念下的教师基本功，在新一轮的课程改革中被赋予了更丰富的内涵，从而显现出更重要的功能。

1.1　什么是教师基本功

为适应新课程的需要，任何教师都需要重新审视自己的教育理念、教学方法和教学能力，并根据新课程的需要完善自己的基本功。在具体的工作过程中，教师将面临更多的新挑战，必须适当地进行调整、学习和提升。首先要更新的就是教育理念和教学基本功。那么，在新课程改革的背景下，教师的教学基本功有了什么新的内涵呢？

首都师范大学徐玉珍教授认为：“所谓教学基本功即指教师完成教学工作所必需的条件性的技能和技巧。”由教学基本功的“条件性”可知，教学基本功是教师完成教学工作的必要条件，是每位教师从事教学工作不可缺少的基本能力。这就是说，教学基本功虽然不能保证你的教学工作一定成功，但没有它，教师的教学工作必将难以完成。

要进一步增强教学基本功，必须先了解其特点。概括起来有以下几个特点：

一是共同性。教学基本功是教师必须掌握的基本功夫。它既不是某些教师的特权，也不是个别教师的天赋。它是教师的基本技能。透过教师的教学基本功可以看出教师的教学风格及教学艺术，但教学基本功不能等同于教学风格，也不等同于教学艺术。比如，语言表达能力是教师的基本功之一，也是一门艺术。

二是基础性。教师教学工作的顺利完成和教学职责的顺利履行，离不开各种实践能力和智慧，而教学基本功是最基础的实践能力和智慧，是教师在实践中使用其他高级智慧的基础和条件。例如，教师的人际沟通建立于口语表达之上，而口语表达又以语言（如普通话）为根基。

三是实践性。教学基本功不是与生俱来的，它是通过学习、训练而逐渐养成的能力。例如，教师的板书基本功是通过认真的学习、训练，并在教学实践中不断摸索而练就的，条理清晰、层次分明、简洁中肯的板书，体现出其“简处求丰”的功能。

四是专业性。不同专业领域都有相应的基本功。如中医能望、闻、问、切，相声演员能说、学、逗、唱。教师的教学基本功应该与教学要求相适应。

五是时代性。时代的更替和发展，要求专业自身不断进行改善、提高或更新，对专业人员的基本功要求也要随着专业的成熟而变化。因而，从业人员的专业基本功通常要在专业发展的“常规”时期里保持一定的稳定性。但是，当专业发展走过了“常规”时期，从业人员的专业基本功就一定要体现时代性。因此，在思考教师专业基本功的问题时，必须把握教师专业发展的时代脉搏。比如，现在许多学校已具备多媒体教学条件，因而要求教师能掌握多媒体教学技术。

根据传统教育对教师基本功的要求，师范院校的专业课已经在知识基本功、语言基本功、板书基本功等方面进行了系统的训练和学习。但从新课程改革的需要出发，则要对教学基本功进行再思考。那么，新课程改革下教师到底需要具备什么样的新的教学基本功呢?

（1）运用现代信息技术的基本功。

现代信息技术与课程的整合是新课程改革的一大焦点，也是传统教学方式方法发生改变的重要标志。实现这一整合的关键是教师，教师的信息素养、技能基础决定了信息技术应用的程度和效果。

整合现代信息技术和课程，既是新课程改革中的一大关注点，也是突破传统教学方法的重要里程碑。在整合过程中，信息技术应用的程度和效果取决于教师的信息素养和技能基础。因此，在教学中整合现代信息技术是教师适应新课程改革的基本要求之一。

教师在教学中运用现代信息技术可以有三种不同的途径。

一是教学演示。教师借助现代信息技术，以更直观生动的形式，如 PPT、WORD 等来表现纯文本的教学材料；根据教学目标设计相应的课件和教学内容；根据教学目的和内容开发相关教学课件、网上课程等。由此可见，利用多媒体手段，既能增加课堂信息量，提高教学效率，也能让学生更直观地感受学习内容，增强教学效果。

二是网络课程资源的开发和利用。现代教师应善于利用自己的信息意识和信息能力，从互联网中发掘并获取各种教学资源，开阔教学视野，充实课程内容。从这个角度看来，信息技术不单纯是演示的工具，更是学生的学习资源和课程内容的重要组成部分。

三是构建交互式学习环境。信息技术与课程整合的最高境界是综合运用各种信息技术重构课堂学习环境，如构建网上学习社区、网上论坛等新的教学平台等。在新的学习环境中，教师不再是唯一的教学信息源，课堂不再是唯一的教学场所；教学过程不再只是教师向学生的单向传授；新的学习环境将充分展示现代信息技术的交互性、个性化特点，并利用这些特点实现新课程改变传统教学方式方法及课程整合的目标。若要构建这样的学习环境，教师就要透彻了解现代信息技术的特性和功能，善于寻找和发现信息技术与课程的结合点，融合两者，并且综合应用多种信息技术。

（2）课程开发与课程实施基本功。

新课程改革实行三级课程管理政策，校本课程的开发与实施客观上要求教师不仅要思考怎么教的教学问题，还要思考教什么的课程问题。为了成功地开发满足本校学生学习需求的课程，教师需要掌握基本的课程开发和实施技能，如学生学习需求评估技能、教材分析技能、开发和利用课程资源技能、组织课程内容技能和安排教学活动技能等。

传统上，我们总是根据大纲和教材来安排学习内容，但是校本课程开发不仅需要教师理解课程标准的目标要求，了解教材的知识体系和重难点，而且教师首先要了解学习主体的学习需要，了解他们已有的经验，了解他们的个别差异，然后根据他们的需要、经验及差异开发、选择或者重组各方面的课程资源。校本课程开发还需要教师不断地反思自己的教学效果，不断地根据反思的结果调整课程内容及教学方式。①

当前课程开发的一个趋势就是与现代网络技术密切结合。近年来，随着视频公开课、微课、慕课等一系列网络课程的开发和应用，课程开发已经进入了网络时代，特别是2008年开始席卷全球的慕课以及其对翻转课堂的推动更是给传统教学模式带来了冲击，随之而来的是教学理念、课程内容、教学方法、教学模式的转变，这就要求教师紧跟时代的步伐，一方面及时学习现代网络课程的制作理念和技术，另一方面不断更新教育教学理念，开发出适应时代发展

---

① 陶宏义．普通高中物理课程标准下物理教师素质要求［J］．湖北师范学院学报（自然科学版），2004（4）．

潮流又符合学生学习需求的现代化课程。

（3）协作教学基本功。

长期以来，教师的教学都是相对独立地、分别地展开，但是新课程倡导的探究学习、合作学习、自主学习等方式及课程整合、校本课程开发等新的课程实践，都需要教师之间的协作。

例如，探究教学是一种不同于传统课堂讲授的教学新方式，其有着不同的教学环节和教学要求，教师能否提出足以诱发学生探究的问题或主题是探究教学能否取得效果的关键。通常的情况是，一个能诱发不同学生积极参与探究和讨论的主题往往具有综合性和跨学科的特点，因此，帮助学生完成整场探究活动往往需要多个教师的协作。同样，课程整合不仅需要同学科的教师集体协作，更需要不同学科的教师走到一起，共同选定整合的主题及活动形式。校本开发的综合实践活动课程则需要所有学科教师共同设计，分工指导。

另外，在建构教学的范式之下，我们不仅需要教师与教师之间的协作，而且需要教师与学生之间的协作，以及学生与学生之间的协作。因此，新课程的实施需要教师具有与他人协作的基本功。[①]

（4）教学评价基本功。

以往教师对教学的评价工作更多的是评定教师的课堂教学、学生的学业成绩以及各个教学阶段的教学工作总结等。新课程提出的发展性学习与教师评价思想，需要教师在学生评价方面，除了掌握传统的以考试为主要评价手段的量化的、终结性的评价方法和技能之外，学习新的质性的、形成性的评价方法与技能。如，发展性评价要求评价贯穿教学过程的始终，评价充分体现被评价者的个别差异，被评价者积极主动地参与，这一切都需要教师善于在日常的教学中观察学生的行为表现，运用一整套的技术即时记录学生的日常表现，收集和整理学生在各方面的评价信息，并有意识地发动学生主动参与评价，帮助学生形成自我评价的能力。同样，发展性评价还要求教师更加主动、更加客观地评价自己，不断地反思自我，将自我评价与教学改进及专业成长融为一体。

新课程改革向一线教师建议的质性评价策略和技术主要包括：个人成长记录袋、成长自述、实作测试、案例分析等。其中，个人成长记录袋是目前国家课程实验区普遍推行的一种评价工具，但如何更好地使用个人成长记录袋，如何提高其评价效用，还需要广大教师在改革的实践中不断探索。尽管有一些新的评价工具及评价技术还在进一步的摸索当中，但毋庸置疑的是，教师必须在

---

① 方艳波．教育即服务：新课程背景下教师需要怎样的教学基本功［J］．新课程学习（学术教育），2013（2）．

改革的实践中磨炼自己的评价“功夫”。

（5）教学科研基本功。

课程改革提出了许多新的教育思想和理念，设立了许多新的改革目标，这些理念和目标是否适宜，还有待实践的检验。而最终的检验者应是第一线的教师。教师能否承担这样的任务，取决于教师的研究意识和研究素质。另外，新课程改革需要改变过去灌输的教学行为习惯，这客观上要求教师有一种批判、反思的科研精神。新课程在实施过程中还会出现许多新的问题，也会产生一些矛盾，这同样需要教师对存在的问题展开研究，形成认识。总之，新课程需要教师成为一名研究者。

值得注意的是，中小学教师的科研工作不同于大学专家学者的科研工作。中小学教师做教学科研的根本目的不在于创建新的理论，发表具有高深理论水平的学术论文，而在于发现教学中的问题，然后从这些问题中选择可以作为研究对象的课题，独立或合作地展开研究，最后将研究的成果运用于教学实践中，以解决问题。因此，不论是新教师还是老教师，都需要掌握一些基本的科研方法和技能，如：如何选题，如何收集信息和资料，如何设计研究方案，如何在教学过程中展开研究活动，如何展示和运用研究成果等等。①

1.2 教师基本功的现状

随着社会生活节奏的加快和行为方式的改变，人们虽然越来越关注速度和效用，但也忽视了其赖以存在的基础。教师基本功的不尽如人意，与这种急功近利的社会现象不无关系，但不能归咎于此。教育有其内在规律性，教师必须具备区别于其他专业的特殊本领——教师基本功，正如外科医生不能像屠夫挥舞屠宰刀一般给病人动手术。撇开社会环境因素的影响，就教育内部因素来看，令人担忧的教师基本功现状及其形成的原因主要有以下三点：

（1）师范院校要求不严。

师范院校是教师的摇篮，是“工作母机”，其对学生的教师基本功要求的严格程度以及师范生学习和训练的效果，直接影响到教师队伍基本功的整体素质和水平。改革开放后相当长一段时间，各级师范院校抓教师基本功的状况不

① 陶宏义．普通高中物理课程标准下物理教师素质要求［J］．湖北师范学院学报（自然科学版），2004（4）．

尽如人意，甚至有人这样描述："师大不如师专，师专不如师范。"虽然各级师范院校的性质和培养目标各不相同，但毕竟都是培养教师的"师范"，就这点来看，上述说法不无道理。当然，各地各校也是很不平衡的。

不可否认，师范院校在教师基本功训练方面缺乏统一的依据和标准，在很大程度上依赖教育管理者的主观意志和认识程度。笔者无意评论方方面面的领导者，只是做这样一种推测：如果所有的师范院校都像抓专业基础课和专业课那样来抓教师基本功的训练，用不了五年十年，整个教师队伍的基本状况就可能在很大程度上得到改善，最起码，师范院校将会逐步减少甚至不会输出教师基本功不合格的师资。

由于缺乏明确的要求和强有力的措施，师范院校学生主要凭兴趣来进行教师基本功训练，而不是从将来的教师职业所必需的高度去把握，师范大学和师范高等专科学校的学生尤其如此。应该指出，师范院校对师范生的教师基本功训练不是没有抓，而是没抓到实处。结果是，不少教师基本功不合格的新教师，堂而皇之地登上了神圣的讲台，写出学生依靠"象形"和"会意"才认得的粉笔字，或进行普通话不规范的演讲。可想而知，这样的老师怎能教出会说标准普通话、会写规范字的新一代学生呢？

（2）基础教育放松要求。

事实上，我们也不能过分苛求师范院校。进入师范院校的生源不是由他们决定的，招生简章上也没有"会说标准普通话、会写规范字"的规定。虽然有的院校在招生过程中自行组织面试，但是，面试勉强及格甚至不及格的学生还是会因为分数够高而被录取。

师范院校招生过程中暴露出来的问题，充分反映了基础教育，特别是小学高年级和初中教育在说话、写字方面的薄弱点。相当数量的教师认为说标准普通话、写规范字等起码要求，是小学低学段老师特别是语文老师的事，甚至有的中学语文老师也用方言土语上课。至于在集体活动中不使用普通话，不写规范字的现象就更普遍了。这样，中小学生也摸到了一个门道，即除了语文课外，其他场合都是"自由"的。久而久之，小学低学段教师辛辛苦苦给学生培养起来的比较正确的说话写字习惯，到了初、高中毕业时，学生就基本上忘得差不多了。基础不实，谈何深造？

（3）学校管理的短期行为。

教师基本功不合格师资的大量存在，严重影响着课堂教育质量的提高，影响着九年义务教育目标的实现，也影响教师整体素质的提高，这一点哪位校长都懂。问题在于，面对"升学教育"的指挥棒，升学率是不少学校追求的首要的也是最主要的目标，而抓教师基本功并非一朝一夕所能奏效，需要长期坚持，与其花九牛二虎之力去练“内功”，不如“考”出个看得见的实绩来，这种“短视”的认识已内化为不少教育工作者的行为。①

1.3 如何提高教师基本功

既然教师基本功的现状如此令人担忧，那么怎样才能提高教师基本功？

（1）源头把关。

师范院校要高度重视师范生的教师基本功，从教学计划、教学大纲的制定和教科书的编写入手，像抓专业基础课和专业课一样来安排和组织师范生教师基本功的学习和训练，从源头上保证师范生在教师基本功方面的质量和水平。

（2）加强修炼。

教师基本功具有专业性、基础性和习得性，教师基本功的修炼离不开教师主体的自觉，要养成终身学习的良好习惯。传统教育观念中“一杯水与一桶水”的静态师生关系由于信息时代来临已经明显不合时宜。教师要通过自身学习和相关培训不断丰富和扎实自身的基本功，为实现教师专业发展和教师自身价值提供基础保证。

（3）学会反思。

教师进行自我反思是把自身作为研究对象的有效方式，也是教师对自己教育教学中的行为以及由此产生的结果进行审视和分析的过程。在教育教学实践中，不少教师对自己的教育教学基本功不知反思，不愿反思，或者不会反思，常常在工作中只注重速度、进度和结果，不注重过程，更不注重师生投入与获得之间的效益。他们通常是把基本功作为工作的工具，自己很少回头看，使得在工作中出现的基本功问题未能及时发现、及时补救，导致问题日积月累，更加难以解决。

下面我们以“一架‘纸飞机’下的教与思”为例，一起来感悟反思的意义和方法：那是一节平常的地理课，讲的是“地图的基本要素”。教师让学生拿出地图册，边指点边按课本认真讲解，教师讲得很卖力，可学生的反应却很漠然，举手的也寥寥无几，正当教师情绪高涨时，突然，不知从哪儿飞来了一架纸飞机，很精准地，一下子就扎进了教师飞舞的手里。教师低头一看，竟是

---

① 冯东．试论教师基本功的现状与对策［EB/OL］．http：//txt. laxjyj. com/t20573. html，2004－12－25.

用地图册叠的，再看教室里，还有几架飞机正乱飞乱撞。见这情景，教师顿时火冒三丈，厉声喊道："谁叠的？赶快给我站起来！老师一天天辛苦地给你们上课，你们……"气愤之极，难以言表。待教师平静下来，却发觉教室里安静极了，学生们一个个都像是做错了事的孩子，等着大人的发落。那一刻，教师的心猛地一颤，一阵自责袭上心头："学生把地图册当成彩纸甚至废纸，我就没有责任么？我如此卖力气，为什么学生仍然不重视呢？问题出在哪？课程改革理念告诉我们：教学要面向学生的生活实际，我做到了吗？如果我今天把教材、地图与学生的生活世界联系在一起，还会出现这样的场面吗？"他终于明白：新课程认为教学从本质上说是一种课程的开发，而兴趣是最好的老师，只有开发好课程资源，只有让课程面向学生的生活世界，学生才会感兴趣，才会让课堂充满生命的气息和活力。想到这，他冲学生们笑了笑，这一笑融化了所有的不快。"同学们，咱们今天不讲课了，你们帮老师解决一个问题好不好？校长让我画一张校园平面图，你们能利用咱们今天学的知识帮帮老师吗？"听罢，他们各个神采飞扬，纷纷打开地图册，拿出教材，一副要大显身手的样子。①

一架纸飞机飞出了一片新天地，由此可见，教师在教学实践中都应该善于观察，善于反思，这是每位教师提升基本功的有效途径。

① 初中地理教学故事［EB/OL］. http://wenku.baidu.com/view/8b9528d819e8b8f67c1cb942.html, 2013-12-09.

2 教师的基本品质

目前，虽然要求教师加强品质培养的呼声日益高涨，然而一些教师的不良品质实在令人担忧，教师言传身教，其自身品质直接影响学生的学习和成长。例如：《西安晚报》曾经报道，有一家长反映，他的两个女儿因考试成绩不好，被班主任要求给孩子开具“弱智证明”，以免影响全班成绩；某校一班主任不允许学生看课外书，让三名学生搜查全班学生的书包，并将搜查出的课外读物拿走；某校男教师因怀疑一高三学生翻越围墙，就对其大打出手，致使该生当场昏迷；某县一初级中学的教师在中考前的全县模拟统考中，带领学生集体作弊，给学生提供考试答案，并抄写在黑板上；据《辽沈晚报》报道，34岁的赵某是辽阳某高中的一名语文老师，因经常参与赌博，输掉了50万元，卖掉了房子也还不上赌债，就去敲诈他的一位学生，但很快被当地警方抓获；某些师德修养较差的任课教师，往往事先放风，说班上某某学生不及格，然后，就有学生或学生家长前来说情，通关系，送礼物，这样就过关了。类似的例子在媒体的报道中并不少见。①

由此可见，教师的不良品质将会使教师“育人”的天职被扭曲为“管人”“罚人”甚至是“害人”，其方法对学生的伤害是显而易见的，这样的做法对教师形象的损害也是不容小觑的。那么，我们应该怎样认识教师的品质特点，深化教师的育人内涵，真正树立起教师应具备的品质形象呢？

2.1 什么是教师的基本品质

“没有爱就没有教育。”爱学生是教师最基本的品质。俄罗斯文学家列夫·托尔斯泰说过：“如果一个教师仅仅热爱教育，那么他只能是一个好教师……如果一个教师把热爱事业和热爱学生相结合，他就是一个完善的教

---

① 张秀芝．提高中小学教师道德素质是教育中的关键［J］．商情，2010（17）．

师。”可以说，爱是一种巨大的教育力量，是沟通思想的桥梁。作为教师，只有具备了深厚的爱生之情，才会时刻把学生放在心上，只有为教育学生不惜辛劳，学生才会向教师敞开自己的心扉，全心接受教师的爱，因此，教师应树立起正确的“学生观”。人们也普遍认为，教师的优秀品质之一就是“园丁精神”，学生是祖国的花朵，作为园丁，如果没有辛勤的劳动，没有对花朵热烈的关爱，那花朵也许会被杂草吞噬而难以绽放。在“育人”的过程当中，应该如何体现“园丁精神”呢?①

第一，提升人格魅力，让学生认可你。

一位教师要在学生心中树立良好形象，靠的就是他的人格魅力。教师的人格魅力更多地体现在其师德上，体现在教师与学生相处的每一个细节中。陶行知先生说过:“教职员愿意和学生共生活，共甘苦。要学生做的事，教职员躬亲共学；要学生守的规则，教职员躬亲共守。我们深信这种共学、共事、共修养的方法，是真正的教育。”教师对学生有潜移默化的影响，教育者本身就是一本非常珍贵的教科书，大到世界观、人生观，小到一举手一投足，都渗透在整个教育过程中，如果我们能以自己的人格品质吸引学生，令学生钦佩，那么，我们的教育就已经向成功迈进了一大步。如在平时的教学生活中，与学生平等相待，友善相对；学生进步了，送上一句鼓励的话语；遇到学生身体不适，主动关心；遇到学生咨询问题，积极细心地解答等，这些在教育当中遇到的小事，作为教师都应该落实在平时的育人行为之中。教育无小事，事事都育人。教师的人格魅力其实就体现在这样一件件小事上。陶行知先生还说过：“捧着一颗心来，不带半根草去”，这句话看似简单，却蕴含着无尽的人生哲理。

第二，脸上常带笑容，让学生靠近你。

“微笑是心灵的鸡汤。”无论在课堂还是在生活中，学生都需要老师的微笑。教师的眼神，真实自然，有一种特有的神韵美。而教师眼神中所传送出的笑意应是教师内心情感的真实流露。在平时的课堂教学中，我们发现有的学生胆子较小，他们愿意当旁观者与聆听者，而不愿意当表演者，从而失去了很多表现自己、获得掌声的机会，而老师的微笑可使学生靠近自己、亲近自己，让胆子小的、自信心不足的孩子感到老师对自己的关注，从心理上感到满足，得到鼓舞。不要让他们感觉读书是攀爬一座很高的雪山，每走一步都那么艰难，而是要让他们感受到知识是一片宽广的海洋，里面的一切都是鲜活可感的，他们可以在海边嬉戏，也可以坐船去贴近它们的脉搏，甚至可以到知识的海洋中遨游。我们都是从学生阶段过来的，每取得哪怕是一丁点的进步，都希望得到

① 邱强．浅谈教师素质与德育的关系［J］．学周刊（C），2012（2）．

教师的肯定和赞赏。这时，微笑是最美好的语言，也是对学生的最高奖赏。有爱才有教育，微笑亦能产生奇效。①

第三，心里多一分宽容，让学生喜欢你。

“宽容是一种美德。”说实在的，当学生时，谁没做过错事，谁没犯过错误？全国优秀教师魏书生也说过：“学生不管多么难教育，毕竟是青少年，其内心深处一定有一个广阔的世界，而世界必然是假恶丑与真善美并存的。教育学生时，不要站在学生的对立面，对学生少一些‘一定要怎样，一定不能怎么样’的居高临下式指令；而多一些‘我们需要怎样，我们怎样做才能更好’的建议性、指导性引领。这样，学生会感到你不是在训斥他，而是在帮助他。”可见，在成长的过程中，学生如果做错了事，老师要站在学生的角度帮助学生认识到这件事错在哪里，怎样做才能少犯错，甚至不犯错。我们平时总是说要绿化环境，其实我们教育工作者也需要有一个绿色的心态。美国著名作家卡耐基曾经说过：“批评像一只鸽子，总会飞回来的！”多形象又深刻的描述啊！教师若总是批评、奚落、惩罚甚至报复学生，久而久之学生就会产生敌视和对抗的行为，形成心理障碍；同样，教师处事不公、滥用权力，也会影响学生对生活以至于对整个社会的判断和看法。因此，教师学会宽容对学生的成长至关重要，教师的宽容也会使学生觉得你是可爱的。如果学生真的喜欢你了，把“刚性教育”转化为“柔性教育”就成为可能，“桃李不言，下自成蹊”的风景就在眼前。

“金无足赤，人无完人”，在学习、成长过程中的学生更是如此。当你看到学生出现不良行为时，是怎样的一种心情？又是怎样处理的呢？下面这位老师的做法值得借鉴：该老师在上课时，看到几位学生在吃零食，她幽默地问学生：“大家仔细听一下，有没有听到小老鼠在啃东西的声音？”这几位学生听到老师的提醒后，都红着脸停止吃东西，并把零食藏了起来。趁学生们在做题的时候，老师走到了那几个学生身边，委婉地说：“你们几个同学在吃零食，也不分些给其他同学。但你们要知道，零食可不是什么健康食品呀，况且，在课堂上吃零食，既影响到老师讲课，又影响到其他同学专心上课。我现在给你们一个建议，从今天开始不要在教室里吃零食，下课找同学借笔记，把今天讲的内容看看，课后把掉在地面的渣打扫干净，这件事就这样啦，好不好？”学生们都爽快地答应了。

当然，教师的宽容绝不是无原则的，而应该是一种行为艺术和心理调适。相信当你在学生作业的反馈过程中，写下“再努力一次，相信你会更好”的

① 左青侠．撑起爱的风帆远航［J］．新课程（中学版），2013（2）．

评语会比冷冰冰的“重写”二字更能赋予学生学习的自觉能动性。每当单元考结束时，遇到学习退步的同学，考卷的空白处可以成为教师和他们交流思想的阵地，如果写下试卷分析和鼓励鞭策的话语，学生内心一定会有别样的感受。学生的心门不是不打开，而是有选择地打开。一位社会学家说过：如果用昨天的标准来衡量当今的一代，他们当然是不够格的，因为他们没有吃苦耐劳的习惯，不过，学生们有自己的优势，他们更加有创造性，更加有主见，更加勇于尝试新鲜事物，这难道不是我们的希望吗？这就要求我们更人文一些，更耐心一些，多一点换位思考。

其实，学生很在意教师对他的看法，他们最大的愿望是得到老师的关心和喜爱，当教师面对学生时，尤其是那些似乎充满缺点的学生时，如果能尽量发现他们的优点，然后真诚、慷慨地去赞赏他们，就会激发他们内心深处的希望和信心，鼓励他们奋发向上。20世纪60年代，美国心理学家做过一个著名的实验，并从中得出一个结论：真正影响学生表现的，是教师无意中流露出的对“天才学生”的关爱和期望。所以，尊重学生的天性，适时地加以引导，给学生恰如其分的鼓励和支持，这在很大程度上将会促进学生的进步。一位哲人也说过：“人类本质中最殷切的要求是：渴望被肯定。”在教育学生时，教师若能捕捉学生的闪光点，巧妙运用语言创设赏识的情境，将使学生找回自信，并促进其学业的进步。不少教师都有这样的感叹：要当好老师，就要善于发现好学生，善于发现学生身上的“闪光点”。我们始终要记住自己是个教育者，是负有教育孩子的责任的，而不是“无可奈何”地说一些气馁的话。教师若是对学生心灰意冷，那么学生就更会放弃自己。所以在学生问题上，不管是什么事，我们都应有平和的心态：以一种宽大的胸怀宽容他，以一种积极的态度引导他，以自己的阳光热情感染他，以满腔爱意滋润他。[①]

2.2 教师专业发展要养成的基本品质

教师专业化是国际教师教育改革的趋势。所谓教师专业化是指：“教师在整个职业生涯中，通过终身专业训练，习得教育专业知识技能，实施专业自主，表现专业道德，并逐步提高自身从教素质，成为一个良好的教育工作者的

---

① 爱学生是教师最基本的品质［EB/OL］. http：//course. baidu. com/view/d4848626192e4536106 6f5ad. html，2011－12－05.

专业成长过程，也就是一个人从‘普通人’变成‘教育者’的专业发展过程。”教师专业化过程实际上就是教师专业发展过程。我国教师教育改革要关注国际教师教育改革新动向，在教师养成教育中要努力达成以下五项基本品质，即精通学科专业知识、具备扎实的教育教学知识技能、具有强烈的社会与政治责任感、具有扎实的文化与艺术底蕴及优良的心理素质。

基本品质之一：精通学科专业知识。

俗话说：“先生无假，把戏无真。”教师是人类文明的传承者，负责把科学理论知识传递给下一代，首先须具备其所教学科的专业知识。因此，精通学科专业知识是教师专业发展要形成的首要基本品质。

教师的学科专业知识，能体现教师的专业性和学术性。它要求教师应当精通某一学科理论知识，特别是要求教师对某一学科专业知识的内容、价值、产生过程、知识间的联系及整个知识体系框架有深刻的理解，明确学科专业知识结构，并能及时了解和掌握学科发展最前沿的内容与趋势，体现教师的专业性和学术性。

精通学科专业知识是许多国家对教师教育的基本要求。比如，英国早在1990年初实施国家课程时，就明确说明要关注未来教师和当前教师的学科知识；在美国教学专业标准全国委员会所确认的成功教学标准的五项基本主张中，其中一项主张为：成功教师要能充分理解其所教学科，以及该学科的知识是如何创造、组织，如何与其他学科相联系，并如何用之于实际情景中的。

教师的专业性和学术性主要解决的是“教师教什么”的问题。教师的专业性和学术性的养成，应主要放在专业院系或综合性大学来进行。专业院系和综合性大学有着深厚的学术积淀和学术氛围，有利于发挥其学术优势。

基本品质之二：具备扎实的教育教学知识技能。

教师要把知识传授给学生，这就关系到教师如何才能更好地、有效地传授知识。因此，具备扎实的教育教学技能也是教师专业发展要养成的一项基本品质。

教育教学知识技能，通常指广义的“教育学知识”。何谓“教育学知识”？澳大利亚教育学院院长理事会曾在1998年的报告中对“教育学知识”做了这样的描述：“教师应该对教育学及其教学内容有深刻的理解，以使他们能够针对学习者、课程和教学环境的具体特点，以最有效的方式转换（组织、调试和表达）内容。他们需要这样的‘教育学知识’以整合其他的知识和能力。”我们认为，教师的“教育学知识”应包括四个方面的知识，即教育学科知识、教育技能知识、教育实践知识和教育研究知识。

教育是一门科学也是一门艺术，它不仅要求教师掌握其所教学科的专业知识，而且还要掌握“如何教”的“教育学知识”。教师之所以成为教师，关键是善于“教”，能循循善诱、因材施教，根据学生的身心发展规律和教育规律，把艰深的学问艺术有效地传授给学生，提高教育教学效果。

教师的教育教学知识技能主要解决的是“怎样教”的问题。养成教师的教育教学知识技能，需要结合理论课程和实践课程，突出四个领域的课程教育，即教育学科课程、教育技能课程、教育实践课程和教育研究课程，以分别培养教师的教育学科知识、教育技能知识、教育实践知识和教育研究知识。系统的“教育学知识”课程训练，目的是把教师训练成为学生学习的有效促进者、教育教学的行动研究者、教书育人的专业工作者。

基本品质之三：具有强烈的社会与政治责任感。

“不误人子弟，不误国误民”是教师社会与政治责任感的通俗解读。教师专业发展中的社会与政治责任感特性，体现于教师职业的社会性和引导性。教师专业发展的社会与政治责任感特性可分为政治责任特性和社会责任特性两个相互协调的层面。政治责任特性，体现党和国家对教师职业的政治期望和基本职责要求，概括起来讲，就是教书育人，把学生培养成社会主义建设者和接班人。社会责任特性是指，教师作为社会工作者同样肩负着社会改革和社会管理的责任，要具备社会道德审美能力和批判性思考能力，努力成为社会改革和社会管理的积极行动者。

百年大计，教育为本；教育大计，教师为本。教师今天的劳动，决定着明天的民族素质和人类社会的进步与文明。同样，现代教师教育的一种观点认为：教师是反省的实际工作者，他应该是一个自由人，贡献知识的价值，并能培养年轻人的批判思考能力。教师不仅是教育工作者，还是社会改革和社会管理的力量，更应成为宣传与贯彻党的教育方针的坚定实践者。

教师肩负着培养下一代和提高民族素质的重任，要加强对教师的师德教育以及社会与政治责任感的培养。从新的教学法观点来看，可通过协同教学、专题研讨、小组讨论以及社会实践等渠道来实现这一目标。

基本品质之四：具有扎实的文化与艺术底蕴。

要完成教书育人的历史使命，就必须使教师成为“人类优秀文化的拥有者”。文化修养对教师的专业发展具有潜移默化的作用，能够不知不觉地提升教师的教育机制，使教师在执行教育教学任务过程中得心应手。因此，当今世界许多发达国家和地区在教师教育过程中高度重视提升未来教师的文化修养，具有深厚的文化底蕴应当是教师专业发展要达成的一项基本品质。

教师的文化底蕴特性指的是教师的文化涵养性，它是教育智慧和生活智慧的文化基础。综观许多发达国家的教师教育课程设置，教师的文化修养主要包括四个方面，即哲学宗教文化、政治历史文化、科学技术文化和文学艺术文化。

一位学识渊博、言出精辟、有着深刻思想和灵动智慧的教师，更能赢得学生的敬佩与爱戴。为此，许多国家在教师教育课程结构中加大文化修养课程的比例。1995 年俄联邦国家高等教育委员会发表的《高等职业教育国家教育标准》，确定了培养教师的最低标准，其教师教育课程内容和要求“已超过学科知识、教育理论和教学能力的范围，扩展到作为教师的所有方面”，明确提出决心要把未来教师培养成“人类优秀文化的拥有者”。

基本品质之五：具有优良的心理素质。

教师优良的心理素质，是一种巨大的影响力，这种影响力是其他任何教育手段都无法替代的。教师只有以自己优良的心理素质去影响学生，才能更好地胜任教师工作，培养出高素质的学生。优良的心理素质应该具备三个基本要素：

一是教师的认识能力，它是提高教育质量的重要基础。它包括敏锐的洞察力、分配得当的注意力、良好的记忆力、创造性的思维能力、优良的语言表达能力、丰富的想象力。

二是教师的情感要素，主要是指教师对教育工作和教育对象所持的态度和体验，主要表现为教师对教育事业的热爱以及对学生的热爱。这种爱是教师情感的核心，是做好教育、教学工作的前提之一。

三是教师的意志要素，是教师完成教育工作的必要条件。坚强的意志力是克服心理压力的重要支柱力量，既维持教师坚定的信心，同时也可以通过教师本身间接影响到学生心理素质的构建。

从教育方面出发，教育是一个“任重而道远”的过程，它要求教师全身心投入，而这个过程就必然产生一些不平衡因素，这些因素综合作用于教师的心理品质，具有一定的累加效应。

从教师方面出发，优良的心理素质是指全方位的、从生理到心理的健康的素质，这里面有各种重要的限定因素来应对教育过程中的各种问题。①

如何有效地促进教师专业发展是一个有待于进一步深入研究与实践的课题，我们应当站在时代发展的高度上，放眼世界、立足国情，与时俱进、创新发展，重新审视和丰富教师专业发展的品质特性，加快我国教师教育改革进程，切实提高我国教师的专业化水平。②

---

① 滕舜尧．工读学校教师应具有的心理品质［J］．学问：现代教学研究，2011（10）．

② 黄光扬，郑霞金．教师专业发展要达成的基本品质［N］．中国教育报，2011－12－06.

2.3 优秀教师优良品质的形成

教师是素质教育的直接实施者，教师的教育思想、教育科学和教育艺术水平以及自身的基本品质，对素质教育的实施起着直接的作用。从整个教育界来看，教师的工作起着承上启下的作用。一方面，国家、学校对教育的要求都要通过教师来执行，只有教师理解和接受了这些要求，并把它转化为自己的教育思想和观点，转化为对自己工作的自觉要求和行动时，这些要求才可能在事实上得到贯彻。另一方面，学生在学校中的成长和发展，也直接受教师品质的影响，只有教师具有优秀品质，才能有效地促进学生的发展。优秀教师优良品质的形成要从以下几个方面努力：

第一，要更新观念，加强教师道德素养。

教育是新一代成长和社会进步与发展的手段，“百年大计，教育为本”是人类社会永恒的话题。教育离不开教师的辛勤工作，教师应对职业教育有新的道德理念，不断加强自身的职业道德修养，忠诚于党的教育事业。民族的振兴、国家的富强都把希望放在教育上，而教师的思想品德修养起着关键性的作用。陶行知先生曾经说过：“道德是做人的根本。根本一坏，纵然使你有一些学问和本领，也无甚用处。没有道德的人，学问和本领愈大，就能为非作恶愈大。”因此他提出了“人格防”，要大家“建筑人格长城”，提出“建筑人格长城的基础，就是道德”。[①] 只有师德高尚的教师，才能热爱自己的本职工作，才能在教书育人的岗位上不断求索、呕心沥血、无私奉献。素质教育是一种教育思想，教师更新观念是实施素质教育的前提。遵循教育教学规律，开发少年潜力，训练和提高其生理、心理素质的全面和谐统一的现代教育，才是最科学的符合时代要求的教育。只有教师的观念转变和更新，才谈得上教育教学能力的培养。[②]

教师优良师德的养成需要长期的、多方位的修炼，其中以下三种意识需要不断地培养。

(1)“天平”意识。

教书育人是教师的天职，教书和育人是分别放在两个托盘中的砝码，要使

① 陶行知．陶行知文集［M］．南京：江苏教育出版社，2008.

② 张秀芝．提高中小学教师道德素质是教育中的关键［J］．商情，2010（17）.

天平永远处于平衡状态，教师要在教学实践中做到教书和育人并重，把教书育人内化为自身需要，把职业责任升华为博大爱心，于琐碎中寻找欢乐，于平凡中创造奇迹。因此，教师只有把责任浓缩为良知，用良知去面对无限信任自己的学生，天平才不会失衡。

（2）“镜子”意识。

唐太宗说过：“以人为镜，可以明得失。”在教育实践中，教师首先要树立“平面镜”意识，即经常性地以人为镜，时时进行自我对照、自我检查、自我反思、自我内省、自我教育，最终达到自我履行职责、自我修养、自我完善的境界。其次要树立“放大镜意识”，即善于捕捉学生各方面的“亮点”，特别是在一般人眼里或许微不足道的优点，教师要不失时机地进行适度的“放大”表扬。再次，教师要具备敏锐的观察能力、灵活的思维能力和缜密的分析能力，察觉到学生中那些偶发的心理信息和行为迹象，有针对性地开展工作。

（3）“磁铁”意识。

磁性是磁铁最基本的特性。在教学实践中，教师要让自己的仪表、语言、行为、举止等无时无刻不展示出磁性般的强烈感、号召力、凝聚力和吸引力，并使自己周围存在强大的磁场，让每一个学生都置身其中。同时，教师只有通过不断更新教育思想，树立新观念，制定新举措，创造新方法，才能使自身拥有优秀的品质、高尚的情操、良好的素质，并展现出强烈的磁性，吸引学生在知识的王国中积极进取、广泛涉猎，最终实现全面、和谐、健康发展。①

第二，要实行教师在职培训，不断更新自身的知识结构。

当今社会知识更新非常快，学生对知识的需求面很宽、量很大，所以社会对教师也提出了更高的要求和期望。教师要达到这种要求就需要不断更新自身的知识结构，提高专业素质。一个适应时代的教师首先必须具备扎实系统的专业理论知识，掌握所教学科的基本理论和基本知识，及时了解本学科最前沿的学术成就及未来的发展趋势。这是教师向学生“授业”的基本内容。所谓专业理论知识就是从事本专业工作所需要的相互联系的各类别、各层次知识的整体构成。如果教师在专业知识方面不够精深就必然影响讲授内容的深度、广度及可理解度，更会影响学生学习的兴趣，影响学生对新学课程或新学专业的爱好和信念。现代科学技术发展非常迅猛，新知识不断涌现，学生的求知欲也不断增强。在这种情况下，教师原来在学校学到的知识是远远不能满足学生的求知欲的，所以教师必须根据专业知识的不断更新和发展，加强在职学习，积极参加进修与培训，以丰富专业理论知识，提高职业能力。其次，教师必须具备

① 张华忠．教师当有“三种意识”［J］．江西教育，2001（Z1）．

较高的文化素质，即教师在专业教学中所具有的科学文化知识结构。它不单指数理化、文史地等知识，也包括人生观、价值观等观念形态文化、课堂情境知识和教育心理学知识。这是因为各门学科知识之间有着一定的联系，每门课程都不是孤立的，都融进了很多方面的知识。如果缺少某一方面将使学生的学习基础性及自学能力、研究学习能力下降。再次，信息技术的应用对教师提出了更高的要求，这种要求不仅表现在学习并掌握教育内容本身的活动中，而且表现在如何利用网络资源指导学生学习的活动中。① 教师在教学上要有扎实的基础知识，既要学有专长，又要有较宽的知识面，它是教师素质中影响学生的基石。此外，还要对教师的教学调节控制能力加以培养。教学调节控制能力培养的实质，就是培养教师教学的自觉意识，培养其对教学活动进行自我评估的习惯和能力、完善和控制教学过程的技能以及对学生反应的敏感性。②

第三，要进行教学改革，树立现代创新性教育观念。

说到底，教师教学的主要目的是教会学生如何掌握知识和发挥其创造能力，指导学生学习，帮助学生获得信息、选择信息、处理信息，协助学生解决学习过程中出现的各种问题。整个教学过程，从确定教学目标、制定教学策略、选择教学方法到利用教学资源和最终进行教学评价都应以学生为中心。教师将更加直接地接触学生，了解学生的身心发展特点，制订个性化的培养方案，促进学生能力和人格的健全发展，这才是所谓的创新型教师。创新型教师能率先完成教育观念的更新，着眼于全球化时代的战略竞争去挖掘学生的创新潜质和潜能；能在教学中及时发现学生的“特能”与特长，尊重学生的个性特征，充分发掘每一个学生身上所蕴藏的潜能；创设宽松和谐的教育氛围，引导学生打破各种传统观念的束缚，培养创新思维观念。每一个教师都应持有这种观点：“我的学生一定富有创造性。”这种创新性教育观念有其独特而丰富的内涵：一是能转变阻碍学生创造力发展的传统教育观念；二是能充分发挥学生的主观能动性；三是能充分发挥学生的个性；四是倡导学生积极参加实践活动。因此树立创新教育的观念、转变传统的教育认识对一个新时代的教师来说是十分必要的。

下面两个案例对创新教育观念的形成有很强的启发性：

案例一：某教师在教学《两条小溪的对话》时，让学生分角色进行表演。有一学生问：“老师，我可以不用书中的原话吗？”老师和蔼地问：“为什么呢？”“因为书中的原话太长，我背不下来，如果拿着书表演，又不太好。”孩

① 王岩．实施人才创新战略　提高教师教学素质［J］．沈阳电力高等专科学校学报，2004（2）．

② 张秀芝．提高中小学教师道德素质是教育中的关键［J］．商情，2010（17）．

子说出了原因。“你的意见很好，那你就用自己的话来表演吧。”老师高兴地抚摸了一下孩子的头。果然，这个孩子表演得非常出色。[①]

案例二：几个学生正趴在树下兴致勃勃地观察着什么，一个教师看到他们满身是灰的样子，生气地走过去问：“你们在干什么?”“听蚂蚁唱歌呢。”学生头也不抬，随口而答。“胡说，蚂蚁怎么会唱歌?”老师的声音提高了八度。严厉的斥责让学生猛地从“槐安国”里清醒过来。于是一个个小脑袋耷拉下来，等候老师发落。只有一个倔强的小家伙还不服气，小声嘟囔说：“您又不蹲下来，怎么知道蚂蚁不会唱歌?”[②]

前后两个实例形成了强烈对比，教师的做法截然不同，学生的反应也大相径庭。案例一中老师把学生看成是能动的、充满生机和活力的社会人，尊重并维护学生的个性，进而促进学生发展。而案例二中教师却没能尊重学生的主观能动性，一味地以权威压制学生，此举终会扼杀学生的兴趣，阻碍学生的个性发展。由此，现代创新性教育观念的优势便显而易见了。

第四，要扩大信息视野，强化教师的信息理念。

我国的教育已从传播知识为主，转向全面提高学生的综合素质，注重培养学生主动获取和应用知识的能力、独立分析与思考问题的能力，以及创造能力。因此，处于信息社会的教师必须强化信息理念，培养获取信息、存储信息、分析信息、处理信息、转化和传输信息的能力，即获取知识、扩充知识、更新知识的能力。我国加入世界贸易组织之后，教育领域也出现了大量的信息，提高教师自身的信息获取及应用能力已经到了时不我待的地步。同时信息的获得也需要一定的机遇，信息有时如闪电一样转瞬即逝，有些信息只有在特定的场合和环境下才能获取。因此教师随时都要有获取信息的心理准备，养成随时收集信息的良好习惯。要想提高信息获取和处理能力，最好是带着问题来学习，这样才可能越学越有兴趣。把掌握的基本理论用于教学实践，这既有利于提高教师的信息应用能力，又有利于教师养成理论联系实际的优良作风。

第五，要运用现代技术，优化教学过程和方法。

如今，我们已经到了网络和多媒体教学的时代，新时期的教师要善于吸收最新教育教学成果，创造性地将其运用到教育教学中，并充分体现自己的个性特征，发表独到的见解。在教学中发现并使用最优化的教学方法，变传统方法为启发式、探究式、讨论式、参与式、交流式的教学方法，更加注重培养学生的动手能力和实践能力，提高学生的创新能力，让学生通过实践学会学习、学

---

① 汤晓霞．浅谈课改中的新型师生关系［J］．新课程·下旬，2014（2）．

② 夏晓红．童心·童趣·童言——小学作文“本真教学”探索［J］．教育科研论坛，2012（12）．

会创造，这是素质教育所追求的最高境界。教师不仅需要具有传统的教学基本功，还要通过教学目标分析以确定当前所学知识的“主题”，并围绕“主题”选择相应的教学策略。在设计教学方案时要特别注意宏观设计、微观设计和情境设计，遵守教学管理规范，熟悉教学原则，掌握教学环节，正确地对学生实施创新教育，并接近真实的教学或学习情境，帮助学生形成学习的动机。教师应采用情境式、个别化、协作讨论式、项目制作式等新型的教学模式，利用现代教育技术手段，恰当运用各种教学媒体和学习资源，并使学生了解各种媒体资源在学习主题内容中的作用，最终帮助学生理解所学的知识。只有这样才能把学生培养成具有创新性人格及创新能力的合格的社会主义事业的建设者和接班人，这些都是教师很好地驾驭教学过程所需的重要素质。依据创新教育的观念，我们应明确创新教育的挑战和对教师教学素质的要求，认识到新时期教师必须具有“终身学习”的理念。未来教育的对象不是不识字的人而是不会学习的人，学会学习成为人未来生存的必要条件。教师只有不断地提升自身的教学素质，才能把教育要面向现代化、面向世界、面向未来的时代特征融入现实教育的过程中，研究解决教育中出现的新情况、新问题，才能有所突破有所创造。[①]

第六，要进行科学评价，建立公平机制。

素质教育突破传统应试教育片面追求升学率的弊端，将个体素质的充分发展作为价值判断的最终标准，可以说这是一种着眼于“发展”的教育。相应地，这种教育观指导下的教师评价也不应采用“鉴定”“分等”的工具，而应着眼于教师素质的发展，为他们提供必要的信息反馈，使其及时发现问题，总结经验，不断改进、优化自己的教育教学行为。也就是说，素质教育背景下的教师评价，应成为促进教师发展、提高其自身素质的有效手段。鉴于此，中小学教师评价应坚持发展性原则，实行对教师工作的动态评价，将平时考核与定期评价结合起来，并加强平时性考核，把考核结果作为其发展过程中的一次形成性评价和过程评价看待，彻底摒弃那种单纯依据考核结果对教师优劣进行总结的静态评价，从而为素质教育机制的建立定标导向。构建新的指标体系应注意以下两点：

（1）处理好显性工作和隐性工作的关系，兼顾指标的全面性。

从教师的劳动特点和任务出发，全面评价教师，不仅要考核他们在“德”“勤”“能”“绩”诸方面的显性表现，还应该从“使学生获得发展”的角度，对教师的隐性工作给予足够的重视。

（2）处理好定性评价与定量评价的关系，增强指标的可测性。

由于教师劳动的复杂性和特殊性，所以教师评价既要有定性指标，又要有

① 王岩．实施人才创新战略　提高教师教学素质［J］．沈阳电力高等专科学校学报，2004（2）．

适当的量化体系。具体来说，在确定评价标准时，对于很难用简单数量来表示的因素，如奉献精神、思想观念等应使用定性的语言描述分析，而且要使用操作性语言来表述，并尽量避免语言的随意性和模糊性，力求每项指标都具备较大的区分度。由于定性分析具有不够明确、缺少可比性的缺点，对于容易进行数量化处理的教师行为，如工作量、出勤量、批改作业量等应尽量以数据形式做出评价，以便对评价结果进行数量比较。但必须注意到，定量评价的适用范围较窄，定性评价应居于主导地位，只有将定性评价与定量评价恰当地结合起来，制定的评价标准才能增强评价的客观性、准确性、可测性与可操作性。

素质教育尊重人的主体性，强调个人素质的主动发展，因此，素质教育观下的教师评价也应突出被评价者的主体地位。反映在评价实践中，教师应该是评价的客体，更是评价的主体。因此，教师评价应该强调以“自我评价”为主体的多元化的评价方法。所谓自我评价，是指教师按照一定的评价目的和评价标准，对自身工作进行价值判断的活动。通过自我评价，评价对象由被动接受评价变为主动参评，这有利于发挥其主体作用，形成自律机制和激励机制。因此，中小学校应将教师的自我评价作为其自我认识、自我改进、自我管理、自我完善的重要环节和手段。积极采取自我评价，一方面能增强教师的自我激励作用；另一方面，也能大大提高评价的民主性，增强评价内容的客观真实性。绝大多数教师会因为受到尊重和信任而客观、公正地评价与分析自己的工作。当然，自我评价也难免会出现自我夸大的现象，因而有必要和“他评”结合起来综合分析。进行“他评”应注意以下几个问题：①评价者要坚持正确的价值取向。即评价者要坚持综合性评价原则，把教师评价作为一个整体，在各项指标逐项评价的基础上进行综合评价，彻底摒弃“唯教学能力和教学成绩是取”的价值观念。②评价者要有较高的专业素质。教师评价是一项专业性很强的复杂工作，要求评价者不但要懂得本门学科的知识，还要懂得教育学、心理学以及评价学方面的知识，并且还要有丰富的实践经验，这样，才能最大限度地消除主观因素造成的评价误差。③评价者要有客观、公正、实事求是的态度和立场。评价过程是否客观、公正，直接关系着评价结果的准确性。这就要求评价者在对被评价对象进行价值判断时，要核实情况，尽可能多地收集第一手信息资料，切忌主观臆断。必须坚持公正的立场，不徇私情，不带偏见，对每位被评价教师都要做到一视同仁。建立科学的教师评价机制，发挥评价的导向、激励、调控和改进功能，是实施素质教育的有效手段和重要保证。只有突破应试教育观念的羁绊，对传统的教师评价模式进行彻底的反思和改革，才能真正发挥素质教育下教师评价应有的作用。[①]

---

① 高潇潇．内蒙古自治区中小学教师教学自我评价的研究［D］．内蒙古师范大学硕士学位论文，2009.

起 步 篇

3　新教师如何尽快进入角色

3.1　教师角色的定位与内涵

“教师角色”这个名词的提出源于美国社会心理学家乔治·米德，他首先将其引入社会心理学，并创立了角色理论。所谓教师角色是指处在教育系统中的教师所表现出来的由其特殊地位决定的符合社会对教师期望的行为模式。[①]

新教师虽然精力充沛，思维敏捷活跃，学习能力、创造力和适应能力都相对较强，但由于刚刚脱离学校环境，还没能很好地适应从学生身份向教师身份的转变，一下子又以教师的身份进入学校工作，身份上虽然实现了从学生到教师的转变，但思想上更多地仍停留在学生时代。新教师要想顺利地实现从学生到教师的角色转换，就必须先正确地认识教师角色。

如何正确地认识教师角色呢?

从韩愈的“师者，所以传道授业解惑也”到陶行知的“学高为师，身正为范”，随着时代的发展、社会的进步，现在又对“教书育人”的教师的内涵有了新的解读，对教师角色的认知也在不断变化。时至今日，教师不再是应该无所不知的百科全书，也不再是单纯的教书匠，更不是高高在上的主宰者，新课程标准对教师这一角色赋予了更全面、更新的定位。一名合格的教师，往往必须同时扮演多重角色。

首先，教师应该是学生的榜样，要以身作则。在学生心目中，教师是知识的源泉、智慧的化身、行为的典范，教师的思想、谈吐、人格特点等各方面都会对学生产生潜移默化的影响。因此，教师的一言一行无疑会成为学生模仿和学习的对象，在学生心灵中刻上深深的烙印。所以教师如果想要在学生面前有威信，说话有说服力，就必须先以身作则，正所谓“师者，人之模范也”，教

① 贺丽．接受新理念　融入新角色［J］．中学时代，2013（24）．

师要“为人师表”。教师只有先“正己”，然后才能“正学生”。例如有些老师提出上课玩手机会影响课堂秩序，要求学生上课不能使用手机，违者没收手机，但是，转眼自己却在课堂上接起了电话。试问，这样的老师怎么能让学生信服？

其次，教师应该是知识、技能的传授者和教学活动的参与者。拥有先进的教学理念和扎实的学科专业知识是教师向学生传授知识、技能的必要条件。同时，我们还必须认识到，在现代社会中，学生才是学习的主体，教师不能再一味地“牵”着学生走，单向地向学生灌输知识，把学生当作学习知识的“容器”，把其培养成考试的“工具”，而是要“推”着他们走，让学生意识到自己才是学习的主人，帮助学生确立自己学习的主体地位。平时，少跟学生说“你一定要怎么做，你应该怎么做”，而多说“你可以怎么做，你可以试着做什么”，鼓励学生勇敢地迈出第一步，独立思考，去提升他们的思维能力和判断能力，提高他们学习的主动性，使其积极主动地去求取知识、建构知识、创新知识。正如古人云，“授人以鱼，不如授人以渔”。

在传统教学中，不少教师认为课堂是自己的，学生只不过是听众和观众。现在新课程理念反映出教学活动不是教师的个人表演，而应该是教师与学生共同参与的，是一个互动过程。教师不经意的一次互动，有时会产生意想不到的良好效果。例如，某位老师就曾收到班里一个学生的 QQ 留言：“小郑老师，我很高兴，今天你提问了我。虽然你是随机点的号数，是你不经意的一次提问，但我心里有说不出的喜悦。因为你的提问，我感觉到你终于注意到‘我’的存在，我有了跟你亲密接触的机会，以后可以多多提问哦。”其实，很多学生都喜欢充满互动的课堂，因此，教师不应该是课堂的统治者，而应该积极参与到学生的学习过程中去，并从中引导学生学习、进步。

古往今来，“良师益友”是老师们所追求的一种教育境界，也是学生对教师的一种褒称。教师在课堂上、学习上虽然是老师，但因为新教师与学生年龄相仿，所以在生活上可以充当学生的朋友、兄长，而且学生在生活中、学习上也很乐意把老师当成他们的朋友。因此，在日常生活中教师应该放下“为人师”的架子，热情、友好、平等、民主地与他们相处，同他们保持良好的师生关系，和他们打成一片，成为他们的知己好友。当然，教师不仅要关心学生的学习，还应该关心他们的日常生活，帮助他们培养好的生活习惯，引导他们处理生活中遇到的各种问题，关心他们，帮助他们，鼓励他们，对他们充满信心，也让他们对自己充满信心。但要注意的是教师在与学生相处时要把握角色尺度。有些教师由于刚开始时跟学生过于亲密，导致当老师严肃地说一些问题时，学生都以为老师在开玩笑，不以为意。某校赵老师对此就有着切身体会。

班里的小蔡同学很会逗别人开心，也经常到办公室找赵老师聊天，赵老师对他颇为照顾，但是，渐渐地，赵老师发现小蔡有个缺点——很喜欢玩老师的东西，经常随意地翻动赵老师的书籍、电脑，甚至翻看赵老师的一些私密照片。起初，赵老师以为小蔡不知道这个行为很不礼貌，随便教育了小蔡几句便也没放在心上，只是后来发生了这样一件事：别的班级的一个同学可能是不小心弄翻了小蔡的书，他便马上跟赵老师告状说："老师，你看看四班小马同学多没礼貌啊，居然随便翻我的书。"在安抚他的同时赵老师意识到，原来，小蔡很清楚翻动他人东西是不礼貌的行为，只是因为仗着和老师的关系相对比较密切，所以才视待人处事的基本原则为儿戏。因此教师在充当朋友角色时，不能忘记自己还是学生学习纪律的监督者和维持者，不能纵容学生，甚至和学生一起做违反纪律的事。在关心爱护、帮助学生的同时，也要维持课堂教学秩序，运用多种手段例如奖惩来控制和调节学生的活动，创造优良的班集体，树立优良的学风、班风，保证教育教学活动的顺利进行。

3.2　新教师角色适应的必要性

新教师尽快适应角色转换，既是提高教育教学质量的重要前提和保证，也是促进其专业发展的起点和关键环节，更是摆在我们面前亟待研究的课题。所以新教师适应角色的转变具有必要性。

其一，角色适应是新教师专业发展的起点。

刚走上岗位的新教师必然会面对角色适应的问题，他们职业生涯的前几年被视为决定其专业素质最关键的时期。由于角色的转变，陌生的工作环境、全新的工作氛围，还有接踵而来的各种思想上、价值观上、态度上的冲击和转变都等待着他们去适应。面对这些，新教师往往会显得不知所措，觉得孤独无助，甚至产生自我怀疑。因此，在教师专业发展的这一关键时期，教师应确立较强的自我专业发展意识，充满自我发展的积极动力，自觉承担专业发展的主要任务，主动地寻求自我发展，不断适应各种需求，积极进取，将大学时期所学习的教育理论与自身的教育实践相结合，尽快实现由学生角色向教师角色的转换。这一时期的重要性不言而喻，不仅决定了教师能否继续在教学领域内走下去，而且决定了他们将会成为怎么样的教师。因为教师独特的教学特点和专长往往是以此阶段为起点的。

其二，角色适应是新教师教书育人的前提。

新教师能否顺利地进行角色转换，对以后教书育人工作能否顺利开展有着很大的影响。新教师登上讲台就表明自己的角色已从学生转变为教师，这一角色规定了教师应当遵循的行为，同时也赋予了教师应当承担的责任和义务。作为一名人民教师，必须考虑自己的行为对学生的影响，是否与教师的形象相符。因此，新教师必须明确，自己的首要任务是教书育人。教师不仅要将自己掌握的知识传授给学生，更要言传身教，运用自己的人格魅力去影响和感染学生，去促进学生全面健康地发展。因此，新教师要先明确自己主要的任务已经不再是学习，而是教书育人。

其三，角色适应是优秀教师成长的基础阶段。

对于新教师的成长过程，老师们有一句顺口溜：一年“能教书”，两年“会教书”，三年“教好书”，这在一定程度上反映了新教师的成长经历有不同的发展阶段，而新教师初涉教坛，适应角色就是基础阶段。如若在这个阶段能实现顺利转型，就可以为今后成为一名优秀教师奠定扎实稳固的基础。

一个合格的大学毕业生在专业知识和专业思想方面已经基本符合作为普通教师的要求，但由于初涉教坛，还未能完全适应教职生活，再加上教育教学经验的不足以及缺乏对工作的规划和学生发展特点的认识，其实际操作能力会明显不足，即使他们通过之前的见习、实习等对这些工作有了一定的了解，但与自己亲自上讲台还是有明显区别的，他们的专业技能应用水平不高，驾驭教材的能力不强，不能及时根据教学实际去调整教学策略，组织教学活动的能力还比较弱。角色适应使新教师真正与自己的学生时代告别，全身心地投入教学工作中，促使新教师实现从理论到实践的转化，从而由一名合格的大学毕业生向合格教师乃至优秀教师逐步迈进，使自己无论是在业务上、思想上，还是心理上都能尽快适应教育教学工作的需要。教师角色的适应不但能加快新教师的职业成熟，同时也能为成为优秀教师奠定良好的基础。

3.3　新教师角色转换的现状

新教师在角色转换上并非都一帆风顺，仍然存在不少问题。相当一部分新教师角色转换太快，对角色认识模糊。

昨天还是学生，今天就变成了老师。昨天还受人之鱼，今天就要授人以渔。所以新教师从报到那刻起，虽然从形式上完成了转换——从学生变成教师，但还带着浓浓的学生气息，在心理以及思想认识上都尚未摆脱学生的习惯，而且对教师职业的理解，只有感性认识，缺乏深刻的体会。他们在这种连对自身肩负的重任都不完全明白的状态下就被学校安排上了讲台。面对台下几十双眼睛，他们可能会紧张得语无伦次，事先想好的教学思路、教学方法等都被吓得荡然无存，在讲台上手忙脚乱，像这样的教学，其质量就很难保证，而且会给学生留下不佳的第一印象，这对教师以后的工作有负面影响，究其具体原因，主要表现在以下三个方面：

其一，自身教育教学技能欠佳。

新教师刚从学校毕业不久，对如何扮演好教师这一职业角色往往缺乏充分的认识和准备，在很多专业技能上存在弱点或不足。首先，虽然在大学有进行过一些专业的训练，但毕竟实际的教学活动与理论的学习有着很大的不同，坐在下面听和在上面讲是两种完全不同的状态，学生的反应和很多突发状况都是很难预料的，很难事先想好怎么处理，这在很大程度上考验着教师的应变能力和对突发状况的处理能力。更何况大学中的学习偏重于钻研学科专业知识，往往忽略教育技能的学习，导致基础学科知识薄弱，专业技能应用能力弱，科学人文素养不高，所以在教学过程中，因为知识结构不合理，有时不能及时很好地解决学生提出的一些问题，导致学生质疑老师的能力，对教师的不满意度增加。为此，许多教师就开始自我质疑，害怕自己在学生面前没有威信，由此产生较重的心理负担和心理焦虑。其次，刚走上讲台的新教师由于经验不足，在教学过程中，不会采用适当的教学方法，只是一味单向灌输，不注重创设情境去启发诱导，而使得学生呆板、枯燥、机械地学习，学生学习的兴趣、好奇心和创造性都没有被挖掘出来，甚至失去学习的兴趣，最终导致无法达到传递知识的目的。另外，很多新教师不注重语言能力的培养，经常忽视语言的魅力，忽略肢体语言的使用，例如与学生完全没有交流，自顾自地讲；或是照本宣科，不理会学生是理解还是不理解；或者总是板着面孔，站在讲台上一动不动；抑或是不注重适当的容貌和衣着修饰等等。这都是教师自身技能不足、正面形象难以树立起来的具体表现。

其二，人际关系处理不当。

（1）与学生关系处理不当。

新教师因与学生之间年龄相差不大，所以在与学生相处时很难把握适当的尺度。有些新教师积极与学生建立朋友式的关系，但因为与学生过分亲近，导致无法在学生面前树立自己的威信，并不自觉地把这种亲密关系带进课堂，对课堂管理不严，使课堂教学效率降低，甚至学生根本不听老师的话，致使教师无法维持课堂的基本秩序，最后导致课上课后都很难管教。有的新教师则相反，更愿以高高在上的姿态面对学生，过于严肃，从而与学生之间形成隔阂，难以沟通。有些老师甚至忽略学生的身心发展规律，使用不恰当的语言来评价学生，有时会对学生造成心灵上的伤害。例如某一课堂上有位学生指出老师对某个问题的解释出现错误，这位老师当时觉得没面子，现场就恼怒起来："你懂什么，考试也不见你每次都考满分，你有资格说话吗？要不以后老师的课就由你来上好了！"说完全班同学随老师一起嘲笑这位学生，该生从此在课堂上就不敢发现问题，即使发现了也不敢说，更不敢主动回答问题了，成绩也一落千丈。有的新教师则由于教育方法不当，引起学生的反感，使学生处处与老师作对，师生关系紧张，教学工作难以顺利进行。这导致一部分新教师产生悲观情绪，对自己当老师的能力产生怀疑，对工作逐渐失去兴趣。

（2）与同事、领导关系处理不当。

在大学里，与自己生活在一起的大部分都是同龄人，无论是在思想观念、对事物的看法，还是价值观、兴趣爱好上都是相似的，彼此之间都很容易沟通。但是毕业分开后，各有各的工作和生活，由于时间、地域空间的关系，会开始逐渐失去联系，逐渐疏远。对于已经正式从教的新老师，正在渐渐脱离自己学生时代的人际圈，但又很难在短时间内融入新的人际圈。而且，在新的工作环境里面要么是前辈，要么是领导，刚就职的老师属于其中的新手，如若自己不主动，几乎没有什么场合和机会可以表达意见，说话没有分量，说多了又怕得罪人，不知道要如何与同事融洽相处。有位新教师是这样描述他的体会的："我是今年刚刚走上岗位的新教师，我感觉新教师好受排挤啊！尽管我像林黛玉进贾府一样，'不敢多说一句话，不敢多走一步路'，生怕一不小心说错什么，做错什么，可还是感觉有些老师对我冷眼旁观。我感觉自己好压抑，怎么办啊？"其实，很多新教师都会有类似的感觉。而且由于教师这个职业具有独立性，每个人各有各的事要忙，各有各的班级要管，就缺少了新教师之间及新老教师之间的交流，遇到问题也不知道找谁帮忙。久而久之，新教师心理上的孤独感、无助感就会越来越重。

其三，工作负担过重，心理压力过大。

新教师刚刚参加工作，最先直接面临的就是教育和教学改革的压力，新教师刚上岗时，对自己的教学工作都有一个美好的设想，总是希望自己有好的教学效果，但由于教学生涯短，业务能力不足，实践经验缺乏，实际的教学与他们理想中的教学大相径庭，教学效果也不尽如所想，学生并不具有他们想象中的对学习的热情和配合度，教学不能得心应手，感到力不从心，于是茫然无措，失去信心。

下面的例子虽然是个案，却能引发我们的深思。据报道，2013 年 12 月 6 日，一年轻女子横尸长乐南山公园瀑布池中。经警方调查，死者李某系跳崖自杀，年仅23岁，今年以优异的成绩从大学毕业，在福州某中学任教，但工作仅3个月，就因教书压力大，回家休养，并在休养期间跳崖自杀。

广东省红十字会心理援助办公室有关同志说，李某应该是患上了精神抑郁症。由于年轻教师从教时间不长，无法立马掌握教书育人的方法，应对困难的经验不足，在工作中容易产生挫败感，而做出过激行为。①

教师制度改革力度增加，学校之间、同事之间竞争激烈；学生素质参差不齐，家长对学校的教育期望过高，这都加大了新教师的工作压力，这些压力严重影响了新教师的心理健康。有调查显示，新教师认为压力很大的占83%，认为压力较大的占9.4%，认为没有压力的为0，2.6%的新教师出现了抑郁、自我封闭、自卑、焦虑、失眠等症状。这项调查表明，当前新教师的心理压力、职业负担不容乐观。②

3.4 新教师尽快进入角色需过好四关

由上所见，新教师尽快进入角色，走好就职后的第一步是非常重要的。不少教育工作者认为，新教师应该从自身能力、教学原则、教育价值观和人际关系四个方面全面锻炼自己、提高自己。其中，自身能力是基础，教学原则是工具，教育价值观是指导，人际关系是助手，这四个方面是相互联系、相互促进的有机整体。

第一关：全面提高自身能力。

走上岗位后，站稳讲台，得到学生的认同，是新教师的普遍期盼，是成长过程中至关重要的一步，也是新教师养成健康心理的前提。要想做到这一点，应该进一步夯实理论功底，因为“没有理论上的成熟就没有真正意义上的成熟”。

教师理论知识一般分为学科性知识和教育教学理论知识。

教师的学科性知识是指教师所具备的特定的专业学科知识，如语文知识、数学知识、化学知识等。新教师要尽快将大学的学科知识转换成为符合新课改理念的教学内容，另外，课程在发生翻天覆地的变化的同时也要求教师不断学

---

① 李晨．23岁女教师跳崖自杀　警方称可能因精神压力过大［N］．东南快报，2013－12－07.

② 张耀庭，马金焕，田小雪．试论新教师角色转换中的问题及对策［J］．教育与教学研究，2010（8）．

习，不断提高，不断扩展自己的知识范围。现代科技飞速发展，知识急剧膨胀，新知识层出不穷，教师在学校中所学的知识会逐渐老化。面对新教材，教师在知识结构上常常会感觉捉襟见肘，主要表现为讲解教材内容时语言平淡，教法呆板，甚至出现“新教材，老教法；穿新鞋，走老路”等与新课程理念不合拍的现象。究其原因，很重要的一点就是新教师自身对新课程理念理解不深且知识储备不足。理念是教学方法的先导，知识是教学行为的基础。所以新教师在夯实自己的基础学科知识外，还要及时了解最新的知识动态，紧跟时代发展的步伐，才能不断补充新知识，以满足教育形势发展的需求，努力使自己早日成为一名合格的教师。

对于教师来说，教学能力犹如各行各业都有各自的特有职业能力一样，是区别于其他职业的本质标志，比如，工人的职业能力是操作技能、生产能力，医生的职业能力是诊断和治病能力，那么，教师的职业能力应当就是教学能力。对于作为课程实施者的教师来说，教学技能是基本技能，它决定了教师教学水平的高低。所以教师在制订个人发展规划时，一定要明确教师教学技能是教师必备的教育教学技巧，并树立教学第一的观念，努力提高教学能力，站稳三尺讲台，把书教好。“教师的基本形象是在课堂教学中树立起来的”，说的就是这个道理。学校的主要工作在于教书育人，而要有良好的教育效果，必先有优良的教师队伍，而一位优秀教师的成长则离不开脚踏实地的耕耘。因此，没有付出就没有收获，新教师需要夯实教学基本功，备好课，上好课，苦练教学基本功，争取尽快成为一名合格的教师，进而逐步成长为优秀教师。

根据现代教育教学理念，结合当前基础教育新课程改革的实际情况，新教师可以从四个层面去努力，逐步提升自身的教学能力。

（1）教学设计能力。

新课程的教学改革强调师生互动、合作探究、开放创新，教师在具体的教学中要很好地把握新课程的改革理念及其特点，而具体落实这一目标则体现在教学设计上。如果把教学比作一部惊心动魄的电影，那教师对教学进行设计就像编剧在写剧本，设计着课堂教学的蓝图；若把教学比作演奏一首优美的乐曲，那教学设计就是谱曲，谱写出动人的乐章。这张蓝图、这篇乐章是落实教学的方案，是提高课堂教学效率的前提和保证，是促进学生全面发展的目的。基于此，教学设计的环节应该从以下几个方面开展：

①钻研教材和分析学情。

教师在课前应先钻研教学内容，包括钻研新课程标准、教材和阅读有关参考书。其中钻研教材是重点。教材是学生学习的工具和依据，是教学内容的载体，是教师获得教学信息的基本依据，所以对教材进行全面的分析和理解，是教学成败的关键。分析教材的工作，就其内容而言，主要包括分析教材的总体结构、地位作用、教学要求、所涉及的技能和能力以及知识点。课程标准规定本学段共有多少个知识点？本册教材的知识点在大纲中占有多少个？学生对知识点应该掌握到什么程度，是了解、理解、掌握还是灵活运用？在精通教材的基础上掌握教材的重点、难点、关键点，使教材的知识点轻重有别，主次分明，帮助学生更合理地分配精力和时间。重点，即教材中最重要的知识点，是学生应该重点掌握的中心内容。难点，是指学生在学习过程中会感到难以理解或接受有困难的内容。关键点，是指能够帮助学生理解和掌握教材知识点的那些具有关键性作用的知识点。

理解教材，一般要经过“懂、透、化”三个阶段。“懂”是指教师要弄懂和熟悉教学内容；“透”是指教师对教材内容能理解透彻，前后渗透，融会贯通，对关键点及重要字眼要“吃透”；“化”是指教师把教材内容内化为自己的心得，把教材知识转变成自己的知识，并形成自己的理解方式，力争上课时达到“出神入化”的境界。

当然，利用好教材不是刻板地执行教材，教材并非完美无缺，新修订或新编的学科教材在内容上的要求几乎都是比较基本的，绝大多数学生通过努力是可以基本掌握的，可是教材内容虽然看似简单，实际上综合性、弹性都极大，这就要求教师必须根据教学的需要，搜集相关信息，阅读相关资料和参考书，同时注意和跟踪本学科最新发展情况，敢于对教材进行适当加工处理，创造性地处理教材，避免受“教材至上，不可更改”思想的束缚。在教材提供的教学思路下，可以结合学生实际生活环境和社会现状，适当地整合或调整课程内容，做到“以教材为准，而不唯教材”，真正体现“从生活走进学科，由学科走向社会”的新课程理念。一位新教师在讲授“政府坚持对人民负责原则”的公开课时，通过演示课件，展示了孔繁森、张云泉、任长霞等人物形象，讲述了国家工作人员心系人民、忘我工作的精神，在座的学生和听课教师都非常感动，很多教师都认为这节课的情境教学是非常成功的。但是就在授课教师进行小结时，一位学生突然站起来说：“老师，你说我们的政府在依法行政，执政为民，但我们经常在报纸上看到，某地城管队员野蛮执法，乱拆摊位，严重损害老百姓的利益，又怎么解释？”一石激起千层浪，其他同学也跟着七嘴八舌，开始议论起来。这位教师先是一怔，后来“急中生智”地说：“这些问题不是我们现在应该讨论的问题，我们只按教材学就可以了，将来考试以书本为主。”以上教师虽然看似“急中生智”，却做出了唯教材化的行为。如果换一种思路，教师改变预先的课堂教学设计，该出手时就出手，及时地引导学生讨论、思考、争辩，并适时地运用辩证的观点进行点拨，或许会得到意想不到的收获，并达到素质教育的目标。

学情分析同样是必不可少的一个环节，应结合青少年自身的学习特点和身心的发展规律进行综合分析。主要包括两个层次，一是分析学习者的一般特征、学习技能和认知发展水平，深入了解学生的知识基础和思想状况，确定一节课的起点和基点。估计学生可能达到的思维发展空间，预想活动可能达到的效果，这有利于优化教学策略。二是分析学习者的个性差异、知识能力水平差异，还有家庭背景、班级学习风气等，体现“以学生为本”的教学理念，增强教学的针对性和合理性。

②教学目标的设计。

新课程标准提出了“知识与技能”“过程与方法”“情感态度与价值观”相融合的课程“三维目标”，教师在研析教材的基础上，对教学目标的设计应注意以下几个方面。第一，要注意教学目标的重要性和必要性。对教学任务进行层级分析，从而明确具有重要性和迫切性的教学目标。第二，要注意教学目标实现的可能性。通常应选择学生经过努力能够达到的层次要求，要从学生实际出发为高层次目标的实现设计合理的步骤。第三，要注意各类教学目标之间的相互关系和相互制约。在设计教学目标时要综合考虑学生智力因素和非智力因素的协调配合，才有助于教学目标的实现。第四，要注意教学目标的表述。在表述教学目标时，教师容易出现专业术语错误、目标描述不清或指向不明、语句理解有歧义等问题。同时，要充分考虑符合内容标准的四个要素：行为主体、行为动词、行为条件和表现程度。

③教学策略和方法的设计。

当教学内容准备和教学目标设计确定后，就要设计具体的教学策略和教学方法，将教学内容与教学目标全面地呈现在课堂上。具体的教学策略应与相应的教学方法相结合，才能形成一定的教学目标的载体。设计的内容应包括：课型的选择与安排，教与学的形式，教学活动、教学时间和空间的安排，教学顺序和节奏的调控。而教学策略则主要有教学组织和课堂管理策略、教学传递策略、教学设计策略和突发情况应对策略等。设计教学方法，即解决教师应该怎么教、学生应该怎么学的问题。

④教学媒体的设计。

随着信息技术的不断发展，我们的教具日益丰富。比如CAI课件，图文、声音、动画兼备，具有优越完美的视听效果，但这些先进教学媒体的出现，并不意味着传统教学媒体就一定得被淘汰。各种媒体都有其独特的作用，各有不同的特点，值得注意的是无论哪一种教学媒体都是为学生学习服务的。教学媒体有传统教学媒体和现代教学媒体，都是教学中教师的好帮手，是承载教育信息、传递教育信息的工具，应根据教学目标、教学内容、学习者特点和本地资源选择合适的教学媒体。在设计传统教学媒体时，要注意好教学语言的选择和时间上的控制；在实验性较强的理科课程上，要充分重视形象、直观的教学手段的运用。总之，传统教学媒体与现代教学媒体的合理融合，是提高教学效果的有效途径，值得探索。

⑤教学过程的设计。

经以上各环节的分析之后，就应着手设计具体的教学过程，既包括教的过程也包括学的过程。过程设计要求教师对课堂上教的活动和学的活动两者进行预先安排，包括认知、情感、行为等教学活动的设计以及教学情景的设计，使课堂教学创造出最大的互动量和思维量。

⑥巩固应用和反馈环节的设计。

该环节对于强化、整合教学内容，保证教学效果有着非常重要的作用，通常通过练习来进行。练习作业的设计要正确理解和执行课程标准，以学习内容为载体，落实三维目标。设计时要注意以下两个问题：

第一，要激发学生兴趣，避免死记硬背学科基本知识。基本技能的掌握重在理解、领悟和应用，不能过分强调死记硬背。习题要帮助学生认识知识的含义，使学生能举例说明，能悟出知识间的联系，能在新情境中正确运用知识。

第二，要联系生活实际，培养问题意识和解决问题的能力，使学生在解决问题的过程中，通过发挥其主动性，体验到学习的价值和乐趣，养成良好的科学思维品质。①

（2）课堂表现与掌控能力。

课堂教学是一切教学活动中最基本的形式，是教师向学生传授知识的最主要的途径，而课堂教学手段的优化取决于教师的教学能力。表现能力是教师教学能力的核心部分，若缺乏表现能力，再好的教案设计也会无济于事，就像有好剧本，却没有好演员，是拍不出好戏的。表演的前提是进入角色，教师上课时，应尽快全身心投入课堂，进入角色，心无杂念，把自己的整个心灵都融入教材和课堂之中，不能将个人情绪带进课堂。表演就其实质而言，既是表达又高于表达，教师借助表演艺术来传递教学内容和展示自己的内心世界，从而增强表达的说服力和感染力。表达的主要手段有口头语言、书面语言和体态语言，其中，口头语言表达能力至关重要，语言的魅力就体现在这里。如果教师语言简洁风趣、语气亲切和蔼，语调抑扬顿挫、轻重适当，学生就会在这种情感的感染下，很快进入问题情境。所以教师的语言修养在很大程度上影响着学

---

① 王变兰．新课程理念下的高中化学教学设计与思考［J］．山西煤炭管理干部学院学报，2012（1）．

生在课堂上脑力劳动的效率。可见语言就是力量，教师一定要努力提高自己的语言修养，提升语言表达能力。可以想象，如果教师自己都无精打采，上课随便，那么学生也会跟着情绪低落，很难提起学习兴趣。再如一个说话语无伦次、没有逻辑、词汇贫乏的教师，纵然知识渊博、满腹经纶，也会出现“茶壶煮饺子，有货倒不出”的尴尬。

课堂中的书面语言主要指板书。板书是课堂教学的重要手段，是教学语言的再现和补充。好的板书让人赏心悦目，产生良好的视觉效果，形象清晰，印象深刻，既有利于学生理解知识，又有利于做笔记和记忆，同时对树立教师的形象有良好的效果。要写好板书，首先是要练好书法写好字。古人说的“字是门风”很有道理，作为教师，如能写出一手好字，对其形象肯定是加分的。在板书过程中，要注意准确性、精炼性、整体性和实用性，以达到简明扼要、简处求丰、突出教学重点、启发学生思考、帮助学生理清知识点和加深记忆的良好效果。

体态语言主要包括眼神、表情、姿态、手势等表现形式。著名教育家加里宁曾经说过：“一个教育工作者，必须很好地收敛自己，他应该感到，他的一举一动都处在严格的监督之下，世界上任何人也没有受到这样严格的监督。”所以教师的仪表、举止等直接影响到融洽课堂气氛的形成以及教学效果的实现。教师要充分利用体态语言去加强、丰富和补充教学信息，以增强表达的艺术效果。

由于课堂教学的双边性、复杂性和多变性，课堂教学常常会出现一些始料不及的新情况和新问题，这就要求教师不仅要具备表现能力，还要具备调控能力，能够随机应变，处理各种意外情况。调控能力包括细致入微的观察力、冷静理智的自制力、灵活机智的解惑力和及时果断的决策力。对课堂上的偶发性问题和突发性情况要随时掌握，及时处理，将其转化为创造性地进行教学活动的契机。

举个例子：一次英语课，在师生相互问好后，老师问学生学过的“have/has been to 和 have/has gone to”两个短语的区别，这时一位叫吴宏（化名）的“捣蛋鬼”突然举手说要去上厕所，授课老师本想批评责骂，但突然想到这个情境正适合训练前面两个短语，便答应了，待吴宏离开教室，老师问全班同学“Where is Wu Hong ?”同学们异口同声地回答：“He goes to WC.”老师微笑点头，然后指着黑板上的短语说：“He has gone to the toilet.”并尝试让学生用英语解释这两个句子的不同之处，“He is on his way to the toilet or he is at the toilet now . He is not here now .”正讲解着，吴宏回来了，其他同学看他回来，都哈哈地笑起来。当他慌慌张张、不知所然地回到座位上时，老师接着问全班同学："Where is Wu Hong now?"学生齐回答："He is in the classroom now ."老师又问："Where has he been?"学生回答："He has been to the toilet.""Yes, he was in the toilet just now, but he is not there , he is back now."接着老师又问吴宏："Where have you been?"他结结巴巴地说："I have… I have been to WC."老师笑了笑，问："Have you been to the toilet ?"吴宏回答道："yes, I have."同学们为他能正确回答这两个问题报以热烈掌声。老师也趁热打铁，对吴宏的表现表扬了一番，一节课就这样在欢声笑语中展开。实践证明调控能力对提高课堂教学质量具有特别重要的意义。

（3）课后归因与评价能力。

①新教师要学会自己归因。

如果学生学习情况不理想，考试成绩较差，有的教师会责怪学生懒惰、愚笨，批评学生不用功或是没有按照自己的思路去学习，而自认为自己的教学水平很高，却没有反思自身的问题，从而在以后的教学过程中继续重复以前的错误。试问，在这样的教师的教导下，学生的成绩怎么提高，思维怎么提升，能力怎么发展？而且这对教师教学水平的提高也起到抑制的作用。这也是有一些教师教一辈子书，到退休时教学水平还是平平的主要原因。与之相反，严于律己的教师往往会在学生出现问题之后，先反思自己的教学行为，归因自己的教学问题，从中寻找原因和对策。

实践证明，教师把自己教学生涯中点点滴滴的经历记录下来，写成教学后记，不失为良好的工作习惯。及时对自己的课堂进行反思，日积月累，汇小溪成江河，就会形成自己独特的教学经验和鲜明的教学个性。教学后记篇幅不一定要大，但应该记下自己的真实体会，小结经验，吸取教训，"吃一堑，长一智"，变被动为主动，变教训为经验，不断积累，不断进步。如此，教师就可以有效地提高教学能力，提升教学效率，并逐渐形成自己的教学风格。

②新教师要指导学生学会归因。

以考试为形式、以分数为标准衡量教师教学效果是评价教师教学水平的方式之一。教师能否引导学生学会归因，是能否提升学生学习积极性和提高学习成绩的重要因素。如学生在某一次考试中成绩不佳，要引导学生反思自己的学习状况，寻找真正的原因所在，分析其根源，有针对性地改进学习方法，使之重拾信心，形成积极的心理态度，学生就会对未来的学习充满希望。反之亦然。

③新教师要逐步形成评价能力。

上课后的工作，一是总结，二是评价。评课能力也是一种重要的教学能力，然而这一点往往不被重视。其实评价与总结都是必需的，是平等的，甚至评价的作用高于总结。总结是对自己的教学活动进行回忆和概括，评价则是在总结的基础上进行的一种价值判断。从教学能力的构成要素来说，评价主要指自评，教师把自己的课堂教学活动作为评价的对象，通过自评全面地了解自己的教学状况，并对自己的教学水平做出清晰的而不是混沌的、精密的而不是粗疏的衡量，从而进一步明确努力方向。新教师对一节课的评价可以从以下几个方面进行：第一，教学目标明确与否；第二，课程标准规定的任务是否完成；第三，选用的教学原则是否合理；第四，教学方法是否恰当、课堂的结构（时间分配）是否合理；第五，教学互动效果怎样；第六，是否突出重点，突破难点，讲清疑点；第七，课堂练习和作业布置是否合理。每一节课都是一件艺术品，一定有吸引人的地方，也一定会有瑕疵。新教师如果能用上述评价标准去阐述一节课的优缺点，然后谈出自己的体会和建议，就能逐渐形成教学研究的自觉性和良好习惯。

（4）教学实践能力。

《教师教育课程标准（试行）》中提出教师“实践取向”的基本理念，要求教师“主动建构教育知识，发展实践能力”。这是第一次在国家层面的文件中提到教师的“实践能力”，打破了以往只对学生提出“创新精神和实践能力”的要求。教师教学水平的高低、教学能力的强弱，主要取决于其所具备教学实践能力的强弱及其运用程度。教学实践能力是反映教师教育教学水平和影响学生全面发展的决定性因素之一，它影响着教师对教学理论知识的学习与运用，是教育教学活动最基本的出发点和落脚点。教师实践能力如此重要，但是我国教师实践能力的建设并没有随着教育教学改革和教师专业发展同时进步，虽然理论知识十分丰富，但是教师本身缺乏渠道和机会深入实践进行锻炼，实践能力显得不足。例如有的教师在日常教学工作中，不能很好地对学生进行实验教学工作，只能从理论上讲解基本原理和应用过程，使实验课程难以顺利开展，甚至有部分教师以“效率”为借口，把教师本该做的演示实验变为“讲”实验，把学生必须动手做的实验变为动口背的实验，如此种种情况确实要引起我们的深思。要努力改变这一现状，坚定理论与实践相结合的原则，才能保质保量地完成每个实践性教学环节。

①要主动适应新的“教学观”。

一方面，“一朝学成而终身受用”的知识观已不适用于新形势，当今的教师要树立的是“终身学习”的观念。现代社会，任何人再也不可能只通过一段时间的集中学习，就获得终身享用的知识技能。教师只有主动掌握新概念、学习新理念、研究新问题、试行新方法，才能在实践中不断提升实践能力。另一方面，随着新课程的实施，要改变“静听式”的教学观，走向“互动式”

的教学观。因为“静听式”的教学忽视学生的“质疑发问”，压抑了学生的学习主动性和积极性，掩盖了课堂教学的生成性和发展性；“互动式”的教学也许会给课堂教学带来一系列的“结构不良问题”，教师要解决这些结构不良的问题，就需要用与解决这些问题相符的实践能力，这彰显了教师既能为“经师”也能为“人师”的作用。

②多参与实践活动。

实践能力是在实践活动中形成、表现和发展的，只有通过实践活动才能提高实践能力。多参与实践活动是教师提高实践能力最直接、最有效的手段，也是教师教学工作的一个重要组成方式。知识源于实践，能力源于实践。参加实践不要拘泥于一种方式，可以有很多种方式，例如参与专题讲座、观摩同行的课堂教学活动、多试讲多说课等。不同的方式有不同的体会和收获，可以从更多的角度、层次和环节去了解教学实践的各个侧面。

③在实践活动中反思教育实践。

课堂教学实践活动是教师教学实践能力形成的沃土，是形成一种自尊、自信和较为强烈的主体意识的场所。反思教学是一种思考问题的方式，引导教师对自己或他人的课堂教学行为进行有意识、有目的的反思，从而探索被经验掩盖的对实践经历的真正理解，总结出实践的智慧；使教师能更加理性地看待自己的工作；为教师提高实践能力、内化实践能力寻找突破口。教师在教育、教学实践过程中，要提升教育、教学实践能力，就必须全身心地投入教学实践活动，满腔热情和充满激情地关爱学生的学习、发展与进步，这样才能深刻地领悟教学活动的本质内涵。教师可以利用写反思日志，经常观摩他人的课堂教学行为、行动研究和教学研究等方法来进行反思；借鉴他人的模范教学行为，更新自己的教育观念，改进自己的心智模式，内化为自己的教学意识，培养自己个性化的教学品质，以促进实践能力的发展。①

第二关：准确把握教学原则。

在教学过程中，把教学基本原理运用到实际教学中，其中必须经过的环节就是教学原则，它是教学客观规律的反映，是教学过程得以顺利进行并取得良好效果的保证。因而，教学原则的存在无疑是必要的、有价值的。不同的教学原则对教学过程的进行有着不同的指导意义，不同的教学原则也决定了不同的教学方法、教学内容、教学手段和教学策略，从而达到不同的教学效果。教师在教学过程中要遵循一定的教学原则，这对学生学习成绩的提高以及高素质人

---

① 徐国财，张晓梅，吉小利，邢宏龙．教师实践能力的特征及其培养［J］．安徽理工大学学报（社会科学版），2010（1）．

才的培养均有着至关重要的作用。

教师需要把握的教学基本原则有：

（1）科学性与思想性相结合的原则。

科学性，是指教学给予学生的应是反映客观真理的知识；教学要反映现当代最新的科学成就；有时在教学中为了使学生易于接受，需将知识加以通俗化，但不能因此有损知识的科学性。思想性，指教学要体现社会主义政治方向、辩证唯物主义世界观和共产主义道德精神，防止不健康的思想和理论对学生的侵蚀。因此，教师的教学既要有科学性，又要有思想性，把两者有机地结合起来。

德国教育家J. F. 赫尔巴特从理论上明确地表述了教学永远具有教育性这个规律。他说："我不承认任何无教育的教学。"例如，孔丘主张："君子博学于文，约之以礼，亦可以弗畔矣夫。"唐代韩愈说："师者，所以传道授业解惑也。"宋代周敦颐提出"文以载道"。这些都对教学理论和实践产生了很大影响。近代一些先进的思想家和教育家曾积极倡导科学教育，主张通过科学教育增长人的智慧，使人摆脱愚昧和宗教迷信，培养高尚的思想感情。但由于历史、阶级和世界观的各种局限，这些主张在以往任何时代都不可能很好地实现。经过一代代有识之士的不懈努力，时至今日，科学性和思想性才在教学实践中逐渐地统一起来。

"寓思想教育于课堂教学之中"是科学性与思想性相结合的具体表现，在教学中，知识的学习活动总是寓有一定的思想观点；而形成一定的思想观点也不能脱离知识的学习活动。科学本身具有巨大的教育力量，真正的科学知识是正确地反映客观世界和它的运动规律的。掌握科学知识，不仅可以使学生正确地认识事物，而且可以培养学生正确的观点和信念。因此，教师深入钻研和阐述教材，充分发掘教材中固有的思想内容和科学内容，是在教学中贯彻科学性和思想性相结合的原则的主要环节。在教学中进行思想教育，有赖于教师不断提高思想政治水平、道德修养并自觉地贯彻在教学实践当中。①

（2）面向全体和因材施教的原则。

面向全体和因材施教是一致的。面向全体学生体现了我国普遍实施义务教育的精神，学生之间存在着差异，学习基础和学习情况不可能完全一样，正如俗话说的"十个手指头有长短"，所以不能只注重对少数"尖子"学生的培养，而放弃对后进生的教育、帮助，而是要使全班学生包括后进生都得到发

---

① 巩雪莉．驻济南市普通高校体育艺术类课程开设现状调查及体系构建初探［D］．山东体育学院硕士学位论文，2009.

展。在学生群体中时不时有这样的抱怨："老师对成绩好的同学态度特别好，说话特别温柔亲热，对我们总板着脸，说话没好声没好气。"学生为什么会产生这样的负面情绪，这需要教师好好去思考。有的教师在提出问题之前或提出问题时就迫不及待地指定个别学生回答，这样做实际上在无形中剥夺了其他学生的课堂思考权，并不能达到理想的效果；有的教师上课时喜欢只听部分学习优秀的学生的反应和回应，只要教室里有部分学生回答，就当作全班学生都已经理解了，于是就放心地继续讲下去；有的教师在平时教学中以"与中、高考接轨"为由，热衷于提高知识难度和拓展知识深度，但实际上能够接受的学生只是部分或少数；有的教师则习惯于只站在讲台上讲课，很少或几乎没有走下讲台去开展课堂指导，与学生进行近距离的交流，以致不了解学生学习的真实情况，盲目地进行授课，可谓"讲功好，导功差"，教学效果大打折扣。网络上曾流传着这么一段话："老师，请对你的学生一视同仁，考试100分的你要对他好，以后他会成为科学家；考80分的你要对他好，他可能和你做同事；考不及格的你要对他好，以后他会捐钱给学校；考试作弊的你也要对他好，他将来会成为你的上司；中途退学的你也要对他好，他会成为比尔·盖茨或者乔布斯!"虽然上面的表述不一定正确，但不同类型的学生确实各有所长，都是学生，就要一视同仁。所以，无论学生做对了什么，做错了什么，教师们都应该平等对待。教师在教学设计与教学过程中，应时刻不忘自己的教学对象是全体学生而不是部分或少数学生，无论是教学难度、深度和广度的把握，还是教学过程中练习、问题的设置，或者是课堂指导的细节，都要以全体学生为出发点，并特别关注与帮助学习有困难的学生，做到绝不放弃每一位学生。而因材施教是我国教育史上历来提倡的原则，坚持因材施教，根据学生心理、身体发展的个别差异来安排教学活动，它适应了我国社会主义建设需要多层次、多规格人才的客观情况。面向全体和因材施教的原则体现了对所有学生要求的统一性和照顾学生个别差异性的关系，需要贯彻于整个教学过程中。

贯彻面向全体与因材施教的原则，教师要努力做好以下几个方面：

首先，要端正教育思想，摒弃应试教育的功利观念，克服片面追求升学率的心态。要致力于大多数学生的学习和健康成长，而不是教好一部分学生，放弃一部分学生。

其次，尊重学生的个性发展，培养学生的兴趣、爱好，面向全体学生，建立必要的教学制度。例如适当成立多种课外兴趣小组，使每个学生无论学习成绩如何，都可以依据自己的情况和兴趣去参加相关的活动，从而得到更好、更全面的发展。

再次，全面施教与个别指导相结合。首先要充分发挥班级集体教学的优越性，建立良好的班风、学风，提高教学效益，又要在重视集体教学的同时，注意对不同学生的个别指导。集体的进步离不开个体的进步，不管学生的成绩好或坏，教师都应该尽可能深入地了解每个孩子的精神世界，了解每个学生的社会与家庭背景、个性差异、兴趣爱好等，再以此为据，对不同的学生进行有针对性的指导。例如对于口头表达能力较弱者，多鼓励其积极发言，敢于争辩；对反应缓慢者要鼓励其积极思考并表达出来；对注意力容易被分散、学习做事不专心者加以暗示，培养其自我控制能力；对能力强态度马虎者，加大其作业的难度，严格要求其精益求精等。

最后，在个别指导中应特别注重对学习困难生的帮助，应尽量与其配合，找到其学习效果不佳的根本原因，对症下药。在帮助其逐步提高学习成绩的同时，更重要的是着重帮助他们提高对自己、对学习的自信心，激发他们学习的好奇心和求知的欲望，增强意志力，使其在原有的基础上取得新的进步。[①]

某政治老师发现班级学生学习成绩“两极分化”现象严重，于是尝试开展“两极分化转变三部曲”。何谓“三部曲”？第一步，老师仔细分析了学生单元考的试卷及成绩，对成绩低于40分的学生进行逐一谈心，主要问学生三个问题：你这段时间学习政治有什么感觉吗？这次的考试成绩不够理想，原因是什么？接下来对于政治的学习有什么规划？这三个问题让学生在反思学习状态的同时找出自己存在的问题，并就这些问题师生共同采取一些改进措施和计划，给学生定下适当的学习目标。第二步是挑几个学习成绩相对较好的学生，对40分以下的同学进行“一帮一”辅导；第三步是不定时抽查学生的学习情况，特别是40分以下的同学。功夫不负有心人，经过一段时间的努力，不仅后进生的成绩提上来了，成绩优秀的学生也有了新的进步。

(3) 当堂过关原则。

当堂过关，这已经是个古老的话题了，但尽管如此，能真正在教学中达到这一要求的教师并不是很多。所谓“当堂过关”包括两层含义：一是学生基本实现三维目标（知识与技能、过程与方法、情感态度与价值观）；二是全体学生都实现了真正的“当堂过关”。所以，如果只有一部分或少数学生达标，就不能算是当堂过关。不少老师误以为多花时间就可以提高效率，课堂上的45分钟他们觉得远远不够，所以习惯于布置繁多的家庭作业，大搞“题海战术”，以检查学生的学习情况，把掌握知识的希望寄托于课外。殊不知，教学效率不同于生产效率，它不取决于教师教多少内容和学生用多少时间，而取决于单位时间内，学生的学习结果与学习效率的综合。况且现在的中、小学生，

---

① 黄承军．孔子的因材施教与语文素质教育研究［D］．江西师范大学硕士学位论文，2006.

尤其是城市中的中、小学生，校外学习时间已经少之又少了，布置过多的家庭作业无疑只会加重学生的课业负担，况且，能够在校外独立、自觉地学习的学生并不占多数。所以这一做法必须改进。

实现当堂过关原则有以下两个主要途径：

①口笔结合，讲练结合。

一节课中，教师需要讲授的知识点很多时候都不止一个，所以教师应该采取适当的策略对课程内容进行安排，例如逐一细化，分段讲授。接下来要做的就是逐一完成知识点的学习与巩固。教师要检查学生是否理解及能够运用所学的新知识解决实际问题的情况，最好的办法是即时对学生进行口笔结合、讲练结合的当堂训练，并检查落实。

②保证时间，落实内容。

教师要合理安排课堂时间，努力保证有足够的课堂时间留给学生进行当堂训练，保证训练的内容富有针对性，保证课课都有经过教师精心挑选的具有代表性、典型性的书面练习，举一反三，由此及彼。

（4）协同及启发原则。

要使教学系统和谐有效地运行，教师必须注意自身与学生、学生与学生、教学内容及其物质载体各要素间的协同一致，并努力做到让启发性教学贯穿课堂教学的始终。如能灵活应用这一教学原则，将会收到较好的教学效果。

①使学生成为学习的主体，让他们能自觉而主动地学习。

学生的学习活动是在教师的影响下通过自身体验进行的，学生学习的主动性、积极性受到多种因素的影响，如学生的理想、兴趣、愿望、情绪、态度等，教师要善于利用这些因素，去激发学生对学习的兴趣和求知的欲望，从而形成正确的学习动机。要帮助学生树立远大的理想和目标，这样学生的学习才有目标和动力，才能发挥学习的主动性与积极性。对学生进行学习目的和理想方面的教育不是一次就能完成的，教师在教学中应根据教材内容和学生年龄特点，采取不同的教学方法激发学生的学习兴趣，调动学生学习的主动性和积极性。

20世纪30年代初，胡适在北京大学担任教授。他常常对白话文大加称赞，引起一些只喜欢文言文而不喜欢白话文的学生的不满。一次，胡适正讲得得意之时，一位姓魏的学生突然生气地问："胡先生，难道说白话文就毫无缺点吗？"胡适微笑着回答说："没有。"那位学生更加激动了："肯定有！白话文废话太多，打电报用字多，花钱多。"胡适的目光顿时变亮了，轻声地解释说："不一定吧！前几天有位朋友给我打来电报，请我去政府部门工作，我决定不去，就回电拒绝了。复电是用白话文写的，看来也很省字。请同学们根据我这个意思，用文言文写一个回电，看看究竟是白话文省字，还是文言文省字。”胡适刚说完，同学们立刻绞尽脑汁写了起来。十五分钟过去，胡适让同学报告用字的数目，然后挑了一份用字最少的文言文电报稿，电文是这样写的：“才疏学浅，恐难胜任，不堪从命。”胡适说，这份写得确实不错，仅用了十二个字。但我的白话文电报只用了五个字：“干不了，谢谢！”胡适又解释说，“干不了”就有才疏学浅、恐难胜任的意思；“谢谢”既对朋友的介绍表示感谢，又有拒绝的意思。所以，废话多不多，并不看它是文言文还是白话文，只要注意选用字词，白话文是可以比文言文更省字的。胡适据理论争，用事实说话，较好地帮助学生树立了正确的学习动机，调动了学生学习白话文的主动性。①

②启发学生积极思考，提升学生思维能力。

启发学生积极思考是贯彻启发性原则的基本要求。学习是一种复杂的脑力劳动，也是学生能动的过程。无论是认知活动，还是创造性开发，都在一定的心理气氛和人际关系的相互作用中进行，会受到学生的认识、情感、意志、性格等心理活动和师生关系的制约。这就要求教师在教学中发挥主导作用，了解学生的知识基础和心理特点，在教学中要抓住重点、难点，然后层层点拨，给学生留下更多的思维空间和思考空间，还要运用各种启发形式，激发学生的求知欲和学习兴趣。兴趣是最好的老师，教师在教学中要充分利用各种方法激发学生的学习兴趣，从而调动学生学习的动力，培养学生的创造性思维能力。为此，教师在教学中要根据教学内容，设置一定的问题情境，引导学生的思维。思维总是伴随问题产生的，否则就没有思维的对象和内容，也就没有思维的必要了。如果学生能提出学习中的问题，这本身就标志着学生进行了思维活动，也是学生学习主动性的表现。教师要认真钻研教材，充分了解学生的实际情况，根据教材和学生的特点，精心准备，对学生提出启发性问题，引导学生积极思考，分析和解决问题；教师要鼓励学生根据所学的内容提出问题，并借助个别学生提出的典型问题，启发大家进行思考。学生只有在积极的思维活动中，才能使思维能力得到发展；要让学生在独立分析事物的基础上形成概念，并用准确的语言加以表述；要引导学生掌握正确的思维方法，教会学生运用比较、归纳、演绎、推理、判断等几种逻辑思维方法解答问题。学生正确思维方法的形成，经常是通过教师精心设计来实现的，教师设计的教学进程体现了教师的思维方法，它对学生起着潜移默化的作用。

③培养学生运用知识的能力。

---

① 黄朝阳．我国高校学生批判性思维能力调查报告［D］．厦门大学博士后学位论文，2008.

学生运用知识的过程，也是学习主动性、积极性发挥的过程。在教学过程中，教师要求学生灵活地掌握知识，而不是死记硬背，要求并指导学生将所学的理论知识用来解决问题，能用自己的语言复述教材内容，或举例说明一些问题，结合教学开展调查活动、布置实验作业、组织学科小组活动、查阅文献和运用工具书等。这些形式不仅有利于学生运用知识解决实际问题，还能培养学生的学习兴趣，增强求知欲望，有助于自学能力的培养，在运用知识的过程中提高学生分析问题和解决问题的能力。

总之，只要教师善于运用启发性教学这一原则，运用自己的智慧，赋予它灵活性和创造性，就能充分调动学生在各个方面的积极因素，提高教学质量，真正体现素质教育的精神，学生思维的火花就会随之迸发、闪耀。

（5）思维能力培养原则。

教师教学时，在重视基础知识、基本技能教学的同时，还应注重培养学生的思维能力。思维能力是人的智力核心，思维能力的提高是教学的重点任务。对于思维能力的培养，教师不能忽略直观教学，而要加强阅读，注重语言材料的感悟和积累，以此丰富学生的具体经验，促进概念的理解；利用学生已有的知识和实验事实，通过讨论来启发学生思维，并注意层层引导，使学生自己得出有关的结论。同时精心设问，改进课堂组织形式，让学生充分思考或相互论争，展现思维过程，从而提高思维能力；评价要多元化，不搞一个标准，要鼓励质疑求异，切实提高学生的思维能力。要培养学生的思维能力，有几个方面要注重：

①培养观察力。观察是信息输入的通道，是思维探索的大门。敏锐的观察力是创新思维的起步器，可以说，没有观察就没有发现，更不可能有创造。观察能力是在学习过程中形成的。首先，在观察之前，要给学生提出明确而又具体的目的、任务和要求。其次，要在观察中及时指导。比如要指导学生根据观察的对象有顺序地进行观察，要指导学生选择适当的观察方法，要指导学生及时地对观察的结果进行分析总结等。最后，要努力培养学生浓厚的观察兴趣。[①]

②培养学习兴趣。教师在教学中要充分利用各种方法激发学生的学习兴趣，从而调动学生学习的动力，培养学生的创造性思维能力。以英语教学为例，许多老师为了赶课，经常一味地灌输枯燥的语法知识，但对于学生来说这无异于“催眠剂”。学生普遍更喜欢看美剧、听英文歌，那么，是否可以多鼓励学生在欣赏美剧的过程中学习英语？是否可以把美妙的歌曲带到英语课堂？

① 米玛．浅谈在数学教学中培养学生的创造思维能力［J］．中华少年（研究青少年教育），2013（15）．

比如在讲授虚拟语气时，教师便可哼起“If I were a boy，I think I could understand...”几句动听的旋律足以起到抛砖引玉的效果，在提高学生学习兴趣的同时也让学生对知识点的掌握更加牢固。

③培养学生的开放性思维。教学中，教师要经常为学生准备一些开放性的题目，以培养他们的开放性思维。

④培养想象力。想象是思维探索的翅膀。爱因斯坦说：“想象比知识更重要，因为知识是有限的，而想象可以包罗整个宇宙。”在教学中，引导学生进行生物学想象，往往能缩短解决问题的时间，获得生物学发现的机会，锻炼生物学思维。同时，想象可以帮助学生拓宽知识面，实现思维的“迁移”。所谓“举一反三”正是这种“迁移”的体现。另外，还应指导学生掌握一些想象的方法，像类比、归纳等。著名的哥德巴赫猜想就是通过归纳提出来的；戴维运用逆向思维的方法，由原电池原理的逆推提出电解池的设计思路，最后成功地制造出世界第一台电解池；而仿生学的诞生则是类比联想的典型实例。由此可见，思维能力的提升和运用有助于创造性地思考问题、解决问题。

（6）全面发展原则。

全面发展原则又称为教育性原则。因为广义的教育包括知识技能教育、智能发展和思想品质教育三个方面，而全面发展则包括这三方面的内容。要贯彻实行全面发展原则，我们就要坚决反对片面追求升学率，只教书不育人，忽视双基教学，忽视智能培养，忽视思想政治教育和优良品质培养的思想与做法。坚持全面发展原则，就是要求教师在自己的工作中不仅要重视发展学生的各个方面，更要重视让学生素质的各个方面遵循一定的结构规律，全面和谐整体发展。对此毛泽东主席早就有过十分精辟的论述：“让受教育者在德智体诸方面得到生动活泼主动的发展。”

然而在现实当中，教师有时会自觉或不自觉地忘记这一原则，把传授科学文化知识技能作为学校教育唯一的任务，把提高学生分数、提高学生升入优质学校的升学率作为压倒一切的任务。为此教师有时不惜加班加点，加重学生的课业负担，损害师生的身心健康。跟着应试教育的指挥棒走，使得教师无法花心思扎扎实实抓育人，不能认真研究如何促使学生素质遵循一定的结构规律全面和谐整体发展，因此也就不能真正完成育人的根本任务。

老师们都知道，“知”与“行”既有联系又有不同，相辅相成，相互促进。对教学原则的了解与认识只是一个起点，更重要的是在教学实践中运用教学原则。在把握教学原则的过程中，教师应注意各教学原则之间的综合运用，而不是孤立地实施某一教学原则，只有这样，才能取得预期的效果。教学原则是教学活动的规范，而规范永远不能成为教条，所以，任何有效的教学原则都应该能使教师懂得在课堂上采取各种行动的道理，并据此做出明智的课堂决策，允许教师根据实际教学情况灵活变通。教学原则本身绝不能规定教师应在某一情况下采取固定的教学程序、死板的教学方式和方法；相反，教学原则是为教师在不同情况下如何采取适宜的教学程序、教学方式和方法提供纲领性的指导和标准。没有教学原则，教师将很难展开教学过程，面对众多的教学方式和方法，教师也很难做出抉择。从这种意义上讲，教学原则是对教学活动的规范，也就是对教学过程和教学方式及方法的规范。①

第三关：形成正确的教育价值观。

人类的一切活动都是有目的、有意义、有缘由、有价值的。一件看似没有目的、自然而然的事件背后，其实有着这样那样的目标和价值。教育亦然。教育是什么？学校是什么？办学校、发展教育是为了什么？这涉及教育的本质和价值。只有弄清楚这些问题，我们才可能遵循教育的发展规律，回归教育的“本色”，坚持科学的发展，构建和谐的校园，这些都建立在教育的价值观基础上。

教育价值观作为人们关于教育实践和教育价值关系的根本看法，是指导、支配和评价教育行为与功效的核心观念，是人们对教育的价值关系的认识和评价以及在此基础上所确定的行为取向标准，是人们教育价值认识活动的结果在主体意识活动中的凝聚，是人们价值意向、情感特征、思想观念和行为习惯的综合。②

（1）教师教育价值观普遍存在的问题。

①价值取向多元分散化，自我化严重。

在当今的多元社会背景下，部分教师存在道德观念迷茫、价值取向扭曲、诚信意识淡薄、社会责任心缺失等问题，不安心于教学工作，不热爱自己的事业，工作散漫。更有甚者，受市场经济求利原则的影响，工作不深入，学习不刻苦，却热衷于评职称、拉关系、走后门等自我牟利行为。拜金主义等腐朽思想和生活方式极大地冲击着教师的价值观，有少数教师经不住冲击，开始追求名利，追求享乐，给“教师”这一光荣的称号抹了黑。

②道德价值观功利化。

汶川那一震，震出了一个“范跑跑”。更可悲的是像“范跑跑”一样扭曲的灵魂，依然游荡在教师队伍当中。在教师队伍建设过程中，一些教师的个人

---

① 徐继存. 我们需要怎样的教学原则——教学原则研究的困惑与质疑［J］. 教育学报，2005（3）.

② 张建锋，沈亚芳. 从教育价值观的历史变迁看现代教育价值的取向［J］. 学术交流，2003（2）.

行为亵渎师道，有违师规，令人担忧。部分教师把学生当成摇钱树和聚宝盆，暗示学生家长进行钱财礼物的馈赠；课内少讲不讲，课外大讲特讲，从事有偿家教；为图蝇头微利，瞒天过海，滥订教辅报刊；体罚或变相体罚学生，甚至出现搞师生暧昧、猥亵儿童、伤害学生等恶劣行为。如此不良行为和风气，损害了教师在学生、家长和社会中的崇高职业形象，有违教师的职业道德。

（2）树立正确的教育价值观的意义。

从上述情况可见，在教师队伍中弘扬正确的人生观和价值观有其必要性和现实性。教师只有具备正确的世界观、人生观、价值观，才能不断增强责任心和使命感，在教书育人的工作中体现出对学生无私的爱心和宽以待人的精神，才能在学生中树立教师的形象和威信，以赢得学生和社会的信任与尊敬，并从中得到自己奋发向上的动力。有学者研究表明，教师的信念和职业理想是教师维持其心理健康的重要保证。

（3）教育价值观的内涵及其形成。

教育价值观就好像一只无形的手，每时每刻都在左右着人们对教育的态度和行为，影响和调节着人们对不同教育的需要，制约着教育教学实践活动。当前，我们究竟应该树立怎样的教育价值观呢？

一是要坚持以学生为本。

世界是人的世界，教育是人的教育。教育价值观若是离开了“人”这一本体的话，世界将是一个没有欢乐、没有创造、没有人的个性的沉寂陌生的空间。教育的对象是学生，因此“以学生为本”的教育价值观就显得格外重要。

坚持“以学生为本”的教育价值观体现了新时期教育发展对教师职业素质和品德的必然要求。长期以来，体现在教育价值观上就是片面强调教育的功利性和“师道尊严”，很少提倡师生之间民主平等的意识。当前教育要承担起振兴中华民族的重任，就必须要抛弃这种落后的教育观念，而应大力提倡人本主义精神，要求教师必须具备一颗博爱之心，尊重、关爱每一位学生，构建民主平等的和谐师生关系。“以学生为本”的教育价值观的具体内容是：树立“以学生为本”的教育观，提倡师生平等、合作共生的教育观念。

教育的对象是学生，教育目的的实现必须体现在学生的身心发展和素质提升上。学生是教育教学过程中的主体，教师是主导者，教师的主导作用必须通过学生的主体作用才能发挥，所以在教育教学过程中要始终从满足学生的教育需要的角度出发，遵循学生身心发展的规律，以学生个性充分而自由的发展和学生群体的全面发展为中心，尊重学生学习的自主权和选择权，充分调动学生自主学习的积极性和主动性。另外，教师必须有一颗宽容之心，有民主平等的人文精神，尊重学生的人格和个性，平等地与学生交流；靠自己博大的胸襟、渊博的知识、仁德的爱心去教育学生尊重、爱惜生命；抛弃教育的功利目的，强调关爱每一个学生，让每个学生享受平等的教育权利。每个人的智力、能力总是有差别的，每个人发育成熟的时间也有先后，每个人生活的环境也千差万别，这就决定了在每个学校、班级都会相对地存在后进生，坚持“以学生为本”的教育价值观就是要求教师抛弃教育的功利目的，多一点关爱后进生，悉心为他们的成长服务，把后进生也培养成对社会有用的人才。[①]

二是要大力弘扬素质教育条件下的科学教育价值观。

素质教育，是提高全民族素质与创新能力的教育，科学的教育价值观是实施素质评价的基础。素质教育条件下的科学教育价值观，应是全面的教育价值观，即以提高所有受教育者全面素质为价值取向的教育价值观。我国在基础教育领域实施素质教育，多年来，虽然教育界对素质教育与应试教育争议不断，但实施素质教育已经成为我国基础教育改革的主流。素质教育既不是一股具体的教育思潮，又不是一种特殊的教育模式，也不是一项专门的教育政策，而是处于发展变化中的主导性教育价值观，在这种价值观的指导下，教育成为重要的引导工作，以素质教育价值观为指导，教育的对象、内容、本质、方法，教育的理念、模式、体系、政策等，都会在新的前提和基础上再造与重构。当人们日益认识到应试教育的弊害之后，就要求教育重新回到全面贯彻教育方针的正确道路上来，即回归到素质教育上来。以辩证的态度来看待素质教育，我们必须真正确立和落实素质教育的主导地位，而在具体的教育策略或者技术层面，我们可以继续借鉴和利用应试教育，特别是它的一些既行之有效，又同素质教育的目标相融的方式方法。这不仅是完全可能的，也是十分必要的。采取这种具体的历史的态度，会使我们在登高望远、高屋建瓴的基础上提出正确的应对策略。

素质教育是依据社会发展和人的发展的实际需要，以求全面提高学生的基本素质的教育，它有助于帮助学生树立正确的“三观”。当前，正处于青春期的学生与家长关系不和的现象时有发生，教师可以尝试哪些方法帮助家长与孩子优化亲子关系呢？某老师在班会课中的一个思想教育片段有很好的参考作用。该老师先是播放了一个视频，视频讲述了一个小女孩放学回家想看电视，父母却让她学习和弹琴，由此引发了亲子冲突的故事。看完视频，老师将学生分为支持亲方和支持子方两方，进行辩论。辩论既锻炼了学生的思维，也让学生深刻感悟了亲子关系。随后，老师又让亲方和子方各一名同学上台玩游戏，两位同学各自拉橡皮筋的一边，两位同学都不敢太用力，因为橡皮筋拉断就会

---

① 王冀平．教育价值观的若干问题［J］．中共中央党校学报，2005（3）．

导致双方受伤，从而形象地说明了如果亲子冲突太激烈就会导致两败俱伤的结果，让学生通过演示和玩游戏的方法得出感悟。最后，老师还教导学生如何构建与家长之间的沟通桥梁。这堂课不仅加强了师生、生生之间的交流合作，更能帮助学生正确处理与家长的矛盾，使亲子关系更加融洽，让学生和家长收获更加完美的亲情。

三是要坚持“三个面向”。

中国正在进行的现代化改革事业要求我们的教师要面向现代化，面向世界，面向未来。这是邓小平同志提出的教育价值观的发展性取向，是邓小平同志根据我国的国情，从社会主义初级阶段的实际出发，对我国教育事业改革所做出的发展的价值选择。邓小平从来不就教育谈教育，他强调，教育事业的发展必须同国民经济的要求相适应，这就为中国教育事业的发展提出了改革的根本要求。那么，中国教育改革与发展的方向是什么呢？1983 年，邓小平为北京景山学校题词：“教育要面向现代化，面向世界，面向未来”，为我国教育的改革与发展指明了方向。这一题词，也集中体现了邓小平在教育发展问题上的价值性取向。“三个面向”有着丰富的内涵：面向现代化指的是教育必须通过自身的改革，完成从传统教育到现代教育的转变，并为社会主义现代化建设培养适应现代化要求的合格人才；面向世界指的是中国教育必须加强与世界各国教育的交流和联系，以取长补短，从而形成开放性的具有中国特色和风格的社会主义教育体系，为中国走向世界培养人才；面向未来指的是教育必须通过不断的改革与发展为社会的发展培养一代又一代的合格人才，促进中国社会走向更加光辉的明天。“三个面向”既立足于现实需要，又面向长远利益，是理想与现实的结合体。①

第四关：处理好各种人际关系。

所谓“天时不如地利，地利不如人和”，其中“人和”就是指人际关系。人际关系是人们在工作、生活和学习过程中建立起来的人与人之间的关系。这种关系实质上是一种社会关系，并最终通过人际关系把各种各样的社会关系表现出来。只有通过交往，人们才能生存和发展，社会才会进步；才能实现生产的互助和合作，促成能力的互补和发展；只有通过交往，才能满足人们精神、情感生活的需要。而对于教师来说，只有建立起与学生、同事、领导和家长之间和谐、协调的人际关系，才能营造充分尊重个性发展、团结向上的人文环境，以实现自己、学生和学校集体的共同发展。

（1）营造和谐的师生关系。

---

① 张治库．论邓小平的教育价值观［J］．当代教育论坛，2002（4）．

新型的师生关系应当是和谐、融洽、充满浓郁感情色彩的关系。师生关系融洽，是调动学生主动性、促使学生积极开展思维活动的重要条件。所以教师要努力构建一种平等、民主、和谐的师生关系，主要从以下几个方面着手：

在传授知识时，要以学生为本，为学生服务，做到不厌其烦。教师要有目的地对学生进行指导，让学生有更大的自主发展空间。教师要能够放下架子，蹲下身来欣赏学生的学习过程和学习成果。

与学生相处时，教师应当及时了解学生的身心发展状况，及时消除学生的心理障碍，尽力帮助学生解决学习、生活中的困难，体现人文关怀。以真情对待学生，尤其是对于学习成绩不理想的学生，教师要多鼓励、多关怀，相信他们的潜力，真正帮助他们。积极关注、赏识和赞美学生，要主动地发现他们的闪光处。关心、爱护全体学生，尊重学生人格，平等地对待学生，同时又要看到学生是处于半成熟、发展中的个体，需要对他们进行正确的指导。举个实例，小邓是班里的劳动委员，某天值日生未能按时倒垃圾，小邓发现后两人吵了起来，班主任批评教育了他俩，但小邓坚定地说自己只是对工作负责，没有错，还硬要辞去劳动委员一职，班主任向家长反映情况后小邓更是对班主任产生了敌意，竟开始企图在课堂上捣乱。如何正确引导小邓成了班主任的心头之痛。多次交谈未果后班主任决定换另一种方式跟他交谈。某天，班主任带他到操场慢跑一圈，并说："小邓，看着脚下，你的每一步都有一个痕迹，你的路是靠你自己走出来的，如果不想把它走歪，你就要落好自己的每一个脚印。"并且站在小邓的角度引导他为自己的未来、人生进行思考。小邓被触动了，终于认识到班主任全面要求自己，是真心想让自己得以提高，后来自然地也与班主任成了知心朋友。

指导学生时，教师要引导学生沿着正确的道路前进，引导学生学会自我调适、自我选择，成为学生研究学习的促进者，成为学生学会学习、学会生活、学会做人的引路者。

学生之间发生矛盾时，教师要做最公平的处理，不能因偏爱哪个同学就偏袒谁，要坚决杜绝体罚和变相体罚学生的现象，依法维护未成年人的合法权益，在平时，教师要教育和引导学生建立良好的班集体，形成集体荣誉感，促进同学之间建立深厚的友谊，形成相互关心、相互爱护的同学关系，及时排除学生纠纷，杜绝打架斗殴现象的发生，让学生的身心在和谐的班集体中得到健康发展。①

（2）融洽良好的同事关系。

---

① 张云潮．构建和谐校园要正确处理五种关系［J］．湖北教育（时政新闻），2007（5）．

教师之间的关系，较之于师生关系更为稳定，但由于潜在利益分配等因素，所以，这种关系更为微妙、复杂。处理得好，不仅有助于教学的成功，有助于学校事业的发展，也有助于个人自身的发展。教师处理好同事之间的关系，必须坚持以下原则：

一是工作上要团结合作，相互支持。学校工作是整体，必须靠全体教职员工同心协力，互相配合和支持。每一个教师都有其自身的优势，因此，教师之间的交往应充分挖掘互补功能，使教师在互相交往中实现思想上的互助、信息上的互换、情感上的融合和知识上的整合，以提高整个队伍的专业化水平，其中情感的互动显得尤为重要。与同事交往，要主动开发和培养广泛的兴趣爱好，开阔自身的眼界，这样与同事相处沟通时，就多一些谈资，便于找到共同话题，有更多的渠道和机会与更多的同事接近和交往；要善于设身处地，换位思维，善于表现友好相处的愿望；要相互理解，要学会“雪中送炭”，在关键时刻送上温暖，通过互动，促进交往的动态平衡发展，达到每个人价值的最大化，从而在这个教师群体中，形成互相欣赏、互相促进、共同发展的交往机制。

二是生活上要加强交流，互相尊重。尊重他人，既要有对自己的正确评价，也要有对他人全面、客观的评价；既要尊重与自己感情较好、观点相近的同事，也要尊重与自己联系较少、观点相左的同事，要注意克服自傲、妒忌的心态。当发生矛盾冲突时，要及时、妥善地处理矛盾，做到“大事不糊涂，小事不计较”。对待矛盾要学会宽容大度、等待和迂回。同事之间的争辩要掌握好分寸，要避免使用过激和尖刻的语言，以不伤害对方为尺度，对于非原则问题，要适可而止，给对方一个台阶，让对方“顺坡下马”。[①]

（3）与家长积极沟通友好合作。

教师要学会主动与家长沟通。教师与家长交往的途径有很多，可以通过家访、家长会、联系手册、电话、通信、网络等多种形式进行。与家长互通情况共同商讨和协调教育方法及步骤。要树立服务意识，尊重家长，不伤害家长的感情，要全面、客观地介绍学生在校的学习、生活情况，实事求是，既要报忧，更要报喜。特别是出现异常情况或突发事件时，要第一时间与家长沟通，及时分析原因，商讨对策。热情、耐心地与家长进行沟通，虚心地听取家长的意见和建议，共同实施最有效的教育方法。

其实，教师和家长都是以教育好学生，促进学生身心的全面发展为目标

① 黄珊珊．山东省地方高校教师职业倦怠研究——以枣庄×学院为例［D］．山东大学硕士学位论文，2011.

的，彼此应该建立信任和互相支持的平等关系。教师不是家长的上司。教师要尊重家长，才能得到家长的尊重。家长把孩子交给教师，是对教师的信任，所以教师也应该信任家长。碰到见多识广的家长，教师要善于倾听和虚心学习，并得到他们的支持和帮助。碰到个别无理取闹的家长，教师不能把矛盾激化，应该冷静处理，争取同事和领导支持，把事情处理妥当。另外，教师还要与家长建立互相尊重、互相信任的关系，遇到不同意见时，教师要学会换位思考，不要生硬地把自己的观点强加在家长身上，要站在家长的角度多方面地思考问题，耐心应对，以期逐渐形成共识和合力。①

来看一个例子。黄老师新接手的班级里有个出了名的旷课生小林，旷课的程度几乎可以达到使之退学的程度。开学不久，小林又旷课了，黄老师准备邀请其家长前来共商对策，却意外遭到了家长的拒绝，原因是去年他已经多次被要求前来学校。在黄老师的坚持下，家长最后勉强答应了。见面交流后黄老师发现该家长其实是个很爱孩子并且对孩子要求很严格的人，只是“恨铁不成钢”，除了惩罚孩子外也没有其他好法子。黄老师尝试改变教育方式，努力寻找小林同学的“闪光点”，并及时加以肯定和鼓励，让他产生了争取进步的原动力。同时与家长经常联系，及时报告小林的进步情况，并一起探讨对小林的教育和引导方法。在老师、家长和小林的共同努力下，小林有了明显的进步。

（4）与学校密切配合，响应教育号召。

学校内部的各级负责人，如校长、主任、组长是学校的管理者也是领导者。教师要正确地处理好与学校领导的关系。学校为教师的工作提供服务与支持，教师也要配合和支持领导的工作，理解、体谅学校的难处。对领导要有适度、合理的期望值，对他们在工作中出现的一些缺点和失误，要实事求是地提出合理化的意见或建议，并且要学会说服领导，使他们理解教师的善意。遇到困难和挫折，应从大局着眼，放宽气量，讲究分寸，不要故意为难领导。

3.5 由教学新手逐步向优秀教师转型

没有教师的成长，就没有高品质的教育。教学新手向优秀教师转变是教师成长的基本轨迹。促进教学新手向优秀教师转变不仅有利于提高教师队伍的整体水平，有利于实现学生的优化发展，而且有利于推进教育教学改革。

---

① 余文森．高校青年教师要过“五关”［J］．集美大学学报，2000（2）．

3.5.1 优秀教师的基本特征

（1）良好的职业素养。

教师的职业素养决定其职业行为的有效性，而职业行为又是其职业素养品质的体现。职业素养包括职业精神与职业能力，职业行为包括职业创新与职业效能。优秀教师应该具有良好的职业精神、职业能力、职业创新以及职业效能这些较为全面地反映保障优秀教师职业行为有效性的因素。在职业精神方面，优秀教师对教学、对学生具有较强的正向情感，他们把自己的聪明才智等无私地投入教学工作中，表现出很强的情感性与贡献性。在职业能力方面，对优秀教师，我们应该关注的不仅是其现有能力的强弱，更是他们职业能力的持续发展。优秀教师的职业能力具有发展性，停止了自身能力发展的优秀教师，也就失去了优秀教师的特性。一位刚从事教学工作的教师，其职业能力可能较弱，但如果好学上进，就很有可能成为年轻的优秀教师；而一位职业能力强的优秀教师，如果满足于现状，停止自身的发展，就有可能失去优秀教师的特性，逐渐淡出优秀教师的行列。在职业创新方面，优秀教师具有追求高质量的意向与确保高质量的行为的品质，具有持续追求创新的意识与精神。在职业效能方面，优秀教师能够把握现代社会的节奏，具有合乎社会要求的行为效果期望。①

（2）较强的自我完善能力。

优秀教师具有强烈的自我意识，十分注重自身修养，并在工作中不断完善自己。他们在认识自我、反思自我、发现自我的过程中找出问题和解决问题的方式，不断地反思该如何改善自己的教育教学行为。他们不放过任何可以完善自己的机会，通过多种途径去完善自己。他们会积极征求学生对自己教学的意见和建议，也会与其他教师一起切磋教学艺术，在教师研讨会上进行学术讨论，发表自己的教学见解，也不断吸取专家、学者以及其他教师的意见。优秀教师做事都是有一定规划的，他们很清楚自己要的是什么，并为之努力，对于自我完善方面也不例外。优秀教师知道作为教师的自己是怎么样的，知道自己是什么水平，将来要达到什么水平，所以他们会给自己设计课程、设计目标，把这种追求目标化。从课内到课外，从内容到形式、从方法到手段、从理论到实践，他们都能从各种角度寻找到自己发展的动力和方向，达到教学活动与生

① 段兆兵，王守恒．教师专业标准：理念、构成与建设［J］．安徽师范大学学报（人文社会科学版），2010（1）．

命活动的和谐统一。①

（3）具有改革创新的勇气。

教育的对象具有不确定性和偶发性的特点，所以教学不能一成不变。相反，要时刻更新，教师教学才能充满朝气和活力。优秀教师在很多方面都有自己的特色和风格，他们的教学手段灵活，教学内容丰富且有趣，教学实践能力高，这往往得益于优秀教师具有很强的创新的意识、创新的态度、创新的能力，他们不满足于已知领域，积极改革创新，开拓未知领域。他们在搜集信息的时候创新，在创新中再重整信息，探索新的教学方法和模式，从而构造出新的认识成果，形成新的认识方法和学习手段、新的思维模式和先进的教学模式等等。更重要的是他们的创新精神会通过教学把学生的创造力量诱发出来，将其生命感和价值感唤醒。身处教学第一线的他们，积累了丰富经验的他们，能够通过自身的教学去推广和宣传教育改革。他们善于发现和激发学生的创造性，培养学生正确的思维模式，提高学生独立学习的能力。有没有明确而先进的教育理念，有没有积极改革创新的意识、态度和能力，有没有对教育理想的孜孜追求，是优秀教师和普通教师的根本区分所在。

某职校服装专业课程的罗老师在教学过程中，采用"一体化"教学模式，使相互关联的专业知识相互融合，实现无障碍衔接。"一体化"教学分五步实施（以下以休闲夹克衫的设计、制作为例）。

①设计：由教师讲解并启发学生充分讨论，总结出夹克衫的款式特点：衣长较短、胸围宽、袖口紧、下摆紧等。夹克衫没有固定的样式，领型、袖型、袋型等变化很多，款式丰富。要求每个学生为自己设计一款运动休闲夹克衫。为了设计出理想的款式，鼓励学生到市场上了解此类服装当季流行特点或通过专业杂志或电视节目等多种途径捕捉信息和设计灵感，在画出的数个款式图中选出最满意的一款。

②面料选购：教师带学生到服装面料、辅料市场进行现场学习，了解面料的流行趋势，掌握各种面料与服装款式及类型的关系，寻找质地、结构、性能、色彩等适合本款服装的面料、辅料。学生们精心地对比挑选搭配，教师给予及时指导。许多学生为了使自己的服装更精彩更有个性，主动购买了烫贴饰物、滚条等。

③样板制作：打版推版是实践性、技术性强的环节。由于每个学生的款式不同，版型也不同，教师在集中讲解版型结构框架等共性问题后，鼓励学生相互讨论，指导学生查阅教材及各种资料，寻找相应部位的打版方法。

---

① 王升，赵玉双．论一般教师向优秀教师的转变［J］．教育研究，2008（8）．

④制作环节：自己的设计将要成为成品，是一种很大的诱惑。学生盼着早日见到或穿上自己设计的衣服而急于求成，制作粗糙。工艺质量是作品的生命，必须严格把关。在制作过程中学生发自内心地请求老师的帮助，期待老师的具体指导，有了老师的帮助与指导，往往可以达到事半功倍的效果。

⑤作品评估：作品完成后学生将服装穿在身上评估，让学生本人也参与到对自己作品的评价过程中来，找出作品的优缺点，给出相应的成绩。

罗老师的"一体化"教学实践促进了学生对专业知识的融会贯通，提高了学生的专业水平和实际操作能力，改变了学生短时间内难以学以致用的局面，在23人的小班中，除了有1件作品因工艺原因作废外，大都得到了有效的利用：学生自己穿的15件，送给亲友的7件。另外，有的学生穿着自己的作品到其他班级同学中展示推销，接来订单数件。经过一学期的"一体化"教学实践，学生的专业技能水平明显提高。

（4）善于总结反思。

优秀教师善于反思，因为他们相信没有反思的经验只是狭隘的经验，最多只能是肤浅的体验。优秀教师在长时间的实践训练的基础上，工作经验丰富，通过不断的反思和总结，使自己的教学水平达到了高度熟练的程度，在自己的专长领域甚至达到了自动化的程度，这样大大减轻了自己的负担，可以集中精力完成更高水平的任务。所以他们往往具备熟练的教学技能和技巧，也有一套实施教学课程的稳定策略，比如在制定和执行课堂规则的基础上，能够吸引和维持学生的注意力，并调动其参与意识，使教学效果达到互动的理想目标。在评价学生时形成了一套规范化的程序，并不断充实。另外，他们遇到问题时，能够很快抓住问题的实质，找到解决问题的思路，而且倾向于自我调控，不时检验自己对问题的理解和解决问题的策略，而且效果通常要比一般的新手好。在搜集和整合资料方面，他们凭借敏锐的洞察力，能够有效地筛选出有助于解决问题的信息并很快认清其关系。在其专长的领域内，认知反思型教师解决问题的效率较高，他们靠丰富的经验，能够迅速完成许多项活动，能将注意力集中于教学过程中高水平问题的解决上。因此在相同的时间内，优秀教师能比新手教师做更多的工作。

优秀教师反思的内容主要是自己的教学行为，从教材分析与设计、教法与学法的选择与应用、课堂细节的处理等多个层面去反思。一堂课下来，优秀教师总会有些新的感触，所以在日常的教学中，他们还经常问自己这样的问题：这节课，我投入激情了吗？对教材的解读，有更恰当的角度吗，哪些问题没注意到？这节课的教学目标是不是合理，还可以怎样安排得更好？这节课最大的遗憾是什么，如果重新来上这节课，还可以怎么改进？哪些东西可以讲得让学生更易于接受，还可以加入哪些更好的课堂元素和方式？哪个地方最值得改进？这节课中最难忘的一个细节是什么？优秀教师听其他教师的课，也反思着，学习他人讲得比较出彩的地方，例如更自然的教态、更精辟的讲解等，再回头反思自己的课，比较两者的差别，看出自己思路的缺陷，慢慢地跳出自己原有的固定思维，从而使自己的教学设计更得心应手。反思的深度，决定着教学所能达到的高度。优秀教师除了反思教学，同样也反思着为人处事，反思一切可以反思的东西。同时，他们一边反思，一边记录，用键盘留下文字，为研究自己的教育教学提供鲜活的案例，这些都对自己的教学有很大的帮助。活跃在教坛上的大师们，大都是反思的高手，也是通过一步步的努力，才逐渐成长为优秀教师的。①

（5）拥有深厚的知识功底。

优秀教师应当是本学科的专家型教师，体现了知识的动态性和广博性的统一，即知识面的广博，形成了相对稳定全面的知识结构和科研能力，并且动态发展。调查显示，优秀教师兴趣爱好多，知识面广泛，知识结构呈现出较为精深的特点，丰富的知识能够使教师在教学过程中从容自如地讲解课程，举实例时信手拈来，这是取得良好教学效果的前提和基础，有利于培养学生的兴趣和爱好。其知识结构表现出全面广博的特点，知识面并不只限于自己的专业学科，而是涉及文学、艺术文化、体育保健、自然科学知识、心理健康知识等等，上知天文，下知地理。据有关学者分析，优秀教师的知识结构有以下特点：

①目的性：优秀教师有目的地选择知识信息，追求知识的价值性，其知识结构有利于形成合理的能力结构、思维结构和策略结构。

②动态性：优秀教师将终身教育的观念时刻铭记于心，面对知识经济时代科技文化、技术知识的大爆炸，优秀教师始终紧跟时代脚步，时刻更新自己的知识。

③超前性：优秀教师时刻关注着知识信息的更新并对其进行搜集和整理，不断补充新的知识信息，并有着自己独特的理解方式。

④差异性：优秀教师有着强烈的个性特色，会按照自己的理解和认识对知识进行整合处理，在知识结构中会有时间和专业上的差异性。

在知识化社会，在国际化与信息化的时代，优秀教师应该具有这四方面的特点。其可以应对国家挑战和适应素质教育改革。就我国教师现状而言，这一任务仍然相当艰巨。解决这一问题就要研究优秀教师形成的过程和规律，再据

① 秦发盈．我国优秀教师的特征及形成过程探微［J］．天津市教科院学报，2005（5）．

此制定出具体的培养策略。

3.5.2 优秀教师的形成过程

优秀教师的形成过程无疑是一个长期奋斗的过程，能否成为优秀教师，就看能不能不懈努力，坚持到最后。多数学者将优秀教师的成长过程分为三个时期：适应期、发展期和成熟期。

（1）适应期。

“纸上得来终觉浅，绝知此事要躬行。”刚跨出师范院校的大门、初涉教坛的新手教师，激情澎湃，胸怀大志，准备意气风发地开始自己的职业生涯，想象着从他们手上将教育出一个个好学生。殊不知，他们在师范院校所学的是书本知识，是抽象的理论知识，所得到的经验也多是间接性经验。原来只是纸上谈兵，现在却要亲自作战。他们对真实的教学情况了解不多，缺乏实践经验，面对实践中出现的问题常常会手足无措，不能完全有效地解决教学问题。不少教师在此阶段感到力不从心，怀疑当初的选择是否正确。这是教师最脆弱的时期，教师能否及时得到关注与支持，能否度过这个时期，关系着他们今后能否成长为优秀教师。虽不可直接说跨过这个时期，便可以“柳暗花明又一村”，然而，“百尺竿头更进一步”却指日可待。

教师适应教育工作的快慢，取决于以下一些因素：教师在职前准备期的素质高低，自身素质是否适合教师的工作；在适应期，是否得到有经验的教师的帮助和指导，学校是否为新教师提供更多的教育教学实践的机会和舞台，自己是否努力锻炼自己的能力。

（2）发展期。

这个阶段是教师在初步适应教育教学工作后，继续在教育教学实践中锻炼自己的教育教学能力和提高自己的知识和能力水平的时期。

教育是一种实践性很强的社会活动，需要通过反复实践、加强反思、总结经验教训才能更好地完成。一个教师不论天资多好，学历多高，环境多优，如果疏于动手动脑，不管任教于哪一科，于教学而言，都很难有所长进。正如波斯纳所说的“成长 = 经验 + 反思”，经验和反思是成就优秀教师的两大法宝。虽然真理具有情境性，经验具有主观性，但是教师必须对某些具有共同特征的问题进行必要的总结。由于时间和精力的局限，教师往往侧重于研究如何授课，对学生的学习和心理往往研究不够，但随着教的问题的解决，教师就会逐渐地把重点转移到研究学生上面来，更多地关注和研究学生的心理、需要、学习方法等，从而更理解学生的心理，更有针对性地指导学生的学习生活。在这个阶段，教师还只是具有初步的教育教学实践能力，这些能力还没有达到熟练和全面的程度，所以仍需继续努力。

（3）成熟期。

优秀教师在发展期经过比较长期的教育教学实践锻炼，上了很多课，接触了很多学生，因此，在自己的头脑中，有了丰富的表象，这些表象既有关于课堂的，也有关于学生的，还有关于教材的，即所谓见多识广，经验丰富。不管出现什么样的教育情景，不管是什么样的学生，他们都能够凭借自己的教育教学经验或直觉自如应对，工作自动化、有效率，能够比较自如地处理各种各样的问题，并形成自己的教学风格。教学风格是指教学活动的特色，是教师的教育思想、个性特点、教育技巧在教育过程中独特、和谐的结合和经常性的表现。教学风格的形成是一个教师在教学艺术上趋于成熟的标志。教学风格必须具有一定的稳定性和实效性。据调查，优秀教师具有自己特有的风格：善于营造开放轻松的氛围，重视学生主动性的发挥；鼓励学生大量阅读，强调“三分文章七分读”“书读百遍，其义自见”；学生遇到不懂的内容，或集中讲解或个别辅导。跟其他教师相比，他们很清楚自己该做什么，该怎么做；不该做什么，怎样避免；能灵活应用各种教学方法、策略和资源。事实证明，这样的教学模式更能获得学生的认可，更有利于提升学生的综合能力，更符合素质教育的宗旨。

3.5.3 影响优秀教师成长的主要因素

毛主席说过：“外因是变化的条件，内因是变化的根据，外因通过内因而起作用。鸡蛋因得适当的温度而变化为小鸡，但温度不能使石头变为鸡子，因为二者的根据是不同的。”纵观优秀教师的成长规律，分析文献资料和优秀教师的成长案例，从中可以发现，能否成长为优秀教师，主要就看教师能否更好地协调和发挥内、外因素的作用来提高自身的能力。

影响优秀教师成长的因素有：

（1）较好的外部条件。

一是地理环境。学校建立在交通较为方便的地方，方便教师与外界的接触和交流，可以为教师的成长提供最基本的保障。当然，现在信息交流途径很多，山区、农村同样可以与外界进行广泛的交流。如果学校还具备齐全的现代化基本教学设施和网络资源，将大大地提升教师成为优秀教师的概率。

二是学校环境。学校是教师基本的活动场所和工作地点，所以与地理环境相比，学校环境的影响显然更为突出。校舍建筑、校园活动、学校文化交流、人际关系的基本模式、人的社会行为的基本规范等都为教师成长提供了一定的文化氛围。当然，能否形成良好的校园环境，更多的还是依靠学校领导的精心建设。学校领导支持和重视教师的成长，为教师的发展提供各种各样的机会，例如鼓励教师参加教学研讨会、新老教师交流会等；学校领导目光长远，做事深思熟虑，能够根据条件的改变做出相应调整；采取人性化的管理模式；对不同成长状态的教师提出合理要求等，这些都可以给教师更多成为优秀教师的机会。所以在一定程度上，学校领导引导并影响着学校文化。另外，学校具有积极向上的校风和开放包容的人际关系，可以促进教师成长，有效缩短教师成长所需的时间。

（2）积极的内部状态。

无论外部条件如何，如果教师的个人状态能调整好，那么对教师成长将不会有很大的影响，反而，艰苦的环境更有利于青年教师的锤炼成长。

值得注意的是，日复一日、周而复始地重复熟悉的工作之后，人的惰性就会逐渐表露出来。普通教师常常会出现"虎头蛇尾"的工作现象，学期初的时候，心里充满了热情，备课充分，上课认真，工作积极主动，可是过一段时间后，这种热情会慢慢被枯燥的工作磨灭，做事开始松懈，表现为备课随便，由"详案"变成"简案"，甚至基本不备课，上课也马虎应付，对学生漠不关心、爱理不理等。优秀教师与其最明显的区别就是，除了关注个体适应性外，更注重克服这种适应带来的惰性。他们深谙惰性带来的危害，所以他们积极寻找工作中的乐趣，寻求机会发挥自身的潜力，让自己对这个行业充满好奇心，充满快乐。这种积极上进的态度加速了教师在优秀之路上的步伐。

教师是一个需要终身学习的职业，这种学习没有时间、空间的限制。优秀教师随时随地都保持学习的状态。他们之所以能保持学习的热情和持续性，是因为他们有着发展的敏感性，能识别机会，并及时把握机会。无论外部条件如何，发现、抓住并利用各种条件实现自我价值是优秀教师的理性选择。

要成长为优秀教师，还需要一种责任意识。责任感强的人，在做事时不会忘了自己的使命，在关键时刻破冰前行。优秀教师能时刻意识到自己承担着教书育人的重任，并无时无刻不在为这个重任付出努力，而这种强烈的责任意识恰恰激发了教师自我发展的潜能。

总之，优秀教师是教育事业发展的根本保障，他们的成长是内外因素共同作用的结果。从教师的长远发展来看，优秀教师成长的初期更需要外部条件，后期更依赖内部因素。外部条件影响教师的发展速度，观念与态度等内部因素则决定其发展成效。①

① 赵清明，郝俊英．浅析中学优秀教师成长过程及影响因素：优秀教师成长规律个案研究［J］．沈阳大学学报（社会科学版），2013（2）．

3.5.4 向优秀教师转变的策略及做法

成为一名优秀教师是每一名教育工作者的追求，然而并不是所有的教师都能成为优秀教师，那教师要如何向优秀教师转变呢？必须说，这一过程是艰辛的。如何转变，主要可以从下面几个方面去思考和努力。

（1）热爱教师职业，忠诚教育事业。

教育是一个漫长的过程，影响着一代代人的成长。教师在这个过程中也在不断地成长。但有多少教师能够对这份职业从一而终、心甘情愿、乐在其中呢？对于很多教师来说，教师不仅仅是一份职业，更是一项事业，是一项终身型的事业。他们热爱着自己的事业，对自己拥有一颗平凡心，对工作拥有一颗事业心，对学生拥有一颗爱心。他们是用生命在诠释着这份伟大的职业。这也注定他们的一生将是思考的一生、奉献的一生、奋斗的一生，同时也是有意义的一生、快乐的一生。所以要想成为优秀教师，首先要热爱我们所从事的事业，让我们的工作快乐起来。在平凡的岗位上播撒爱心，收获希望，享受平和而又丰富充实的幸福人生。

（2）钻研教育理念，优化教学方法。

“思想是行动的先导。”先进的教育理念对教师的成长起着引领作用，所以面对新课程改革，教师应加强学习新的教育教学理论，学习建构主义、多元智力、后现代主义等教育教学理论，透彻理解并掌握新课程改革的教育思想，树立正确的教育观、人才观和质量观，抓住机遇，认真学习新课程改革措施，提高自身的理论水平，并且将其运用于教学实际。积极践行新课程改革精神，敢于创新，多学习，多思考，争做新课程改革的先行者、开拓者，甚至领路人。事实上，当我们对一些教育专家和优秀教师的成功事例进行分析时，不难得出这样一个结论：作为教育工作者，他们之所以出色，固然是因为他们有着执着的追求、高尚的师德和精湛的教育艺术，更是因为他们有着比普通教育工作者更为超前的教育观念，他们总能超前地认识到一个时代应该具备什么样的教育观念。魏书生老师的“商量，商量，再商量”，丁榕老师的“以心理教育为突破口”，卢仲衡教授的“数学自学辅导教学”等等，都是以人为本的教育理论在实际教育工作中的具体体现。这种先进的教育理论促使他们最终走向了成功。[①] 先进的教育理念对优秀教师的成长起着引领作用，所以教师要树立先进的教育理念。教师在教学中要多思、多学、多探究，准确把握先进的教育理念。无论在哪个岗位，都要始终做到“活到老，学到老”，即拥有终身学习的

① 张廷武．教师最重要的是教育观念先进［N］．中国教育报，2001－10－25.

精神。在教学中，教师应注重结合当前教育的发展纲要和教学方法的创新，课前精心准备，认真思考，积极创设有益于教学的方法，并注重与教研组的同事进行经常性的集体备课，探究创新的教学方法和有益的教学模式，在业务学习上，注重学习和教学相结合，把握先进的教学理念，提高自己的教育教学水平。

（3）完善知识结构，提高专业能力。

教师是学生增长知识和塑造品德的导师，无论是优等生还是差等生，他们都渴望从教师那里学到更多的科学文化知识，提升多方面的能力。教师的任务是教书育人，要教好书、育好人，就必须具备丰富的科学文化知识和高超的教育技能以及良好的专业素质。教师必须努力钻研专业理论，不断学习现代教学教育理论，完善知识结构，及时传递新的信息，并用新的教具和新科技手段辅助教学。

如何提高教师的专业水平，完善教师的专业知识结构呢？可以从以下几个方面着手。

一是让专业知识结构更加完善。

俗话说得好，“站得高看得远”。专业知识是每个教师必须具备的，只有夯实自身的专业功底，具备了扎实的专业知识，教师才能在教学中站得高看得远，才能放得开并收得拢，才能准确地评价学生知识掌握的程度并适时调整教学计划，才能面向全体学生并提高教学质量，所以要努力提高自己的专业知识水平和专业知识素质。这就要求教师必须具备一定的心理学和教育学知识，针对不同个性的学生采用不同的方式方法进行教育，因为教师面对的是一群有思想、有个性的天真烂漫的孩子，不同年龄段、不同性别或同年龄同性别的不同学生，其心理是不一致的，要注意因材施教。一位数学老师在这方面的教学方法显示出她是教学的有心人。她在上 20 以内的退位减法“十几减 9”时，先在投影屏幕上显示公园里卖气球的场景：总共有 15 个气球，小朋友买了 9 个。该老师让学生明确题意，之后放手让学生尝试、探索计算方法，最后组织小组交流算法，结果发现学生有 5 种不同的列式方法：①$10-9=1$；$1+5=6$。②$15-10=5$；$5+1=6$。③$5-4=1$；$10-5=5$；$1+5=6$。④$9+6=15$；$15-9=6$。⑤$5-5=0$；$10-4=6$。最后，老师提问：在这些方法中，你喜欢哪一种方法？为什么？在接下来的练习中，老师允许学生选择善于理解的方法做题，并鼓励大家用不同的方式做题。可见，这位老师能从学生的实际情况出发，因材施教，为个性化学习提供了开放空间，体现了以学导教，使“不同的学生学习不同的数学”。

教师要不断地“充电”，不断更新知识，扩大知识面，完善知识结构。教师不但要熟练掌握专业知识，把握时代脉搏，了解最新研究成果，对学科发展的前沿知识有一定了解，还必须利用课余时间进行充电，自主学习人文、科技类知识，开阔视野，补充文学、地理、时政、现代信息技术等其他相关方面的知识，以更好地适应当前的教学，让自己的专业知识结构更完整。

二是让信息技术为课堂增光添彩。

信息技术与学科教学整合，已经成为现在主流的教学模式，也是未来教学的发展方向。这并不是说要摒弃传统教学模式，而是说掌握多种教学模式可以让我们的课堂更加精彩。大容量的、丰富多彩的教学内容，因为有多媒体的辅助而形象鲜明、图文并茂。音频、视频真实生动，可以帮助学生更直观地学习，教师恰当地运用，可以使学生在短时间内掌握知识理论，收到良好的教学效果，使课堂教学更加精彩。

为此，我们应该正确树立教育信息化理念，学习相应的信息技术，不断提高信息技术应用水平。课件的制作使教师增加了精细化备课的时间，在网上搜集有关的教育教学信息，可以帮助其组织教学内容，整理教学结构，提高教学能力，同时也增强课程整合和开发能力。

（4）坚持“终身学习”，观念不断更新。

当今时代，知识更新的速度大大加快，信息化特征明显，大量的边缘学科涌现，知识周期不断缩短，这是一个终身学习的时代，一个更加注重开发人类的资源、潜力与价值的时代。对于新时代的教师，对于以传道、授业、解惑为己任的教师而言，“一朝学成而终身受用”已经不再适用，只有树立终身学习的观念，才能顺应时代的发展，满足教学的需要。人们获取信息的渠道在拓宽，同样地，学生学习的渠道也跟着拓宽，而且学生对新事物的汲取往往比教师要快、要广，常常超出教师的想象。可能许多课本尚未涉及的知识，学生已经通过其他渠道了解到了。只有树立终身学习的观念，教师才有动力去获取新的知识，更好地解决学生的疑虑。习近平总书记在致全国教师的慰问信中指出，教师应“牢固树立终身学习理念”，加强学习，开阔自己的知识视野，努力成为业务突出、学生喜爱的高素质教师，并时刻为学生提供鲜活的成长清泉。

更新学习方式是提高学习效果的有效途径。随着科技进步和学习媒介的多元化、立体化，教师要与时俱进，不断更新自己的学习方式，主动从各种渠道获取学习机会，利用现代科技手段和媒介，丰富自己的知识，适应工作需要，这样才能提高自己学习的效率和效益。教师的学习方式可以有很多种，博览群书可以学习，谈话聊天可以学习，网络互动可以学习，上微信、刷微博也可以学习。只要终身学习的理念渗透于自己的身心，每时每刻都是在学习，每处每地都是在学习。

在学习过程中，教师要善于去粗取精，提高学习能力。知识是学无止境的，一个人的精力和能力也是有限的，任何人包括教师都不可能垄断所有知识的传授，不可能把所有的知识都学懂学精，但又不能仅靠“吃老本”，这是难以胜任教书育人这一神圣职责的，所以要求教师在学习的过程中必须有选择地学习。首先可以广泛涉猎，各方面的知识都有所了解，其次就是选择一些自己比较感兴趣的知识和与自己的工作有关的知识来深入学习，不断丰富自己的知识，提高自己的能力。例如，文科教师可以有意识地多学一些理科的知识，而理科教师则应该多学习一些文科知识，兼收并蓄，文理兼容，这样有利于拓宽知识宽度，融会贯通，这样才能真正成为业务精湛、受学生欢迎喜爱尊重的高素质教师。

怎样才能在成长的道路上走得更好、更快些呢？对于热爱教育事业的教师来说，最主要的还是要自觉，要有强烈的成才自觉性，主动去发现机会、珍惜机会、抓住机会。影响教师成长的最大障碍，不是环境和他人，而是自己的惰性、自满、自我原谅、自我开脱，是高不成低不就的自以为是的“潇洒”。教师在培养跨世纪的人才，要想给学生一杯有价值的水，自己就必须有源头活水。这源头活水不能只依赖别人，更主要的还是靠自己发掘。教师保持“职业青春常在”的秘密只有一条，那就是有强烈的成才自觉性，立足提升，永不停滞，永远不要放弃属于自己的行动机会。要利用环境，主动把握机遇，实现自我成才、超越别人的目标。自觉坚持学习，向同行学习，向学生学习，向书本学习。①

（5）自觉向“反思型教师”转变。

所谓反思是指新教师能通过总结学习及实践经验中取得的成果和出现的问题，不断调整自己的知识结构，改进自己的实践方式，以获得持续的终身发展，达到成长的质的飞跃。实践是中心，反思是中心之关键。在反思中，自己将得到真正意义上的成长。美国著名心理学家波斯纳认为“没有反思的经验是狭隘的经验，至多只能成为肤浅的知识。如果教师仅满足于获得的经验而不对经验进行深入的思考，那么他的教学水平的发展将大受限制，甚至有所滑坡”。因此，他还提出了教师成长的公式：成长 = 经验 + 反思。该公式体现了教师要成长，仅有经验是远远不够的，要想做一名优秀教师，就一定要同时是一名反思型教师。在我国，早在两千多年前，古人就强调反思对学习的重要性，人们耳熟能详的“学而不思则罔，思而不学则殆”，强调只有师生共同反思，教师的教和学生的学才能相互促进，才能获得优良的教学效果。

---

① 黄清华．中学教师成长阶段及规律探讨［J］．新课程（教师版），2007（1）．

要使自己成为反思型教师，须从以下几个方面努力：

一是要掌握系统的教育教学理论。反思是一个相对复杂的过程，需要一定的理论支撑，对有关理论进行系统学习和思考是教师进行反思的首要内容。理论能使教师具有反思意识，能够对教师的实践提供有效指导，帮助教师发现理论与自己教学的实践不一致，对实践中反映出来的问题加以反思。

二是要对课堂进行剖析。对课堂教学进行剖析是反思的重点。理论应与具体实践相结合，教师可以运用录影、录音等设备随堂记录课堂教学全过程，观看自己的课堂录像，并对自己的教学行为进行剖析，把课堂教学的成功之处和不足之处都挖掘出来，并让同科教研组教师进行点评，针对课堂活动、重点突出、难点突破、练习设置等环节，在共同的交流中，发现和鉴别出有助于解决问题的信息，解决困惑点，从而提出改进的方法，以期共同进步。同时积极听评同行的公开课、示范课等，寻找别人的成功经验或失败教训，为自己的教学提供不同的视角和更多的启示，促进自身专业发展。这样一来，教师一边实践一边研究，以实践促研究，以研究指导实践，能够针对教学中的具体问题和特定条件，灵活地运用理论知识，解决所面临的实际问题。这样，教师一方面提高了自己的教学质量和教学水平；另一方面为成为优秀教师打下基础，使教师成为自觉的教育实践者。

三是撰写教学反思日记。撰写教学反思日记不失为反思的好方法。教师撰写教学反思日记，及时将自己在教学过程中遇到的一些困惑、思考或感触记录下来，其不一定要有固定模式，但教师在记录过程中，要有感而发，灵活掌握，择其要点而记之。如记录一节课中最精彩或最糟糕的教学过程，分析成功的经验或失败的教训，帮助自己重新认识自己的教学行为，时间一长，就能逐步形成自己独特的教学风格，促进自身专业水平的提高，真正成为反思型教师。

总之，反思型教学对于提高教学质量具有极大的作用，教师必须争做一个反思型的教师，在教学实践中不断反思，在教学反思中不断成长。

成长篇

4　新教师成长的有效途径

邓小平同志说过："一个学校能不能为社会主义建设培养合格的人才，培养德、智、体全面发展，有社会主义觉悟的有文化的劳动者，关键在教师。"究竟教师的发展现状怎样呢？应该说，大多数中、老年教师在教书育人生涯中辛勤耕耘，不断创新，成果硕硕，为新教师做出了榜样，但也要承认，教师队伍的发展在主、客观上也存在不少有待改进的问题，甚至有学者指出：现在不少"教师的实验操作在黑板上，活动体验在口头上，社会实践在教室里，综合考核在分数里"。观念陈旧、知识老化、技能单一、情操不高、不善学习，应该说这是不少教师在发展过程中所遇到的瓶颈。

教师队伍中的新生力量——新教师的状况，更应该引起我们的重视和了解，应该关注青年教师的成长和发展，要特别重视对新教师的指导和培养。其中，研究新教师与优秀教师在教学等方面的共同点与不同点，是探索新教师成长的有效途径之一。

4.1　新教师与优秀教师的比较

广义的教师泛指传授知识、经验的人。狭义的教师指受过专门教育和训练的，在学校中向学生传递人类科学文化知识和技能，发展学生的体质，对学生进行思想道德教育，培养学生高尚的审美情趣，把受教育者培养成社会所需人才的专业人员。

有研究者（Dreyfu S.，1986）从教师业务水平的角度，将教师分为五个阶段：[①] 新手水平、高级新手水平、胜任水平、熟练水平和专家水平。

（1）新手水平教师是师范生或刚进入教学领域的教师。在这个水平，教师的任务是学习一般教学原理、教材内容知识和教学方法等，并熟练课堂教学

① 伍新春．儿童发展与教育心理学［M］．北京：高等教育出版社，2007.

的步骤和各类教学情景，初步获得教学经验。

（2）高级新手水平教师是指有2~3年教龄的教师。他们的言语化理论知识与经验相融合，教学事件也与案例知识相结合。他们开始意识到各种教学情景有共性，也会运用一些教学策略来调节和控制自己的行为。但是，他们还不能有意识地控制自己的行为和课堂中的教学事件，还不能准确地把握和处理课堂中的教学事件。

（3）胜任水平教师并不是每个教师都能达到的。他们的教学有两个特性：一是能明确自己的教学目标和内容；二是能确定课堂教学活动中各类事件的主次。这种教师对完成教学目标有较大的自信心，但是他们的教学技能仍然达不到迅速、流畅与变通的水平。

（4）熟练水平教师对课堂教学情景和学生的反应有敏锐的观察力。他们能从不同的教学事件中总结共性，形成关于教学的模式识别能力，可以准确预测学生的学习反应。正是由于获得了这些能力，熟练水平教师能根据课堂教学进程及学生的学习反应，及时调整自己的教学计划，并有效控制自己的教学活动。

（5）专家水平教师在处理课堂教学事件时，并非以分析、思考、有意识地选择与控制等方式，而是以直觉方式立即反应，从而轻松、流畅地完成教学任务。①

我们按照教师各方面能力和素质的不同，把处于职前阶段（在校师范生或还未进入教学岗位的准教师）或职业适应期阶段（一般教龄为1~5年）的教师称为教学新手，即新手教师。新手教师刚涉足教学领域，因而缺乏一定的教学经验，主要是通过学习和模仿老教师，促进自身的成长。

对应地，我们把处于职业成熟期阶段（通常教龄在10年以上）且被公认为教学水平高、教学效果特别好的教师称为教学能手，即优秀教师。优秀教师在中、小学教育方面拥有十分丰富的教学实践经验，并且已经形成了个人独特的风格。

优秀教师的课堂教学是优质高效的教学，其教学效果显著，体现出独特的个性风格；而新手教师的课堂教学效果有时并不那么理想，甚至有很多的不足。我们要促进新手教师的成长，就有必要找出优秀教师与新手教师的差别，以优秀教师的成长的影响因素作为对照，以指明新手教师的发展方向，缩短新手教师的成长周期。因而，我们比较研究优秀教师与新手教师的差异以及影响

---

① 戴威．面向教师专业发展的学习交流平台设计应用分析［D］．华中师范大学硕士学位论文，2008.

其形成的因素，对新教师的成长具有重要的理论和实践意义。

新手教师初出茅庐，在教学各方面的能力上与优秀教师有着明显的差距。相关研究表明，优秀教师主要有以下优势：具有系统化组织化的专门知识并能灵活恰当地运用；善于高效率和创造性地解决相关领域内的教学问题；在教学领域具备敏锐的洞察力。

我们主要针对优秀教师与新手教师在教学能力、人文素养、心理状态特征以及教育观念四个方面的差异进行分析探讨。

4.1.1 教学能力的比较

我国学者普遍认为：能力是个性心理特征的组成部分，它是顺利地完成某种活动、任务在心理方面需要的基本条件。可见，能力是在具体活动中表现出来的，会影响到活动的效果。

与教师职业相关的能力包括特殊职业能力和一般能力。教师的特殊职业能力主要指教师的教学能力，它不同于教师的一般能力。教师的一般能力也指教师的智力，张大钧在其主编的《教学心理学》一书中，对教师的智力与教育能力做了明确区分，他认为教师的智力是从事教育工作应具备的基本心理素质，是教师从事教学工作的心理基础，它主要包括：敏锐的观察力、准确的记忆力、丰富的想象力、优良的思维品质、善于分配的注意力。由此可见，教师的一般能力是基本的心理能力，它以思维能力为核心，是教师职业能力的前提；而教师的职业特殊能力是一般能力的延伸。

罗树华、李洪珍在其《教师的能力》一书中认为，教师的一般职业能力分为三种，即教师的教育能力、教师的班级管理能力和教师的教学能力，并指出，教学能力主要是指教师应当普遍具有的运用特定教材从事教学活动、完成教学任务的能力，具体包括：掌握和运用教学大纲、教材和教学参考书的能力，编写教案的能力，选择和运用教学方法的能力，因材施教的能力，实施目标教学的能力，组织课堂教学的能力，教学测试能力，制作和使用教具的能力等。①

可见，教师的教学能力是教师为了保证教学的成功，达到预期的教学目标，而在整个教学过程中所体现出来的综合能力。教师的教学能力具体包括：全面掌握与科学设计教学内容的能力、良好的语言表达能力、多方面良好的组织管理能力、善于因材施教的能力、对教学情境的调控能力、自我监控能力、自我评价能力、自我教育能力、一定的教育科研能力和教育应变能力。教学能

① 张敏．高等院校新教师教学能力发展研究［D］．哈尔滨工业大学硕士学位论文，2007.

力与教学活动密切相关，它是教师的教育教学工作的条件和保证，同时教师的教学能力总是在教学实践活动中不断地形成和发展并且体现在具体的教学行为中的。

从构成教学系统的基本因素分析，教育教学活动所涉及的能力主要可概括为教学认知能力、教学操作能力和教学监控能力。而在整个教学能力的结构中，教学认知能力是基础，教学操作能力是教学能力的集中体现，教学监控能力则是关键所在。

处于不同发展水平阶段的教师，其教学能力表现出不同的特征。新手教师的教学能力表现为对相关知识结构初步熟悉，有一定的教学设计能力、组织教学能力、调动学生自觉学习的能力以及教学评价能力。他们在职业适应阶段，文化素养、道德素养、心理素养、教学能力素养等因素基本上已经形成，在学科专业知识、教育理论知识等知识结构上有了一定的了解，也经过了一段时间的教育教学实践，在教学实践中，教学能力也逐渐发展并趋于一定的稳定状态。而优秀教师经过长期的教学实践活动，通过不断的学习和研究，各方面能力和知识储备都得到由量变到质变的发展，综合素质和能力达到了高超的水平，他们在重视课堂教学能力、研究教学能力的发展提高的同时，更加关注学生的个性，关注如何促进学生个体身心的发展。

我们分别对多位一线新手教师和优秀教师进行了访谈及观摩了解，对优秀教师和新手教师在教学过程中在教学认知能力、教学操作能力和教学监控能力三个方面表现出的差异进行了探析。

（1）教学认知能力。

教学认知能力主要指教师认识、理解与把握教学活动的基本元素的能力，即以教学系统为认知对象，对学习者的特点、课程、教学目标、教学策略与方法、教学环境、学生反馈等进行分析判断的能力，是进行教学活动的前提条件，是教师教学能力的重要组成部分，它关系到教师专业的发展和有效教学的实现。

关于教学认知能力，我们主要强调教师在教学设计方面，应灵活且有针对性地分析处理教材并对教学内容进行创造性的设计。

新手教师以教材为中心，更多地依赖教材，在教学设计中更多地体现自己的意志，不能灵活处理教材内容。新手教师认为，对教材的处理要以教材为主，认为教材具有权威性，是经过教育专家和优秀教师多年的教学实践积累的精华，因而他们很少研究教材内容之间的联系以及如何更好地呈现教材，他们最常用的做法就是将教材的内容照本宣科地传授给学生。而教学设计方面，新手教师由于没有积累足够并且系统的教学经验，对教学过程中可能出现的问题没有预见性，也不能及时有效地应对。他们在做教学设计时往往需要把教学过程的每一个细节如语言和动作等，按照自己的意志设计得很详细，并且全部呈现在教学设计方案中。

在观摩听课过程中，我们经常发现有些老师的教学内容上不完，导致拖堂；有的是整堂课的气氛很平淡、很沉闷，缺少活力；还有的是环节很多，上课赶时间。有些教师对课程标准的要求掌握不到位，而导致教学目标无法完成，这是因为他们在备课与讲课的过程中只注重对本册教材的研究，而忽略了教材所涉及知识间的内在联系。

优秀教师以学生的学习为中心，教学设计从学生实际出发，对教材内容的处理很灵活。优秀教师经常能够创造性地处理教材，并根据教学实际情况调整自己的教学计划。如，高一物理第二章“直线运动”的最后一节是“自由落体运动”，教师考虑到这一节内容涉及力与运动的结合，于是将它放在第三章“牛顿运动定律”之后讲解，课堂效果大为不同。在教学设计上，优秀教师首先考虑到学生的具体情况，认为学生处于青少年时期的心理特征使得他们很难持续地保持注意力，于是他们课前很注重发掘本节课的重难点，并很重视教学方法的使用，以便减轻学生听课记笔记和复习的负担。他们认为，教学设计的创造性在于更好地运用教学手段，激发学生的学习兴趣，让学生更好地理解知识，在选择教材案例上，也注意尽量选择贴近学生生活的、学生比较好奇的事例。

（2）教学操作能力。

教学操作能力主要是指教师在实现教学目标过程中解决教学问题的能力。从教学操作的方式上看，其主要表现为：教师的言语表达能力（如语言表达的连贯性、准确性、概括性、思想性等）、非言语表达能力（如体态、表情、手势等，板书的文字、板书的图形等）、选择和运用教学媒体的能力（如教学媒体的选择、教具运用的恰当性）。从教学操作活动的内容看，主要包括：呈现教材的能力，如合理地编排呈现内容及其次序，并佐之以合适的呈现方式等；课堂组织管理能力，如学生学习动机的激发、教学活动形式的组织等；教学评价能力，如及时获取反馈信息的能力、编制评价工具的能力等。①

教师的教学操作能力是教师顺利完成教学任务所需各种能力的综合。在实际教学过程中，所涉及的教师教学操作能力有很多，在申继亮教授等研究的基础上，我们主要从教学操作的手段方面探讨。

---

① 申继亮，王凯荣．论教师的教学能力［J］．北京师范大学学报（人文社会科学版），2000（1）．

在教学活动过程中，教师的主要任务是把教学内容呈现给学生；将教学内容的内在逻辑线索和思路完整无误地展现在学生面前；精心筛选、加工讲授重点；精心讲解学生的疑点和难点。教师借助语言、文字、声音、图像、图形等形式传递信息，因而教学活动的顺利进行离不开言语表达能力、非言语表达能力和现代教育技术的应用能力。所以，教师在实际教学过程中进行的一系列活动，表现出各种具体的操作能力，我们可以归结为言语表达能力、非言语表达能力以及选择和运用教学媒体的能力。

一是言语表达能力。教学从本质上说是一种“沟通”与“合作”的活动，因此，“教学可以被理解为一种言语性沟通或言语性活动”。教师的课堂教学语言是进行有效教学的关键，是学生获取知识的桥梁，教师语言表达能力的好坏对学生的学习效果有直接的影响。

二是非语言表达能力。如板书设计、教态动作、电脑操作、动手演示能力等教学基本操作能力。

三是选择和运用教学媒体的能力。教学资源，如化学课程的资源十分丰富，包括文字教学资源、多媒体教学资源、实验室资源、社会教育资源等。新教育技术的普及，要求我们熟练运用教学媒体。但在实际运用上，在多媒体与课程整合中常会出现“沿用传统教学方式；忽视学生的主观能动性；师生之间缺乏必要的互动；重形式，轻内容；满堂灌、屏幕灌与屏幕问”的误区。所以，要想具备使用多媒体技术的能力，不仅要懂得如何操作，更要懂得什么时候用、怎么运用才能提高教学效果等问题。

新课程改革以来，不少青年教师虽然具备先进的教育思想，但在实际教学中，仍然避免不了出现一些问题。在教学观察研究中我们发现，新手教师对教学语言基本功掌握不够扎实。大多数教师都能做到普通话标准，声音洪亮，板书工整清晰，但在课堂教学语言（包括肢体语言）的表达上平淡单调，缺乏幽默感、感染力和号召力，常常表现出语言啰唆、口头禅多、过于口语化、过于随意等现象，缺乏条理性、概括性、准确性和规范性。在组织教学活动上，新手教师将自身丰富的综合知识融入课堂的效率很低，具体表现为讲述语言生硬，显得书面化，不符合课堂气氛，有时候也出现讲的笑话不好笑，引用的典故不经典等现象，导致教学效果不理想。尽管一些教师已认识到在课堂教学中充分应用现代教学媒体的必要性，学校的管理层也将利用现代教育技术作为评价课堂教学的指标，但教师对现代教学媒体应用存在不合理的认识，导致在实际的课堂教学之中，经常出现以多媒体课件取代必要的板书和讲解，电子教学手段的使用与教学重点和难点脱节，过分依赖电子教学手段，为片面追求电子教学形式而使用电子教学手段等现象。

与新手教师相反的是，有些优秀教师普通话不一定标准，或者口音很重，还有的干脆用方言上课，但他们的语言表达比较生动活泼，有幽默性、概括性、准确性和规范性，他们的授课方式学生乐于接受且深受学生欢迎。他们擅长将自身丰富的综合知识融入课堂，在教材实例的选取上善于旁征博引，能够运用得恰到好处，既能引起学生注意，又能很好地与课程内容相联系，取得很好的效果。在多媒体技术应用上，他们比较谨慎，一般用来展示习题题目以节省时间，或播放教学视频资料用来开阔学生视野。对课程重难点和解题重难点他们一般认认真真地在黑板上板书，便于学生做笔记。

（3）教学监控能力。

教师教学监控能力是指教师为达到一定的教学目标而在教学过程中，将教学活动本身作为意识对象，不断地对其进行积极、主动的计划、检查、评价、反馈、控制和调节的能力。这种能力主要可分为三大方面：①

一是教师对自己教学活动的事先计划和安排。

新手教师一般会在课前认真备课，但他们更多的是注重教学内容和相关的教学方法，考虑课堂教学过程中的各个细节，并在课堂上严格按照备课安排的顺序来完成教学，但不太注意从课堂实际和学生实际出发，做好预见规划以及调整重难点。他们一般严格要求自己在一堂课内完成课前所计划好的任务。

优秀教师对课程比较熟悉，他们的计划和安排除了注意到教学内容和教学方法、练习和提问的设计外，更多的是考虑如何让学生更好地接受知识，且可能会不按规则出牌，例如打乱课本的章节顺序进行教学等。优秀教师善于在教学过程中调整教学进度。若一节课课时已快到而内容尚未讲完，他们一般不会抓紧时间简单讲完，更不会拖堂争取讲完，而会做个简单小结，下节课接着上。

例如，由于突发事件而导致教学活动中断时，不同教师对教学计划有不同的安排：突然，从窗外传来一阵急促的“的嘟—的嘟”声，这声音犹如一块巨石落入平静的水面，教室里顿时喧闹起来。紧接着，像有谁下了一道命令：“向左看齐”，所有的学生都向左边看去。这是怎么回事？还没等老师喊出话来，坐在靠窗边的同学已经站起来，趴在窗台上向外张望，其他同学更是着急，他们有的站在椅子上，有的一蹦一跳，脖子伸得老长，平时上课就坐不住的索性冲出座位，涌到窗前。他们你挤我，我推他，争先恐后地向外张望——原来是两辆红色的消防车由南向北从窗前驶过……教室里恢复平静后，甲班老师灵机一动，便放弃了原来的教学内容，而让同学们把刚才的所见、所闻、所

① 辛涛，林崇德．教师教学监控能力发展：质与量的分析［J］．中国教育学刊，1999（3）．

想说出来，写下来。结果，同学们个个情绪高涨，说得头头是道，写得也很精彩，老师满意地扬起嘴角。乙班老师面对以上情境时则板起面孔，维持纪律，让学生回到座位上，继续原来的教学，而学生却余兴未止，沉浸在刚才的氛围中……乙班老师不愿打乱教学计划，否则他会认为自己“未完成教学任务”。

从上述案例我们可以看到，甲班老师打破原定计划而开展创造性的教学，尊重学生的兴趣、情感，保护学生的求知欲，以此偶发事件为契机，拓深、拓宽课程的内涵和外延，把消极的因素转变成培养学生观察能力的活教材，引导学生看、听、说、写，指导他们学会正确、全面、有条理地观察事物，取得了意想不到的教学效果。而乙班老师力图完成教学内容和任务，不善于根据教学情境及时调整教学内容和教学方法，且不重视学生的身心发展特点，忽略了学生的兴趣、需求、情感，其所开展的是一种传统的教学活动。①

二是教师对自己的实际教学活动进行有意识的监察、评价和反馈。

在教师对学生的问题反馈上，新手教师常常以“对或错”做判断，遇到错误答案后教师就会向全班同学发问：“谁来纠正他?”或“谁来帮助他?”这种“教学问答”虽然是“寻找正确答案”的过程，但这样只重视结果而忽略了思维过程。事实上，许多从表面上看起来错误的答案也可能包含着正确合理的因素，教师简单的一句对错判断，可能不仅忽视了正确合理之处，还限制了学生思考的积极性。同样道理，对看起来正确的答案如果不加以追问，既可能掩盖错误、鼓励机械思维和迎合心态，还可能使学生失去深入研究的兴致，停留于表面的“知道”。

优秀教师怎么回应？无论学生得出的答案是对是错，优秀教师都会使用追问的方式：“是吗?”“还有别的答案吗?”“你是怎么解出来的?”“为什么是这样?”或者其他类似的方式使问题显得清晰而有条理，这有助于引导学生养成追根究底的习惯，同时也使学生暴露自己的一知半解和随声附和，使学生思维更加积极化。此外，他们善于应对学生的“另类回答”，总能从学生一些滑稽的回答中，发现问题的实质，迅速做出有效的应对。②

例如，一位资深的化学教师在讲解初三化学的“绪言”时让学生列举日常生活中看到的现象来说明物理变化和化学变化，并解释原因。一位平时较调皮的同学回答说：“杀猪是物理变化。因为猪被杀后，猪头还是猪头，猪肉还是猪肉，猪血还是猪血，都没有改变，所以杀猪是物理变化。”顿时，课堂上

① 刘爱华．强化管理　突出特色　努力提高教育质量和办学水平［J］．河北教育：综合版，2011（10）．

② 杨小微．课堂变革中教师智慧的成长［J］．中国教育学刊，2006（6）．

一片哗然。面对这令人啼笑皆非的回答，蔡老师并非恼怒批评，而是设计了以下问题组让学生讨论，以作为回应："很好！这位同学回答得有理有据，那杀猪真的是物理变化吗？我们一起讨论讨论再做判断：

①推翻了国民党统治建立了新中国，是物理变化还是化学变化？

②什么是物体？什么是物质？镁带、镁粉、镁块有何不同点和共同点？

③化学研究的对象是什么？研究什么问题？化学研究变化的前提条件是什么？

④猪是物质吗？杀猪是化学研究的问题吗？

⑤有关杀猪是否是物理变化的问题能给大家带来什么启示呢？

蔡老师面对学生的答非所问，没有讽刺，也没有忽视，而是意识到错误的根源在于学生未能清楚地认识"物质"的含义，这样学习化学就难以入门，于是将教学目标调整成围绕以上5个问题进行讨论，帮助学生认识"物质"这个概念。5个讨论问题的设计意图在于：

问题①让学生意识到要讨论物理变化和化学变化不能离开物质这个基本前提。

问题②结合实例让学生体会到物体和物质间的区别和联系。

问题③让学生认识到化学研究的对象是物质，而不是物体。

问题④引导学生进行推理性认识：猪不是物质，而是有形状大小的物体，而且是复杂的生命体；杀猪是生命体发生巨大变化的一种现象，本来就不是物质的问题，更不在化学研究的范畴内。

问题⑤使学生明白研究任何问题都是在一定的前提条件下展开的。

我们可以发现优秀教师面对这类"答非所问"、滑稽性的回答的应对程序和策略是：尊重学生的意见，不歧视，不恼怒；迅速判断错误或偏失的根源；判断问题的价值；根据问题的价值及师生的实际情况，选择"视而不见（冷处理）""巧妙搁置""因势利导""教师直接托出基本观点"等行为对策。[①]

如果在课堂上被问到自己不懂的问题，新手教师可能会告诉学生这个问题超出课程标准或教学内容，因此不必研究，或者会比较委婉地告诉学生这个问题可以私下讨论，然后在课后得出结果后给学生一个合理的答复。而优秀教师则不会这样处理，他们首先会主动给学生分析，讲清自己的解题思路，如果解决不了问题他们会立即承认这种方法做不出来，让大家一起来思考。在课后他们还会给同学们讲解正确的解题方法，以及为什么以前那种方法不对，并且他

① 尹筱莉．化学专家——新手教师课堂教学特质比较研究［D］．华东师范大学博士学位论文，2007.

们会及时给出答复，以免因错过“时效”而使学生忘记提过问题。另外，在课堂教学中优秀教师能够根据学生掌握知识的实际情况，有效地调整自己的教学计划：优秀教师发现学生没有听懂时就将所讲的知识分解成几个小问题，而新手教师则只是机械地重复。

三是教师对自己的教学活动进行调节、校正和有意识的自我控制。

新手教师在调节和控制课堂教学过程方面往往不够熟练，尽管他们希望自己主动监控自己的教学活动，但由于他们分配注意力的能力有限，不能在讲课的同时对自己的教学活动进行有意识的调节和控制，因此在教学过程中往往不能自主地监控自己的行为和学生的反应。

但是，新手教师经过教学经验的积累和较长时间的有意识的自我培养，教学监控能力可以不断得到发展，在课堂教学中，他们逐渐可以主动地进行监控，能够注意到教学的进程，能根据学生的反应调整教学的进度，这时教师的教学监控能力已经初步形成，可以自觉地进行教学监控活动，但这时的教学监控水平还不高，教学监控行为还不是最有效的，还可能存在一些多余的或错误的反应。例如，新手教师难以有效地应对课堂上的一些问题（一些学生不专心听讲、思想开小差甚至捣乱等），并且没有表现出应有的重视。新手教师还不能对突发事件迅速做出有效的反应，他们可能会显得不知所措，选择“忽略”或者处理得很草率，很不得当。

优秀教师则不同，他们经过长期的实践、自身的不断努力和专家的指导，教学监控能力达到自动化的程度，在教学过程中，他们几乎不需要再做意志性的努力，就能随时进行自我反馈和调控；同时，整个教学监控过程极为简洁，极少甚至没有多余的步骤和环节，教师能对自己的教学状况和学生的反应迅速地做出评价和反馈，并能迅速而有效地采取措施进行干预。例如：[①]

①优秀教师注意掌握吸引学生注意力的方法。

优秀教师善于从预防做起，吸引学生的注意力，将学生融入有益的教学活动中，从而避免学生出现课堂纪律散漫等问题。研究表明，优秀教师一般采用下述方法吸引学生的注意力：一是在课堂教学前对每天的工作任务做好计划和安排，使学生一开始上课就参与到所要求的教学活动中；二是在课堂教学中运用不同的技巧来吸引学生的注意力，如调节声音、动作及步伐等；三是从某个活动转移到另外一个活动时，或有重要信息出现时，能及时提醒学生注意。[②]

新手教师难以有效处理学生在课堂上出现的行为问题，往往可能在没有任

---

① 张国伟．语文教学监控的理论与实践［D］．山东师范大学硕士学位论文，2002.

② 刘铭伟．新手教师和专家教师教学行为的差异［J］．华章，2011（9）．

何暗示的前提下，突然变换课堂活动，遇到非预期的事情，教师自己就会停下来，却希望学生忽略这些干扰，并且习惯把重点放在对学生问题行为的惩罚上。如，有些教师对课堂上思想开小差的情况处理不当，办法通常比较单一且不注意维护学生的自尊心：如果有的学生注意力不集中或影响课堂纪律（如大吵大闹、扔纸团、恶作剧等），不少新教师常用的处理办法是批评、训斥、赶出教室或站到后边，或到走廊罚站、罚抄作业等等。可见，新手教师处理学生在课堂上出现的行为问题时所用的办法存在一定的弊端。

②优秀教师对突发事件的处理有一套自己的方法。

在教学过程中，优秀教师有较强的应对能力，善于创造性地解决问题，把出现的情况与教育教学联系起来，扭转被动局面，往往能够收到意想不到的效果。例如：一位教师上课时，发现某学生看小说，就提问，可这个学生站起来嬉皮笑脸地说："这个问题嘛，我可以给全班同学开个讲座了。"全班同学哄堂大笑。这时他沉着地说："好呀！正好教学计划中有个专题讨论，下周进行，你进行中心发言。"那个学生一下子泄了气。课后为了下周的发言，他认真地查找并收集了许多资料，做了充分准备，发言效果还挺不错的。老师表扬了他，他也公开向老师道歉。①

4.1.2　人文素养的比较

（1）教师的人文素养。

"人文"一词，在中国最早出现于《易经》："观乎天文，以察时变，观乎人文，则礼乐诗书之谓，以化成天下。"可见，"人文"是相对于"天文"而言的、关于人类的特有的文化现象。

"素养"一词出自《汉书·李寻传》："马不伏枥，不可以趋道；士不素养，不可以重国。"意思是马不喂养，不可能上路快跑；士兵平时不训练，不可能肩负起保卫祖国的重任。"素养"现在常用来形容人们通过持续的努力学习、刻苦锻炼以及自我修养所取得的某种收获、成果或所达到的水平和境界，如政治素养、道德素养、文化素养、艺术素养等。②

对于人文素养，不同的研究者有不同的定义。

有学者认为，人文素养主要指除专业知识与技能之外的其他文化修养与素质。有的学者也认为，人文素养也可以称为人文精神，是人的世界观、人生观和价值观的体现，立足于人的发展、平等追求和自我展示，内容包括人生追

---

① 张锐．课堂偶发事件处理方式例谈［J］．天津市教科院学报，2006（6）．

② 张宏玉．论教育期刊类编辑的学术素养及提升策略［J］．教书育人：高教论坛，2011（12）．

求、目标、理想、信念、道德、价值等。

北京师范大学教授肖川认为人文素养具有以下一些含义：①对古典文化有相当的积累，理解传统，并具有历史意识，能够“守经答辩，返本开新”。②对人的命运，人存在的意义、价值和尊严，人的自由与解放，人的发展与幸福，有着深切的关注。③珍视人的完整性，反对对人的生命和心灵进行肢解和割裂；承认并自觉守护人的精神的神秘性和不可言说性，拒斥对人的物化与兽化，否定将人简单化、机械化。④尊重个人的价值，追求自我实现，重视人的超越性向度；崇尚“自由意志和独立人格”，并对个体与类之间的关联有相当的认识，从而形成人类意识。⑤对于人的心灵、需要、渴望与梦想、直觉与灵性给予深切的关注；内心感受明敏、丰富、细腻与独特，并能以个性化的方式表达出来。⑥重视德行修养，具有叩问心灵、反身而诚的自我反思的意识和能力。⑦具有超功利的价值取向，乐于用审美的眼光看待事物。⑧具有理想主义的倾向，追求完美。⑨具有终极关怀和宗教情怀，能对“我是谁，我从哪里来，又要到哪里去”一类的问题做严肃的追问。⑩承认并尊重文化的多样性，对待差异、不同、另类，甚至异端，能够用宽容的态度面对。⑪能够自觉地守护和践履社会的核心价值，诸如公平与正义。[①]

可见，人文素养是指人在言、行及精神风貌中表现出来的对人的存在、人的价值及人生意义的关注，是关切人、关切事、关切文化的思想倾向，是对人生终极目的和人类存在意义的终极关怀的一种内在品质和修养。人文素养的灵魂是人文精神，是“以人为对象、以人为中心的精神”，其核心内容是对人类生存意义和价值的关怀。人文素养对教师而言，是指教师在从事教育教学工作的过程中，所具有的人文知识和人文精神所体现出来的内在品质和修养。教师的人文素养体现在以学生的个体生命为基本出发点，以学生的生存、发展为本，引导学生实现自我价值。

（2）当前教师人文素养的状况。

当前，无论是幼儿园教师还是中小学教师，大多数在一定程度上缺乏人文素养，主要表现为人文知识的薄弱和人文精神的匮乏。

一是人文知识的薄弱。

很多教师缺乏人文知识的滋养，不注重自身人文知识的积累和人文素养的提升，除了教科书、教学辅导书、参考书和标准答案等资料外，较少学习人文社会科学知识方面的书籍。

人文知识基础的缺乏，导致教师缺乏对学生进行人文教育的方法。很多教

① 尹文忠．初中数学教师的人文素养现状研究［D］．山东师范大学硕士学位论文，2010.

师常常只注重教书而忽略育人，认为只要培养出高分的学生就行了，而很少关注学生的人文知识和品格的培养，对传授内容中的许多可以育人的因素视而不见，错失了育人的时机；而有些教师虽然已经意识到人文精神教育的重要性，但由于自身的人文知识基础比较薄弱，缺乏对人文精神教育全面而深刻的理解，这些因素导致教师在教学中难以对学生进行人文精神教育。

以理科教学为例，教材中许多原理、定律都体现了辩证唯物主义观点。其中的科学史是科学家认识世界、改造自然、创造发明的奋斗史，蕴含着丰富的人文素材。在科学发展的历史长河中，正是许多杰出的科学家从事科学活动，探索科学真理，努力创造文明，为人类社会的进步和发展做出了巨大的贡献。他们在给人类留下物质财富的同时，也留下了不朽的精神财富。教师可以通过介绍我国古代、近代、现代的科学成就以及我国丰富的资源等事实来培养学生的爱国主义情感。

由于新教师自身知识结构的缺陷，以及缺乏对科学的人文理解，他们面临种种困境，不能将科学作为一种人类文化而发掘其深远内涵，缺乏对人文知识的研究，没有形成自己的人文思想，这导致他们没有找到渗透人文精神的有效教育途径，不能将科学知识教育和人文知识教育融合并统一于学科教学中。①

二是人文精神的匮乏。

人文精神的匮乏常常表现为教师职业道德的缺失。

部分教师缺乏对学生的关爱和尊重，他们甚至以“严师出高徒”为幌子，认为“教师惩罚学生主观上是为学生好，是为了教育学生”。

缺乏人文素养的教师常常以自我为中心，对待学生冷漠，缺乏人文关怀，很少为学生考虑，不顾及学生的感受，常常以长者自居，把自己高高地凌驾于学生之上，藐视学生，甚至不理会学生的问候，不允许学生为自己辩解，不考虑学生的自尊心。

如有的教师在课堂上点名让学生回答问题，学生回答不出来，几次启发后，学生仍答不出，于是老师就生气了：“我的天啊，这么简单的问题都不会啊？真是……”

有时，有的学生指出老师对某个问题的解释有错误，老师就恼怒起来：“某某同学，算你厉害，老师不如你，以后老师的课就由你来上好了！”全班同学随老师一起嘲笑这位学生，该生从此在课堂上不再积极发现问题，也不再主动回答问题了。诸如此类，教师对待提出质疑的学生，一棒喝退，严重挫伤学生的学习积极主动性，伤害学生的自尊心和自信心；对待学习困难生，不能

① 王建芬．中学化学教育中人文精神教育的研究［D］．河北师范大学硕士学位论文，2008.

循循善诱，而是批评辱骂，给学生的身心造成巨大的影响，不利于学生的成长。①

有些教师甚至道德缺失，对学生粗鲁、刻薄甚至是恶毒，对待学生常常“仗势欺人”，像古代的私塾先生那样动不动就施以打手心、揪耳朵之类的处罚，或者对学生怒吼辱骂、冷嘲热讽。

教师体罚学生的恶性事件屡见报端：据《昆明日报》报道，因未按要求自带清洁用具参与教室清扫，2009 年 10 月 20 日下午 3 时，昆明市盘龙区双龙乡双龙中心小学 3 名学生被班主任体罚。这名张姓老师要求 3 名学生脱下全身衣服，赤身裸体站在全班同学面前。②

陕西省华阴市某校女教师崔某，为了调教一个调皮男生，竟在他脸上画了一个“贼”字；湖北某小学六年级五班陈老师因为学生做错了数学题，就用扫帚的铁把殴打该名学生，导致他的手部流血，双腿多处青紫；山东济南市某中学老师周某因为一名学生迟到，与其发生了争执，就指示其他学生放学时在学校门口殴打该生，致使该生眼睛失明；2012 年 5 月 16 日济南一家幼儿园的老师当着全班孩子的面，对一个小男孩进行暴打；还有媒体报道过江西省某校初中初三五班全体学生因为班风和学风较为松散，学习成绩较差，被班主任勒令在操场上下跪。③

这些案例说明有些教师缺乏爱心，缺乏对学生的关爱，这实质上是缺乏人文情怀和人文精神。

一般来说，新教师因缺乏工作经验，在学识、知识、思路、视野等方面比优秀教师欠缺，在师德师风建设方面也没有优秀教师成熟。因此，新教师一方面要不断更新教育观念，完善知识结构，开阔视野，拓展思路，不断提高自身文化素质；另一方面，新教师要大力加强师德师风教育，提高思想觉悟和道德水平，明确理想信念，完善人格修养，引导学生形成健康的人格。

4.1.3 教学过程中心理状态的比较

（1）心理关注状态。

教师的需求和其所关注的重点在不同时期会有所变化，因此福勒和布朗把教师的成长划分为关注生存、情境和学生三个阶段。他通过对教师关注阶段的

---

① 周永清．营造健康的课堂［J］．中国教师，2004（10）．

② 蒋连香．关于教育惩戒的现状、问题与对策——以中小学校为例［D］．苏州大学硕士学位论文，2010.

③ 何娟．正人先正己，立德先立师［J］．中国科教创新导刊，2014（8）．

研究，使人们认识到教师的成长经历了关注自身、关注教学任务，最后关注到学生的学习以及自身对学生的影响这样的发展阶段。

分析新手教师和优秀教师所处的不同心理关注状态，以及在心理特征上所具有的不同表现形式，有利于进行心理状况比较。

新手教师处于关注生存阶段和关注情境阶段，比较侧重关注自身的教学表现；优秀教师则侧重于关注学生的学习和成长。

在关注生存阶段，新手教师重视课前准备，在心理特征上，他们比较关注自己的生存适应性问题，例如对自己的教学、班级的管理控制，教学内容的熟练程度以及上级的视察评价等。他们最担心的一些问题是："我能不能成为一名合格的教师?""学生怎么看我?""同事们怎么看我?""领导是否觉得我哪些地方干得不好?"等等。因此在这个阶段，新教师表现出明显的焦虑与紧张，感觉压力相当大。

在关注情境阶段，教师已经感到自己完全能够生存，于是在生存关注的基础上，开始关注教学上的种种需要，把关注的焦点投向了提高学生的成绩上。在此阶段教师关注较多的是自己的教学表现，如关注教学所需要的知识、能力与技巧以及尽可能地将其所学运用于教学情境之中，更关心如何做好每一堂课的教学设计，如何教好每一堂课的内容，如何调动课堂气氛等等，因而他们的课堂教学策略水平有所提高。他们具有随和、宽容、乐群、能关心他人的人格特点，逐渐倾向于注重师生互动能力的发展，注重塑造良好的师生关系。但此时教师的关注重点仍然还是自己，而不是学生的学习。

在关注学生阶段，教师将自己的工作重心放在了学生的学习和成长上。一个教师是否成长成熟并走向优秀的重要标志之一是能否自觉关注学生。虽然许多教师在从事教育工作的初期就能表现出对学生的关注，但是他们通常要在学会满足自己的生存需要后才能对学生的需要做出反应。在这个阶段，教师开始把学生作为关注的核心，教师的教学策略以课前计划、课后评估和课后反思为重点，以学生为主体，从学生的角度出发，关注学生的学习、社会和情感需要以及如何通过教学更好地提升其成绩和表现。他们通常具有情绪平稳、思维理性、务实、有自信及批判性强的人格特点，对职业的情感投入和成就感高。

（2）教学效能感。

1977 年美国心理学家班杜拉（Bandura）在《自我效能：关于行为变化的综合理论》中最早提出自我效能感概念。对此，不同研究者有不同理解。

Schuarzer（1994）认为，自我效能感是指个体应对广泛的任务要求时，所具有的一般能力和信心。①

斯塔科维奇森斯（1988）指出，自我效能感是指个体对自己能力的一种确切的信念（或自信心），这种能力使自己在某种背景下为了成功地完成特定任务，能够调动起必需的动机、认知资源与一系列行动。②

有学者则把教学效能感定义为“教师在教学活动中对其能有效地完成教学工作、实现教学目标的一种能力的知觉和信念”③。

根据班杜拉的自我效能感理论，所谓自我效能感，是指人对自己能否成功地进行某种成就行为的主观推测和判断，它包括两个成分，即结果预期和效能预期。结果预期指个体在特定的情境中对特定行为可能产生的后果的判断，如学生对顺利答完试卷所产生结果的推测。而效能预期指个体对自己有能力成就某种作业水平的信念，如学生对自己是否有能力顺利答完试卷的主观判断。人的行为主要受人的效能预期的控制，个人对某种行为觉察到的效能感不仅影响着个体处理困难事件时所采用的行为方式，也影响着其努力程度和情绪体验。效能预期越强烈，所采用的行为就越积极，努力程度也就越高，同时情绪也是积极的。

根据班杜拉的自我效能感理论，教师的教学效能感包括一般教育效能感和个人教育效能感。教师的一般教育效能感指教师对教育在学生发展中的作用等问题的一般看法与判断，即教师是否相信教育能够克服社会、家庭及学生本身素质对学生的消极影响，有效地促进学生的发展。教师的个人教学效能感指教师认为自己能够有效地指导学生，相信自己具有教好学生的能力。它与班杜拉理论中的效能预期相一致。教师的教学效能感是解释教师动机的关键因素，它影响着教师对教育工作的积极性，影响教师对教学工作的努力程度，以及在遇到困难时他们克服困难的坚持程度等等。④

我们可以简单地认为，所谓教师的教学自我效能，指的是教师对自己在特定教学情境中，是否有能力去完成某个教学任务的信念，简而言之即教师是否有教好学生的自信心。

教师具有较高的教学效能感，相信自己的教学活动对学生有很大的作用，那么他们就会更努力地工作，在教学活动中勇于面对各种挑战，积极帮助学生解决学习方面的难题，对学生的发展持乐观态度。同时，教师的教学效能感会

---

① 沈洁．在研究性学习中培养大学生的自我效能感［J］．交流平台，2009（36）．

② 温胜男，张琦．职业自我效能感综述［J］．哈尔滨职业技术学院学报，2009（365）．

③ 俞国良，罗晓路．教师教学效能感及其相关因素的研究［J］．北京师范大学学报，2000（1）．

④ 王贵林，陈洵．心理学教程［M］．广州：广东高等教育出版社，2005．

影响教师对教育的作用和其对自身教好学生的看法和判断。

俞国良（1999）通过研究得出，专家教师的教学效能感明显高于新手教师，而且专家教师的教学效能感的总体水平和各个维度与教学策略的使用都有着显著相关，而新手教师只有个人教学效能感与教学策略的使用存在显著相关，并且，无论是专家教师还是新手教师，教师个人教学效能感都对其教学策略的使用有直接影响。[①]

这里我们对新手教师及优秀教师的个人教学效能感的特征进行分析探讨。

新手教师教学效能感不高，呈不稳定状态。

新手教师由于缺乏一定的教学经验、教学方法和课堂管理的策略，在教学中经常会遇到难题或挫折，常常感到很难应对，教学效能感随之降低；有些教师由于自我要求过高，较多地看到自身失败的经验，自我评价不合理，过多地看到自己的不足，其效能感也很难提高；随着胜任教育工作的能力逐渐提高，他们的自信心会逐渐高涨，其教学效能感也相应提高。随着教龄的增长以及教学经验的丰富，对教学工作的复杂性、多元性有了充分的体验，有的教师自信心会增强，教学效能感增加，但有些教师反而有可能瞻前顾后，从而降低了教学效能感。另外，在中学现行管理体系中，工作十年后，中学教师进入了评高级教师的阶段，有限的指标要求他们发挥自身的能力，因此，教师教学效能感有可能进入高峰阶段。教学效能感低的教师，不能正确认识自身的教学水平，对待问题往往是消极的，对教学过程中出现的问题也往往手足无措，不会主动掌握学生的学习情况，因而影响教学效果。

优秀教师具有较高的教学效能感。

优秀教师经过长期的教育实践及经验积累、总结，形成了较为稳定的教育思想观念、教育价值趋向、审美意识和社会行为，具有更为完善、独特的角色特征、人格特征、形象特征和教学风格。他们对教学的辩证关系，对教育教学工作和学生身心发展的特点及复杂性、多元性，有了较为全面、深刻的认识。他们能够积极主动地面对和解决教学中遇到的各种问题，能够有效地运用教学策略对教学活动进行调控。另外，他们已经创造出较为成功的业务成绩，因而教学的自信心较高，其个人教学效能感能够很好地保持较高水平。

4.1.4 教育观念的比较

（1）教师的教育观念。

教师的教育观念是一个比较复杂而抽象的概念。有学者认为：“教师教育

---

① 俞国良．专家——新手教师教学效能感和教学行为的研究［J］．心理学探新，1999（2）．

观念是指教师在一定的文化背景下，在日常生活、教育教学实践与专业理论学习中，基于对学生发展特征和教育活动规律的主观性认识而形成的有关教育的个人看法，这些看法直接影响教师对某个教育问题的判断，进而影响其教育行为的实施。”① 可见，教师的教育观念直接影响着教师的教育行为和教育实践。正确的教育观念能够使教师的教育行为规范化，调节教师的教育行为，并指导教师的教育走上正确的轨道。

（2）新手教师在教育观念上容易出现的误区。

虽然我国已经提出并推行了多年的素质教育，但目前看来，基础教育的实际现状仍然不容乐观，甚至有人调侃说“素质教育轰轰烈烈，应试教育扎扎实实”。

应试教育以升学考试为教育的唯一价值取向和终极目标，导致学生走上片面的、畸形的发展道路，而素质教育具有全面性、全体性和主动性的特征，促进人的全面发展。教师是履行国家教育教学职责的专业人员，承担着教书育人、培养社会主义事业的建设者和接班人、提高民族素质的使命。

教师应当坚持实施素质教育，但在实际的教学现状中，我们发现大多数新手教师在不同程度上实施着应试教育，存在着教育价值取向的误区。

一是在“教学观”上的误区。所谓教学观，指的是人们对一定社会形态下教学内涵、教学模式和教学控制方式等的总体认识、理解与看法。祖玉红在《传统教学观、现代教学观及成人教学》中指出，传统教学观存在于以往的农业社会和工业社会形态中，以知识、经验传授为主，以学科体系为中心，以教师为主体，强调教学就是教育者实施教的行为的有关教学的观点、看法；现代教学观指后工业社会即信息社会知识经济条件下的有关教学内涵、教学模式、教学控制方式的总的观点与看法。现代教学观的主要特点是以综合课程知识、能力为重点，以学生为主体，以教师为主导，强调教学是“教”与“学”的双向互动过程。②

部分新手教师教育思想封闭，没有突破“三中心”（以课堂为中心、以教材为中心、以教师为中心）的教学观念与教学模式，缺乏符合时代发展的、科学的教育观念和教学模式，严重制约了学生智力的发展，不能培养学生多方面的能力。在实际教学中，他们仍然以传统的教学理论为指导思想开展教学活动，用传统的讲授式教学方式定位教学行为，倾向于知识的传授，往往采取

① 易凌云，庞丽娟．教师个体教育观念：反思与改善教师教育的新机制［J］．教育理论与实践，2004（5）．

② 祖玉红．传统教学观、现代教学观及成人教学［J］．北京成人教育，2000（24）．

“填鸭式”“满堂灌”“死记硬背”“题海战术”等不恰当的教学手段和形式，把学生当作被动接受知识的容器，忽视学生的综合能力培养，导致学生的智力得不到有效的开发，综合能力得不到有效的提高，个性发展也受到压抑。

另外，有些新手教师对新的教育理念没有真正理解和内化，在实际教学中仍然受陈旧的教学思想和行为习惯支配，甚至有的教师对新课程改革的实施存在抵触心理。例如，有的教师的教学设计看起来很新，教学方法也很独特，但认真观察他的课堂教学后不难发现，其实学生仍然是在配合教师完成教学任务，学习方式并没有多少改变，“新教材，老教法”并不少见。教师希望学生按照自己要求的方式，沿着自己的思路回答问题，让学生在自己事先安排好的空间中开展“自主”活动，最后圆满地实现预定目标。这样的教学过程，实际上学生没有真正自主探究的空间，只是围着老师转，被教师牵着鼻子走，因而学生仍然学得十分被动。有的教师对学生的创新性想法不予理会，对学生的独到见解也只是一般性地肯定而不予以鼓励，常常对学生说“这道题的标准答案就是这样的”，导致学生的思维局限于一定的“标准”。这样的教学方式说明教师在潜意识里依然存在对学生、对课堂的控制和支配欲，仍然要求学生必须按照教师的意愿，按照教师设定的路线走，其实教师在思想深处并没有真正领会“教为学服务”“学生是学习的主体”等新课程理念。①

有的新手教师则走向另一个极端，他们采用“完全放任式”的教学模式进行教学。教师在课堂开始时，稍做讲授，便安排学生学习、合作，对学习的过程关注甚微，课堂结束时又简单小结布置作业。在这样的环境下，学生缺乏必要的引导，不能有效地学。表面上课堂氛围热烈，学生好像在不停地讨论、交流或研究，但这其实是很随意的，甚至背离了所要学习的内容。出现这种现象说明教师对“以学生为主”的观点理解不到位，忽略了教师应该发挥的组织、调控作用，更是没有把握好自己的指导者角色，或者是教师对学生的学情掌握不够准确，期望过高，任务过于笼统，过度地相信学生，给予学生过度的自由。②

二是在“教师观”上的误区。所谓教师观，即指人们对教师这一职业的认识或看法，其中包括教师的作用、地位、职业素养以及师生关系等方面。

有些新手教师依然停留在传统的教师角色中，或者在教师角色的转变中，并不能很好地把握。

一位教育学专家曾说过这样的话：“在今天中国的教室里，坐着的是学

① 海建军．新课程理念下的物理教学反思［J］．试题与研究（新课程论坛），2010（14）．
② 张登义．走出教师角色误区，教育更靓丽［J］．读写算（教育教学研究），2010（9）．

生，站着的是先生；而在精神上却恰恰相反——站着的先生占据着至尊之位，坐着的学生的躯体内，却掩藏着一个战战兢兢地站着，甚至跪着的灵魂。"这些话形象地说明，有些教师深受"师道尊严"等传统观念影响，等级观念严重，造成教师与学生的地位不平等。他们自以为是"知识的垄断者"和"真理的宣传者"，是权威的代表，认为教师与学生之间只能是教育与被教育的关系，以威严来唬住学生，对学生指手画脚，发号施令，有时甚至采取训斥和惩罚的手段去管教学生，如，教师在教学中常常出现类似于崇尚"权威"的极端做法，"对捣蛋的学生会采取罚站的措施；因为我是老师，你是学生，我让你去做，你就要去做，因为我是对的，你是错的"等。他们认为只有这样才能维护教师的尊严，树立教师的权威。①

三是在"学生观"上的误区。所谓学生观，指的是教师对自己的教育对象即学生的身心特点、发展潜能、素质目标及评价标准等问题的看法和观点。换句话说，它的具体内容就是教师怎样看待学生，把学生看成什么样的人，对学生采取什么态度。新课程改革的最高宗旨和核心理念是"一切为了每一位学生的发展"。

有这样的案例：有一次，一位中学老师准备去上课，上课铃声已经响了，但老师并不急着进教室，而是站在教室后门外面偷偷地观察学生们。由于老师没来，教室里的学生自然很活跃，他们并不知道老师就在后门外看着他们。过了一会儿，这位老师突然从后门进入教室，从学生课桌之间的过道朝讲台走去，他一边走，一边用他穿着皮鞋的脚狠狠地踢正在说笑或没坐端正的学生的腿。等他走到讲台上，整个教室已经鸦雀无声。只见他站在讲台上，恶狠狠地对全班学生大声说道："记住，我是你们的老师，也是你们的上帝。"事后，这位中学老师还介绍经验说："既然踢了，就要使劲踢，一定要把学生踢痛！"② 像这样持这种可以任意支配学生的错误观念、不尊重学生的教师不在少数，类似行为常在教学过程中体现出来。

有些新手教师平时对学生说话多用命令式、指挥式、训斥式话语；把学生看成是弱小的、没有能力的、缺乏独立性的、可以随意支配的个体，忽视了学生内在的积极性、创造性和发展性；没有把学生当作有差异的、有个性的和发展中的人来看待，不能做到因材施教等等。错误的学生观也导致师生间的关系不平等，导致学生的教师观也存在偏差，不敢把教师当作学习伙伴来看待。

四是在"人才观"上的误区。所谓人才观，指的是关于人才的本质及其

① 应丽娅．论语文教师的人文素养［D］．山东师范大学硕士学位论文，2003.

② 陈丁堂．转变教育思想，迎接21世纪师范教育的挑战［J］．孝感师专学报，1998（1）．

发展成长规律的基本观点和基本理念。2010 年 4 月 1 日，党中央、国务院颁布了我国第一个《国家中长期人才发展规划纲要（2010—2020 年）》，对人才做出了一个更加准确、更加完整的定义："人才是指具有一定的专业知识或专门技能，进行创造性劳动并对社会做出贡献的人，是人力资源中能力和素质较高的劳动者。"

现代教育理念强调人才的多样性、广泛性和层次性，科学的人才观的核心价值是"以人为本""人人都可以成才"，强调充分发挥人才的主观性、能动性和创造性，促进人的全面发展，积极营造良好的人才工作环境。

然而有些新手教师并没有树立正确科学的"人才观"，而是以分数、升学率作为教育评价的主要尺度。他们以分数论英雄，以学习成绩作为指标，认为只有考高分、学习成绩好的学生才有出息，并且给予学习成绩好的学生更多的期望，却忽视对学困生和后进生的培养，只注重学生的智育，轻视发展学生德、体、美、劳等其他方面。

（3）优秀教师的教育观。

优秀教师经过长期的教学实践和艰苦、复杂的创造性劳动，往往积累了许多宝贵的教育教学经验，他们是教育领域的领头人，有自己独特的教学风范。他们坚持面向世界、面向未来，为国家培养人才的教学观；善于从青少年的知识和心理实际出发，培养学生的科学素养；深化教育改革的理念，坚持不懈地探索课程和教学内容的更新，创造性地改革教学模式、教学方法。

我们以著名化学特级教师刘景昆老师为例：

刘景昆先生，字伯忠，河北安新人。生于1893 年，卒于 1972 年。1920 年在北京大学化学系毕业后，即执教于北京四中，直至 1962 年退休。1955 年被评为"北京市劳动模范"，1956 年被评为"北京市化学特级教师"。

刘景昆老师在北京四中教书育人近半个世纪，有深厚渊博的知识基础，积累了丰富的教学经验，一生孜孜不倦致力于化学教学与研究，为培育人才呕心沥血。他的教育思想核心是"三热爱"，即热爱学生、热爱科学、热爱教学。热爱学生，就是满怀爱心教好他们，劳而无怨，他说："把功课好的学生看作是帮助自己提高业务能力的老师；把功课差的学生看作是促使自己改进教学方法的老师。"热爱科学，就是对自己从事的化学这门科学要深入系统地钻研，做到知识广博精深，融会贯通，运用自如。热爱教学，就是要对教学方法不断改进，改无止境，精益求精。

刘景昆老师的启发式教育，可谓达到了炉火纯青之境界。他关心学生成长，循循善诱，谆谆教导，师生情谊深厚。他在 20 世纪 50 年代总结了中学化学的理论体系教学法：一是《分子运动理论系统及教学法》；二是《周期律理论系统及教学法》。他的这一体系在中学化学教学中有着广泛深远的影响。他非常重视培养青年教师，深受青年教师的仰慕。1957 年 1 月 1 日《人民日报》用半版篇幅介绍刘景昆，题为“人民教师刘景昆”。同年，《人民教育》连续四期介绍他的教学经验。1962 年退休后，刘景昆老师仍坚持口述教学经验，录音八十盘。

刘景昆老师一生倾心培育人才，虽然其早已离我们远去，但他那春风化雨之功力，质朴坦荡之人品，高尚磊落之师德令莘莘学子受益终生，实为一代巨擘，千秋懿范。①

4.2 教师教学能力的优化

苏联教育家加里宁说：“具有知识的人不一定就能胜任教学，这只是掌握的材料，材料多固然好，但还要求有极大的技巧来合理运用这些材料，以便把知识传授给别人。”这就要求教师要有一定的教学能力，在教学活动中运用教与学的有关知识和经验，为促进学生的学习、完成教学目标而采取适当的教学行为。高效的教学能力对教师完成教学工作任务、提高教学质量具有十分重要的意义，因此，教师要以构建教学能力为目标，提升教育教学各方面的能力，包括教学认知能力、教学操作能力、教学监控能力，以便形成更好的教学技巧，提高教学效果。

4.2.1 教学认知能力的优化

优秀教师对教学对象具有深厚的认识和了解，其认知能力的发展与下列因素密切相关：②

(1) 熟练掌握教育教学相关知识是认识教育对象的基础。教师不仅要有深厚的专业基础知识，而且还要有丰富的教育理论知识（如教育学、心理学、教学论等)、教育实践知识和社会文化知识等。其可以为教师了解教学对象提供科学依据，又可以帮助教师掌握教育教学的规律与技巧，提高教学的质量和效率。现代教学要求教师不能仅凭经验办事，而应该遵循教育教学理论所揭示的教育教学规律，这样才能科学地认识和了解教学对象，真正有效地实施教

① 刘知新．化学教学论［M］．北京：高等教育出版社，2009.

② 罗善华，单秀岩．高校军事教师教学认知能力培养与提高的探讨［J］．林区教学，2009 (7)．

学，促进学生身心健康发展。

（2）具有正确的“学生观”是培养、提高教学认知能力的前提条件。所谓“学生观”就是对学生的本质属性及其特点的看法。学生是学习活动的主体，这是由学生的主体意识所决定的。只有确立学生在学习活动中的主体地位，教师才能深入地和深刻地、求真地和务实地、经常地和明确地了解学生的活动。

（3）了解教学对象要有客观的态度、明确的目的及可行的方法。教师有了客观的认知态度，才能获得真实的信息，从而全面深入地了解学生，采取相应的教学策略，更好地完成教学任务。

教师的教学认知能力是课堂教学质量的重要影响因素，我们必须重视教师教学认知能力的培养与提高。一般来说，教师教学认知能力的培养主要有以下途径：

第一，深入研究教材。苏霍姆林斯基说：“教师越是能够运用自如地掌握教材，那么他的讲述越是情感鲜明，学生听课花在抠教科书上的时间就越少。”

教学活动的开展，要求教师掌握呈现教材的能力，恰当地编排呈现内容和次序、选择适宜的呈现方式等是教学活动开展的先决条件。因此，学校教研组可以组织教师讨论教学大纲和教学内容，对教学目标和教学任务进行深入的认识和理解，了解该门课程的先修和后续课程。教师要灵活运用教学素材。有些教材事例脱离学生的实际和认知水平，缺乏针对性，显得十分无趣。因此就要求教师充分熟悉教材，能对其进行灵活处理和适度调整，使其中的素材更富时代色彩，更加生活化，以便于学生接受理解。

第二，主动了解学生的特点。学生既是教学的对象，又是教学的主体。教师要了解并熟悉青少年学生的身心发展特点、思想状态、性格特征、知识基础、学习方法、思维方式等，这有利于顺利地开展教学。教师要主动给学生创造一个民主的学习环境，给更多的同学提供自我展示的舞台。除此之外，教师还应认识到自己的优势和劣势、个性特征、心理素质、知识水平及掌控课堂的能力等，把自身的认知水平、教学素材的知识结构和教育的实际情况进行结合，把创新精神落实到课堂教学中去。

第三，积极参加本学科的进修、培训或教科研活动。教师参与本学科专业的进修、培训，是更新教育教学知识的途径之一。21世纪的教师不再是单一地运用学科知识和技能，而是要更多地注重学科领域之间以及学科与生活的联系。教师不仅需要本专业的知识，还要具有多学科知识以及指导学生开展研究性学习的能力，也就是说教师要更新自身的智能结构（即知识结构、智力结构和能力结构），即教师应从以下三个方面加强学习和进修：①加强本学科或本专业科学技术的学习和进修；②加强和本学科有关联的学科科学技术的学习和进修；③加强教育教学基础理论知识的学习和基本技能的训练。只有这样，才能更好地掌握教学内容之间的联系，才能取得好的教学效果，才能不断提高教学质量。

第四，积极开展科研工作。有学者根据长期的研究，认为“通过教师参加教科研，可以促使他们由‘经验型的教师’向‘专家型的教师’过渡”。正如钱伟长所说：“科研反映你对本学科清楚不清楚，教学没有科研作为底蕴，就是一种没有观点的教育，没有灵魂的教育”“你不教课，就不是教师；你不搞科研，就不是好教师”“教师上课，不能再靠背那本讲义了。我们应该逐步完成这样一种观念上的转变：教师不是教书匠，不能光教书，而要一边教书一边搞科研、搞课题”。[①]

4.2.2 教学操作能力的提升

如果我们用教学认知能力表达教师的“知”，相应地，我们也可以用教学操作能力表达教师的“行”。教学操作能力，即为完成教学任务而表现出的各项具体的能力，它以教学认知能力为基础，决定着教师教学的成败。

教师提高教学操作能力的途径主要有以下三种：

（1）学校及相关教育主管部门方面对教师操作能力的培训。如要求教师加强普通话训练，使教师特别是年轻教师都能讲一口标准规范的普通话，能对教学语言进行进一步的研究；定期举办“三笔字”大赛，积极开展板书设计活动，全面促进教师操作能力的发展；鼓励教师组织课外活动以及学生的兴趣小组活动等，促进教师组织教学能力的提高；对教师进行多媒体的培训和课件制作培训，并予以考核，以此来提高教师运用多媒体的能力，促进课堂教学效果的改善。此外，学校教研组应定期召开教学探讨会，大家互相交流经验，取长补短，互相提高。

（2）教师间互相观摩和学习各自的教学活动。如开展随堂听课活动，学校领导和教师可随时随堂听课。学校应鼓励教师跨学科听课，但听课之后必须认真评课。这是一种行之有效的好方法，能更快地促进教师业务水平的提高。

（3）教师的自我提升。教师自身方面，应加强对弱项技能的专门训练，勉励自己继续学习，树立终身学习的思想，有针对性地进行训练，如开展微格教学，通过导课、说课、讲课、评课等环节的专门训练可以提高教师的课堂教学操作能力。

---

① 钱伟长．钱伟长院士论教学与科研关系［J］．群言，2003（10）．

4.2.3 教学监控能力的提升

教师的教学监控能力对教师的教学活动有着重要的影响，进而通过教学活动影响着学生的能力发展和学业的提高，是当代新型教师应具有的核心素质。

提高新手教师教学监控能力主要有以下三个途径：

（1）树立良好的教育动机。如果一个教师对教育教学工作毫无兴趣，不安心于教学工作，对学生不热心，那么他就不可能对自己的教学活动进行主动的评价、反馈和调控，他的教学监控能力就难以提高；相反，教师对教育教学工作充满热情，他的教学监控水平就容易提高。因而树立良好的教育动机，是教师教学监控水平提高的先决条件，能够促使教师主动对自己的教学活动进行监控。

（2）增强教学自信心。优秀教师能确立适合自己能力水平，又富有挑战性的教学目标，并能坚持不懈地去实现既定目标，这是因为他们对自己的教学能力充满信心。在实际的教学过程中，他们坚信自己是教学成败的直接决定者，因而能够精神饱满、积极主动地进行教学活动，在教学中遇到问题和困难时敢于正视它们，并通过自身的努力克服它们，采取各种办法以保证教学的成功。而新手教师由于对自己的教学能力缺乏自信，进而对教学活动和教学效果产生一种不可控感。他们在确定教学目标时，容易选简单的任务，给自己提出较低的要求，在实际教学过程中往往采取消极、被动的方式，过多地注意自己教学的负面表现，觉得自己无力改变现状，一遇到问题或困难就回避，表现出教学监控意识和能力的缺乏。可见，增强教师的教学自信心是提高教师教学监控能力的一个重要的内部因素。①

（3）加强对教师教学监控能力的专门训练。新手教师教学监控能力的整体水准虽然较低，但他们对于提高自己的教学监控能力有着迫切的希望。对此，学校或相关教育部门运用一定的技术对他们进行教学监控能力方面的专门训练可以有效地提高这方面的能力。综合国内外的一些研究，训练教师教学监控能力的方法主要有以下四种：

①角色改变技术。先是要求教师参加相关的示范课程和讲座，参与教育科研活动，并要求教师根据己班实际设计规划，形成完整的研究报告。这样做是为了把教师的教育观念引向正途，使其积极主动地参加教育科研活动，借此逐步转变角色。

②微格教学技术。利用现代教育技术，以微型教学的方式，以少数学生为

① 姜凤萍．专家型教师和新手型教师教学监控能力的比较研究［J］．教育与职业，2007（36）．

对象，在较短时间内尝试进行小型的课堂教学，将这种教学过程摄制成录像，课后再进行分析。微格教学技术能有效提高新手教师的教学能力。

③教学反馈技术。可以通过多种教学反馈技术，如采用自我反馈、专家反馈、学生反馈、同行反馈等反馈渠道，使新手教师对自己教学各环节有一个准确而客观的认识，正确地评价自己的教学效果和学生的学习状况。

④现场指导技术。是针对不同的教学状况，由老带新，让新老师在优秀教师的指导帮助下，逐步学会选用最合适的教学方式完美完成教学工作，使其最终达到有效控制课堂教学的目的。

4.3 教师素质的提升

《教育大辞典》中是这样解释“素质”这一概念的：“素质，即个人先天具有的解剖生理特点；易患某种心理异常疾病的遗传因素；公民或某种专业人才的基本品质。”①

因此，人们对“素质”的定义，分为狭义和广义两种。在《心理学大辞典》一书中，狭义的“素质”是这样定义的：“‘素质’是‘指有机体与生俱来的某些解剖生理上的特点，如身体的构造、形态、感觉器官和神经系统的特点，尤其是大脑的结构和机能的特点’”，而广义的“素质”是指“完成某类活动所必需的基本条件”。人的素质是生来就具有的、较为稳定的特征，但在后天的环境和教育的影响下，在实践活动中通过自身的努力，素质的某些特点也会发生缓慢的变化②。

教师素质是由教师的人格特征、教育价值观、知识水平、教学能力、教学行为、教学策略和教学风格等多种成分构成的综合概念。理想的教师需要具备怎样的素质？对此，美国学者 P. A. Witty 博士通过“对我最有帮助的教师所具备的特质”这一问题，对学生眼中的理想的教师素质进行研究，总结出“对我最有帮助的教师所具备的 12 条特质”（见表 4.1）。

① 顾明远．教育大辞典［M］．上海：上海教育出版社，1998.

② 张焕庭．教育辞典［M］．南京：江苏教育出版社，1989.

表 4.1　美国学生对理想教师专业素质的认识①

排序	素质
1	合作与民众的态度
2	仁慈、体谅
3	有忍耐心
4	兴趣广泛
5	和蔼可亲
6	公正无私
7	有幽默感
8	言行稳定一致
9	有兴趣研究学生的问题
10	处事有伸缩性
11	了解学生，给予鼓励
12	精通教学技术

在此基础上，有学者对中国学生心目中理想教师的素质进行了比较调查，将 12 项特质随机呈现给学生，让他们就这 12 项品质对自己心目中的好老师进行排序，得出以下结论（见表 4.2）。

表 4.2　中国学生对理想教师专业素质的认识

排序	素质
1	精通教学技术
2	公正无私
3	了解学生，给予鼓励
4	合作与民众的态度
5	言行稳定一致
6	仁慈、体谅

① 钟祖荣．现代教师学导论：教师专业发展指导［M］．北京：中国广播电视大学出版社，2001.

（续上表）

排序	素质
7	和蔼可亲
8	有忍耐心
9	有兴趣研究学生的问题
10	处事有伸缩性
11	有幽默感
12	兴趣广泛

教师是教学活动的组织者，又是学生学习过程的引导者，学校的课堂教育教学活动，只有在教师的组织下才能顺利开展。实施素质教育，促进学生整体素质的全面发展，是当前学校教育的出发点和目标，而素质教育的实施、教育目标的实现关键在于高素质的教师。教师素质是教师进行教书育人的前提和基础，也是教师自身成长的前提条件和基础。因而提高教师的素质，对促进教育的发展具有重要意义。

我们主要从教师的人文素养、教师的心理状态和教师的教育观念三个方面对教师素质提升的途径进行探讨。

4.3.1 不断提升人文素养

具备人文素养是对教师的必然要求。

对于普通人来说，人文素养是健全人格的必然要求。人文素养的欠缺对每个人来说，都是人生的一种不幸。人文素养对于教师更是意义重大，不可或缺，较高的人文素养有助于教师陶冶情操，提高生活质量，调节心理状态，促进身心健康；有助于教师形成自觉关怀人、关怀社会、关怀自然的品格，逐步养成健全的人格，达到高尚的精神境界；有助于提高教师的整体素质和教育教学水平，关爱学生，使所有学生能健康成长并具有完善的人格。[①] 因此，教师的人文素养既是教师心理健康发展的必要条件，也是提升教学效果卓有成效的方法，更是培养具备健康心理的学生的必要前提。

教师通过培养人才促进社会的发展，不仅要考虑如何培养人的问题，更要考虑培养什么样的人的问题。《纽约时报》曾经刊登过爱因斯坦的这样一段

① 杨林芳．教师人文素养缺失的危害及其对策探究［J］．学园，2013（18）．

话，他说，仅仅“用专业知识教育人是不够的，通过专业教育，他可以成为一种有用的机器，但是不能成为一个和谐发展的人。要使学生对价值有所理解并产生热烈的情感，那是最基本的，他必须获得对美和道德上的鲜明的辨别力”。因此，只有教育者具备较高的人文素养，才能贯彻以人为本的教育理念，培养真正意义上的“人”。

曾经有人这样说：“教师应该是个‘杂家’，要努力做到某一些东西懂全部，一切东西懂一点。”这句话有两方面的含义，首先是教师应该要有系统精深的学科专业知识和教育专业知识，其次是教师必须积累广博的社会文化知识，培养高尚的人文精神。一个教师的素质不能局限于他的专业知识和教育理论，还要有各种教学艺术和多方面的科学文化知识，以帮助开阔学生的视野，挖掘学生的潜能，发展学生的智慧。

青少年学生兴趣广泛，有很强的求知欲和好奇心，信息来源和获取知识的渠道多种多样，教师需具有较高的文化涵养和人格魅力，才能更好地引导学生。例如，教师有体育、科技、音乐、美术等多方面的兴趣爱好，才能有效地组织学生开展课外活动和进行班主任工作。

一般来说，教师的人文素养体现在人文知识、人文精神和人文行为三个方面。人文精神是人文素养的核心，是由人文知识内化而来的，而人文行为则是人文精神的外化体现，是教师人格力量和教育力量的展现，是教师产生向心力和凝聚力的重要手段。

伟大的教育家体现出的人文精神，我们常常能深刻地感受到。例如，鲁迅先生是民族魂的代表，是伟大的文学家和思想家，他从日本留学回国后先后担任过浙江两级师范学堂和绍兴中学的教员，后来担任北京女子高等师范学校讲师。日本人长尾景和曾经在《文艺报》发表《在上海“花园庄”我认识了鲁迅》一文，其中记载了其对鲁迅的印象：他和周豫山第一次谈话时所说的都是有关美术的事情，从歌赫、郭刚、米勒的画，说到罗丹的雕刻；又从日本的水墨画说到广重、歌磨的版画。他暗中估计，这是一位美术家。第二天，他们的对话，是从医学开始的。从维生素、荷尔蒙、达尔文的进化论起，一直谈到天文学、爱因斯坦相对论、灵魂不灭说，他越来越觉得鲁迅是个博学的人。他说：“像这样学识渊博的人，我从未见过的。在日本，我虽然也结识不少教授、博士等有名的人物，但他们对于自己业务以外的事，知道的并不比我多。”“直到现在，我没有遇到过一位能够说得投机的人，然而和他却不可思议地很容易引起共鸣。这大概就是所说的情投意合了。周豫山总是很谦虚，不论谈论什么从来没有表现出知道得比人多的神气。每晚当我和他告别回到床上时，就揣测他一定是某大学的教授。随着我们的相识，愈来愈感到他的伟大；

我想，在上海一个普通的里弄之中，竟会有这样的人，中国真是太伟大了！”

许广平在北京女子高等师范学校做学生聆听鲁迅授课时，对鲁迅的印象也是非常深刻的：没有一个人逃课，也没有一个人在听讲之外，拿出什么来偷偷做。钟声刚止，还来不及包围着请教，人不见了，那真是“神龙见首不见尾”，许久许久，同学们醒过来了，那是初春的和风，新从冰冷的世间吹拂着人们，阴森森中感到一丝暖意。

作为教师，鲁迅先生的课深受学生的喜爱，这与鲁迅先生深厚的人文知识和文化底蕴密切相关。

又如北京大学刘师培教授的教学事迹。其学生——后来担任过安徽大学校长的杨亮功先生记叙道：教师讲授《中古文学史》，自编《中古文学史讲义》。上课时总是两手空空，不携带片纸只字，原原本本地一直讲下去。声音不大但清晰，句句皆是经验之言。刘先生在北京大学授课时肺病已到第三期，身体虚弱，走起路来摇摇欲倒，真是弱不禁风。其三十六岁早夭，在北京大学执教不到两年。当时我们一帮同学对这位国学大师很尊敬，正如福禄特尔所指出英国人之尊敬大文学家培根所引用的两句话：“他是如此伟大，致使我忘却了他的短处。”

可见，优秀的教育家，往往知识渊博，有高深的人文素养，他们蕴含丰富人文知识和深厚文化底蕴的教学活动，让人如痴如醉，如沐春风，使人于不知不觉中受到人文思想的熏陶。

当前大多数教师人文素养严重缺失，这和长期以来接受的教育密切相关：从小学教育到师范院校的教育，由于接受的是应试教育或是非常狭窄的专业训练，在教育环境的影响下，教师本身也只看重专业知识的积累，而忽视了人文知识的学习和人文情怀的培养。因此，一个立志从事教育工作的人，要成为合格教师乃至优秀教师，就必须加强学习人文社会科学知识，并将知识内化为已有，培养和提升自己的人文素养。

教师提升人文素养要从掌握丰富的人文知识和以实际行动体现人文精神做起。

杜威指出：“知识具有人文主义的性质，不是因为它是关于过去人类的产物，而是因为它在解放人类智力和人类同情心方面做出了贡献。”

怀特海认为：“文化是思想活动，是对美和高尚情感的接受。支离破碎的信息或知识与文化毫不相干，教育所要传授的是对思想的力量、思想的美、思想的条理的一种深刻的认识，以及一种特殊的知识，这种知识与知识掌握者的生活有着特别的关系。”

人文知识是人类关于人文领域的基本知识，具体包括语言、文学、历史、哲学、宗教、道德、法律、艺术等知识。人文知识与人的精神生活密切相关，是进行人文教育的主要载体。人文素养的发展是通过优秀的人文文化实现的，而优秀的人文文化则是在历史的长河中通过不断的积累、提炼和升华而逐渐形成并随着人类社会的发展而发展的。古人云："不学诗无以言，不学礼无以立。"说的正是每个人要成为真正意义上的"人"，就要学习，要博览群书，要涉猎语言、文学、历史、哲学、艺术等人文社会学科知识，要对古典文化有相当的积累，理解传统，并具有历史意识，能够"守经达变，返本开新"。人文知识是教师人文素养的基本组成材料，人文知识具有怡情养性、陶冶身心、关爱社会的作用。教师所具有的人文知识，不仅影响教师个人的精神生活，而且影响学生精神世界的建构。①

学习人文知识，并将人文知识内化为自己的人文精神，这是人文知识向人文素养转化的途径。

一是要树立正确的读书观念。

我们要认识到读书是获取人文知识的重要渠道，人文知识的积累，除了参加学校及相关部门提供的关于人文知识的培训外，主要靠教师积极主动地读书。人文主义思想家新儒学大师唐君毅先生说："我们千万不要以为我们不读书，只凭我们之天赋的聪明智慧或思想能力，真可直接去读自然宇宙人生社会这部大书，而自己读出其深微广大的意义来。"② 著名画家张大千先生说："作画如欲脱俗气、洗浮气、除匠气，第一是读书，第二是多读书，第三是有系统、有选择地读书。"所以读书即便对于画家也是如此重要，更何况对于被人们称为"人类灵魂的工程师"的教师呢？然而，当今的不少教师抱怨工作忙，压力大，没有时间读书，其实是没有心思读书，没有意识到读书的重要性。他们以为接受了一定的高等教育和专门训练，就能够享用一辈子，因而不注重知识的更新，没有养成多读书读好书的习惯。

苏霍姆林斯基说："读书，读书，再读书。要把读书当作第一精神需要，当作饥饿者的食物，要有读书的兴趣，要喜欢博览群书，要能在书本面前坐下来，深入地思考。"

数学特级教师、厦门双十中学副校长任勇，20 多年来到处购买书籍，已有藏书 6 000 余册，还订阅了所有能订到的数学杂志及其他教育杂志。他对记者说："之所以能在书海中获知与启智、探索与创新，编著或参与编著教育教学著作 53 部，发表论文 550 余篇，这与占有大量的书籍、参阅大量的资料是

---

① 邓志伟．论当代教师的人文素养建构［J］．井冈山学院学报（社会科学版），2009（2）．

② 唐君毅．说读书之重要［A］．唐君毅全集（卷二）［M］．台北：台湾学生书局，1988．

分不开的。”他的座右铭是：“博览群书，长智长能天地阔；饱阅众卷，增才增识视野宽。”所以，教师要持之以恒地读书，不断地补充自己的知识储备，才能进一步提高自己的教育水平，在教学时游刃有余。[①]

此外，读书要掌握一定的技巧。读书不能追求形式上的“读书”，不能粗略地过一遍，就以为读过了，要勤读书、多思考，以便领会书中经典文化知识的思想精髓和精神要义。经典文化是经过了时间的考验、历史的筛选而保留下来的人类智慧结晶，对经典文化，要反复研读，反复思考，还要勤于动手写读书笔记和读后感，这样才能收到较好的效果。正如俗话所说：“好记性不如烂笔头”，读书时，把自己的独特见解整理出来，写成笔记，这样可以帮助我们加深印象，便于日后从记忆中提取，对知识进行比较、综合、分析。如果所读的书是自己的书，我们还可以在书的空白处写下自己看法、疑问、评论等，或做一些记号，这样有利于我们对文章的理解、记忆，有利于加强学习的效果。

作为教师，可以考虑从以下五个方面充实自己的人文知识：

（1）历史知识。

现实是历史的延续，如果你想成就一番事业，那就应该多读历史，对普通人来说，读史使人明智；对领导者来说，读史有助于更有效地管理员工。了解历史上所发生的事，以及历史人物如何处理这些事件，从中窥视历史人物的人生足迹和品格表现，提炼并领悟其中的哲理，这对启迪今人的智慧十分有效。作为教师，除了思考如何更好地教书外，更多地要考虑如何育人，如何传承人类文明成果，从中借鉴和吸收养分，进而使自身走向更高层次的文明。

（2）哲学知识。

哲学是一切具体学科的主导学科，能够帮助我们培养个人价值观和人生观。哲学知识可以帮助我们剖析历史的和现实中的问题，更好地对待自己遇到的问题。教师不联系实际，让学生死记硬背拿高分，会让学生感觉很枯燥，是对学生的精神摧残。教育如果把人的解放当作理想的目标，就能正确地引导学生处理现实生活中人与自然、人与社会、人与人、人与物之间的关系。

（3）宗教知识。

宗教是一种信仰，是对“人性”和“向善”的追求。宗教的本质是给人一种精神上的“终极关怀”。宗教是重要的人类文化现象，属于人的精神生活和社会存在，具有长期性、群众性、民族性、国际性和复杂性。对于一般的人民群众而言，宗教影响着他们的生活，有的宗教现象，甚至成为民俗生活的重要内容。学生品德教育的核心应该就是人性“向善”的教育。“向善”的力量

---

① 杨默．提高语文教师人文素养的思考与实践［D］．东北师范大学硕士学位论文，2005.

能够使学生做人讲诚信、做事守承诺，能够使学生胸怀宽广，拒斥浅薄，超越功利。

（4）美学知识。

美学是哲学的一个分支，是以对美的本质及其意义的研究为主题的学科。美学的基本问题有美的本质、审美意识同审美对象的关系等。教育中的审美教育，就是用美学知识感染学生，让学生与世俗人生保持适当的距离，生活得有情致、有韵味、有活力、有光彩、有价值。

（5）文学知识。

说到文学知识，有人认为那是语文老师必须掌握的，其他课程的教师无须强求。其实不然，现代素质教育要求任何一门课程的教学不仅要教会学生掌握学科专业知识，还涉及学生的思想道德、思维品质、文化修养、审美情趣、创新精神、个性发展、人格塑造等等，这些都与教师的文化修养和底蕴密切相关，教师只有具备一定的文学知识和文学素养，才能在教育教学过程中充分挖掘教材中蕴含的精神意蕴，传播教材中人类精神文明的精华，使学生受到思想情感的熏陶和美的感染，促进学生全面发展。①

二是实现人文知识的内化。

教师除了不断积累人文知识，还要将人文知识内化为人文思维、人文理念。

提升人文素养的关键在于将人文知识内化。所谓内化，简言之，就是把外来的东西转化成自身内在的东西。人脑是以信息加工的方式将人文知识内化于己，使其进入头脑的认知结构中，将知识内化为素养的过程需要教师自身主动地参与，发挥自身的主观能动性，主动地学习并且掌握应用，将知识转化为素养和能力。当前人文知识教育的最终目的，就在于促使学习者将所学人文知识内化为人文素养。

教师应在博览群书中思考、积累，丰富自己的知识和思想，扩大文化的视野，提高思想的境界以及思维的深度和广度，特别是通过阅读传统经典文化，与人类的思想家、教育家对话，学习他们的研究成果，接受优秀人文文化的熏陶。同时还要向身边具有丰厚人文素养的教育工作者学习，观察他们在教书育人过程中如何体现人文思想，思考他们面对学生如何能得心应手，举一反三，旁征博引，左右逢源，塑造教师自己在人文思想上的独特理解和感悟。

三是以实际行动体现人文精神。

人文精神的外化是人文行为，是对人文精神的宣扬，并不是空洞的口号，

① 邓志伟．论当代教师的人文素养建构［J］．井冈山学院学报（社会科学版），2009（2）．

其体现在教师要身体力行，将人文知识的理论学习与实际行动相结合。著名教育家陶行知改名的原因就是意识到知行合一的重要性，强调身体力行。

贯彻人文精神于人文行为，教师应该从以下五个方面做起：

（1）以学生的生存和发展为本。

教师的人文行为表现为在情感上接纳与尊重、关心与爱护学生，尊重学生的人格和喜好，保护学生的自尊心，对学生及学生利益充分关切，关心学生的点滴进步与成长。

以学生的生存为本，要求教师要在教育教学环境中提升学生的生存质量，创设一种蕴含人文文化、具有独特风格的校园生活环境，让学生在学校的学习生活中以积极勤奋的心态，充实愉快地学习，感受人文文化的熏陶，培养人文情怀，为将来的幸福生活打下坚实的基础。以学生的发展为本，要求教师用人文精神指导教育教学活动，使学生享有参与和选择教育的权利，为使学生的主体意识得到体现而做出行动，为学生提供选择的机会，包括学习内容的选择、学习策略方法的选择和学习时间的分配等等。教师以成绩为唯一目标，以分数衡量教育对学生是一种深重的伤害。教师绝不能甘为器用，也绝不能以学生为器用，教育应当以人为本，以学生的生存和发展为本，以塑造学生健全的人格为本，这是我们每一个教育者应有的怀抱与胸襟，也是我们理应追求的道德境界。

（2）以宽容之心善待学生。

教师要学会倾听和理解学生，要有体谅学生的心，把学生作为具有自己的思想、情感、性格等个人品质的具体的“人”来看待。教师要走下高高在上的讲台，深入学生群体之中，要设法走进学生的内心世界，多为学生着想：比如在课堂上学生为什么会打瞌睡？学生为什么回答不出问题？学生为什么这么捣蛋？学生为什么会烦躁？教师多从一个正常的“人”的需求角度去考虑一下，多换位思考，从学生的角度出发，就会多几分宽容。比如说学生上课打瞌睡，可能是因为晚上没有睡好，可能是身体不舒服，教师不妨上前表示关心，适当让学生休息一会儿；学生回答不出问题，教师不妨先想想所提问题是否合理，为学生找个台阶，保护学生的自尊，让学生不至于难堪等。一言一行中，时时都为学生考虑的教师，肯定是受学生欢迎的教师，这样的教师就不怕学生上课不认真了。

（3）积极维护教育公平和正义。

实现社会公平和正义的重要途径之一是教育，在依然存在着各种不平等观念和不平等现象的社会中，通过教育，人的社会能力得以增强。教育可以为人们提供相对公平的竞争和向社会上层流动的机会，帮助弱势群体改善生存状况，缩小社会性的不平等。教师应该心系教育事业，积极维护和支持教育的公平和正义，关心教育资源的分配，关心教育机会的平等，关心农村教育，关心弱势群体的教育。具体在教学活动中，教师要抛开个人偏见，公正平等地对待每一位学生，不因学生的出身、性别、相貌、智力而做出区别对待。

(4) 做到为人师表。

古人云“非圣贤不能为师”，正如“其身正，不令则行，其身不正，虽令不从”，教育教学过程也一样，教师的言行举止体现出来的人格魅力，会深深吸引学生，教师无须多做说明，学生也会认同并加以模仿。相反，如果为教者其身不正，强调学生该怎么做而自己却不以身作则，那么即便他费尽心思解释，也难以让学生理解为何要按老师说的做。

我国著名教育家张伯苓，1919 年之后相继创办南开大学、南开女中、南开小学。他十分注意对学生进行文明礼貌教育，并且身体力行，为人师表。一次，他发现有个学生手指被烟熏黄了，便严肃地劝告那个学生：“烟对身体有害，要戒掉它。”没想到那个学生有点不服气，俏皮地说：“那您吸烟就对身体没有害处吗?”张伯苓对于学生的责难，抱歉地笑了笑，立即唤工友将自己所有的吕宋烟全部取来，当众销毁，还折断了自己用了多年的心爱的烟袋杆，诚恳地说：“从此以后，我与诸同学共同戒烟。”果然，打那以后，他再也不吸烟了。可见，教师不仅是知识的传播者、智慧的启发者，更是精神的熏陶者、人格的影响者和道德的体现者，正所谓“亲其师，方能信其道”，教师应当是学生的楷模，通过自己的人格魅力去征服学生，用自己良好的人文素养去影响和改造学生的内心世界。①

(5) 对自身行为的反省觉悟。

反省觉悟是个体进行自我观察、自我分析、自我认识、自我矫正和自我提升的过程，是人在头脑中对问题进行反复、严肃、执着的沉思，它是对过去经验的反馈，同时又是做出新计划和行动的依据。教师除了要对自己的行为是否符合教师规范和标准进行反思，还要反省自己的教育理念、教育方法等是否符合以人为本的精神。②

4.3.2 重视调整心理状态

(1) 保持良好的心态。

所谓心态，指的是一个人的心理状态，换言之，就是指一个人的心理素

① 吴艳艳. 以培育健全人格为主旨的和谐校园研究［D］. 河南师范大学硕士学位论文，2010.

② 邓志伟. 论当代教师的人文素养建构［J］. 井冈山学院学报（社会科学版），2009（2）.

质。心态对一个人来说非常重要，运动员如果具有稳定的心态，就可能超常发挥，在赛场上取得好成绩；学生如果具有良好的心态，就可能会在考场上取得好成绩。

雅斯贝尔斯告诉我们："教育意味着一棵树摇动另一棵树，一朵云推动另一朵云，一个灵魂唤醒另一个灵魂。"教师不仅是"传道、授业、解惑"者，同时还应该是学生的保护者、咨询者和朋友。教师良好的心理素质是教师从事教育工作的有力保证，它不仅直接影响教育教学的效果，也影响着学生思想人格的形成。在关注自身成长的阶段，教师尤其要对自身的心理状态有较好的认识和调控。

俗话说得好："教师打喷嚏的时候，全班学生都会感冒。"教师心态的好坏对学生的影响是明显的。那么教师该如何保持良好的心态呢？我们需要掌握一些心理调适的方法。

①正确地认识自我。教师要形成正确的自我认知，并接纳自己，不要对自我的要求过高，过于追求完美，甚至追求超乎自身能力的"目标"。否则，一旦过高的目标不能实现，就会产生很强的挫折感。

②增强心理保健意识。教师应具有较为稳定的情绪和乐观、豁达、坦诚、宽容、随和等性格特征，能承受各种挫折与压力，自我调节焦虑与愤恨等不良情绪，始终保持稳定与乐观的心境，并以此影响学生，培养学生健康向上的乐观精神。教师要认识到心理健康归根结底要靠自己维护，一切外部的帮助都是间接的。因此，教师应爱护自己，善待自己，维护自己的心理健康。

③建立良好的人际关系。人类的心理适应本质上就是对人际关系的适应。教师要具有广泛、良好的人际关系，将自己和谐地融入学生之中，融入教师群体之中，融入社会之中，保持健康的心理。妥善处理与学生、同事、领导及家长之间的关系，形成一种互相理解、互相信任与互相支持的和谐的人际环境，这些能有效地支持教师的工作。例如，如果教师值得学生的信赖，与学生关系良好，学生也会想方设法让教师开心，而如果教师与学生关系紧张，学生会想方设法与老师对着干，这样更加不利于教师的工作。

④调节情绪，保持心理平衡。教师应学会运用积极的心理防御机制与科学的调试方法，逐步做到从容地应对生活中的各种不良刺激，预防心理障碍以及心理疾病的产生。如转换思维方式，多角度地思考，及时消除不良情绪；及时转移、暂离引起不良情绪的环境，以尽快地从消极情绪中解脱出来；采用"精神自慰法"来自我安慰、自我解嘲及通过体育锻炼、听音乐等方式适度宣泄。

⑤锻炼身体，为心理素质健康提供物质条件。教师养成锻炼身体的习惯，

有利于增强体质，振作精神，保持乐观开朗的心态。[①]

（2）增强自我效能感。

教师教学效能感，是教师对自身教学活动的独特的主观判断，它并不是先天形成的，而是在教学活动中逐渐形成和发展起来的。

研究发现，个体自身的成败经验、替代性经验、言语劝说、情绪与生理状态等都会对教师的自我效能感产生影响。[②]

①个人成败经验。个人的亲身体验，对自我效能感的影响最大。一般而言，成功经验可以增强个人对自身能力的预期，而反复的失败则会降低这种预期。如果人们能不断地体验到成功，那么他们就能建立起比较稳固的效能预期，因为成功会产生一种更概括的效能之感，并将这种体验和信心泛化到以后的类似情景中去，从而建立起稳定的自我效能感。所以，教师在教学活动中的成功经验，有助于教师良好自我效能感的形成。[③]但成败经验对个人的影响还受个体归因方式的影响，如果把成功归因于外部的、不稳定的因素，则不会增强自我效能感，因此，对成功经验的正确归因直接影响自我效能感的形成。

②替代性经验。人们通过观察他人的行为而获得的间接经验也会对自我效能感产生重要影响。看到与自己能力相近的人成功，可以增加对现实中同样目标的信心，促进自我效能感的提高；看到与自己能力相近的人失败时，尤其是付出很大的努力后失败，则会降低其自我效能感；当一个人对自己某方面的能力缺乏现实判断依据或认识时，这种替代经验的影响力更大。

③言语劝说。切合实际的言语劝说对自我效能感来说具有一定的价值，缺乏事实基础的言语劝说对自我效能感的影响不大，在直接经验或替代性经验基础上进行劝说，效果会更好。[④]

④情绪与生理状态。班杜拉在“去敏感性”的研究中发现，高水平的情绪唤醒使人的活动成绩降低，进而影响自我效能感，当人们不为厌恶刺激所困扰时，更能期望成功。另外，人们的高兴、悲伤、欢乐、恐惧等各种情绪都能够改变行为表现及效能预期。

增强教师自我效能感，保持自信心可以从以下方面做起：

一是教师要提高自身素质。教师应充分认识到教师职业的重要意义，认识

---

① 阿曼古丽·买合木提．班主任应具备的心理素质［J］．城市建设理论研究（电子版），2013（1）．

② 杨国欣．论大学生自我效能感的影响因素与培养［J］．心理健康教育，2006（26）．

③ 冀先礼．论大学生自我效能感的影响因素和作用［J］．河南理工大学学报（社会科学版），2006（7）．

④ 胡丽玲．自我效能感理论及其对大学生学习动机激发的启示［J］．新课程研究，2009（165）．

教师的重要价值，加强师德修养，树立正确的教学观念，提高专业知识水平，获得有效的教学手段，从而增强教育教学能力，提高工作的自信心。此外，教师应充分认识自己，确定合理的目标及抱负水平，正确进行自我评价和自我调整，提高自身抵御挫折和承受压力的能力，勇敢地迎接教育教学过程中的各种挑战。正确认识自身的特长和不足，做到“扬长避短”，强化擅长的技能，改善不足之处。教师和周围的人通过各种方式相互学习，各取所长，如经常与同行进行切磋和交流，通过观看录像和实际教学观摩，学习专家型教师成功的教学经验和教学艺术，以此丰富自己的教学经验，改进教学方法，增强自信心。①

二是教师要对成败经验进行正确归因。教师应不断总结自己在教学中的成败得失经验，对成败经验进行正确归因，进而增强自我效能感。教师对自己教学业绩上的成功体验，要做到正确归因，这种成功感会激发教师的教育热情，增加教师的教育信心；此外，教师还要勇于面对失败的经验，从失败中吸取教训，最大限度地消除不良影响，减少由于失败的体验而导致自信心丧失的情况。

三是学校方面要创设积极的校园环境。学校应加强创设积极向上的校园文化，营造充满生机和活力的氛围，以促进教师个体能力的充分发展和集体效能感的提高。

学校管理者应该努力创造民主化管理的氛围，发挥其为教学服务的职能，摒弃机械、呆板的管理方式，建立科学化和规范化的管理体制，从而为教师创设民主宽松的教学环境。管理者还应充分重视教师的各种需要，并创造条件满足教师的合理要求，让教师体验到自身价值，使其甘于奉献、乐于奉献，不断提高教师的整体素质。

另外，学校应建立科学、公平、合理的教师评价机制和奖励机制，激发教师的竞争意识和创新精神，努力形成一种发展性的、和谐的校园气氛。科学合理的教师评价方式和奖励机制具有较强的激励作用，能够有效地激发教师工作的积极性，使教师产生持续的教学动力，促使教师不断地发展，为教师实现自身的价值提供机会。

学校还应加强建设互相合作、真诚相待的教学和科研小组，充分发挥集体的力量，积极凝聚集体的智慧，提高集体效能感。

四是倡导外界积极关注每一位教师。学校领导、教育管理部门、家长以及社会各方面的积极关注，能够让教师更深刻地体验到自身的价值意义所在。外

① 倪海．教师的自我效能感浅析［J］．教育探索，2003（1）．

界应该积极地关注教师，给予教师积极的反馈，给予每位教师以良好的期望，相信每位教师都有极大的潜能，相信每一位教师都有发展的能力，将这种期望有意识地传递给教师，使教师心情愉悦，精神振奋，产生较高的教育热情和自信心，以积极主动的心态面对教学工作，提高教学效率。

4.3.3 树立正确的教育观念

（1）更新教育观念的意义所在。

态度决定一切，观念引领行为，人的行为活动主要受自身价值观影响。观念作为我们行为的信条，它有意无意地引领着我们的思想与行动。教师的教育观念直接对其教育态度、教学方式与教育策略产生影响，并进一步影响其教学行为，而教学行为最终必然影响到学生的发展。因而要改变教学行为，使学生得到较好的发展，首先要改变我们的教育观念。

教育是培养人的活动，通过教育活动，促进学生德智体美各方面的全面发展，是教育的根本目的。教师的个人教育观念，决定了教育实践发展的方向，它可以使教育的结果按照一定的方向进行。然而在现实中，很多教师存在错误的教育观念，导致教育发展走向误区。

教师个人教育观念的转变，无论对教师自身的专业发展，还是对新课程改革的进一步深化，都具有十分重要的意义。我国著名的化学教育家刘知新教授强调，更新教育观念是教师发展的一项重要任务，教师只有观念更新了，才能把握教学的各个环节，才能“既见树林，又见森林”，从而能从“整体着眼，从局部入手”来实施新课程改革。[①] 只有确立正确的教育观念，才能从思想上指引教育改革的正确方向，我们的教育改革才能彻底、深入进行，从而实现教育的发展和教师的成长。

教师要具有热爱学生、愿意从事教育工作的信念，要转变自己不合理的教育思想，建立起正确的教育观、教师观和学生观，要不断学习新的教育理念，以优秀教师为楷模进行自我构建。

（2）树立正确的教学观和教师观、学生观、人才观。

在新课程标准下，我们所提倡的新教育理念：其一是“以人为本”，即坚持以学生为本，其二是自主、合作、探究、创新，即培养学生自主、合作、探究和创新的精神。

首先，教师要不断更新教学观。

新课程背景下的中、小学教育在教学目标、教学方式、教学评价等方面都

---

① 刘知新．化学教学论［M］．北京：高等教育出版社，2009.

发生了较大的变化。教师要摒弃只以升学为目的的应试教育观，确立以提高学生各方面素质为核心的素质教育观。

长期以来，教师在课堂上对学生“传道”“授业”“解惑”，过于烦琐地分析和讲解，而忽视了学生的主体地位，很少考虑学生的状态，很少与学生互动，学生对知识的学习显得很被动。

传统的教学在师生的沟通对话方式上存在很多问题，如简短快速的问答方式（教师提问，学生回答）、单向活动，而且对话主题由教师决定，源于学生的提问则很少。像这种以教师的思维为导向的对话方式忽略了学生的需要。新课程理念下的教学要求在整个教育过程中以学生为中心，尊重学生的个性，追求师生间的共同发展，力求学生能够发挥主观能动性积极地学习，同时也促进师生思想、情感的交融。也就是说，教学应该通过教师与学生的合作实现，教师应该“把学生作为沟通与活动的主体，促使学生成为学习的主体”①。因而教师要把教学的本质定位为师生间的交往及心灵的沟通，把学生学习的活动看作与书本对话、与教师对话、与自己的心灵对话的过程，使学生在轻松愉快的环境下主动地学，而教师也可在与学生的交往过程中提高自身素质。

其次，教师要树立正确的教师观、学生观和人才观。

教师要树立正确的教师观。21 世纪需要新型人才，新型人才的培养主要依靠新型的教师，这就要求我们每一位教师都要坚持面向世界、面向现代化、面向未来的教育，拥有新的思想、新的观念。在新教育理念的感召下，教师们要马上行动起来，为适应时代发展的要求，找准自己的角色，摒弃教师中心论，正确认识教师在教育中的主导地位和学生的主体作用。

有位心理健康老师在上“学会沟通，让我们靠得更近”这一课时，开头通过亲子节目《爸爸去哪儿》导入，让学生们聊聊自己喜欢的一对父子（父女），然后再顺势聊聊自己和父母之间的关系，但教师发现学生们的防卫心理很强，都不愿意真实表达。站起来发言的学生都会说“我们很好”，真正关系不是很好的学生则坐在位置上保持沉默。这时老师想到了自我开放、自我暴露。她结合自己儿时的真实经历告诉学生：“老师跟你们一样大的时候对爸爸的印象很模糊，记忆中爸爸常年在外工作，经常是一个月才能见到爸爸一次，所以我和爸爸之间的关系有点陌生，比较敬畏他……”这样一来，部分学生似乎找到了共鸣，“老师，我和你的情况一样，我的爸爸也经常出差，我很少见到他”“我的爸爸也是，在外地工作很少回来，我们之间没有共同话题，比

① 钟启泉，崔允漷等．为了中华民族的复兴　为了每位学生的发展［M］．上海：华东师范大学出版社，2001.

较生疏”……学生们就这样敞开了自己的心扉，整节课进行得非常顺利。由此可见，以学生为中心，树立正确的教师观，将会给教师的课堂带来莫大的帮助。

新课改以来，人们对教师在基础教育新课程发展中的地位和角色等问题的认识发生了很大的变化，教师观也随之发生了变化，积极能动的教师形象取代了消极被动的教师形象。在新教育理念中，教师应当是学生学习的促进者、学生灵魂的塑造者、学生美好人生的导航者、智慧的管理者、教学的研究者和快乐的教育者。

教师要树立正确的学生观。学生观是指教师对学生的基本认识和根本态度，教师的学生观决定了教师的教学态度和相应的教学方式。优秀教师总是把学生看作发展中的、不成熟的、有个性差异的人，正如美国全国专业教学标准署对教师提出的要求是：“热爱学生，一心扑在学生身上，承认学生有不同的特征和天赋，并且善于使每个学生全部学到知识。同时相信人的尊严和价值，相信每个孩子内在的潜能。”教师应当不断加强对学生的研究，通过与每一位学生的交往，全面了解新时期学生的特点，使师生沟通达到和谐。

教师要摒弃陈旧落后的人才观，树立正确的人才观。陶行知先生说过：“在你的教鞭下有瓦特，在你的冷眼里有牛顿，在你的讥笑中有爱迪生。”作为教师我们应该从这段话中得到启发和警醒：任何时候都不要嘲笑学生，即使他们在很多时候看起来很笨或者表现不好。正所谓“多一把衡量的尺子，就会多出一批好学生”。如果教师能换一种眼光，从另外一种角度看待这些学生，或许就能发现他们是多么与众不同。有一句话说得好：“潜能生不会永远都是‘潜能’而不‘表现’的。就像一棵歪脖子树，只要修剪、浇灌得当，也能成为一个笔直挺拔的硬汉子。”所以，教师如果能换一种眼光、换一种角度来看待这些学生，也许就会惊奇地发现他们是多么有个性和有出息。教师应当形成这样的育人理念：“每一位学生都要发展，但不求一样的发展；每一位学生都要提高，但不是同步的提高；每一位学生都要合格，但不必是相同的规格。”①

课程改革要求教师培养国家需要的人才，在教育教学中要提高学生的科学文化素质，同时也要提高学生的思想道德素质，要培养学生积极的情感态度和正确的价值观，使其成为具有一定的创新精神、实践能力和健壮的体魄与良好的心理素质的“四有”新人。

---

① 孙平．关于教师更新教育观念问题的探讨［D］．华中师范大学硕士学位论文，2003.

4.4 魅力课堂的营造

（1）为什么提出魅力课堂?

魅力课堂的前提是高效课堂。所谓高效课堂，指的是在教师的指导下，学生通过自主学习、合作学习、探究学习的方式，在单位时间内产生较大的教学效益，全面实现课程目标，有效促进学生全面发展和教师专业成长。高效课堂的核心就是自主、合作、探究、展示，而它的高效性成分，包括了备课、上课、拓展和评价等各方面的“高效”。课堂“高效性”，不仅体现为教学活动的高效，还表现为合作学习过程的高质量和学生后续学习的可持续发展。

在实际教学中，当所谓的“高效课堂”成为一种代表时尚的改革潮流的时候，各种问题随之产生。

很多学校打着“高效课堂”的幌子，依旧走“应试教育”之路，高效课堂已经成为应试教育的一种新形态，这种状态下的教育忽视了学生精神的成长及生命发展的需要。

陈大伟老师在其主编的《有效教学的理念与实践》一书中有这么一段描述：“曾经观察过一节数学课，教学密度大，智力含量高，同学们一直处于比较紧张的智力活动中，应该说是一节高效率的课。但我坐在学生身边，感觉学生学得很累，下课的时候，发现很多同学显得疲惫，我认为是效率过高导致的后果。一方面不利于学生身心发展，另外把学生的油榨干了，学生以这样的身心状态走进下一节的教学，不利于后面上课的老师教学……从这种意义上，我们追求的是有合适效率的课堂教学……”

走入误区的“高效课堂”，其推进不可避免地将会导致以下后果：

追求知识的“大容量、高密度、快节奏”，教师教得很累，学生学得也很累，更不能真正地理解与消化；追求教学效率的最大化，往往只考虑到近期的效果，而缺乏长期的考虑；追求教学效率的最大化，要求每节课都效果显著，这就必然产生“急功近利”“拔苗助长”的思想；为了追求教学效率的最大化，有的地方开始从课内延伸到课外，将所谓“高效课堂”与“高效管理”相匹配，学校实际上是在应试教育上大做文章，而忽视了素质教育的全面推进。

这样看来，其实只追求知识高效率的“高效课堂”并不一定产生良好的教育效果。正如爱因斯坦所言：“我确实相信：在我们的教育中，往往只是为着实用和实际的目的，过分强调单纯智育的态度，已经直接导致了对伦理教育的损害。”

在这样的课堂中，学生的学习是在外部力量的要求、逼迫下进行的，而不是出于内在兴趣和需求的推动。在这样的环境中，学生学习的潜能处于被抑制的状态，因此学习的效果很难有真正的爆发和突破。可见，课堂教学缺乏的不是效率，而是激情、活力、兴趣、幽默、对生命的尊重，缺乏的是教与学的干劲，一种足以让学生发挥主观能动性进行学习的力量。因而，我们要追求的是另一种教学形态，即一种备受关注的课堂——魅力课堂。

（2）魅力课堂的实质。

普拉斯说过："魅力有一种能使人开颜、消怒，并且悦人和迷人的神秘品质。它不像水龙头那样随开随关，突然迸发。它像根丝巧妙地编织在性格里，它闪闪发光，光明灿烂，经久不灭。"

"魅力"一词，在《现代汉语词典》中的解释是"吸引人的力量"。魅力，其实是一种感染力，一个人有魅力，别人就愿意亲近；一篇文章有魅力，别人就愿意多读；一堂课有魅力，学生就愿意投入身心参与。

课堂是学生学习的主要场所，理想的课堂是学生获得成长的基地。《中国教育报》上刊登过一篇文章，把理想的课堂教学分为三个境界：一是有效的课堂教学，这是课堂教学的底线，因为"低效教学"甚至"无效教学"都是对学生时间的一种浪费；二是高效的课堂教学，即在有限的单位时间内最大限度地完成教学目标；三是有魅力的课堂教学，它是通过教师的人格魅力、艺术魅力、科学魅力去影响和感染学生的，使课堂充满着活力、内聚力和爆发力。①

所谓"魅力课堂"，应该是这样的课堂，它洋溢着一种独特的吸引力和人性的魅力，在这样的氛围中，教师充满激情，学生对学习有强烈的兴趣，师生为了汲取知识养分，获得内在的、精神的需要而主动地、充分地融入其中，师生双方都得到共同发展。魅力课堂不仅仅是高效的课堂，更是学生心驰神往的理想课堂境界，构建这种真正引导人的智力、技能、思维和情感的发展并最终为人的身心发展服务的"魅力课堂"应当是所有教师的追求。

（3）魅力课堂如何营造？

建构魅力课堂的核心就是教师要运用什么样的教学理念，采取什么样的教学方法，怎样组织课堂，以便为课堂教学注入活力，激发学生的学习兴趣，展现课堂教学的魅力，更好地促进学生各方面的发展。教育家夸美纽斯在其著作

① 马莹．教学智慧铸就灵动课堂［J］．小作家选刊（教学交流），2012（7）．

《大教学论》中这样描述他的理想课堂："找出一种教育方法，使教师因此可以少教，但是学生可以多学；使学校可以因此少些喧嚣、厌恶和无益的劳苦，独具闲暇、快乐及坚实的进步。"

因此，我们需要做的是不断革新，巧妙运用新的教学模式，灵活运用新的教法，建立互动型的魅力课堂。那么，打造魅力课堂，我们该从何做起？

①重视每一堂课。

朱永新先生曾经说过这样的一句话："一个教师不在于他教了多少年书，而在于他用心教了多少年书。同样的道理，一个教师不在于他上了多少节课，而在于他用心地组织了多少节课。"因此，教师用心经营好自己的每一堂课，用心对待每一位学生，让每一位学生都取得良好的学习效果，才是使课堂教学变得有魅力、效率和生命活力的必由之路。

为了上好一堂课，我们要重视哪些步骤？我们知道，教学有三个环节：课时计划、课堂管理与教学、课后评价与反思。教学过程的三个环节与教学内容和活动、步骤与策略相结合就构成了完整的课堂教学过程。

一是要注重课前准备。

要备好课。备好课是上好课的前提。苏霍姆林斯基说过要用一辈子的时间准备一节课，也就是说要上一堂好课，是需要不断推敲琢磨的。他在《给教师的建议》一书中，提到这样一个故事：一位有30年教龄的历史教师上了一节公开课，课题是"苏联青年的道德理想"。当地培训班的学员、教育局视导员都来听课。课上得非常出色，听课的教师们和视导员本来打算在课堂进行时写点记录，以便课后提些意见的，可是他们听得入了迷，竟连做记录也忘记了。他们坐在那里，屏息静气地听，完全被讲课的教师吸引住了，就像自己也变成了学生一样。课后，邻校一位教师对这位历史教师说："您把自己的全部心血都倾注给自己的学生了，您的每一句话都具有极大的感染力。不过，我想请教您：您花了多少时间来备这节课？不止一个小时吧？"那位历史教师说："这节课，我准备了一辈子。而且，总的来说，对每一节课，我都是用终生的时间来备课的。不过，对这个课题的直接准备，或者说现场准备，只用了大约15分钟。"①

可见，"凡事预则立，不预则废"，只有备好课才能上好课。为了上好一堂课，教师要做好课时教学计划，即教师要研究与本节课教学内容相关的资料，在课前要做到三个熟悉：一是熟悉教材，把握好该课的知识点、重点、难点及教学目的，做到教学设计有方向性，教学思路清晰，教学活动过程有组织

---

① 李文军．如何上好你的"家常课"［J］．试题与研究（教学论坛），2012（27）．

性和逻辑性，教学各环节之间的衔接自然流畅。二是熟悉学生，课堂是教师的教和学生的学同时进行的双边活动，因此，老师在备课时应充分考虑到学生们的知识基础、学习氛围、常用的学习方法、兴趣爱好，考虑到不同学生的学习能力和理解能力的差异，设置不同层次的问题，做到因材施教。三是熟悉教法，好的教学方法总是让学生津津乐道，能使学生在充满乐趣的热烈的气氛中学习。

针对备课这一环节，要注意以下三点：

其一是教学目标要明确。首先，新课程从“知识与能力”“过程与方法”“情感态度与价值观”三个维度具体规定了课程目标。教师要以新课程的三维目标为依据，运用有效的教学方法和手段使学生完成知识、能力、品德、情感态度等各个目标。教师要全面地认识课程目标的内涵，不能仅仅满足于完成课程标准的内容，而应根据所教学生的实际，拓展教学内容，在国家课程标准的基础上合理制定自己的教学目标，满足学生的需求。例如，在教学“新民主主义革命与中国共产党”一课时，尽管蒋介石在共同抗日时期并不是处于积极抗日的立场，但是在国共第二次合作时期以蒋介石为主的国民党作为正面战场发挥了很大作用，在后来蒋介石消极抗战并且提出“攘外必先安内”这一决定时，除了蒋介石之外，国民党中仍有很多的爱国理智人士，如杨虎城、张学良，他们意识到民族矛盾是中国当前的主要矛盾，所以发动了西安事变，胁蒋抗日。某教师结合学生状况制定了自己的教学目标：在让学生明确国民党在抗日战争过程中态度反复，对国民党中其他视国家生死安危为己任的爱国人士的爱国热情以及不怕蒋介石迫害的牺牲精神等有所认识的基础上，对张、杨二人在西安事变和平解决之后面临的危险以及余生进行扩展介绍，从而使学生的知识面更宽，认识更深刻，恰当地理顺了课程目标与教学目标的关系。其次，教师授课的任务目标应准确、具体，即课堂以什么任务导学，怎样围绕学习目标组织教学，并且让学生知道应该从课堂教学中获得些什么，让学生真正明白本节课的具体要求，即学什么、怎么学、达到什么目标等，这样学生才会更容易掌握教学内容。

其二是教学设计要联系实际生活，真正做到“从生活走进学科，由学科走向社会”。注重挖掘教学内容与日常生活的紧密联系，把日常生活问题、人口与粮食问题、人类健康问题、环境污染问题等和各章节的对应知识结合起来，尽量使教学内容贴近生活甚至解释生活。

其三是吸引学生。要使教学内容对学生充满吸引力和诱惑力，主要是使学习材料具备现实性、趣味性和挑战性，对此，可以发掘那些存在于学生身边的同时又暗含着某种现象或规律的实际问题，吸引学生，激起学生的好奇心。

新教师还要做好课前默讲或试讲工作。默讲或试讲，是上课前的重要环节，为使课堂教学更顺畅，教师可以在这方面做好充分准备。

所谓默讲，就是在做好教学设计以后，按照教案的要求，假想自己面对学生，按照将来正式授课的速度，认真地、不出声地讲课。默讲的时候，同时把自己当作学生，体会自己讲得怎么样，如果感到有些地方讲得不顺，就要考虑修改讲稿。如果发现时间太长或太短，就要修改原定的讲课分量，合理安排时间，或者调整讲授的内容。如果有必要的话，可以安排试讲。简单的试讲，其实可以当作彩排，即在空教室里，请一两位同事或班里的少数学生，代替全班同学来听讲。这不但可以发现教学语言是否恰当、讲授速度是否适宜，还可以发现表达是否清楚、音量是否合适等具体问题。

二是课中要实施有效教学行为。

教学行为是指教师“教”的行为，即教师为完成教学任务、达成教学目标而采取的可观察的外显的教学活动方式。它大体包括两个方面的内容，一是直接指向教学内容的各种行为，二是为了使上述行为得以顺利实施而对自己和他人的行为进行组织管理的行为。①

教学行为可分为主要教学行为和辅助教学行为。主要教学行为是直接指向教学内容的各种行为，它是教师为完成教学任务而直接采取的各种行为，如陈述、展示、指导、提问等，常常是教师在教学计划中就已经设计好的，并且以学生的知识学习为其主要指向的，其质量影响教学的整体质量。而辅助教学行为是组织管理的行为，它是教师为了更好地完成主要教学行为而做出的调控行为，如强化、管理、提出期望、倾听等，它以主要教学行为的顺利开展为目标。辅助教学行为一般是师生在互动过程中即时产生的，很难提前做好计划准备。②

选择有效的教学行为，主要指教师要注意选择能够促进学生的学习与发展并有利于教师自身专业成长的教学行为。何谓“有效”的教学行为？“有效”的教学行为是指教师在限定的教学时间内达到或高于预期课堂效果，“低效”的教学行为是指教师花费大量的时间却无法产生较好的预期课堂效果；而“负效”的教学行为是指教师的行为所产生的课堂效果不但偏离了预期的课堂效果，还对学生造成消极影响甚至严重伤害。

我们以提问行为为例。提问行为是有一定技巧的，有的教师习惯用这样一种低效的提问方式：“×××，你认为爱迪生最有用的发明是什么，为什么？”

---

① 郭成．新课程改革中教学观念向教学行为转化的条件与策略［J］．中国教育学刊，2004（2）．

② 马建华．新课程理念下的有效教学行为研究［D］．陕西师范大学硕士学位论文，2004.

教师先点名，一位学生站了起来；过一会儿，教师才提出问题。像这样指名在提问之前的方式，会使其他学生松懈，不思考问题。有时候教师的提问表现得很匆忙，学生没有足够的思考时间，教师便加以总结，这样会使大部分学生还未反应过来，问题就结束了。优秀教师是怎么进行提问的呢？他们向学生提问时，通常会留出一定的思考时间，而不是立刻请学生回答。例如，同样的提问，他们会面对所有的学生说："同学们，我们想一想，爱迪生最有用的发明是什么，为什么？"然后停顿数秒钟，让每位学生都有思考的机会。这样的行为方式有利于面向全体学生，动员他们开动脑筋。尽管最后回答的也还是一个学生，但它确保大多数学生处于积极思索的状态。同时，优秀教师的课堂提问也经常能做到"因材施问"，即问题设计合理，提问对象有针对性，问题较容易的让学困生回答；问题稍有难度的让后进生或偏科生回答，再由成绩较好的学生予以纠正；问题较难的才直接让成绩较好的学生回答。

我们可通过以下策略达到有效的课堂效果：①创设与生活相关联的问题情境，激发学生的求知欲和认知兴趣，以增强内部动机。②利用学习结果的反馈作用，让学生及时了解自己的学习效果，以达到激励的作用。③适当地对学生进行理性评价，以巩固和发展学生的学习动机。另外，教师应该意识到辅助教学行为也是课堂教学中必要的行为，也要占用一定的课堂教学时间，但辅助教学行为应少而精，否则在辅助教学行为上花费过多时间，挤占主要教学行为的时间，必然会影响教学进度，导致不能很好地完成教学任务。

三是课后认真评价和反思。

李镇西老师对于"最好的老师"，有这样的阐述：所谓"最好的老师"，也就是用今天的李镇西和昨天的李镇西相比——我今天备课是不是比昨天更认真？我今天上课是不是比昨天更精彩？我今天找学生谈心是不是比昨天更诚恳？我今天处理突发事件是不是比昨天更机智？今天我组织班集体活动是不是比昨天更有趣？我今天帮助后进生是不是比昨天更细心？我今天所积累的教育智慧是不是比昨天更丰富？我今天所进行的教育反思是不是比昨天更深刻？今天我面对学生的教育教学建议或意见是不是比昨天更虚心？我今天听到各种"不理解"后是不是比昨天更冷静？每天都不是最好，甚至每天都有遗憾，但每天都这样将自己和自己比，坚持不懈，我便不断地向"最好的老师"的境界靠近。或者干脆"骄傲"一点说，同样是教师，今天的李镇西和25年前的李镇西相比，可以说是"最好的老师"了。我还会继续将自己和自己比，反正做"最好的老师"是我永远的追求，直到我教育生涯的终点。[①]

① 郝双美. 浅谈中小学教师自我意识的培养［J］. 教育界，2014（8）.

然而我们许多教师上完课以后将书本一放就完事了，很少做到将课堂中的感受、得失及时记录下来，更缺乏对教学实践的系统反思，写出随笔、日记等教学感悟，这就主动放弃了提升自我专业水平的良好机会。

我们对课后的教学评价和反思，应当把重点放在教学目标的完成情况、学生学习活动的水平、课堂教学的成功之处以及应注意的问题等环节上。每次上完课，我们都必须对这堂课的情况进行评判：这堂课的效果如何，学生的掌握情况如何，哪些地方上得比较好，值得继续发扬下去？这堂课还有哪些地方表现得很糟糕，怎么改进？一位经验丰富的教师谈道："我自己每上完一节课都会反思，以便在下个班上课时及时改正一些错误，包括我到外边听课，我的手都不闲着，好的不好的地方都记录下来，经常反思别人上课的优点和不足，自己从中可以借鉴学习……这样有助于更好地教学，自身提高也比较快。"此外，教师除了自我反馈，还可以通过向听课的教师征求对本堂课的反馈意见，向同行学习，特别是向老教师学习，博采众长，不断丰富自己的教学艺术和方法。

教师还可以根据教学情况进行课后备课，提高教学反思能力。课前备课、写教案是准备一堂课的关键，而进行二次备课也是很有价值的，我们可以把课后备课看作课后反思的过程，更有利于教师的专业成熟与提高。教案是课堂教学计划，记录了教师的教学思想、方法轨迹，也能够为教师认识自己、总结教学经验提供重要资料。课堂教学是一个动态的系统，难免会出现很多不确定的情况，学生的一个提问、一个"发难"、一个突发事件，都会对原有的教学设计提出挑战。教师在课后把这些突发事件记录下来，对自己的教学观念和教学行为、学生的表现、教学的成功与失败进行理性的分析，通过课后备课的方式进行反思、体会和感悟，可以帮助自己总结和积累经验，形成一套能适应教学变化的、能出色驾驭课堂教学的知识体系和本领。①

总之，教师在课堂上的一举一动，都要十分注意。"课堂教学无小事，教者事事应在意"，为了最大限度地提高教学效率，教师对课堂上的每一环节，都要认真设计，想一想怎样做效果更好，怎样做可以提高教学质量，力争上好每一堂课。

②打造魅力课堂的关键要素。

美国教育家吉诺特说过这样的话："在学校当了若干年教师后，我得出了一个令人惶恐的结论：教学的成功与失败，我是决定的因素，我个人采用的方

---

① 保庭春．新课程背景下高中地理教师教学反思能力研究［D］．上海师范大学硕士学位论文，2013.

式和每天的情绪是影响学生学习气氛和情境的主因。身为教师，我具有极大的力量，能够让孩子们活得愉快或不乐；我可以是创造痛苦的工具，也可以是启发灵感的媒介；我能让学生翻脸，也能使他们开心；能伤人也能救人。”可见，教师确实在很大程度上决定着课堂的好坏。打造魅力课堂的关键问题在于教师怎么让学生在课堂上“动”起来，让课堂“活”起来。①

一是落实“以人为本”的教育理念。

叶澜教授提出“让课堂焕发生命活力”，强调把学生当作“人”，不当作“物”，把教育的过程当作生命活动发展的过程。课堂教学的改革就应该从这里开始，它与直接把知识学习的高效当作追求的目标不同，而是以人为本，尊重学生美好的天性，以学生的生命发展需要为出发点，目的是为学生的学习注入动力，推动学生自觉地学习、主动地发展、创新地发展，从而促进学生健康成长。因此，这样的课堂更加关注过程的魅力，更加充满人性的温情。

把学生当作“人”和当作“物”，毋庸置疑，其教育结果是不同的。陶行知先生有个耳熟能详的“喂鸡”故事：某次陶行知先生在武汉大学演讲时，他不慌不忙地从大箱里拿出一只大公鸡。台下的听众目瞪口呆，完全不知陶先生的用意。只见陶先生从容地掏出一把米放在桌上，然后按住公鸡的头，想要强迫它吃米，可是大公鸡硬是不吃。怎么才能让公鸡吃米呢？他掰开公鸡的嘴，把米使劲往鸡的嘴里塞。大公鸡拼命挣扎，就是不肯吃。这时，陶先生慢慢地松开手，把鸡放在桌子上，自己后退了几步，大公鸡自己开始慢慢吃起米来。这时陶先生开始演讲：“我认为，教育就像喂鸡一样。先生强迫学生去学习，把知识硬灌给他，他是不情愿学的。即使学也是食而不化，过不了多久，他还是会把知识还给先生的。但是如果让他自由地学习，充分发挥他的主观能动性，那效果一定好得多！”台下一时间掌声如雷贯耳，为陶先生精彩的演讲开场白叫好。陶先生曾指出：“与其把学生当鸭儿填入一些零碎的知识，不如给他们几把钥匙，使他们可以自动去开发文化的金库和宇宙之宝藏。”为了教育的更好发展，教师应以人为本，抛弃传统的填鸭式教学理念。②

学生的学习是一种能动的过程，学生知识的获得不是靠教师单方面灌输而来，而是学习者在自主学习中建构和生成的；学生能力的培养不是从说教中发展而来，而是通过主体的体验、感悟、内化形成的。学生是学习的直接参与者，新课程理念强调学生的主体性，鼓励学生主动参与、自主学习、合作学习、探究学习，教师应由知识传授者向学生学习的指导者、合作者、促进者、

---

① 莫玉玲．如何增强英语教师的课堂魅力［J］．华章，2011（33）．

② 张铭钟．陶行知的教育理念和高尚品质［J］．兰台世界，2010（11）．

研究者转变。

我们要让教育以学生为本，把课堂还给学生，让“讲堂”变“学堂”，实现课堂从“知识传授型”向“自主合作探究型”的转变，激活师生思维，引导学生自学，让学生从传统讲授式课堂的沉闷状态、被动的学习状态中解脱出来，让课堂回归学生的世界，让课堂变成阳光明媚、灵性生长、激情活泼的舞台。

二是建立民主和谐的师生关系。

罗杰斯认为：“只有在真实、接受和理解的师生人际关系中，学生对课堂教学才有一种安全感，才敢于和勇于发表见解、自由想象和创造，从而愉快地、热情地汲取知识、发展能力和形成人格。”①

民主和谐的师生关系，是指师生在教育活动中情感的接受、相容和相互需要，它是学校各项人际关系中最基本最重要的一种人际关系，对于促进学生学习和能力的发展具有重要意义。

优秀的教师都知道，教学的过程其实是教师和学生的心灵进行沟通和交流的过程，建立起民主和谐的师生关系，能够促使学生努力学习，使教师的教学取得成功。

自古以来“师道尊严”等传统观念一直对人们起着潜移默化的作用，这些观念把教师放在绝对主导和中心的地位，教师与学生之间的关系不平等，必然使他们之间存在隔阂。新的教育理念强调师生关系应该是“民主、平等”的，不仅需要学生尊重教师，同时教师也应该尊重学生的个性与人格尊严。以人为本的教育观要求教师热爱学生，尊重学生，建立民主、平等的师生关系，只有在平等基础上的相互尊重、理解、信任和关爱，才能形成师生间互相尊重、互相关爱的和谐关系，才能提高教学实效性。教师应该解构自身的权威心态，以民主平等的精神来管理班集体，努力创设宽松、和谐、民主的教学氛围，充分调动学生的积极性，让学生共同参与管理，最终实现学生自主管理，形成学生喜爱的民主平等的班级文化，促进每一位学生的发展，培养出具有创新精神和实践能力的人才。②

实践证明，由学生自己和老师共同管理的班级往往会更受学生欢迎。某校黄老师从上岗的第一天就开始了保姆式的职业生活，从各种资料、各种活动到大扫除、班会等等，事无巨细，全都一手包办，每天忙得够呛，直到有一次筹备班会的时候，一班委对他说：“老师，我觉得这些事情您完全不用亲力亲

① 张承芬．教师素质学［M］．济南：济南出版社，1990.

② 邓志伟．论当代教师的人文素养建构［J］．井冈山学院学报（社会科学版），2009（2）．

为，可以交给我们去组织，请您让我们自己来试一试吧。”班委的话让他突然意识到学生并不希望老师什么都是“包办代替”，他们长大了，作为老师，该放手的时候就得放手，既给了学生锻炼的机会，又让自己减负不少，于是，他退居“二线”，为学生做参谋和指导，最后班会举办得比往次都成功，他和学生一同品尝了成功的喜悦。

三是创造宽松愉悦的课堂环境。

张春兴老师认为，“学校教育的主要特征是，在刻意设置的情境中有计划地教导学生，期冀其从身心及行为的良性变化中达成预定的教育目的”①。

范春林老师等认为，课堂环境即存在于课堂教学过程中的，影响教学活动的开展、质量和效果的各种社会的以及心理因素的总和。②

课堂环境通常被认为是“作为一个社会集体的班集体中的气氛”，其实就是学生或教师对所处课堂的知觉或感受，它对学生的认知、情感和行为产生着重要的影响。美国心理学家班尼认为：“如果一个集体的气氛是友好的、相互理解的、相互支持的，那么集体对于动机、工作表现和成就的影响就会是积极的。”然而据人们研究表明，当前情况下的课堂环境并不乐观，绝对服从的管理模式、过于活跃或者过于沉闷的课堂氛围等仍然大量存在。这样的课堂环境不仅严重影响教学效率，更不利于学生的身心健康发展。

课程专家建议：教师要充分考虑学生发展的需求，给学生自由支配的时间和空间，使学生最大限度地处于积极主动的学习状态。学生在学习过程中，不应受控于教师的教学计划，不应受约于教师的要求，只有在较为宽松的环境中，学生才会勇于表现自我，才能最大限度地发挥他们的主观能动性。对此，教师应当经常提醒自己在课堂上留给学生活动的空间，给他们表达个性的机会。优秀的教师常常能够为教学创造和谐宽松的环境。一位教师这样描述他的做法：“我在教学中就很放得开，宽松的环境让学生没有了压迫感和紧张感。上下课我取消了他们每次‘起立’‘老师好’‘老师再见’的传统形式，课堂上，我常常穿行于学生中间讨论，课后也经常和他们一起聊天，一起参与活动。”

因此，教师创设一个更加宽松愉悦的课堂环境，能够更好地管理课堂，从而提高教学质量，促进学生身心发展。

四是运用多样化的教学方法。

所谓教学方法，是指教师为完成预设的教学目标，而在教学活动中采用的

---

① 张春兴．教育心理学［M］．杭州：浙江教育出版社，2002.

② 范春林等．课堂环境研究的现状、意义及趋势［J］．比较教育研究，2005（8）．

各种教学手段。它是教师以实现课程目标为目的，以培养学生科学素养为宗旨，为提高课堂教学有效性而采取的教学手段。

很多教师在课堂上总是不厌其烦地讲授，烦琐地分析，却忽视学生的感受，忽视学生的主动学习、亲身实践，导致教师付出了大量的时间和精力，却收不到很好的教学效果。

例如在教学课堂上常会出现类似的情境：

教师：今天，我们一起来学习《伤仲永》这篇课文，这是一篇文言文，学习文言文，我们首先要弄懂课文中字、词、句的意思。接下来我们一起来解决这个问题。

教师带着学生一起朗读课文，一边读，一边逐字逐句地解释课文，教师板书，学生边听边记下板书，把重点字词记在笔记本上。

进入课文赏析环节。教师把课文结构、写作特点板书出来，学生同样“依样画葫芦”，一字不漏地记下来。

这是“牵”着学生走的课堂教学模式，教师一味地展示板书，学生机械地抄写，只停留在“写什么”的层面而不知道“为什么写”，是一个完全独立的“教师课堂”。雅斯贝尔斯曾经说过：“教育意味着一棵树摇动另一棵树，一朵云推动另一朵云，一个灵魂唤醒另一个灵魂。”教师应多营造师生平等对话的氛围，而不是一味地“我说你听，我问你答，我写你抄”。正如新课程理念所提倡的，要以“导学”代替“讲学”，教师要改变过去单一地、不停地讲解的方式，逐步采取引导学生自学、启发、讨论、分析的方式，通过运用多样化的教学方法，提高教学效果。

对此，教师“教”的过程要与学生“学”的过程并进，灵活运用恰当的教学方法，调动学生的主动性和积极性，让学生在课堂中能够主动参与、勤于动手、乐于探究，培养学生自学及分析、解决实际问题的能力，而教师则成为学生学习过程中的参与者、组织者、引导者、促进者以及学生良好情感态度和良好品德的培养者，真正把教师的“教”和学生的“学”结合起来，教师“教”得更轻松有效，学生“学”得更有劲头。

教无定法，贵在得法，教师要根据教学内容灵活运用多种教学方法，通过吸收传统教法的有效成分并在教学中加以改进和创新。如：传统的讲述式教学，是指教师通过口述教导或介绍知识的方式，传递教材内容给学生，使其对某一主题的知识有所了解。讲述式教学具有经济而又便利的特点，能够在较短的时间内将大量的知识传播给最多的学生，但讲述式教学是一种单向的交流，而不涉及听众与教师间的双向沟通，因此缺乏主动学习的效果。因此，教师在新课程的教学中不能完全丢弃讲述式教学，而是为讲述式教学注入活力，在运用讲述式教学时根据教学内容和学生的学习情况运用合适的教学方法，如探究式教学法、合作学习式教学法、情境教学法、启发式教学法、练习教学法、兴趣教学法、提问式教学法、多媒体辅助教学法等，以便更好地运用讲述式教学来提高课堂教学效率。

五是鼓励学生参与课堂教学。

在传统教学中，学生的学习方式比较单调而且被动，不利于学生活跃思维、发展能力。新课程标准强调学生的主动参与，强调多种学习方式的结合。

何谓参与？只要学生发言就是参与吗？课堂专家认为：“站起来发言是参与，但只是表面上的参与，是一种行为的参与，关键要看学生的思维是否活跃，学生所回答的问题、提出的问题，是否建立在学习问题的基础之上；每一个学生的发言是否会引起其他学生的思考；要看参与是不是主动、积极，是不是学生的自我需要；要看学生交往和思维的状态，不能仅看学生是否发言，而要看学生有没有独立地思考。”①

怎样调动学生的思维参与呢？教师应当巧妙地创设情境，发出质疑，引发学生心理上的认知冲突，使学生处于一种积极思考的状态，同时放权给学生，让他们有足够的时间围绕问题进行思考，让他们讨论交流，充分表达自己的思维，并且让尽可能多的学生说出来。在这样的条件下，学生自然会兴奋起来，参与的积极性高涨，自然会自觉主动地参与。同时，如果条件允许，也可以让学生参与教学，互助学习。比如在一个有五十余名学生的班级里，在上实验操作课时，学生在技术上往往会存在这样那样的问题，指导工作仅靠教师一人会略显吃力，这时教师便可以采取分组的形式，让学习效果较好的同学帮助稍有困难的同学，互帮互助，这样既能减轻教师的压力，又可以让学生在合作研究中共同提高，增进感情。

教师通过各种方式和手段促使学生积极地调动思维，鼓励学生多说、多想、多做，让学生积极、主动、兴奋地参与学习的过程，做到真正的思维参与。

有的教师在课堂上依然会出现一些问题，如：采用流于形式的简单问答，学生好像都在参与，但实际上学生的思维水平并没有得到突破；总是叫几位成绩优秀的学生回答问题；表面上热热闹闹，学生能准确地回答教师提出的问题，但大部分学生都没有提出自己的见解，师生、生生没有真正地互动起来。

鼓励学生多动口“说”，即鼓励学生大胆发言，对学习中产生的疑问或见解敢于表达出来，展开讨论，以开拓思路、活跃气氛；鼓励学生多动脑

① 鞠祯．探究课堂教学改革［J］．科技信息，2009（18）．

“想”，即鼓励学生积极思考，对所学知识进行分析、比较、综合、概括，培养学生的思维能力；鼓励学生多动手“做”，即鼓励学生勤做学习笔记，勤写学习提纲，勤动手解决问题，勤动手做实验，勤做社会调查和积极参加社会实践活动，促进学生学习能力、分析和解决问题的思维能力以及实验操作能力和社会实践能力的发展。

对此，教师要善于抓住教学内容中与现实生活密切相关的问题，创设情境，及时组织讨论，引导学生的思维，让他们带着新奇感和探索欲，将知识与解决实际问题相结合，从而在新的层面上发展他们思维的广度和深度。学生真实的参与有利于培养学生的自主学习能力、思维推理能力、口语表达能力、人际交流技巧等；有利于加强学生对现实生活及社会现象的认识，进而改变自己的观点和态度。

六是运用恰当的课堂评价。

所谓课堂评价，是指在课堂教学过程中，教师对学生的学习和行为表现做出即时的评价，它包括言语性评价（口头评价，如组织课堂教学的评价语言、启发式评价语言、激励式评价语言等）和非言语性评价（体态语，如手势、眼神、微笑、点头等）。教师课堂评价以口头评价为主，以体态语为辅助，是教师教育机智、口语技巧、教育智慧的全面展示，更是教师文化底蕴、人格魅力、爱生情怀的真实体现。①

课堂教学评价是促进学生成长、提高课堂教学质量的重要手段。课堂教学中教师不经意的一句带评价色彩的话语，都很有可能影响学生对学习的态度、情感和行动，因而课堂评价也是课堂教学改革的重要组成部分之一。

然而很多教师的课堂评价，只是局限于“对”或“错”的判别，缺乏感情色彩，有的甚至是冷冰冰的责备，不但丧失了评价的发展性功能，更会产生很大的消极影响，如打击学生的自信心和自尊心等。例如，某教师在教《乌鸦喝水》时，组织学生讨论这样一个问题：“乌鸦为什么喝不着瓶子里的水?”经过讨论，绝大部分学生都认为原因有两个：一是瓶子的口太小，乌鸦的嘴伸不进去；二是瓶子里的水太少，乌鸦的嘴够不着。但有一位学生有自己的看法：“是因为乌鸦的嘴太大了，伸不进瓶子。”教师一愣，随之一笑：“坐下，再仔细读读课文。”学生满脸不解地坐下，可是不到两分钟，学生又举手了：“老师，我说的书上没写。”被打断的教师显然有些始料未及，便不耐烦地说：“既然书上没写，就不能乱说，必须想清楚再举手，坐下吧！”学生欲言又止，却也不肯坐下，教师上前，将学生按在座位上，学生再也无心上课了……从新

① 张虹．提高课堂评价语言有效性的研究［D］．华东师范大学硕士学位论文，2006.

课改的角度看，该生具有自己的见解，但案例中的教师没能因势利导，使学生积极参与课堂互动的主动性受到一定的影响。①

此外，单调、流于形式的评价不但不能激发学生的学习兴趣，反而使学生觉得索然无味。许多教师在教学中没有具体问题具体分析，给予恰当评价，说明学生为什么好，或为什么不正确，只是给予“你真棒”“太好了”“你很聪明”之类的评价。学生每一次回答正确，教师便重复这几个词语，让人觉得这样的评价并非发自内心，而是非常机械的表面形式。这样学生听多了便会习以为常，没有任何喜悦的感觉，很显然这样的评价语言不利于调动学生的积极性。②

精彩的课堂评价语深深地打动着每个学生的心灵，产生心与心的交流，使学生的自尊心、自信心得到满足，从而使课堂焕发青春的活力。教师在课堂中对学生的鼓励、赞赏是课堂教学中必不可少的环节，对于调动学生的积极性、主动性，调节课堂气氛起着至关重要的作用。在新课程理念的指引下，教师应力求在课堂上让每一个学生张扬个性、全面发展，因而只有善意的、恰到好处的鼓励，才能激发学生的信心，使学生在成功快乐的体验中不断前进。

例如，课堂上教师可以根据学生回答的情况，给予不同的评价：当学生回答得很完整、准确时，教师可以对他说：“你想得很周到，令我赞叹”；当学生回答得不太准确时，教师可以对他说：“你说的已经很接近答案了，再好好想想，你肯定能做出更精确的回答”；当学生回答错误时，教师并不是冷冷地说：“你想的是错的！”而是微笑着对他说：“似乎你思考的角度不对，如果换个角度，肯定可以回答得更好。”

总之，好的课堂评价语应该是：简洁、准确，让学生听得明白；情真意切，让学生如沐春风；以鼓励为主，让学生获得自信，体验成功的快乐；富于变化，幽默有趣，让学生在轻松的氛围中学习。

同时，除了教师的评价外，还应该鼓励学生间互相评价、小组间评价和学生自我评价，重视学生的个人感受和独特见解，通过多样化的评价尺度，增强学生的自信心，使学生乐在学中，以适合自己的方式不断求知，不断提高课堂效益。③

另外，恰当的体态语有一定的辅助作用，可以拉近师生距离，融洽师生关系。如，给予学生鼓励、期待的眼神，让他感到老师时时刻刻关注着他，他也

---

① 游晓茹．对课堂生成问题的思考［J］．华章，2010（1）．

② 赵霞．新课程背景下教师角色转化及存在的问题［J］．教学与管理（理论版），2006（5）．

③ 赵卫国．浅论初中语文新课改［J］．商情，2012（5）．

能行；当学生成功时，用掌声鼓励；当学生遇到困难时，拍拍他的肩膀，摸摸他的头，会产生“润物细无声”的教育效果。

七是投入持续的激情。

朱永新先生在《我的教育理想》中有这么一句话：“教育需要激情，需要全身心的投入与无私的奉献。”我们认为，一个优秀的教师肯定是有激情的教师，激情源于对教育事业的热爱，对学生的热爱，对生活的热爱。但我们常听到不少教师抱怨“现在的学生难教，现在的教师难做，做教师身心疲惫”。这样的教师也许非常敬业，但这样的教师不一定是学生喜爱的教师，也注定没有优质的课。因为，这样的教师缺乏激情，凭经验教书，不愿做出改变，他们不会以学生之乐为乐，更不会以学生之忧为忧。

如果一个教师对教学缺乏足够的热情，肯定也不能让他的学生在学习过程中充满激情；相反，如果他对教育工作有“诲人不倦”的精神，认为教学工作是有趣的、有意义的，那么他热情的表现也会感染学生。苏霍姆林斯基有“要培养真正的人”的执着理想，陶行知有“改造一百万个乡村的愿望”，他们都用激情装点了自己的灿烂人生，点燃了学生的人生理想。一名教师要想取得成绩和进步，实现自己的教育理想，必须在平凡的工作中永葆激情。教师在备课中饱含激情，把编写教案作为一种乐趣，就会认真查阅资料，充分考虑学情，广泛运用知识，努力设计出最精彩的教案；教师在课堂上饱含激情，把课堂视作舞台，就能用自己的魅力吸引学生，充分调动学生的自觉性，用自己的激情去点燃学生的激情，有效地碰撞学生的思维，净化学生的心灵，进而教师就能从“小工作”的狭隘走进“大事业”的广博，从“小生活”的院落走向“大人生”的旷野，就能领略到教育无穷的乐趣。①

八是教学语言要美。

英国教育学家罗素说过：“教学语言应当是引火线、冲击波、兴奋剂、催化剂，要有撩人心智、激人思维的功效。”也就是说，好的教学语言不仅能促进师生在情感上产生共鸣，而且还能激发学生的思维，促使学生深度思考，给学生以力量、信心和克服困难的勇气，这不仅是教学语言要达到的最高境界，也是教育的最终目的。②

然而，有些教师上课存在的呆板教学行为表现，如站的位置、说话的语调、表情等很少变化，教学语言单调，照本宣科，不利于教学双边活动的开

---

① 吴忠恒．做一名永葆激情的教师［J］．新课程（教育学术），2012（7）．

② 王经战．花言巧语助课堂有效——提高生物课堂的有效性初探［J］．新课程学习（下旬），2013（11）．

展，不利于学生思维能力的培养。

要使课堂更具活力，教学行为更活跃，产生良好的教学效果，就要从教学语言做起。好的课堂教学语言，应当是"清晰准确，富有逻辑性；深浅适度，富有针对性；循循诱导，富有启发性；生动活泼，富有形象性"的。但我们追求教学语言的美，并不是要求教师的语言要字字珠玑、句句似诗，仿佛每一堂课都是一篇精粹的散文。这正如著名特级教师于漪所说的："教师的教学语言虽属日常口语，但又不同于大白话，应该是加工了的口头语言，与随想随说的日常交谈有区别。教学用语既要有人民群众经过锤炼的活泼的口语，又要有优美严密的书面语言，教课是让学生置身于优美的文化氛围、浓郁的语言环境中，受到教育和感染。"因此，要构建魅力的课堂，教师应不断提高自己的语言修养，熟练掌握教学语言的运用技巧和艺术。①

① 刘琳．和谐美——浅谈政治课堂语言的系统效应［J］．江西青年职业学院学报，2011（1）．

5 教师的反思内涵和方法

5.1 教师的反思能力

自20世纪80年代以来，“反思”（reflection）一词在英国、美国、加拿大、澳大利亚等国家越来越多地被引用，并很快影响了西方世界以外的各国教育，现已成为国际教师教育领域的流行语言和凝聚教育改革力量的向导。“反思性教学”和“反思型教师教育”现已成为国际教师教育改革的一个重要方向，并且成为教师专业成长的必由之路，在教师教育领域得到了广泛推广和运用，但在中国显然还没有达到这一高度。① 从20世纪90年代后期起，反思性教学开始在中国传播，在二十几年内经历了从纯粹的理论传播到一线教育工作者的实践的发展过程，已经取得了一些成就。

实践证明，教师反思在一定程度上能够促进教师的专业发展、素养形成与工作效率的提高。然而在实际教学操作过程中，由于教师的反思存在诸多问题及受限因素，从而影响了反思的效果。我们应从内涵界定、策略选择等方面对教师的反思进行深入探讨与钻研，以便教师在真正理解与掌握反思技巧的同时，尽快缩短与优秀教师的实际距离，更好更快地实现自己的成长，这显得尤为重要。

大家都知道，著名教育心理学家波斯纳曾提出教师成长公式：“成长＝经验＋反思”，从中可以看出，教师的成长是一个经验积累与实践反思不断交融的过程。波斯纳认为，机械式的经验累积纯粹是狭隘的经验，某种程度上至多形成肤浅的知识。一个只有经验，却不会对经验进行精心反思的教师，只是一个知识“搬运工”、一个古板机械的“教书匠”。然而，一个具有扎实的知识体系、丰富的教学经验的教师，如果能在实践的基础上加以正确的反思，便可

① 刘晓华．反思性教学与教师专业发展的研究［D］．华东师范大学硕士学位论文，2005.

以完成从一个“教书匠”到教学“创新者”的角色转变。

在当代教育教学理论和教学实践过程中，“反思”一词被频频使用，但教师反思的具体界定，人们并不是很清楚。反思并不等同于一般意义上的“思考”，或者随便的“形式回忆”“简单回顾”。对于当下所提倡的反思，教育界给出的定义是，反思是思维的一种形式。对反思的考究，最早可以追溯到杜威所撰写的《我们怎样思维》。在本书中，杜威提出，当人审慎地考察某个观念的基础以及佐证信念的充分性时，“这个过程就被称作反思，这个过程本身就具有真正的教育价值”“对于任何信念或假定性的知识，主动地、持续地、仔细地考量它赖以成立的基础以及它所倾向的结论，就称为反思”。

杜威关于“反思”一词的解释，与汉语中的“寻根问底”的词义大致相似，此后大多数西方教育界关于反思的论述基本上保留了这一点。在20世纪70年代中期对于反思的研究中，学者们不再是单纯地讨论这种思维的性质，而是转为关注反思与行动的关系。这样，反思也就有了另一层意思：在行动之后（包括行动之中）进行“反溯性思考”。在教育实践过程中，如果忽视了“反溯性思考”仍需具备杜威早期论述中的“寻根究底”的精神，则很容易导致反思在教育实践中的价值表面化、肤浅化。[①]

5.1.1 反思性教学的发展现状

（1）国外的情况。

反思性教学思想在美国出现时间较早，自20世纪80年代以来，在西方提高教师质量和教育质量运动的背景下，反思性教学迅速成长。80年代之前，西方也有不少学者对反思性教学的作用、反思性教学的生命力表示怀疑，但到90年代初期这些声音都销声匿迹了。今天国外反思性教学理论已相当成熟，不但其合理性得到了充分的论述，而且形成了不同的操作模型，教师对其也有极高的认同度，它成为教师专业成长的助推器。

（2）国内的现状。

受西方各国对反思性教学研究的影响，20世纪90年代，我国学者开始翻译外国有关反思性教学的著作，引进反思性教学的思想，渐渐地反思性教学思想得到了很好的传播。到21世纪初，我国进行课程改革，改革要求创造更多的机会以促进教师的教学和研究，引导教师不断地反思，带动教师专业的发展。在外界影响和内在需要的双重作用下，反思性教学现已成为我国研究者常

---

① 徐冲．中小学教师教育技术能力培养研究——反思型教师的成长［D］．辽宁师范大学硕士学位论文，2010.

提起的词语之一，它更是教育教学界热衷的研究对象。国内反思性教学理论出现时间较晚，熊川武教授所著的《反思性教学》一书是国内第一部系统介绍反思性教学的专著，其较为系统地介绍了反思性教学的内涵、反思性教学的模型、反思性教学的合理性、反思性教学的操作实践等内容，为国内反思性教学的传播打下了坚实的基础。发展到现在，国内对反思性教学的研究主要有三类：一是对反思性教学发展历史、思想的研究，二是对反思性教学与教师专业成长关系的研究，三是对反思性教学实践的研究。

5.1.2　教学反思的定义

在我国，对反思性教学研究最具影响力的学者是华东师范大学的熊川武教授，他著有《反思性教学》一书。在该书中，熊川武教授将反思性教学定义为：教学主体借助行动研究，不断探究与解决自身和教学目的，以及教学工具等方面的问题，将“学会教学”（learning how to teach）与“学会学习”（learning how to learn）结合起来，努力提升教学实践的合理性，使自己成为学者型教师的过程。他对反思性教学做了系统的论述，具体来说，反思性教学以探究和解决教学问题为基点，以追求教学实践合理性为动力，是全面发展教师的过程。他在书中还阐述了反思性教学的合理性、反思性教学目的的合理性以及反思性教学工具的合理性三者的相互关系，并对西方流行的几种反思性教学模型进行了比较，认为它们的共同本质都是“提出问题—探讨研究—解决问题”。熊川武教授对反思性教学的研究为我国教育研究提供了可借鉴的材料，使反思性教学理论更充实，也对反思性教学思想在我国的迅速传播起到了重要作用。[①]

北京师范大学申继亮教授认为：教学反思是教师为了实现有效教学，在教师教学反思倾向的支持下，对已经发生或正在发生的教学活动，以及这些教学活动背后的理论、假设进行积极、持续、周密、深入、自我调节性的思考，在思考过程中，能够发现、清晰表征所遇到的教学问题，并积极寻求多种方法来解决问题的过程。它是教师教学认知活动的重要组成部分，贯穿于教学活动的始终。

邵清艳主编的《教师反思力修炼》一书指出：反思是教师对自己的教学理念、教学行为、教学过程、教学结果等进行的自我回顾和分析的过程。反思是教师的自我对话，自己挑自己的“毛病”。自我反思不是一般意义上的“回

---

① 周永贞．新课改背景下新任化学教师反思性教学现状调查及实施研究［D］．湖南师范大学硕士学位论文，2012.

顾”，而是反省、思考、探索和解决教学过程中存在的问题，具有研究性质。①

由于不同的学者对于反思性教学研究的角度不同，因此自会形成各色各样的理解。综合教育学界专家对于反思性教学的界定，笔者对反思性教学做如下定义：反思性教学是教师以一定的理论和经验作为指导，在教学实践活动中通过一系列的策略提升教学的合理性，达到预期的教育目标，促进学生全面发展、教师专业成长的过程。从其内涵我们可以发现反思性教学的特征是探究性、实践性和长期性。

5.1.3 教师教学反思的意义

(1) 理论意义。

①深化教学反思影响的研究。

关于教师教学反思，国内外已经出现不少专著，教育学术论坛众说纷纭，但关于影响教师教学反思的因素的研究较少，因此在一定程度上可以看出有关教师教学反思影响的主题研究，目前仍然具有可以继续深化探究的空间。

②提供教师专业成长的理论学习。

教师应围绕“什么是反思—为什么要反思—怎样反思—形成反思—学习型教师—创新型教师”这一设计路线来进行思考，从教师教学反思这一角度入手，寻求反思成长的途径，真正成为一名反思型教师，在反思中提高，做一名学习型的教师，熟练掌握说课、试讲与微课、微格、微博、微信等网络技术，使得教师们能够在研究中成长，做一名创新型教师，在锤炼中升华，成为优秀型教师。

(2) 实践意义。

不难发现，一名优秀的教师，总是善于在自己的教育教学中发现问题，并将这些问题作为分析与反思的对象，考察这些问题产生的原因，分析解决问题的种种途径，从而在这种不断反思中获得发展。②

反思性教学理论应用于教学活动，有利于发挥学生在教学主体中的作用，调动学生学习的主动性、积极性，使学生真正把知识化为实践，促进学生人格的健康发展，改变应试教育带来的高分低能的状况，同时也能改变教师传统的教书匠形象，优化教学实践，提升教学合理性。掌握反思性教学的技能，也有

---

① 罗玉弟．农村中小学校本教研中的问题与对策研究——基于对佛山市农村中小学的调查［D］．湖南师范大学硕士学位论文，2009.

② 许艳．教师教学反思能力的培养——教师专业化发展的必由之路［J］．试题与研究（新课程论坛），2012（16）．

利于促使教师成长为新课程改革要求中的探究型教师。

进行教学反思有助于逐步发展教师教学实践的判断、思考和分析能力，从而进一步深化自己的实践性知识，直至形成较为系统的教育教学理论。也就是说，进行教学反思有助于教师立足于教学实践，深入地钻研教学理论，从而不断提高自身的专业素质。

进行教学反思能够充分激发教师教学的积极性和创造性，并为其专业的发展提供可行的途径。教学反思鼓励教师通过各种途径审视并分析自身的教育观念及教学活动，这既尊重了教师的主体地位，又发挥了教师的能动性、积极性和创造性。教师在教学过程中，可通过写教育日志、描述教学活动、分析教学事件、征求同事及学生意见等多种方式反思自己的教学实践，这实际上为提升教师的专业自主权、促进教师的专业发展提供了更多可能的途径。

在实际教学中，教师反思最直接的效果就是能促进教师积极主动地探究教学问题。借助反思，教师对教学经验特别是问题性经验做批判性分析，这样就能主动地将与行为有关的因素纳入教学过程中来，重审自己教学中所依据的思想，并积极寻找新思想与新策略来解决所面临的教学问题。按照教育学家杜威的说法，当教师认识到反思应该是自觉地、积极地、心甘情愿地思考自己的行动时，即使反思不会令人满意或非常劳累，也会坚持不懈。

5.1.4　教师反思的作用

教师的专业成长是一个极为复杂的过程，其专业发展大致遵循着“教学—教学评价—教师反思—教学的改进”这一路线，可以看出，教师具有反思意识和能力尤为重要。在实践的基础上不断地进行反思，教师才能对自己的教育观念进行理性客观的认识与判断，并及时进行有效的自我调节，最终形成教师个人新颖独创的教育观念。通过反思意识和能力的发展，教师的自主能力逐渐地得到增强。具体说来，教师反思可以发挥以下三方面作用：

（1）提高教育教学水平。

教师反思不能简单地理解为一般意义上的“回顾”，而应是反省、思考和解决教学过程中存在的各种问题，具有探究的性质。教师不断进行反思，便能及时更新教学观念，调整教学行为，提升教学水平；同时培养自己对教学现象展开独立思考和提出创造性见解的能力，这本质上也是一种理解与实践之间的对话。

按教学的进程，教师反思可以分为教学前、教学中、教学后三个阶段。教学前反思具有前瞻性，能促使教学成为一种自觉的实践，并有效地提高教师的教学预测能力。教学中的反思，即及时地在行动进行过程中反思，这种反思具有主动性，能使教学高质高效地进行，有助于提高教师的教学调控和应变能力。教学后的反思具有批判性，能使教学经验理论化，有助于提高教师的教学总结能力和评价能力。

教师反思的过程，使教师在整个教育教学活动中充分地体现出双重角色：既是引导者又是评论者；既是教育者又是受教育者。要使自己真正成为专业教学和教育教学研究的主体，相应地就必须提高教学工作的自主性、针对性和目的性，克服被动性、迷茫性、盲目性。实践证明，如果能做到教学与研究、教学与反思相结合，就或多或少能帮助教师获得理性的升华，深化专业认知和提升教师专业素养，使教师能够真正地体会到自身存在的意义与价值。

（2）解决教育实际问题。

在教育行业领域中，总是会潜伏或外显出一些教育实质问题。作为一名成功的教学能手，除了本身所必须具备的专业扎实的基本功外，还必须具有一双敏锐的洞察事物的眼睛，即总是能够在长期的教育教学实践中发现与挖掘问题，以及在这些问题中找出值得反思与分析的代表性问题，并探寻其出现的本质原因。在考量导致教育教学问题产生的原因的过程中，尝试性地提供各种分析与解决问题的方案，从而在这种不断反思训练与强化的过程中实现自己的教师专业综合性发展。一个教育工作者，在其实际的教育教学实践过程中，如果借助于反思这一途径，对自己的教学经验中某个典型性问题给出全面的批判性分析，其自身便能自主地将教育教学过程中与其行为有关的因素反馈到教学实践中来，通过进一步地检查与验证自己教学中所根据的理论，即沿着“实践是检验真理的唯一标准”这一路线，从自身的教学实践中寻找问题解决的新策略与新思想，并将其运用到亲身面临的教学实践问题上。从而我们可以看出教学反思产生的最直接效应，便是教师自主、积极地发现与探究教育教学实践问题。

（3）促进学生身心发展。

在传统特色专业相应学科教学论的定位中，一个教师培养训练的目标，可以用几个字简单囊括，即“教学技术能手”。在这么一个教师培养目标形成过程中，其核心内容便是学科教学基础理论与基本技能的掌握。但是，从某种意义上来说，这种基于“技术技能”之上的教学能手基本无法符合促进学生身心全面发展的需要。真正的教育教学实践活动，不应该只是纯粹意义上的认知性活动，而应该是包含了社会文化、人生伦理等因素在内的相互作用的全面的综合性实践过程。随着教育课改的变动，在新兴环境中各种复杂因素相互作用下，教师要学会沉着应对及灵活变通处理，这不仅要求教师具备扎实的专业基础知识及娴熟的教学技巧与技能，而且还要学会不断对其教学实践及经验进行自我反思与辩证性认知，做到真正地“从合格中来，再到优秀中去”，进而探索出师生和谐、平等互利的路径。

5.2 影响教师反思的因素

影响教师教学反思能力的因素有很多，既有主观因素，也有客观因素。一般认为，学校环境因素和自身因素是影响教师教学反思能力的主要因素。影响教师教学反思能力的学校环境因素主要有：①教学任务重、压力大，教师无法分出部分时间与精力用于反思；②学校对教师的评价不利于教师增强自身的反思意识；③学校整体的环境氛围及人际关系影响着教师的反思行为。

影响教师教学反思能力的自身因素主要有：①教师的职业精神和责任感相对薄弱；②教师缺乏全面、合理的知识基础；③教师缺乏反思所应具备的技能、策略和方法。[①]

综合以上分析，影响教师教学反思能力的内部因素主要是教师的个人因素，外部因素主要是学校教学环境与组织环境等不以教师的意志为转移的因素。

5.2.1 内部因素

（1）教师的思维定式。

目前大多数教师资源主要集中在公办学校中，编制形成的教师队伍，相对私立学校教师的竞争压力小，有工作积极性较为低下的情况。在长期的学习和工作实践中，教师一般都形成了一定的思维定式，即教师往往非常重视教什么和怎么教。在教学设计及实际教学过程中，教师往往因按照既定的思维方式，忽略了教学三维目标，使得教法学法基本趋于不变。周而复始，简单且机械地重复板书内容和固定不变的教学态度，将会使得普通教师对教学工作表现得毫无新鲜感。这种简单机械的生活，常常使得教师会在不经意间产生抱怨情绪，部分教师虽然有着数十年的教学经历，但在教育教学教法及教师专长等方面表现平平，因为这部分所谓的老教师只是简单地把课本重复了几十年，而不是从教研究了数十年。在教学实践过程中，有不少教师会有成功的做法和经验，但常常因为未能及时地反思与总结，使得提出问题和解决问题的意识薄弱，从而

① 王寰宇．影响教师教学反思能力的因素研究［J］．教育探索，2013（4）．

导致了思维定式下的观念滞后。

（2）教师自身的性格特点。

一般来说，选择教师职业的人更喜欢安定的生活，同时，教师这一职业本身也呈现出稳定性特征。教学反思要求教师不断地审视自己的教学实践，以促进教学的不断完善。而“完善”的过程，实质上就是一个变动的过程，这一点显然与喜欢安定生活而选择教师职业的教师的追求是相悖的。因此，有些教师不愿意或有限制性地进行教学反思，即在进行教学反思时会本能地避开一些很“麻烦”的内容。有些教师性格内向或者碍于面子，也会对其教学反思方法的选择造成影响。

在实际教学实践中，教师往往意识不到自身问题的存在，但“旁观者清”，因此，通过别人来反思自己则是弥补自我反思不足的一种有效方式。然而，“对我们许多人来说，私下思考自己所做的事情，要比我们自己接受别人的审查容易，人们总是害怕别人的审查将会让自己难堪而不是给自己启发”。因此，虽然通过别人反思自己的方式更有助于发现教学中存在的问题，促进教学反思水平的提高，但由于个人性格使然，一些教师往往会因顾虑太多，而宁愿选择那些仅仅可以进行自我反思的方法。章老师就是这么一个人。在课堂上，他采用比较快的节奏把课本里的知识点讲完，接着给学生补充另外一些结论和公式的推导，看似一整节课讲得满满的，很充实，课前准备也很充分，上课时一个知识点接一个知识点，很流畅。讲完一节课他心中充满成就感，心想这节课学生学习了很多新知识，课上得不错。但是某天晚自习时，很多学生跑来办公室问那天讲的内容，有些学生是对那天讲的部分内容不理解，有些听懂了但做题时不会用。这引起了章老师的反思。第二天，章老师请了一个有经验的教师旁听了他的课，老教师指出了他的问题所在：在他滔滔不绝讲得无比流畅的过程中，学生并没有时间自己思考，没有时间参与课堂，就好比是在给学生灌水。在这个过程中，学生记下的只是几个公式、几个结论，但是他们没有将这些知识经过自己的思考、推导、整理内化到自己的知识体系中，所以就算听过之后也不理解，听懂了也不会运用。正如美国教育家苏娜丹戴克所说：“告诉我，我会忘记；做给我看，我会记住；让我参加，我就会完全理解。”而且，课前他没有从学生的角度考虑学生的实际情况，知识点很多，大大超过了学生的消化能力。课堂中不能过分强调知识的接收和掌握，而应该尽可能地实现“知识与技能、过程与方法以及情感、态度与价值观”这三个目标。同时，教师应该从教学管理者的身份转变为学生发展的引导者、合作者。经过有经验教师的指点，章老师茅塞顿开，慢慢地成了一个备受学生喜爱的优秀教师。

（3）教师教龄的影响。

按照常规的理解，教龄越长的教师，教学经验越多，越会经常进行教学反思，也善于反思，也就是说，老教师比青年教师更会经常进行教学反思，反思的质量也高。但事实恰恰相反。

我们在对青年教师和老教师的教学态度进行比较时发现，青年教师更认真，因为他们刚刚走上教学岗位，没有教学经验，很多方面都不熟悉，教师间的竞争压力也迫使他们经常进行教学反思，提高教学质量；而老教师则可能认为自己已有多年的教学经验，教材也反复讲过多次，是教学老手了，加之长时间处于单一的教学环境而造成职业倦怠，他们往往仅凭经验教学，较少进行教学反思。在采访一些中学老教师时，他们也经常会说："毕竟也教了一二十年的书了嘛，什么情况没有遇到过啊?"这也从一个侧面体现了老教师的反思心态。①

（4）教师的直觉与理性思维。

教师反思按照"思考"的相对性可分为直觉反思和理性反思。直觉反思主要是指某种教学行为中的对与错，教师只需凭直觉或常理就能判断，无须进行较为深入的思考。如教师上课时语速过快或过慢、口头禅多、板书条理不清晰等。理性反思是指有些教学行为本身的对错很难判定，需要凭借一定的理论进行分析；或者这些行为并非只是由习惯引起的，而是受一定的内隐观念支配。要转变这些行为，需要自己或他人帮助分析行为背后的观念是什么，以及这些观念是否合理。一般来说，和直觉反思相比，进行理性反思更需要一定的知识基础，需要具备一定的教育学、心理学以及其他学科方面的知识。

（5）理论与知识素养。

教师教学反思能力的基础在于知识的储备，而教师的反思会受到教师自身的专业知识和教育理论知识两方面的影响。教师只有具备丰富的教育理论知识和专业知识，才能及时地发现教育教学中存在的问题，并对之进行深入的思考和研究。② 目前，教师人才主要来自师范院校，因此教师反思能力的培养与师范生的认识紧密相连。在师范院校中，非教育专业学生学习的内容主要包括教育学、心理学、学科教育等理论知识，相应的理论素养拓展很多只停留在表层，并不能真正地理解与运用相应的教育教学法规来解决教育教学过程中出现的问题。由于师范生参与实际教学训练的机会并不多，导致理论学习与实践演练产生脱节的情况，因此未能对师范生的潜力进行很好的开发与培养，教师教

---

① 孟贤娟．教师有效教学反思的影响因素分析［J］．教书育人（校长参考），2012（3）．

② 王寰宇．影响教师教学反思能力的因素研究［J］．教育探索，2013（4）．

学的反思能力也受到了限制。

此外，在学校实践教学过程中，教师虽然每年都必须进行教师教育职业培训，但很多时候是因为形式的需要而简单了事，从而达不到预期的学习效果。

除上述涉及的内部因素外，教师进行教学反思还需要较强的课堂观察能力、思维能力、文字表达能力等。①

5.2.2 外部因素

（1）学校教学环境。

学校教学环境包括学校所能提供的各种教学配件及周边环境，主要指的是学校的“硬件设施”。譬如，以理科学科为例，理科学科一般是理论与实验技能紧密相连的学科，其中关于实验操作与运用的学习尤为重要。现在不少乡镇中学虽然有理科实验室，但不少是硬性条件规定下的摆设，利用率很低。不少教师以讲实验替代做实验，并让学生背实验。即使是课本上的演示实验，也常常因为药品不足或药品过期之类的问题，使得实验类的课堂变得枯燥无味，从而造成学生对理科学习的兴趣难以提高，甚至是厌烦。部分学校多媒体教学室配置相对缺乏，教室里彩色电视机、电脑、摄像机等教学硬件设施不齐全，导致在实践教学中播放录像或进行教学拍摄受到限制。此外，如果学校能够提供一定的教学硬件及网络技术支撑，如配置手提电脑、建设校园教师经验交流特色网站等，教师将可以通过微信传达、微博互动、网页留言、博客文章等方式进行交流互动，实现教学反思，教学设计、课堂实录等问题也将得以解决，从而进一步促进教师成长。

（2）学校组织环境。

学校作为一个组织，进行着由专职人员和专门机构承担的有目的、有系统、有组织的，以影响受教育者的身心发展为直接目标的社会活动。教师身处其中，其教学反思必然会受到学校教育价值取向和制度环境的影响。

①学校的教育价值取向。

学校的教育价值取向是学校教育观念的关键所在，对学校的组织管理、教师的教育教学行为都有极大的调控作用。目前不少学校依然存在着片面追求升学率的现象，学生的分数和升学率几乎还是衡量教师教育教学水平的主要标准。由于高考、中考的成败直接关系到学校的名誉，关系到学校教师的生存和发展，因此毕业班一般都是学校教学和管理工作的重心。学校最好的教学楼、最优质的教师、最舒适的宿舍大都分配给毕业生。有的学校还给每个毕业班分

---

① 鲁兴树，潘莉．试论教师进行教学反思的条件［J］．上海教育科研，2004（6）．

配了上线名额：若能完成规定名额，就能得到一定的奖金；超出的则有额外奖励；不能完成的，则视具体情况给予经济处罚。尽管教师本身很清楚地知道上重点高中、上大学不是学生的唯一出路，但是在学校乃至整个社会以片面追求升学率为教育价值取向的情况下，教师无论如何进行教学反思，其最终目的几乎都集中在提高学生的成绩上，并很自然地以考试成绩作为衡量教学成败的标准。

②学校的制度环境。

学校的制度环境包括学校组织管理中的各种规章制度以及一些无形的习惯、约定俗成的行为规范，还有学校长期以来形成的传统与风格等。不少学校对教师的要求十分严格，如规定教师上下班都要打卡，即便没课也要签到；学校实行聘任制，教师若不能按时按质完成教学任务，随时都可能被解聘。这些缺乏灵动性的管理使教师时常体会到工作和生活的压抑感，其效果往往适得其反。虽说严格的管理制度和适度的压力有利于教学的规范化，能充分挖掘教师的潜能，提高其工作效率，增强其责任心，但教学反思工作的质量很大程度上取决于教师的职业责任心和在宽松工作环境中的思考和判断，若是长期处在一种时刻面临生存压力的环境中，教师的身心健康必将受到负面影响，难保其不会产生职业倦怠感，这显然不利于教师教学反思的细致深入和教学品质的提高。

没有制度的约束和激励，很多时候人就会变得自由散漫，不思进取，好的学校制度能为教师营造公平、和谐的反思环境，更能激励教师的工作热情，提高教学效率。因此，学校应该进一步完善有关制度，为教师有效开展反思性教学提供保障、支持和信心。[①]

③教师评价制度。

现行教师评价制度是一种面向过去的评价制度，它着眼于教师的个人工作表现，尤其是评价以往的工作表现。领导往往以教师评价的结果为奖惩的主要依据，通过评价制度加强对教师的管理。现行教师评价制度标准比较单一，着重强调对教师教学效能的考核，过分注重学生的考试成绩与升学率，而缺乏对师生在教育教学活动中培养起来的创新精神、实践能力等方面的评价，由此可见，这种重结果、轻过程的评价是一种静态的终结性评价，它在极大程度上限制了教师知识技能的提高和专业化的发展。

在现行教师评价制度主导的大背景下，教师的教育教学活动多数围绕着考

---

① 周永贞．新课改背景下新任化学教师反思性教学现状调查及实施研究［D］．湖南师范大学硕士学位论文，2012.

试进行，他们花费大部分精力积累考试资料并全面分析，想方设法使学生能灵活应对各种考题，这种与真正意义上的教育脱轨的活动，不仅使学生难以得到全面、和谐的成长与发展，难以形成创新精神与实践能力，也使教师难以顾及本学科领域的教育前沿，难以顾及教学方法的真正改进，限制了教师的专业发展，使整个教师队伍的专业化发展迟缓，更进一步导致教师没有精力开展教学反思。

④学校教师的反思性教学氛围。

教师的主要任务是教学，而教学效率的高低，除了个人主观努力和学生学习情况以外，同事之间的相互交流、相互学习也有很大的影响，而交流学习效果的好坏又与学校的氛围有关。反思氛围对教师的反思意识可能会产生比较大的影响，良好的反思性教学氛围可以增强教师反思的意识，激励教师们相互启发，取长补短，共同提高。所以，学校应该为教师的反思性教学营造良好的反思氛围，提高教师反思的积极性，促进教师有效开展反思性教学。

5.3 教师反思的途径

教师反思的途径分为以下几种：教育案例、教育论文、教育日志、教学后记、网络教研等等。

5.3.1 教育案例

(1) 教育案例的定义。

教育案例，是对教育教学过程中实际发生事件的故事性描述，其中必须包含一个或数个疑难问题，同时也可包含相应的问题解决方法。美国哈佛大学法学院在 1870 年首创教育案例研究法，以训练学生思考法律的原理和原则。案例研究最初主要是在医疗界应用于病例研究，由于它在医师培养方面的特殊作用，很快被陆续拓展到心理学、教育学、社会学和工商管理等领域，至今仍被广泛地运用于教学及相关的学习研究上。一堂课、一场教育活动、一个教育情景、一次师生谈话、一个精彩的教学片段等都是教育案例。教育案例贯穿在学校教育活动中，无处不在，无时不在。教育案例研究法作为一种教学方法和研究方法，已有一百多年的历史。我们可以把中国古代“举一反三”的实践思想视作教育案例研究法的一种雏形。近几年，教育案例在我国备受关注，许多专家致力于教育案例的研究，有关介绍资料和研究成果相继出现，案例研究正在成为教育理论研究和实践改革的一项重要内容。①

对教师个体来说，案例讨论、案例撰写等是教师提高教育教学反思水平的有效途径和主要方法。案例撰写可以使教师关注、分析、判断、选择、重新评价当前的问题，使教师对自己的教学进行深思熟虑，从而更清楚自己的优势与不足。教育案例撰写可以使教师通过书面语言简洁明了地把案例故事表述出来，将自己的经验转换为纸上文字，这对教师理清自己的教学思路、了解自己的教学行为和掌握教学规律都有莫大的好处。教育案例研究在教师专业发展中也具有重要的意义。②

（2）教育案例的特点。

一是真实性。教育案例讲述的是过去完成的教育事件，表现的是教师个人的生活史和个人生活的重要实践意义，是真人实事而非杜撰出来的。

二是故事性。教育案例重新关注教师自己的亲身经历，不仅把教师自己摆进去，也把活生生的学生摆进去，而且把写作的对象从知识事件转换为人的事件，是人与知识打交道或人与人打交道时发生的某个故事。

三是价值性。教育案例描述的故事内蕴丰富，具有教育研究价值。有时我们看一个案例，虽然是细微的、朴实无华的，但蕴含丰富，从多个角度加以分析，都能给人许多十分有益的启示。

（3）教育案例的基本要素。

从这几年教育类刊物上发表的教育教学案例来看，教育案例大致可以分为学校管理案例、教育案例、德育案例和心理辅导案例等。不同类型的教育案例涉及的内容不同，其结构也有所差异，其大致分类如表5.1所示。

表5.1　教育案例的类型及其内容组成一览表

教育案例类型	内容组成
学校管理案例	背景+发生的时间+解决的办法+讨论评析
教育案例	背景+教学设计思路及课前准备+教学过程节录+教育学的行为分析+关于改进的反思研究

① 顾明娟．浅谈教育案例和教育案例的研究［J］．成功（教育版），2011（3）．

② 康艳红．高中数学反思性教学探析［D］．江西师范大学硕士学位论文，2006.

（续上表）

教育案例类型	内容组成
德育案例	背景＋实例描述＋讨论评析
心理辅导案例	背景＋个性测试＋心理辅导过程描述＋讨论评析

尽管教育案例的组成不太相似，但其中的一些元素是各种教育案例所共有的。总的来说，教育案例的基本要素有三个：案例背景、案例事件及对案例事件的分析与反思。

①案例背景。

在一定的时空中，事件主要是依托一定的背景产生的。在案例叙述中，故事背景的交代尤为重要，它必须为读者提供事情发生的原因、对事件过程的叙述及对事件总体的分析，更甚者为读者揣摩案例的始终提供依据。背景大致可以包括直接背景和间接背景。直接背景主要指直接引起事件的、与事件联系紧密的背景，而间接背景则是与事件虽有联系但并不直接的背景。直接背景和间接背景在撰写中有时并不需要明显地用标题分开，只是要求在内容上进行区分。

②案例事件。

案例事件的描述，是案例的中心部分，也是案例的核心内容。案例事件主要包括了教育教学中出现的一个或多个棘手问题，以及这些棘手问题的相应解决方式。一般案例事件呈现在读者面前时，需要展现出明显的矛盾冲突，解释问题产生的根源所在，如出现的问题大概有哪些、主要是什么、由什么样的原因造成。学会重现问题解决的过程、具体步骤，还有在解决问题中所出现的反复性、曲折性、疑难性及问题初步解决的成效等。

关于撰写教育教学案例，要特别注意几点，如要注意对事件进行翔实、客观的描述，注意避免出现个人感情宣泄的主观因素，行文撰写的时候最好不要出现个人观点，从而尽可能地呈现给读者一个客观真实、描述到位的事件，以免由于个人观点的介入而影响读者对整个事件的看法和认识。撰写时可以通过其他途径将获得的现场信息与相关信息进行综合，从而形成对整个事件的完整描述。

③对案例事件的分析与反思。

在教育教学实践中，对某个案例事件的发生、原因、结果等进行描述后，如果要形成一篇真正意义上的教育案例，还需要学会对整个案例事件进行分析与反思。教育教学案例除了部分由专业研究者撰写外，还有一大部分是由工作及生活在教育教学第一线的教师自己或与他人合作完成的。教育教学工作者亲自记载案例事件的过程，实际上可以算是对自己解决问题的心路历程进行再现、再分析及整合的过程，与此同时也是总结与该事件类似的教训和经验的过程。因此，在教师成长的过程中，特别是在撰写教育案例时，如果教师能够系统且全面地反思自身的教育教学行为，这对于提高教育智慧及形成解决教育教学问题特有的艺术风格都将是尤为重要的。在教育案例中关于分析与反思的这一板块，其所涉及的主要问题有：解决问题带来的好处与坏处，在问题解决的过程中可能存在或附带着哪些新的问题？在今后的教育教学当中，怎样进一步解决“衍生”出来的新问题？问题解决过程中可能收到哪些体会、经验、启示？诚然，在现实教学过程中，分析与反思这一方面并不要求我们面面俱到，择取重要的方面或者印象深刻的方面加以思考，同样可以达到反思的效果。

④案例的撰写。

教育案例并不等同于教师平时撰写的教案，因为教案指的是教师上课的基本方案，而教育案例则是教师将课堂中发生的真实故事坦诚地、客观地进行可读性与针对性非常强的叙述，描写在实际教育中饱含喜、怒、哀、乐的一连串教育事件，其中包括由教师的观念、心理矛盾、情感的交织与冲撞等产生的启发教师思考的典型案例，足以引起教师分析与反思，是渗透了教育教学理论的典型事例。在撰写教育案例的过程中，教师通过对教学过程中的案例进行不断反思，便能够看到自己在实践过程中的长处与短处，以便进一步改进教育教学方法和思路；通过对案例情境的思考与分析，在长期实践中锻炼自己的敏锐性和提升自身的洞察力，与此同时，教师的语言表达能力将会得到相应的提高；通过系列案例分享，教师不必亲身体验便能够收获他人的宝贵间接经验，并将此作为自己今后教育教学实践的一种策略参考，达到防患于未然的效果，此外，还能与同事同行开展交流合作，使教师教育反思能力得到一定的锻炼与提升。

要写好教育案例，必须注意下面两个问题：

一是了解撰写的一般原则。教育案例撰写遵循的一般原则主要有四个：亲历性原则、典型性原则、复杂性原则、形象性原则。其主要的内容整理后如表 5. 2 所示：

表 5.2 撰写教育案例的一般原则及主要内容情况表

一般原则	主要内容
亲历性原则	必须是教师本人亲身经历的真实问题，不能道听途说或摘录报刊类信息编写成教育案例；及时收集和积累课堂教学过程中的即时信息，同时由于观察者角度不同会导致对事物描述有所不同，最好的办法是亲身实践，进入实地进行观察和记录，以便捕捉更多翔实贴切的信息
典型性原则	案例内容具有代表性、典型性、一定的普遍性和借鉴意义，能够引起读者共鸣，带来启示
复杂性原则	案例内容应是多种因素交织的复杂的事件，且具有明显的矛盾冲突，解决问题的方法或策略有多种
形象性原则	文字表述简洁、清晰、富有逻辑，语言形象生动，描述写实，不带议论，具有较强的可读性和启发性

二是重视撰写教育案例的过程。在理解与掌握了教育案例撰写过程中的四个一般原则后，接下来就是撰写教育案例研究的过程。其基本思路为：把教育事件发生和处理的各个方面如实地记录下来，写成一个教育故事，即“案例过程”，然后围绕出现的问题进行一番分析、探讨、总结，提出解决问题的方案或策略，最后形成教育案例。总的来说，教育案例的撰写可以分为前期准备、搜集材料、分析研究、形成案例四个阶段，各个阶段的主要内容如表 5.3 所示：①

表 5.3 撰写教育案例的主要阶段及其内容一览表

撰写教育案例阶段	主要内容
前期准备	要求研究者了解当前背景下教育改革的方向和目标，通过一系列相关的调研工作初步确定教育案例的研究任务、研究目的，初步确定案例的体例、结构、类型等。因此，教育研究者需要有针对性地做理论学习的准备

① 陈莉亚．教育案例研究的解读与撰写［J］．早期教育，2004（10）．

（续上表）

撰写教育案例阶段	主要内容
搜集材料	搜集案例材料的方法主要有观察法、调查法等。细心观察，搜集充分的案例材料，这是教育案例研究的基础。在教育教学过程中学会敏锐地发现问题，并捕捉到内容丰富的案例材料
分析研究	要求教育研究者围绕案例材料进行多角度、全方位的整体解读。分析研究过程可以看成教师个体对案例的反思，也可以当作集体讨论、集思广益的途径。案例研究要特别注意对教育活动做整体的考量和更深层次的分析，以免失去案例真正的价值和意义。必要时可以通过查阅文献资料并进行分析，学习和总结古今中外有关研究成果，并从中受到启发，找到有关的理论依据，以增强整个案例分析过程的说服力
形成案例	在多角度分析研究的基础上，进一步对资料进行分析、总结、归纳，提炼新主题，然后再按一定的结构加以表达，最终形成教育案例

撰写教育教学案例作为教师开展教育科研活动的一种较为有效的手段，正逐渐引起广大教师的兴趣。教育教学案例研究，相对于其他教育科研手段，具有较强的普遍性和推广性。教师与学生朝夕相处，最了解学生，最容易发现教育实践过程中的问题和总结成功的经验，对教育案例进行深入研究，并不断循环“观察—记录—分析—反思—总结—实践”这一过程，教师的反思能力将得到相应的提升，进而促使自己由实践者向研究者转变，逐渐缩短与优秀教师的距离。

5.3.2 教育论文

（1）教育论文的定义。

教育论文是教育科研论文的简称，是以教育科学理论为依据，对教育科学领域中的有关问题、现象进行较为系统、专门的研究，提出新的看法和观点，并从中得出新的结论，或站在新的角度上做出新的解释的一种理论性文章，或者是解释、分析具体研究成果的理论性文章。它是一种对创造性的科研成果进行理论分析、总结和阐释的写作性文体，同时又是一种具有认识和传播价值的实用性文体。

教育科研是一种相当复杂的思维过程，教师抽取时间从事教育科研、思考问题，除了进行纯粹的思考与反复的试验外，还需要借助一定的文字将发现的问题、研究的成果进行整理、记录、加工、提炼，使创造性的思考及分析一层层展开，一步步深入。由于教育体制等因素的影响，教育论文常常用来量化评估教师科研素养能力的强弱，最终论文发表的数量、质量成为界定教师职称等级的不可或缺的条件之一。此外，教育科研成果是否能够如实地反映出来，则要看教师在教学实践中能否不断反思其价值。一名重视科研工作的教师，要掌握和运用好教育教学科研论文的写作技能和基本知识，这样才能更好地撰写与发表教育科研论文。

（2）教育论文的基本类型。

由于教育科学研究对象的复杂化和研究方法的多样性，其论文的表述方式也丰富多彩，但是，为了实现论文的认识价值与传播价值，人们在长期的写作实践中，对某些文体的写作逐步形成了一些特定规范，形成了特定的论证方法，造成了其基本结构和写作方法的差异，因此，依据差异性特征，可以将论文划分为不同的类型。

一是按论据材料性质划分，可分为事实型教育论文、哲理型教育论文和综合型教育论文，其主要内容如表5.4所示。

表5.4　教育论文的类型及其主要内容一览表

教育论文类型	主要内容
事实型教育论文	以事实材料作为论据，对论点进行论证的论文。采用观察法、调研法、实验法及行动研究法等研究方法所撰写的论文属于此类，如实验报告、调查报告、教育教学经验等
哲理型教育论文	采用严密的逻辑推理和深刻的哲理进行论证的论文。通过比较研究法、理论研究法、文献法、历史研究法等撰写的论文属于此类，如某研究领域的综述、问题研讨型教育论文、学术性论文及研究成果的评析等
综合型教育论文	既有事实论证又有理论上的逻辑推理的论文。从论据材料构成来看，既有理论材料，又有事实材料，从而使论证更加具有说服力

二是按研究方法和写作特点划分。对于同一件事情，选择的角度不同、方法不同，就可能产生不同的看法和结论。教育科研论文的研究者对其分类各抒

己见，这会对教师掌握各种论文的类型、撰写的侧重点造成一定的困惑。有专家认为，按照研究方法和写作特点，可将教育论文分为经验型教育论文、研讨型教育论文、实证型教育论文、阐释型教育论文、报告型教育论文、评述型教育论文、综合型教育论文等。

①经验型教育论文。经验型教育论文是教师将自己在教育教学实践中收获到的体会、经验，进行不断的分析、总结、抽象、提炼，由感性认识上升至理性认识而写出来的文章。经验型教育论文取材于生活、工作，经过一番提炼后形成的结论又可以用于指导教育教学实践。教师在教育教学的长期实践中，对课本的剖析能力和课堂驾驭能力会日趋成熟，同时教师经过不断的反思与亲身实践，收获了知识，形成了经验。由于经验型教育论文是教师对第一手材料提炼后的思考，能否写好经验型教育论文的关键点就在于如何对待和处理所谓的教育教学经验。因此在撰写此类教育论文时，教师要学会在选择经验、总结经验、分析经验、论证经验的基础上，找出自己体会认识最深、做法最有效、收获最大的一点并认清其本质，并在本质上学会反思、挖掘、择用、加工、提炼，提出新颖、实用的解决方案，形成自己独特的观点，以论证的方式使原有经验转化为具有实用性、新颖性、独创性和理论性的论文。

②研讨型教育论文。研讨型教育论文是基于教育实践或教育理论过程中出现的矛盾、问题、薄弱环节等而进行的教育专题分析，是教育研究者在此过程中提出自己的看法或解决问题的方案而撰写的论文。其关键是教育研究者要自己先下结论，即“立论”，并针对教育实践中存在的主要问题，出现的新状况、新矛盾进行专题探讨和分析。此外，教育研究者须从客观实际出发，针对所要研讨的问题，搜集确凿可靠的材料作为立论的依据，着重以事实论理，并在理论和实践结合的基础上提出解决问题的措施；同时，研究结果也要符合客观实际，形成独创见解和实用价值。

③实证型教育论文。实证型教育论文是以定量分析的形式验证理论性假设、前提的理论性文章，主要分为实验实证型教育论文和调查实证型教育论文。实证型教育论文主要针对教育活动过程中发现的新问题、新情况进行调查研究，对材料进行加工、选取、提炼，同时在分析案例原因的基础上给出自己解决问题的观点或看法，真正地反映和揭示客观事物的规律。

④阐释型教育论文。阐释型教育论文是对教育领域出现的新的观点、新的理念、新的思潮及教育规律进行阐述揭示的理论性文章，属于哲理型教育论文的一种，如《论教育的社会超越价值》《我国学校教育培养目标的历史转换》。

⑤报告型教育论文。报告型教育论文是指描述并阐述教育实践某一体系、模式等具体项目构建的理论性文章，多为教师对实践探索性课题的研究成果的

理论概括和理论阐释，如《创新型人才评价体系的设计》等。

⑥评述型教育论文。评述型教育论文是指在归纳总结前人或今人对某一学术问题或研究领域已有的研究成果的基础上，加以分析或评析，进而发表见解的一种理论性文章，具体分为两大类：综述型教育论文，如《学习动机研究综述》；评析型教育论文，如《高考改革观点述评》《我国目前教育言行脱节的事态述评》等。

⑦综合型教育论文。综合型教育论文，是指从文章的性质这一角度来看，不能简单地将其完全归类于某种类型的文章。它是同时具有两种类型性质的综合型论文，通常在撰写过程中需要教育研究者有较高深的学术水平、较强劲的研究能力、较深层次的理论功底、较高的语言表述能力及写作水平，如学术性教育论文。①

（3）教育论文的一般结构。

教育论文是教师在教育教学过程中创造性思维的结晶，作为严肃的研究报告和学术探讨成果，论文撰写必须内容真实可信、陈述规范、观点明确、语言精练、逻辑缜密、结论清楚。不同的文体有不同的写作方式和基本结构，但教育科研论文的一般结构可分为以下几个板块：题目、作者姓名及单位、内容摘要、关键词、绪论、本论（正文）、结论、引文或参考文献。

①题目。好的开端是成功的一半。题目是论文的窗口，它是对整篇论文内容最高度的概括。好的论文题目将直观鲜明地反映出作者研究的方向、内容、成果、意义。题目的选取角度应新颖，立意要独到，道理要有深度，开掘要透彻，同时题目用语要确切、简洁、新颖、通俗和精练。

②作者姓名及单位。在标题的下方，均须标明文章的作者及其所属单位。一是为表明文责自负，二是记录科研作者的劳动成果，三是便于文献检索。

③内容摘要。内容摘要须简洁明了地向读者陈述论文研究的主要内容与结构特色，此部分独立成篇，一般为200～1 000字，一般为中文摘要及英文摘要各一份。内容摘要将论文的主要内容简明扼要地概括、提炼出来，使读者快速了解论文概貌，从而确定其有无阅读价值。内容摘要虽然简短，但必须包括以下基本内容：本课题研究的目的及重要性；课题研究的主要内容及任务；介绍并突出论文的新颖之处，获得的基本结论和研究成果；科研结果或结论的意义。

④关键词。关键词，是教育研究论文中起决定性作用、最为关键的词语。关键词不能列得太多，一般3～5个就可以了。关键词选择的一般方法：完成

---

① 桂建生．论教育科研论文的本质、特性及分类［J］．当代教育论坛，2007（22）．

论文写作后，纵观全文，提炼出构成文章主题的信息或词语，可以从论文标题中择取，也可以从内容上择用。

⑤绪论。概述研究本课题的背景、动机、目的、意义和主要方法，结合国内外研究的程度，指出在类似课题项目中同行或旁人已经做了哪些工作，研究进展到了何种程度，哪些问题尚未解决，自己研究此问题的主要贡献和成果。此部分占比较小，主要是起简介作用。行文时要求文字简明扼要、翔实具体、阐述明确，使读者一览绪论，便基本知道文章的主要价值。

⑥本论。本论，也称为正文，是科研工作者提出论点、展开论题、表述作者本人研究成果的部分。本论包括以下主要内容：由作者提出观点或看法，即论点；用以证明论点的理论或事实论据，即论据；行文中每一个段落、各层次使用的证明或证实的方法或策略，即论证方法。本论是论文的核心部分，占据了论文的绝大篇幅，具有极重要的意义，涵盖了作者研究成果的大部分，需要作者下功夫充分写好。本论的关键在于论证，即基于作者本身提出的论题给出必要的论证，其中包括了课题的拟定、问题解决的构建、研究过程、研究结果等。撰写此部分时，应时刻把握好论文的方向、目的，切合主题，抓住本质，同时注意逻辑推理与理论运用，注意主次问题，注意句子、段落之间的过渡衔接。

⑦结论。结论是通篇的收束部分，是对研究成果进行的更高层次的精确概括，主要包括以下两个方面：一是课题研究的结果。此部分是针对本论中分析、论证的问题进行综合概括，总结出课题研究的基本结论。结论部分需要写得简洁具体，应告诉读者自身独到的见解和新颖的问题解决策略。在此值得一提的是，结论须是在绪论部分中提出的、在本论中进行论证的、自然得出的结果，切勿论证不充分而妄下结论。要求行文流畅，首尾衔接自然，论证严谨，逻辑严密，最终形成可行、有价值的结论。二是对科研研究的展望。由于个人的精力、资金、技术等有一定的局限性，对于某一问题的研究成果也只能达到一定的程度，若是深层挖掘则仍然具有很大的开发空间，因此研究者不可能达到研究的顶点。为此，在论文最后总结的时候，作者可以提出本课题研究工作无法克服的问题，或有必要进一步深入探讨的问题等。

⑧引文或参考文献。最后，在文章结尾处要列出直接引用或间接引用的资料来源，注明写作论证中所参考的文献。在实际研究过程中，教育研究者通过广泛地阅读相关文献资料，了解前人研究的进展和程度，可以节省不必要的重复劳动，从而取得突破性成果。凡是引用原文或原话均须注明出处，以方便查找。这种做法可以反映作者的求实精神和科学态度，从而表示作者对他人劳动成果的尊重，反映本课题的背景和研究现状，进而增强结论的可信度。

（4）撰写教育论文应该注意的问题。

随着教育改革的不断深入，教师须不断调整自己的教育教学方法及策略，以适应新课改下的教育背景和教学理念。新时代教育背景对教师教学素养的要求越来越高，同时涌现出来的教育教学的一系列问题，使得教育教学课题研究比之前表现得更加异彩纷呈，从而进一步促进了教师教育专业的发展。大多数一线中小学教师在长期的教育教学实践过程中，积累了丰富的教育教学经验，通过教学实践中积累的深刻和独到的教学反思，将自己的所感所思、经验、启发以教育论文的形式表达出来。论文撰写现已成为教育界紧跟时代发展主旋律的方式，同时也是广大中小学教师、教育工作者谋取自身发展的迫切需求。然而，在教学实践工作过程中，有不少教师虽然积累了非常丰富的教育教学经验，但往往缺乏相应的教师反思能力锻炼，如不能做到及时反馈与记录信息，未能提炼出教育看法、观点并将其用文字记录下来，没有使其上升为理论性的认识，从而未能产生教育的经验性科研成果，这对于教师自身的专业成长或者对于教育科研事业而言是一笔不可估量的损失。因此，教育论文在撰写过程中应特别注意以下几个环节：

①选择写作方向。对于所有教师而言，教育时间可以看作教育教学时间与教育科研时间的总和。在教师有限的教育时间内，任意一部分时间分配的多少将直接影响另一部分时间的分配。在现实教育教学实践过程中，对于绝大部分教师来说，教育教学的课程任务相对来说是较为繁重的，一般教师教学课堂时间安排得相当紧凑，此外还不可避免地会产生一系列的教师“作业”，如批改学生作业、监测学生学习质量、全职班主任工作、代理多个科目教学等等，这使得教师可以用来进行教育科研的时间被间接地剥夺了，所剩能够花在课题项目研究与校本课程研发上的时间相对地减少了。因此，在紧凑的教学任务中，即在没有充足时间来完成自己的教育科研活动时，选定准确的方向对于撰写教育科研论文而言极为重要，它将使得教师在有限的时间内完成较有水平的教育论文成为一种可能。例如，如果你当前从事学科教育教学工作，那么你的写作方向应该侧重提高课堂教育教学效果和教材重难点内容的准确定位，甚至还可以尝试研究在新课程改革教学中如何渗透教育教学思想方法等等。总而言之，教师的教育论文写作方向需要结合自己的工作实际，贴切教育实践，做到从工作中来到教育教学论文中去。明确具体的写作方向，合理地调配课题各部分的时间，一方面可以做到教育教学与教育科研互不耽误，另一方面在教学工作中提取素材和选定课题，同时不断训练自己的写作能力，也促进了教学质量的提升，优势互补，真正做到以教带研，以研促教，教研相长。

②选择课题。好的开头是成功的一半。课题选择是论文写作的起点，是开

篇的途径。一个课题的选取，将直接关系到论文写什么内容，将要回答什么问题，同时也决定了所从事教育教学科研的价值，因此论文写作的第一步便是要花费心思选择并确定好研究的课题。选择的课题需要在他人研究的基础上进行更深层次的理解与挖掘，要结合本领域研究的当前实际，在考虑外界的影响的同时考量自身的内部影响因素，注重从实际情况出发。选好课题要注意以下两点：

一是题目难易要适当。在选取题目的时候，对其难易程度的把握要适中。教师在撰写教育教学论文的过程中，切忌急功近利、好高骛远，教师应调整好做科研的心态，不能不顾实际要求选择范围过大的题目，要量力而为。教师撰写的教育论文并不能理解为教育理论的“高端”“封顶”的发现，而是要强调其教育理论与教育实践相结合的独创之处。同时，教师要学会发散思维，不能生搬硬套，应该灵活地运用学科知识、教育知识发现课题所在；要注意观察和思考自己的教学工作、日常教育，从中发现新颖的点子，大胆思考，打破传统思维定式，不迷信权威的指挥棒，这样才能有所创新。

二是范围选取要适中。选题时要选择合适的区间，这样才能够使课题研究更加具有针对性、具体性和独创性。著名语言学家王力说：“题目越小，钻得越深，论文就越有分量。”因此，在具体实践过程中，如果学会透过事情的现象看到其本质，抓住研究领域中新颖的关键点，将这个关键点深入展开、层层剖析，形成由点及面的缜密推理，表达出自己独特的见解和前沿的科学成果，那么这篇教育教学论文就会变得很有分量。

③设计提纲。论文的提纲，无疑起到搭架论文结构和思路的作用。在论文撰写过程中，提纲能够简明扼要地介绍论文各部分中所要解决的问题及任务，并按照一定的次序建立起逻辑清晰的思维框架，使得作者能够在大前提（框架）不变的情况下填补内容上的空白，从而完成一篇论文的撰写。在提纲设计的过程中，建议将提纲中的点进行细分，避免走马观花、泛泛而谈、顾此失彼的状况，达到翔实到位、切题适中的程度。

④资料搜集。在完成课题选择、提纲设计后，便可开始着手进行资料的搜集。搜集资料，可以为论文的撰写提供论据，如果离开了第一手资料，那么文章会变得很空洞，主题将会显得孤立无援。资料搜索是论文起草中的基本工作，也是选题的关键，更是完成论文的基本保证。面对大量的资料，如何从中选取对自己有利、有必要的资料尤为重要，要注意四个方面的问题：第一，必要性。资料的采选应依据课题的需要，根据具体情况筛选出符合课题研究的资料。第二，真实性。资料必须具有真实性，要符合实际、有现实依据和真实出处。第三，新颖性。资料新颖独特，能够启发作者发现新问题和线索，从而得

出新结论。第四，充分性。资料充分性表现在数量和质量上。资料的数量不够，则不足以说明问题；质量不高，同样也不能有效地促进创造性发散思维的形成。

⑤执笔写作。经过选题、定纲、搜集资料等一系列准备，教学研究工作便进入了论证的过程，教师不断地进行试验与探讨，最终将科研成果以论文的形式表达出来。在执笔写作过程中，教师要具备一定的书面表达能力，学会运用专业术语表述现象及原因，且在行文过程中要求文笔流畅、语言精练、文字娴熟、表达清晰、过渡自然等。然而，对于刚刚从事教学科研的新手教师而言，起草论文初稿并非轻而易举的事情，教师在撰写过程中会显得相当吃力，即使有丰富的教学经验和即兴的独到见解也难以付诸行文当中。为了避免执笔写作时无从下手或无话可说，在提纲拟定之后就要抓紧时间写出初稿。初稿要紧紧地围绕提纲尽快撰写，原则上要求能够一次写完。在初稿完成后，不要急于定下终稿，多给自己时间重读多遍，查看论文中的表达是否清楚，验证推理过程是否严谨，计算和符号使用是否准确等，及时发现并改正其中的错误，然后重复检查几遍，全面进行修改，无误后方可定稿。

⑥论文用语。在撰写论文过程中，语言准确是尤为重要的。语言的准确即要求没有差错或与事实相违的地方。“准确”实际上是要求语言须讲究逻辑性和科学性，能够准确记录和表达论文中所要阐释的基本观点和过程。由于人们看待同一事物的角度不同，因此处理事物的方式会有偏差；同样地，撰写教育论文也因为每个人的能力、习惯等不同而形成不同的陈述方式。虽然写作技巧、内容陈述和语言表达等带有一定的感性因素，但关于行文过程，有一点还是得注意，即论文中文字陈述必须尊重客观现实，用词和造句必须做到恰如其分地再现事物的本来面目，并能够贴切、如实地传达作者的写作意图和思想感情。

此外，论文撰写过程中应尽量避免使用过于口语化的语言，切忌套话连篇。要做到言简意赅、逻辑明确，做到让读者在较短的时间内尽快地明白作者的意图；另外还要论证生动、具体，做到让读者印象深刻。同样的课题内容，采用精练的文字加以表达，不仅使得行文流畅、过渡自然，而且还能够使文章避免平铺直叙，富有感染力和艺术魅力。

5.3.3 教育日志

(1) 教育日志的定义。

“教育日志”一词在牛津词典中被译为 teaching journals，同时也被称为“教学日志”“反思日志”“教师日志”等，是指教师对自己的教育教学行为和自己的生活事件进行定期总结和分析，并在此基础上对自己的教学活动中具有价值意义的事件进行深刻反思和批判性分析，探究有效解决教育教学问题的具体方法及策略。[①] 撰写教育日志，可以记录教师教学成长的轨迹，总结教学的得失与成败；可以使教师学会从工作、生活等日常的教育事件及情节中提炼教育理论，提升教师自我发展能力；可以使教师不断升华教育教学理念，进行自我反省和自我总结，在进行心灵释放的同时也见证自己成长的轨迹，因此，常常撰写教育日志，将有利于教师教育理论水平的提高和教学素质的优化。

近几年来，一种以互联网为载体的网络日志——博客在教育领域中迅速流行，逐步地取代以笔、纸为载体的传统教育日志。教育博客是网络时代中教师个人的“读者文摘”，它代表着教师新的工作方式、生活方式和学习方式。教师通过网络发表教育日志，简单、便捷、快速地发布自己的心得体会，及时有效地与他人进行分享、交流及讨论，展现了丰富多彩的个性化舞台，从而达到相互学习的目的并获得经验。

教师教育反思有几种方式，但对于教师来讲，完成教育日志的撰写相对来说是更为容易的事情。只需要具备一定的书写和编辑工具，教师随时随地都可以将自己的感悟写成一篇教育日志。教育日志由于不限篇幅，不讲究文辞修饰及文章结构，可以依据自己的心情、时间进行自由发挥。由于教育日志是反映教师日常教育教学的记录，因此可选择的内容较为丰富，可发挥的写作空间较大，出于这样的一些特点，教育日志的撰写变得简单易行，普及与推广甚为容易。

（2）教育日志的类型。

根据教育日志撰写长短，可以简单将其分为长日志、短日志。而就目前相关文献和资料来看，教育日志常用的类型分为以下几种：随笔式日志、专题式日志、课例式日志、点评式日志、联想式日志等。不同类型的教育日志侧重点及文体表现形式有所差异。

①随笔式日志。随笔式日志是教师对发生在自己身边的教育教学实践活动中所碰到的问题，感到有话可说就记录下来的教育日志，它是教师对问题进行反思后的直接记录方式。在日志中教师记录自己对某些教育问题的看法和体会，可以是对教育偶发事件、师生精彩对话、教科书上“说不通的地方”或对教育专著等的思考与感悟，从种种即兴的现象可以看出教师个人的内心感受和思想矛盾。作为一种较为随意的写作方式，可以不必讲得具体到位，只要能够随时地攫住瞬间的灵感和思维的火花即可。总而言之，这种教育日志是随

---

① 王攀峰．浅析教育日志［J］．教学与管理，2013（2）．

意、自由且较为全面的，教师所感所思均可以被记录下来，虽然可能没有完整的结构，却能够为教师日后开展系列教育科研活动提供一定的资料储备和问题雏形，从而为一线教师合作交流提供了切入点及为教师专业成长积累了宝贵的经验。

②专题式日志。专题式日志是指教师针对教育活动中某一专题进行细微的观察，选取最突出的方面进行深入剖析，不断反思和钻研其教育教学行为中的问题与过程而撰写的日志。专题式日志的特点是主题明确，内容选取针对性强，一般叙述过程紧紧围绕主题展开，同时可以忽略其他事情而只对专题相关的事件进行记录。

③课例式日志。课例式日志是指教师对自己执教或所观摩他人执教的某一堂课的反思，其中包括了对教法学法的反思、对学生学习效果的反思、对教学设计的反思、对教学成功与否的反思等等。

④点评式日志。点评式日志是指针对某一教育教学现象或教育问题简洁明了地加以反思、分析、批注、评述等，是一种较为常见的教育教学日志形式，包括对事物发生经过的描述、原因的探讨、解决问题的策略等。点评式日志主要来源于能够引发教师思考的一系列事件，如工作闲暇与教师同行、专家、教育领导对话时获得的富有启发性与指示性的思想，或者在参与培训及阅读教育书籍的过程中，能够引起教师情感共鸣的事件和观点等。

⑤联想式日志。联想式日志，与其他几种日志不同，它记录的事例并不是发生在自己的教育教学过程中，而是提出假设并进行一连串的联想。教师在撰写此类日志的过程中，可以不断地反思自己的教学过程，鼓励并支持自己大胆尝试、大胆假设，这样可以使自己的思维超前，产生前卫的教育思想和理念。

（3）撰写教育日志的原则。

教育日志的撰写，一般来说，没有过多的条文规范和结构规定，它可以帮助教师进行自我发挥，灵活多变地将自己的思考和想象与自己的教育实践工作有机结合在一起，便于教师进行不断的反思和积累经验，从而使自己更好更快地成长。总的来说，教育日志在撰写过程中应遵循以下四条基本原则。

一是及时性原则。及时性原则要求教师在第一时间内，完成对教育事例的撰写、记录和详细描写。遵循及时性原则除了保证其真实性、可靠性之外，在一定程度上也保证了回忆信息的时效性和质量。在教学实践过程中，有很多教育教学智慧集中在课堂上，如教学流程中突发的教学事件、师生之间的精彩对话等，均是可遇而不可求的教学情境，应当及时、迅速地记录下来，以免因为疏忽而造成无法再现的遗憾。建议教师随身携带笔记本以便及时记录，尽可能快、尽可能多地将所有能够回忆起来的细节完整地记录下来，作为以后教育研究过程中的备选资料。

二是坚持性原则。坚持性原则要求教师应该有规律地坚持撰写教育日志，任何与教育研究有关的案例、反思、感悟都应该被记录下来。一件计划好的科研工作，动机再好，计划再缜密，如果没有坚持不懈的精神，项目就可能成为一纸空谈。由于人的记忆是有限的，因此不可能将每一天发生的每件事情和见过的每个场景都准确地回忆起来。在长期的教育教学实践中，教师应该坚持不懈地将自己所看到的教育事例和具体的故事细节一点一滴地记录下来，并附上自己的看法及解决问题的策略，必要时对日志中的特定段落加以批注、点评，以便日后理解与整理。教师在开始撰写教育日志时，往往会遇到一个普遍的问题——难以坚持下去。坚持撰写教育日志这件事，对于一些没有写作习惯的教师来说，的确是一件较为麻烦的事情，建议教师利用下课空余时间速写教育日志，时间限度每次可由几分钟到十几分钟不等，具体的时间分配可以依据实际需要进行灵活安排。时间就像是海绵里的水一样，只要你愿意去挤，总是会有的。因此无论教师教育工作或生活多忙多累，都不能成为偷懒的借口，教师应坚持不懈地为自己腾出时间来完成教育日志。有科学研究表明，养成一个习惯，需要 21 天的时间。因此，随着时间的推移，不断地坚持撰写教育日志，久而久之，教师就会养成一个写教育日志的好习惯，并从中得到意想不到的收获和充实感。坚持不懈地进行写作，从每个教学实例及教育故事当中进行分析、反思，见证自己内心思想、感情交织的过程，并从中提炼具有价值性的典型案例等。此外，在坚持记录一段时间后，建议教师将自己的教育日志按照一定的主题内容和时间顺序分门别类、加注标题、列出目录，从而为以后研究时查找、引用、分析资料等节省时间与简化过程。

三是对话性原则。撰写教育日志其实也是一种学习，更是教师与自己内心世界进行的一次次心灵对话。教师在日志中重新建构课题情境生活，并以旁人的方式访问教育日志中曾经的“我”，以一种更为直观、理性的思维看待已经发生的教育故事或重点情节，学会分析、思考、总结，同时，教师可利用充足的时间和丰富的资料获取途径来回答发生的问题，进行自我对话与反思，重新积累解决问题的策略和宝贵经验。此外，随着网络技术的普及，教育日志以互联网为载体发表到相关教师网页（即新兴的教育博客）上，通过快速共享、在线阅读与评析等方式，为教师与同行、专家等进行专业对话及共同发展提供了重要资源。总而言之，撰写日志，可以促使教师重新认识自我、塑造自我，实现教师与同事、专家、学生等之间的相互沟通交流，实现个人执教理念与教育理念、专业价值观之间的相互结合，从而提高教师自我发展的素质。

四是反思性原则。教育日志并不是记流水账，它虽然是对特定的某一具体教育事例的真实记录，但并非单纯的教育实录。教育日志渗透了教师对某一问题或案例过程的看法，体现了教师在教育教学过程中的反思和自我怀疑、自我解决等过程。教育日志是一种动态的决策过程，体现了思想与行为、理论与实践之间相互作用的历程。教师撰写教育日志，应该尊重事实，尊重“实践是检验真理的唯一标准”，结合自己的研究实际情况，时刻保持冷静理性的头脑，时刻保持一种怀疑与反思的态度，整理好思路、明确好困惑，对教育活动中存在的问题或现象进行批判性的分析和建设性的思考。

（4）教育日志的撰写。

①素材的收集。素材的收集，是撰写教育日志必须做的前期工作，没有素材的采集，则没有所谓的教育教学案例，教育反思及问题分析、总结就无从谈起。教育日志的重点在于记录日常教育教学实践过程及其经验意义等，须切入个体和集体间的教育实践经验，取材于实践而最后回顾实践本身，换言之，学校和课堂本身便是教师撰写教育日志的出发点和归宿。但撰写教育日志不是记流水账、照相式记录，而是有选择性地选取材料并进行阐释的过程。

教育日志的素材可以通过以下两个方面来收集：一是收集自己的教育教学和生活经历。亲身经历的事情是最为熟悉、最有感触的第一手资料，真实直接地再现了教育主体的心理活动及反思的过程；二是通过访谈、交流讨论升华日志的主题。积极开展教育事例的背景调查工作，对参与者尤其是学生进行一番深入的访谈，聆听对方真实的感受、意见、想法等，形成客观公正的理性评价。

②素材的提炼、加工。在进行素材收集后，首先对素材进行分门别类，可以按照教育案例的类型及其主要内容归类，整理成目录，方便以后在科研过程中查找及分析资料。同时，需要对素材具体阐述的过程或者事物情节进行适当的提炼、加工，提取切合日志主题的资料信息，并将有用的信息、经验整理成具有自己思想的教育看法或具有价值性的教育参考资料，为优化教育日志做好充足的准备。此外，教育日志素材的提炼、加工，从大体上说是将自己的教育理念和思想方法传达给读者，而不是纯粹的牢骚之作。

（5）撰写教育日志的误区。

①理想与现实的脱节。随着新课标改革的进行，教师在新一轮改革中表现出的专业素养较以往有所提高，教育科研手段等变得形式多样，其中教育日志的撰写便是其中较为容易的一种教育科研方式，其作为教师及时记录教育科研案例的方式，基本上都是教师有感而发，既是教师情感的自然流露，也是教育科研工作的基础。但在实际教育教学科研过程中，部分教师为了适应报刊的需要，肆意虚构出典型的完美事例来；另外，还有教师撰写教育日志只是为了增

加文章的发表数，这些倾向无疑偏离了教育教学科研工作的行为标准和价值取向。

②照相式流水记录。在部分学校中，教育日志成了记“流水账”，教师将一些教学琐碎之事、毫无联系的生活小事一一记录下来，即使记录得面面俱到，也会显得“拖泥带水”。

③消极情绪化。教师在进行教育案例反思时，出现了反思与分析情绪化的现象，无法理性正确地直面自己的感受，将教育日志变成了牢骚之作，容易误导读者，使得教育理论与教育案例产生脱节现象，这样的日志谈不上思想的升华，更严重偏离了撰写教育日志的初衷。

对待撰写教育日志过程中的问题，教师首先应该从自身找原因，理性地对待自己在教学过程中出现的问题。其次，教师要勇于挑战与克服自己的不良教育教学习惯，批判性地从中找出教学实践中存在的教学问题，不断地进行教学反思，通过阅读有关专著或参与职业培训等来培养自己看待问题的敏感意识，保持一颗教育教学的恒心，时刻关注教育教学中的潜在问题，细心寻找解决问题的突破口，挖掘案例中的闪光点。此外，教师应不断地提高教育理论素养和培养专业写作技巧，学习更为宽广、更为深层次的理论知识，养成自我践行的专业素养，逐渐学会如何透过教育现象看到其本质，这样一来看待问题将更加全面，分析问题将更为透彻，从而撰写出来的教育日志将更有价值，更为读者所青睐。

5.3.4 教学后记

教学后记是教育反思的重要途径，也是提高教师专业素质的重要途径。教学后记在日常的教学实践过程中，起到及时记录教学各个方面的作用，其作为反思自己教学实践的有利途径，正日益为广大教师所青睐。

(1) 教学后记的定义。

教学后记，也称为“教后感”“授课心得”。一般来说，教学后记是指教师在教完一节课后，对整个教学过程的设计和实施，仔细进行一番回顾和总结，并将自我体会、教学得失经验及教训记录成案例存档的过程。撰写教学后记，是促使教师将教学经验和反思相结合、实践和理论相结合的过程，它能够帮助教师快速地获得课堂中的反馈信息，克服教学过程中的干扰因素；有助于找出教学设想在具体实施过程中的不足与成功之处，为进一步调整教育教学计划提供可靠依据；有助于加深对教材的理解、课程标准的领会和加大教法的改革力度，是促进教师自身教学水平、教学能力提高的有效途径。①

（2）教学后记的形式。

教学后记，作为教师对课堂教学的实践感受，一般而言，没有固定的结构要求和书写规范，教师可以简单地对自我教学进行分点评析；也可以从教学过程中的侧重点进行分析、思考，进而想出解决问题的方案与策略；或者在资料充足、经验丰富、思想成熟的条件下进行专题备案、批判性分析与反思，撰写出具有一定“含金量”的文章。总而言之，教学后记的形式较为自由，具有一定的可发挥空间，文体可以是抒情散文，也可以是应用式的经验总结，甚至是戏剧式的“精彩重现”等。

①经验归纳式。在长期的教育教学实践过程中，教师对教育教学具有一定的自我衡量标准与批判性准则，并在此基础上形成了一定的教学反思能力。当教师遇到相同或类似的情境时，便可有感而发，进行自我归纳、自我总结。同样地，将总结出来的习得性经验再回放到实际的教育教学实践课堂加以验证，周而复始，有序进行，最终将形成具有自我特色的教师专业风格。

②片段旁注式。文章由字段、词语等元素所构成，文章的好坏取决于元素的组成及搭配过程。好的文章必有闪亮耀眼的地方，同样地，一篇成功的教学后记，其中也一定有像金子般闪亮耀眼的精彩教育教学片段。教师在教育教学过程中，要善于把握具有“精彩片段”的机遇，如精彩生动的趣味实验、巧妙的教学过渡、师生间精彩的对白、阅读教育专著时的即兴灵感和各种突发事件等。教师应该及时捕捉教育灵感，随手写下当时当地的教学感悟，并在教案上附上必要的批注，不断反思教学过程中的失误等细微之处，从而提高自身的教师专业素养。

③失误纠正式。不管是多么成功的教育案例，都不可能做到完美无瑕。在有限的时空里，无论新、老教师，每讲完一节课后，都会留下或多或少的教学遗憾。教师在教育教学实践过程中，在每上完一节课后，自行将知识遗漏、重难点把握偏失、内容程度性混乱、知识讲解出现科学性错误、课堂时间分配不合理等失误的原因加以反思并记录下来，通过分析、思考等形式找出解决问题的策略，即使是三言两语，都可以使自己收获教学机智、教学经验。教师从自己失败的案例中提炼出经验性知识，并将其用于教育工作实践，从而使其转化为宝贵的反思性成功经验。

④案例点评式。处理同一事物，选取的角度不同，取得的结果也会有所偏差，如同样的年级教学班、同学科教育教学内容，虽然总体授课内容是一样

---

① 宁新炎，鹿黎明．新课改下教后记应该记什么［J］．教学与管理（小学版），2004（10）．

的，但由于学生个体的差异，如学科知识基础、兴趣爱好、各科目的学习方式、合作交流的途径等不同，教学实践效果和评价都有所偏差。教师可以择取不同的视角对待每节课中的教育案例，如教育教学规律、疑难点讲解与突破、教学效果反馈、创新式教学情境、教学失误、教学机智等丰富多彩的现象，将其撰写成教育案例，对其进行反思并给予专业点评后整理成教学后记，这更是一番难得的收获。

⑤困惑求解式。在教学前、教学中和教学后，教师或多或少都会遇到一定的教学难题。教学过程中的一系列困惑难题，如教育教学目标的难以实现、讲解问题时难以讲得明白透彻、学生作业或考试错误之处难以解答等，教师如果能够带着困惑查找资料或询问同行专家等，并将“疑惑—半信半疑—完全明白”这一过程记录下来，其意义本身已经远远超过单纯解决困惑。

⑥阶段回顾式。随着时间的推移，教学内容会按照循序渐进的方式进行。同样地，教师在完成几十篇教学后记的撰写后，应按照“章节回顾”“整本复习”的顺序，尝试进行一次全面“整体回顾”的教学反思，对教学重难点区分情况、教学目标达成情况、不同教法收效情况、知识点讲解到位情况等进行分析、研究、总结、归纳，从而为下一次教案编写及教学提供借鉴。

⑦结论感悟式。在教育教学实践中，教师进行不断反思、自我总结，捕捉教育教学中的即兴灵感，常常可以有新的发现与新的结论，如“课改须缘于实践”“教学活水来自生活”“教师的教学生命在课堂”。教师通过言语表达、文字加工等方式写出充满哲理性、启发性的结论式教学感悟，坚持写作并加以归类、编录，就会写出令人羡慕的高质量论文。

（3）教学后记的内容。

教学后记的内容可以涵盖教育教学活动的各个方面，也可以包含与课堂教学实践活动有关的各基本要素及其从属要素。教学后记所记录的内容，原则上是教师在教育教学实践过程中遇到的问题及对此的想法、看法，是教师自身的切身感受。同时，在现实中教师如果能够运用相关教育教学理论对问题加以分析、总结，或者是带着困惑去学习相关的理论，则能够加深教师对教育教学规律的认识。一般来说，教学后记虽然没有特定的行文规定及内容限制，在一定程度上撰写形式是较为自由的，但教学后记还是得把握一些基本的撰写要求，一定要找准侧重点，不能毫无篇幅限制而出现冗长琐碎的内容。其实，关于如何撰写教学后记，可以从以下四个方面入手：

一是记教学中的成功。教师在实际教学实践过程中，基本每一堂课的准备、进行、后期处理或多或少都具有精彩、成功之处。如：教学方案的精彩设计、细节上的环环相扣，使教学具有引导、示范等可行性价值；课堂气氛特别活跃，学生学习兴趣高涨，其中的引入、过渡、变化等教学技能值得思考；有的教师上课信手拈来，成功地运用了某些十分称心的教学手段；有的教师展现教育教学机智，善于运用学生的疑惑、质疑而因势利导，提出解决问题的妙想等。成功的教学，将激发学生的学习动机，指导学生的行为，使学生感到成功的愉悦，同时也体现了教师创新性地从不同深度及角度去梳理教材内容、设计教学环节，这是教师创造性思维展现的过程。

二是记教学中的失误。人非圣贤，孰能无过。教师即使在课前精心备课，做好充分的准备，但由于计划的不确定性，一些教育的偶发事件不可能预料得到。教材内容处理不当、知识讲解疏漏、课堂气氛沉闷、教学技能运用不当、师生间的教学互动不够协调等，将使得教学工作开展出现问题，造成教学效果不太理想。当然，对于教学中的失误，教师若能够记录下来并加以反思、评析，提出建设性的问题解决方案，同时收获经验及教训，作为日后教育科研工作的备选案例，那么教学失误也能成为教育教学后记的内容。

三是记教学中学生的独特见解或困惑。一般来说，一个教师的成功，不仅表现在课堂教学实践方面，更与课后的教育实践活动有很大的关联。在课堂上，教师是知识传播者，是信息转化的建构者，扮演着积极的说话者，将自己所知道、所熟悉的教材内容内隐为学生的学习能力。然而学生能否听懂、领悟，很大程度上还得取决于学生自身的内部因素，因此教师在课堂的后续工作中，应该学会从课堂兴奋的说话者转变为积极的倾听者，做好“在倾听中再教育”的环节。教师应学会倾听与了解学生在思想、动机、需求、心理、情感、人际关系等方面的差异，有意识地记录下来，形成心理访谈方面的独特教学后记，鼓励学生畅谈心声，并依据客观事实和学生的合理需求进行自定主题的教育教学。

四是记录作业中的普遍问题。在教育教学实践中，作业的布置是必不可少的一个环节。作业作为检验学生对课堂知识的理解与运用的手段，是实现教师与学生之间信息反馈和信息传递的桥梁，是对学生运用知识技能解决问题能力的训练与提高，是教学工作评估的一个重要环节。教师对作业提供的信息进行挖掘、判断、提炼、消化和整合，进而将其作为教学评估的一个重要参考，并通过教育教学反思、分析来调整自己的教学计划与教学方法等。然而，在实际的教育教学过程中，学生的作业可以反映出许多问题，如学生知识点掌握不牢、知识面窄、概念模糊、思考不够全面、存在思维定式等。教师在教学后记中记录下作业中的普遍问题，则在下次教学时可以有的放矢，以减少作业失误，从而让学生体会优秀的喜悦，起到正反馈的作用。

在实际教学过程中，教师可以选取纵向和横向两个角度对自己的教学进行反思。一方面教师对比自己过去的教育实践与自身内在的教学特点，反思自己的教育教学过程；另一方面教师可以对照专家的专业理论与他人的教学实践，反思自己的教育教学行为。教学后记作为教育教学反思的重要途径之一，教师应该慎重地撰写：教学后记撰写要结合课堂教学内容，有针对性；记叙时要及时、准确；撰写教学后记需要进行理性思考，不能停留在表面；善于自我发现与反思。

（4）教学后记的撰写方法。

①以新课程改革的理念为依据。教师在进行教学后记反思实践活动时，应考虑当前的教育实际背景，要以新课程改革的理念为依据，选取新课程的基本主张作为自己的参照点，注意教师教育反思的框架标准，对教育教学活动进行批判性思考和总结。

②要注意及时进行反思。在教学活动结束后，教师应尽快对活动过程中的问题、现象或活动的效果等进行反思。由于反思活动是紧随着教育教学活动开展的，及时反思可以使头脑清晰、翔实地再现活动的场景，对活动的评判和分析就会更为准确。教学后记是在课堂教学之后，对自己在课堂实践过程中的教学得失情况进行回顾、反思、分析、提取和总结，因此教师必须在课堂教学后趁热打铁，迅速及时地对课堂中的具体情况进行记录，不宜搁置太久而失去感觉，做到及时反馈、及时解决与总结。

③坚持不懈地记录。作为提高教师教育水平的重要反思途径，教学后记需要教师坚持不懈才可能久而见效。教师唯有做到坚持不懈地撰写教学后记，才能提高自己的教育教学水平。教学后记最好能够做到每日撰写。教师通过不断地积累教育案例，汇集大量的第一手资料，通过分门别类，加以分析、总结、归纳，不断积累经验、吸取教训、发扬长处，在运用相关教育理论和专业技能过程中探索出教育教学规律。教师若能长于实践，专于反思，久而久之，将会建立起自己丰富的经验库，使得教学方法趋于灵活，教学能力臻于成熟，进而不断地提高自己的教育科研能力与专业素养，逐步地成功过渡到资深教师。

④上升至教育教学理论高度。教师在撰写教育教学后记过程中，经过一系列教育教学实践活动，将自己的所思所想记录下来，通过教育科研的方式提出自己新颖的教育看法或观点。教师在写教学后记时，应始终善于用教育教学理论来反思自己的课堂教育教学实践，将对课堂教学实践的领悟上升到教育科学理论的高度来进行分析、认识、总结，这样就可以使课堂实践与教育教学理论有机地结合在一起，进而才有可能促进教师将教学活动中的零散点进行逻辑串联，形成丰满且精彩的教学链，从而促进教师专业化成长。

教师只要在自己教育教学经验的基础上，勤于观察、善于思考，便一定能写出有价值的教学后记。教学后记是连接理论和实践的桥梁，是青年教师过渡到优秀教师之道。好的教学后记对于提高教师的专业素养，加快教师专业化发展的步伐有重要的作用。一个教师只有写出符合教学情况的教学后记，才算将一堂课完整地结束。当经验和反思相互结合起来的时候，教师便一定能不断提升自己的教育教学水平，从感性走向理性，成长为一名优秀的教师，甚至是专家型、学者型教师，从而收获令人满意的教学效果。①

5.3.5 网络教研

随着网络信息技术的发展，知识信息量呈指数性增长。中小学教师需要获取更大范围的新知识来谋求自身专业发展和满足教学的需求，并且新课程改革实施对教师角色及其教育教学行为提出了相应的新要求，使得以往的传统教研基本无法满足教师自身专业发展的需求，不能满足教师教育教学科研的内在要求。随着信息技术的不断普及与发展，教师的信息素养也正在逐渐提高，网络教研作为教师从事教育科研活动的新手段，其普及率和使用率正在不断提高，越来越受到教师专业队伍的瞩目与青睐。

（1）网络教研的定义。

网络教研最开始的名字是虚拟教研，随着教研环境和时代的变化又被称为网络教研。网络教研以促进教师专业发展为目的，以在教育教学实践中发现问题、分析问题、解决问题为着眼点，并借助于开放、动态和交互的网络教研平台及新课程教育教学理念，使得教师与专家、教研员、教师同行共同给出问题的解决策略，实现教育资源的分享与创建，以期不断优化和改善教师教研的手段、结构和过程，是提高教育教学质量的一种新型的研究模式。②

（2）网络教研的特点。

①突破时空限制。网络教研，将方便快捷的网络技术应用于教育教学研究，突显了网络教研突破时空的特点。网络教研，打破了时空的限制，使得教师教研以信息辐射的方式发散到更宽广的开放式教育教学平台上。网络技术使得教研活动在任何一个地方都可以展开，使得一些名牌学校和顶尖教育机构可以充分发挥自己的教育资源优势和学科知识优势，将最好的教学成果和最优秀教师的教学、教研信息挂在特色教育网页专栏上，以促进区域间的教育教学交流，使教育发展水平偏落后的地域的教师同样可以享受到优质的教学资源，学生同样也可以接怍高水平的教育，从而突破了地域的限制；网络教育教学资

① 谢化锋．谈高中英语教师如何写好教后记［J］．学周刊，2013（31）．

② 赵旭敏．中小学教师网络教研现状与促进策略研究［D］．华中师范大学硕士学位论文，2012.

源，更多的是以教学视频或教育文档的形式保存在教育专栏中，具有随点随播的长久效应，使得教师可以根据自己的需要、习惯、兴趣爱好等来灵活调整自己的学习时间，挑选合适的时间段进行学习、交流，从而解决了工作与学习之间的矛盾，同时也提高了学习的针对性、趣味性，优化了教学质量，从而在真正意义上打破了时间的限制。

②主动性。在长期的教育教学实践活动中，教师或多或少地会出现教育教学疑惑与难以解决的教育问题等，一般情况下，由于学校教育资源有限，如专业的教育答疑团队、经验型教学能手等资源相对匮乏，教师教育问题不能得到及时的解决或答复。而网络教研突显了教师解决问题的主动性，教师通过主动上网查找资料，将信息运用于自身的教育教学实践活动中，以便寻找到已有的最优问题解决方案。相应的教研信息可以从教师教育学科网站上获取，如中国教师研修网；也可以自己在因特网上利用相关的搜索引擎进行自主查询等，省去了教师查找大量纸质资料的麻烦，做到及时反馈、分析、总结。此外，青年教师可以经常上网参考一些优秀课件或观摩名师教学视频，进行教育教学反思与教学对比，做到教学相长，弥补自己的不足，并有效地调整自己的教学策略，形成自己的个性化优质教学。

③依托性。网络技术能够高效、立体地传输信息。人体所知的各种信息中有83%的信息通过视觉获得，网络教学就是以视觉信息为主，用声音、文字、图形、图像立体地表现信息，容易吸引教师的眼球，而网络教研正是依托现代教育信息技术，随时随地充分利用网页中的各种音频、图像、文本、视频等教研信息，使得教研活动更加丰富多彩、方便快捷，更突显了网络教研的人性化。但是，网络教研以现代信息技术作为依托，并不代表可以完全依赖与过分迷恋网络教研内容，也不等同于可以完全不需要或抵抗、排斥科学理论及专家的指导，同时也不是说学校教研要实施“关门主义”，恰恰相反，网络教研还应充分地借助外界的专业力量，如教育专家、教研员、各机构研究员等来规范教育教学科研工作，提升教研的理论与实践层次等。①

④教研主体的多样性。在传统教研活动中，教研活动主要是由相应行政单位的领导和教研组织管控的一线教师开展的项目，发言权由相关组织者掌握，是一种由上到下、形式单一的活动，而在网络教研中，参与者不仅有组织者、教研员、专家、一线教师，还包括学生和家长。教研的目的就是促进学生的学、教师的教，在活动过程中可以通过教师和学生的交流反馈，让教师更了解学生的需求和困惑，学生也能够了解教师的教学目的，促进双方的共同发展。

---

① 肖正德．网络教研：一种促进教师专业发展的新型教研模式［J］．现代远距离教育，2007（1）．

⑤虚拟与交互性。在传统教研中，教师参与教研活动的环境主要是由相应的教育行政部门选择的场所，参与人员来自不同的学校、地区，彼此之间互不相识、互不了解，针对相应的问题会有各自不同的看法。但教师有时会碍于情面，没有实事求是地发表观点及对相应的活动内容给予正确的评价，这不利于教师的反思。而在网络教研中，其环境是以网络技术为依托建立起来的信息交互平台，这使得教师与教师、教师与教研人员、教师与学生之间，能够进行全方位的交流，拉近了相互之间的心理距离，增加和扩大了交流的机会和范围；同时由于网络的虚拟性，教师的个人具体信息不会被暴露，交流者之间无须面对面开展教研活动，因此教师可以放下心中的芥蒂，直抒胸臆，畅所欲言，从而形成自我发展、共建共享、和谐民主、百家争鸣的文化特征和网络教研氛围。此外，网络教研还可以通过互联网对教师和学生提问的次数、类型、人数等进行在线统计与汇总分析，使教师及时了解与分析学生在学习过程中遇到的阻碍因素；教研人员及时了解与反馈教师在教学中遇到的综合问题，从而使网络教研更加有目的性地指引学生的学和教师的教。由于网络教研具有完全交互式的交流方式，教师教研活动可以充分地发挥双向互动交流作用，进而使教育教学研究实践层次更加深入。以网络教研作为自己的教育教学反思手段，教师将可以实现与教师同行、学生、专家之间紧密的连接，在交流共享中彼此相互影响，共同提高与促进专业化成长。

（3）网络教研中存在的主要问题。

①网络教研环境有待改善。

以网络环境作为平台的网络教研活动，如果网络教研环境落后或缺乏，网络教研活动将会变得寸步难行。网络教研环境中出现的问题具体表现在网络硬件与设施缺少、软件平台的缺乏和利用管理不善等。原因主要有以下四个方面：

一是已有设备未能正当使用。设备设施作为学校的固定资产，在一定程度上可以作为学校综合能力的一个量化指标。在学校等级评价的指挥棒下，学校背离其教育教学的初衷而开展形式应付工程的现象已屡见不鲜。在中小学中，部分学校配置的信息技术设备只是一种摆设，得不到学校有关领导的重视，未能投入学校的正规化使用当中，未能将学校的教研工作和日常教学流程进行紧密的联系，造成“领导不想管，教师不敢问，学生没得学”的相对涣散而僵硬的教育现状，最终导致教师的网络教研需求得不到满足。

二是现有的设备陈旧。多数学校配备的网络设备陈旧，出现了硬件和软件达不到当下教学设备标准的情况。在一些乡镇中学中，经常出现计算机房设备简陋、老化、陈旧和报废不能用等现象；另外，已有计算机硬件操作系统和有关设备配置也都很陈旧，只能进行简易操作，网络连接设备没有进行更新和改善，这使得网络教研系统根本无法运行，学校现有流量和网速同样也出现了不能满足教师网络教研活动中资料、信息的输送和在线的视频交互、语音交互需求等问题。

三是学校教研经费匮乏。目前许多学校存在经费严重不足的现象，特别是在一些贫困落后的乡镇地区，学校连正常运转所需的最基本办公条件也难以维持，几乎陷入无以为继的危难境地。此外，网络教研平台和工具、网络相关设备更新速度飞快，而购买网络教研所需的设备费用数目不小，这便造成了制约教师参与网络教研的窘境。

四是网络教研文化的缺失。在网络教研环境中，除了教研硬件和平台环境，还应包括一种软环境，即网络教研的文化环境。学校的专有计算机房在多数情况下只限于学生上信息技术课使用，其余时间则是处于关闭状态，从中可以看出学校对网络教研普遍缺乏一种关注和意识，没有真正了解网络教研对促进教师专业发展的具体意义，教育信息化经费的投入问题同样未能得到很好的解决。在开展网络教研过程中，学校为了通过上级组织的监测和验收，也只是用一种敷衍了事的态度进行组织、管理，这无疑将使得网络教研活动始终处于瘫痪混乱的局面——教师因设备陈旧接收信息滞后，或因系统时好时坏及平台无法正常升级等问题而无法正常进行网络教研活动，这导致网络教研文化环境不良，不利于教师专业化发展。①

②网络交互深度不够。

就目前中小学教师利用网络的情况来看，教师主要是为了完成教职工作而使用网络。多数人的意识只是单纯停留在获取网络信息资源上，而并非真正地将以网络作为载体的教育教学反思运用到教育科研上。教师在网络教研中的参与度并不高，多数时候是以“隐士”的身份出现，即只是旁观而不参与。在大多数情况下，多数教师的意识仅仅停留在搜索教学信息资源上，教师进行网络搜索的目的有时很简单，只是希望在网页上找到自己所需要的试题资料、教学课件、教学案例、教学设计等，简单地将网络作为获取相关资源和信息的渠道。将网络教研平台简单地理解为信息资源平台，一方面会使教师对网络平台形成片面认识，简化其功能；另一方面则会影响网络教研的推广与发展。

③教师观念落后。

教师观念落后，将会产生认知、理解冲突。不少教师一味地保持传统教育方式，不敢大胆尝试新的教育教学方式和教育科研手段，这使得教师专业成长

① 赵旭敏．中小学教师网络教研现状与促进策略研究［D］．华中师范大学硕士学位论文，2012.

过程滞后或止步不前。在陈旧观念的指导下，教师不能依据新时代背景下的课程改革等革新观念对教育教学进行反思调整，完善自己，更容易产生对新兴教研手段的畏怯、排斥和忽视，进而导致教师缺少对网络教研的认同感，无法正确认识网络教研的巨大潜能。同时，在教师评价机制的驱动下，教师容易受到应试教育思想的束缚，在一切以分数为准的指挥棒下，一味地搞应试教育来提高学生的升学率，从而保证了自己评职称的需求，但忽略了教学与教研的紧密关系，造成教师的畸形成长。

④教师科研素质偏低。

在教育教学实践过程中，多数教师在踏入教育这一行业后，基本上就定格了自己的一生：做个普普通通的教师，在教育教学过程中仅仅专注于教学，而只把科研当成一种假想，不敢或没有动力进行尝试。目前教师的科研素质普遍偏低，主要表现为科研意识淡薄，科研水平偏低。在教育实践过程中，教师深受升学考试、领导责怪、家长抱怨、社会施压等因素影响而不敢做出教学变革，常常只是逆来顺受，将自己置于传统陈旧的教育教学模式中，通过苦干、超负荷的工作以片面地换取升学率，这使得教研的开展成了一种遥想、一种形式。

⑤网络教研建设的对策。

一是优化网络教研环境。网络环境是教师进行网络教研的主要场所，它为网络教研的搭建和扩展提供了广泛的科研空间，丰富的一线资源和必要的教研条件，是足以影响教研主体行为的一切外部条件，因此，良好的教研环境将是教师进行高效网络教研的前提和根本保障。为创建良好的网络教研环境，学校首先可以借鉴国内外成功的网络教研案例，并在此基础上搭建网络教研所需的硬件条件以及各类软件信息平台。针对如何构建良好的网络教研环境，可以从几个方面进行网络教研环境的优化：第一，学校领导应该尽可能多地通过各种新渠道、新方式，如文件批示、海报设计、教研竞赛设计等来对网络教研进行大力的宣传和专业的培训，使教师能够充分、正确地认识到网络教研的重要性，从而建立起良好的网络教研活动文化环境；第二，当地教育局或学校应该给予硬件设施足够的关注，加大对网络教研相应的硬件设备投入，如硬件设施的购置与更新、硬件系统的定期检查与维修等，维护和建设网络教研活动现有的硬件环境；第三，在教师网络教研平台方面，针对基本的教学和教研资源，教师可以借助现有的学校网络基础设施和自己的学科专业知识，逐步创造属于自己的资源，把自己的教学经验和独特的思想融入网络教研资源中，进而在软件建设的基础上，逐步提高教师自创资源的能力。

二是转变传统观念，正确对待网络教研。面对新兴的网络教育科研技术，教师应改变自己的传统观念，摒弃落后的教育教学理念和机械式的应付教学技能；正确认识网络文化的价值，深刻理解现代教育网络技术在教育教学中的重要地位及其应用的紧迫性和必要性；依据新课程改革目标，结合当前教育教学背景，突破利益固化的藩篱和传统固定的成长教学模式，加快步伐适应科学技术发展速度，积极主动出击，迎接教育教学实践中的困难；努力提高自身的现代教育技术素养，学会熟练地运用计算机技术和网络教研平台，进行教研信息资源的搜寻和研究项目的开展。

三是强化教师的科研意识，提高教师的科研水平。新课标改革理念的提出，使基础教育课程改革不断进入更深的试探阶段，教师在改革过程中日益面临诸多压力和困惑，教育教学问题层出不穷，解决方案尚未完善，这使得教育科研工作在新的压力和环境下将要面临更多的疑惑与问题，这一情况正在逐步引起人们的高度重视。教师教研潜力的激发，首先需要唤起每位教师的教育科研意识，促使教师由单纯的知识传播者向教育教学研究的积极践行者进行转变，这是新时代背景下教育教学管理与组织工作中的重要环节。十年树木，百年树人。要培养教师的网络教研能力，首先要做到一切以教师发展为本，从转变传统的教研理念开始，确立教师在教育科研工作中的主体地位，鼓励教师大胆进行教育科研活动，敢于发表自己的教育教学理念或独特看法，大胆探索与进行反思，不断提升教研能力，做教育科研真正的主人。

四是关心与支持网络教研工作。学校领导要积极做好网络教研的宣传与组织工作，要担任好教研方面的组织和管理者，要提高对网络教研在改进教学方式、学习方式，促进教师专业成长和提高教育教学质量方面的重要性的认识，根据本校的具体实际情况，积极创造网络教研条件，确保网络教研工作的顺利开展。同时，学校要制定相应的规章制度和评价机制，积极鼓励教师参与网络教研活动，增强教师教研科学意识。对于教师的教育科研成果，学校要以制度化的形式给予物质上的奖励和精神上的表彰。对于高质量的教育科研成果，要主动积极地向上级有关部门申报奖励，同时建立健全教师评价机制，即将教师的教育科研成果与评优、评聘晋升、获得科研资助联系起来，改变一贯只以升学率为依据的单一评判标准，从而使教师体会到科研成功的喜悦，进而调动其科研的主动性、积极性和创造性。

（4）网络教研的流程。

网络教研，作为教师反思的一种新手段，具有一定的自由性、跨时空性等特点，但作为教研形式的一种，它依然不可避免地遵循“发现问题—搜集资料—解决问题—总结”的基本科研解决问题思路，其具体的教研流程可参见表5.5①。

表5.5 网络教研的流程及其主要内容一览表

网络教研流程	主要内容
1. 发现问题	教师需要有强烈的寻找问题意识，善于在教育工作中发现问题。采用专题研讨、在线评析等方式，将具有关键作用、普遍意义、全局性的问题分门别类，进行系统概括、提炼等，探讨出科研题目
2. 学习准备	通过参与式研修、自学、专家报告等方式，深入理解现实中的问题和困惑，在实践中构建起自己先进而独特的个性化理论，从而更好地指导自己的教育教学实践
3. 设计方案	针对日趋复杂的教育教学问题，教师应设计针对性强、形式多样的解决方案，并在实施过程中不断调整和完善方案
4. 收集资源	根据教研组的实际情况，进行资源的采集工作，可以从资料室、图书馆中收集，也可以从网络资源库中搜索，还可以通过问卷调查和访谈实录等方式收集
5. 整理资源	对收集到的资源进行归档整理，形成各教研小组的资源库，不定期或定期对资源库进行分析与更新
6. 上传资源	根据教研计划，上传资源库内的资源，形成校园资源库，对所有的资源进行共享，实现资源的最优化
7. 交流反思	进行网络教研总结和经验交流，不断提高网络教研的实效性和实用性

① 肖正德．网络教研：一种促进教师专业发展的新型教研模式［J］．现代远距离教育，2007（1）．

5.4　教师反思能力的提升

教师成长是教师学会教学，不断学习、反思与教师有关的角色期望与行为规范的社会化过程。教学是一种生活方式、精神追求和育人为本的事业。成为什么样的教师，深深地根植于他是什么样的人、过着或曾经有着什么样的教学生活。实践证明，教师反思在一定程度上能够促进教师的专业发展、素养形成与工作效率的提高。同时，一名善于运用教学反思技巧的教师，将会理性看待教育教学实践过程中的本质问题，敏锐地发现问题的关键，批判性地考究问题，独创性地提出自己个性化的教育理念，从而促使自己在教学反思中迅速成长为优秀教师。

5.4.1　提高教学反思能力

早在1933年，杜威在其所著的《我们怎样思维》一书中就对“反思”进行了系统论述，并强调反思在教学中的重要性，认为“思维把单纯情欲的、盲目的和冲动的行动变为智慧的行动”①。

当前，人们已经越来越重视教学反思对教师职业发展的决定性作用，具有较强的反思能力是新手教师能够迅速成长为优秀教师的一个重要因素。美国心理学家波斯纳（G. J. Posner，1989）认为：没有反思的经验是狭隘的经验，至多只能成为肤浅的知识。他提出了教师成长的公式：成长 = 经验 + 反思，并认为“如果教师仅满足于获得的经验而不对经验进行深入的思考，那么即使他有20年的教学经验，也许只是一年工作的20次重复，除非善于从经验反思中吸取教训，否则就不可能有什么改进”。我国著名心理学家林崇德也提出“优秀教师 = 教学过程 + 反思”的成长公式。因此，反思是教师获得专业发展的必要条件，在教师改进自己的教学工作方面发挥着独特作用。②

新基础教育的创立者叶澜教授说过：“一个教师写一辈子教案不一定成为名师，如果一个教师写三年反思就有可能成为名师。”教学反思有助于教师将教学经验升华为教育理论，有助于教师提升教育教学实践的合理性。教学反思的途径很多，如研究教育叙事、撰写教育日志、与同行交流、学生反馈信息等。

---

① 常波．西方反思型教师教育思潮兴起背景概述［J］．外国教育研究，2000（2）．

② 陈文会．小学数学“教学反思”的探索［J］．东方青年·教师，2013（15）．

5.4.2 在反思的基础上实现学习优化

（1）基本的学习素质。

①具有良好的职业道德素质。

教师需要不断地反思自己，多给自己留下学习的空间。而无论新老教师，优秀与否，首先要明白与认清自己作为教师的这一角色。教师在长期的教育教学实践过程中，要真正做到以身作则，起到为人师表的模范作用；在践行教育教学事业过程中，应具备高尚的道德情操，高度的责任心，强烈的教师使命感，虚心学习的习惯以及崇尚知识、科学、文明的意识，形成忠于职守、甘于奉献、孜孜不倦的高尚职业道德。

②具有扎实的科研素质。

在教师反思的基础上，青年教师要成长为一名优秀教师，须先使自己成为一名反思型教师。反思型教师，在教学之余应尽量多了解一些教育教学理论知识，学会掌握与运用一些科学思想和科学方法，不断通晓与深化和本专业相关的社会科学知识，将教育教学实践与社会、历史、生活等领域的知识紧密地结合起来，使自己在学会“教”的同时学生也乐于“学”，增强教学课堂知识效应和拓宽学科知识空间。善于在自己的教学反思过程中，挖掘教育教学实践中的潜在问题，学会分析、反思、提炼、总结自己独特创新的教育观点和教育理念。看待问题应具有批判性，解决问题应有独到性，探讨过程应具有独立性和坚持性，不断实践与反复锤炼，锻炼出自己扎实的教育科研素质，做到学习他人的同时也能成就自己，并在他人的思想上建立起自己的新思想。

（2）具有良好的学习意识、学习动机和学习策略。

①学习意识。

知识世界是永远没有止境、不可逆转地朝前发展的，教师在面临繁重的教育教学任务时，难免会遇到很多疑惑与不解，假如不具有自主的学习意识，则面临问题时会因为自己能力受限而变得极为被动。反思型教师应该时刻保持强烈的学习意识，在学习过程中不惧任务的繁重而能够勇往直前，在困难面前学会化压力为动力，虚心向学、不辞劳苦。在教育教学实践过程中，在失败或成功面前，能够摆正自己的心态，能够正确地面对成长过程中的挫败与不足，形成自强不息的精神和敢为人先、坚定克服困难的决心。做一个快乐的学习者，保持积极向上、乐观学习的心态，自行监督自己的学习行为，不断进行教学反思，使自己的学习活动变成一种有趣味性的、有规律性的活动，从而使自己的学习活动不会因无外在要求而停止，也不会因无人督促而停滞不前。

②学习动机。

学习动机是引发和维持个体学习活动，并将学习活动引向一定学习目标的动力机制，具有激励、指导个体学习的强大动力。一个良好的学习动机，将会起到积极、刺激个体进行高效学习的作用。学习动机不宜过强或过于被动，教师在学习过程中，应该端正自己的学习动机，根据具体的客观事实对其做出可行性的判断、分析，使自己的学习行为得到恰当的引导，得到预期的理想结果。

③学习策略。

学习策略是学习者为了提高自身学习效率和效果，有意识、有目的地制订的有关学习方面的整体方案。教师在教育实践学习过程中，应该依据实际情况和教育教学条件，制订具有阶段性、层次性的学习方案，采用相应的学习策略，对学习进度加以跟踪，对材料进行自我提问、反思，以检测自己学习的成效，并依此做出相应的调整。

（3）在反思性教学中学习教学，掌握“学会教学”的技能。

在反思性教学中要注重“两个学会”，即“学会教学”和“学会学习”。教师进行教学反思的过程，实际上也是教师全面发展自我，践行“学习教学”的过程。教师在教育教学实践中，随着一系列教学工作的展开，不断摸索教会学生如何“学会学习”；在获得全面发展的过程中，教师通过反思性教学不断深化“学习教学”的能力，使自己得到进一步的提升与发展，促使“学会教学”的技能日臻成熟，最终成为研究型教师。

①建立双向档案袋评价制度，跟踪“学会教学”。

档案袋评价，又称为“学习档案评价”，是以档案袋为依据而对评价对象进行的客观的综合评价，它是20世纪90年代伴随着西方“教育评价改革运动”而出现的一种新型质性教育教学评价工具。目前我们所说的档案袋评价机制，主要是围绕学生来开展的，某种意义上它是学生资料的汇总，可以较为直观地反映学生的学习成效、努力程度、进步情况等，记录了学生在学习阶段的一个成长过程。[①]

在长期的教育教学实践过程中，教师往往容易忽略自己的成长历程，对自己在未来几年、几十年能够达到什么样的教学程度较为迷茫和困惑，不能做出较为准确的自我定位。建立起教师与学生双向的档案袋评价制度，将有利于教师的专业发展。教师指导学生进行档案袋填写，或者教师自行通过观察学生的表现行为、进步状况等为学生的学习性成长做出评价，并从中对自己的教学技能、教育方式等也给出自己的评价并做出相应的可行性教育教学调整，以期提

---

① 黄燕，曾红红．档案袋评价实施中的问题及对策［J］．大江周刊（论坛），2010（3）．

高自己的教学质量。同样地，教师也可以做出自己的档案袋评价，可由自己、学生，或其他教师、专家进行记录并给出评价。教师的档案袋，是某一时期在不同情境中，对师生工作学习信息的系统收集，它通过反思而构建，通过合作得以丰富，最终目的是促进学生学习的进步和教师专业的发展。教师档案袋的内容见表5.6：①

表5.6　教师档案袋的主要内容一览表

教师档案袋内容	各部分内容
教学情景分析	教师详细介绍班级特点、班级规模及其对教师的教学策略产生的影响；学生的年龄结构、家庭背景、学习偏好、学习目标、生活习惯等；授课时间安排及教学资源支配，等等
教学设计	教师依据现有的教育技术、教学资源、教学三维目标等来进行设计，选取一些富有趣味、饶有韵味和极具个人风格的教学方法，激发学生的求知欲和学习兴趣，使课堂变得生动有趣，从而促使师生之间相互交流、共同学习
教学活动分析	教师具体翔实地记录课堂教学过程中拟用的教学方法及原因，尽可能地描述学生的总体学习情况和个别学生的情况，针对性地分析其中的优缺点，并提出自己的看法或解决问题的策略
教学评价	由其他教师观摩与研讨，针对自己的教学实践给出一定的看法和观点；教师对学生作业的完成状况及其与教学目标的相关度进行评析；学生在学习过程中可能遇到的困难与挑战；结合学生的实际学习情况向学生给予适当的反馈，并调整和改进自己的教学策略、计划
教学反思	思考自己的课堂教学效果与教学设计中目标设定的偏差，记录有哪些经验或失常性教训，对教学过程的改进可以从何入手；教学活动过程如何满足学生的需求、激发学生的学习积极性；使用教育技术或教学资源的方式，对教学方法做了哪些改动；反思学生的学习状况，如何改进评价和衡量方式来使学生进步

通过教学情景分析、教学设计、教学活动分析、教学评价、教学反思等各部分相互作用建立起来的教师档案袋评价机制，可对教师教学质量的估测与评价起到一定的积极作用。双向互动的档案袋机制为教师提供了一个跟踪如何

① 郑卡莉. 高职院校的教师评价体系研究［D］. 浙江工业大学硕士学位论文，2007.

"学会教学"的档案袋，使教师可以针对教育教学实践的不足进行不断反思与改进，并提出可行的教育教学方案，总结自己在教学实践中的得失，形成自己的独特教育理念，并将自己的总结性策略或技能运用于教学实践。同时，对于学生，教师要清楚地意识到，档案袋是学生资料的整合，它在一定程度上反映了学生在相关的学科方面的进步、努力或学习的成效；同时，建立学生档案袋，不是简单地提供一个给学生打分的工具，而是促进学生在原有认知基础上的持续发展；在学生档案袋中，学生的反思是关键，通过师生交流、总结、探讨及展示，教师可以对学生的作品进行及时的评价，从而使档案袋的成效得以进一步呈现与巩固。建立起双向的档案袋评价机制，可以促使教师发现更多教学问题，以便教师借鉴优秀教案或观摩优秀教师课堂实践来调整自己的教学方式，使自己在"学习教学"过程中不断锤炼而更好地掌握"学会教学"的技能。同时，学生在教师的指导下跟踪学习进度，使学生明白自己哪些地方可以做修改或调整，教师通过肯定或鼓励的形式来提高学生的学习积极性和自主性，从而使得学生以更好的心态"学会学习"，提高自己的学习质量，间接影响教师"学会教学"的过程。教师与学生通过档案袋的方式，不断修改、不断调整，最终达到互为补充、相互作用的效果。

②观摩与研讨，领悟"学会教学"。

教师在长期的教育教学实践中，不仅要以"主角"的身份进入课堂实践，更要以"学习者"的身份进入教师的课堂，通过观摩与研讨，领悟"学会教学"。教师在对同事或自己进行观摩的过程中，形成对教学中存在的问题或典型的做法的自我评述、自我领悟和互相评论、互相指导。不管是资深教师还是入道不深的青年教师，其教学技巧都有值得我们借鉴的地方。如教师在观摩优秀教师的精品课堂时，可以学习教学能手熟练处理教材及灵活沉稳驾驭课堂的能力；对于教学经验不如自己的教师，教师可以从中看出教学技能运用不当的地方，以从失败的案例中得到启发、经验等。总而言之，教师观摩与研讨的过程，实际上也是教师对比自己与他人教学技能等基本功的过程，是教师不断对教学实践进行教学反思、形成自己的感悟的过程，最终促进教师教学设计的完善、课堂教学能力的增强、教学思维的提升与强化，使教师不断增强自我建构的能力，具有启发性、指导性意义。

教师在观摩与研讨的过程中，可以按照下列思路进行设计：教师首先进行角色转换，观摩者以学生的身份进行现场听课、记录，同时再请助手对授课教师进行录像，下课后了解学生的大体听课情况及其对教师授课情况的评价；授课教师通过录像回放进行教学反思，自我发现问题，并与观摩者共同进行深入分析、研讨，对比原有教学设计和评课标准，进行教学点评和自我感悟；观摩者针对教师教学技能运用中的深层次问题，透过教学现象挖掘其本质，提出具建设性、启发性的评述，促进教师进行反思和对教育教学观念的自主建构。对于课堂表现不佳的教师，观摩者应进行相关的点评，修改教学设计，要求其再次到课堂中接受检验。在全面深入的对比剖析和教学反思的基础上，再次观摩、评价，对其新的教学思路进行检查和总结。如此反复观摩与研讨，将会促使教师形成反思性教学，并在反思的基础上进行自我领悟，达到真真正正的“学会教学”。

③通过教育案例分析，“学会教学”。

教育案例，是对教育教学过程中实际发生事件的故事性描述，其中必须包含一个或数个疑难问题，同时也可包含相应的问题解决方法。教育案例研究在教师专业发展中也具有重要的意义。一个成功的教育型教师，除了本身具有相当高的实践智慧和理论素养外，他在成长过程中如实完美地展现了教师反思的价值和意义，实现了操作型教师超越自我、完善自我、创新自我的实践过程。这些教育实践家的科研成就，充分地反映了教师反思内容的所有方面，丰富和充实了教育事业的理论宝库。显然，教师如果重视周边教育案例的收集、积累、分析，并与同行相互交流研讨，同样有助于教师反思性教学的形成，促使教师“学会教学”。

④建立“学习型组织”，“学会教学”。

学习型组织，是通过共同学习的方式，充分发挥教师的创造性思维能力的系统化组织。学习型组织所发挥的持续性学习能力高于所有个体的总和，具有强大的学习发挥空间和塑造教师技能的空间。在知识经济和知识社会主导的今天，学会学习的能力无疑是教师专业螺旋式向上发展和持续前进的源泉与动力。学习型组织恰好为教师进行高效学习提供了实践领域和支撑平台。在学习型组织当中，教师通过团队学习的方式，与团队成员整体配合，实现共同愿望。团队学习的方式，能够促使成员之间不断协调形成完善的整体，汲取高于个人的智慧来实现对组织反思和学习能力、行动能力的强化，从而逐渐地形成良好的学习风气。团队学习具有交互性和共同性，为教师进行教育教学改革、教研等提供了一定的人力、物力，使教育教学实践工作以更高效、高质量的方式快速地完成，从而使教师在团队的帮助下高效地“学会教学”。

⑤基于网络技术的新兴教学方式，促进教师创新性地“学会教学”。

网络资源的跨时空性、多层次、大范围覆盖、交互式等特点，在很大程度上扩大了教师学习与实践的辐射面，为广大中小学教师的专业成长搭建了一个崭新的平台。近年来，BBS 论坛、新浪微博、微信、QQ 等网络交流方式甚为流行。一些刚执教不久、经验较少的青年教师，应恰到好处地抓住新兴网络交流方式的特点，将网络与教师培训过程中的微课、试讲、说课等强化教学技能的方式紧密地结合起来，做到在综合训练中快速地“学会教学”，做真正的教学能手。具体可以按照以下三个方面来开展：

一是建立专业学科学习网站。由教师集体自发地进行专业学科学习网站建设，集思广益，搭建起具有学科教学特色、展现教师专业技能的交互、动态学习平台。学科学习网站的功能可以定位为：开发网络交互功能，为一线教师搭建交流研讨的平台；提供教育理论学习渠道，丰富教师教育教学信息；开辟优秀教师示范课程，为教学设计与研究拓宽空间；立足教育教学资源建设，为教师成长创设优质服务等。教师登录学科学习网站，浏览并获取相关教学资源，第一时间了解各地区教育教学开展的最新动态，依据自己的教学需要下载相关教学资料，如试题分析、Flash 动画、趣味视频等；同时教师可以留意课程改革的最新信息，适时调整自己的教学设计与教学方式等。学科学习网站同样也可以广泛地应用于教学研究、教学竞赛、教研工作等教育教学实践工作，其为教师进一步优化课堂教学、运用现代教育技术整合学科知识提供了便捷的条件。专业学科学习网站的搭建，在繁重的教学任务中为教师提供了极大的方便，同时也可以让教师学习最新的教育教学理念，做到与时俱进。

二是利用微博、微信、QQ 等交流方式。对于微博、微信、QQ 等网络交流软件，教师可以利用其即时通信、一键快速分享资源与信息等特点，达到快速获取信息与知识的目的。

微信、QQ 与微课、试讲、教学问题等相互结合。微信与 QQ 具有强大的聊天功能，能实现在线聊天、语音聊天、视频聊天等。教师可以事先进行片段式的微课训练，或不断地观看自己的试讲视频，达到一定的训练程度时，可以考虑使用网络技术。在同社群或同组的教师，可以通过相应留言板或其他联系方式进行事先约定，统一时间登录到同一在线聊天室，进行网上教学交流与研讨。教师进入 QQ 群、微信群等界面，可以分享自己的课堂训练视频，让教师同行、专家或其他人士进行观看并给予点评，或授课教师直接以视频聊天的方式进行现场教学，然后由其他教师进行记录并给予点评。教师通过网络聊天软件的形式，体验网络即时、迅速、快捷等优点，第一时间接收更具体更全面的信息，通过点对点的教学评论方式，从中发现自己教学的不足或精彩之处，并相应地依照所得的教学评价做出理性的判断，进而对教学设计做出相应的调整，将修改后的教学设计再次用于实践中来进行检验。与此同时，教师可以利用 QQ、电子邮件将教学问题发送给特定人群，开展群体性的教育教学研究工作，互联网完全可以取代传统的传真与信函。此外，教师在教学实践中遇到的疑难困惑可以以日志等方式发表在网络上，通过网络传播渠道，集思广益，不断进行教学反思、分析、判断等，综合各方面的意见，重新拟定最优化的问题解决方案，使教师在互评中“学会学习”，最终在教育教学实践中结合教学现实检验经验或理论，在综合培训与探讨中出色地掌握“学会教学”的技能。

新浪微博与微课、试讲、教学问题等相互结合。新浪微博是一个由新浪网推出的，类似于 Twitter 的网站，用户可以通过 WAP 页面、手机客户端、网页、手机短信等形式上传图片或发布消息。教师可以将自己在教育教学实践过程中的问题或见解发表在微博上，由其他具有同样学习范畴、相同学习兴趣的人或同行、专家自由登录访问和查阅，并依据自身的能力与认知水平给予回复，同时通过微博中的“转发”功能扩散到更为宽广的讨论与交流空间，通过评论者的点评获取有价值的见解，使自己的教育教学问题和见解得到充分的答复与修正，形成有可行性、有价值的教育理念或问题解决策略。教师同样可以将自己的教学课堂、试讲、微课等视频发表到新浪微博上，通过一键分享的方式，使不同层次、不同身份的学习者能够进行点评，如专家、教师同行的教学评价，学生、家长或其他群体观看后说出自己的观点和看法，这促使教师在微博平台上相互交流、理性评价、改进不足、共享经验和智慧等，实现教师自身专业的成长和发展；通过在一定程度上实现教师更好地“学会教学”的方式来促进学生更高效地“学会学习”，达到师生共同优化成长的效果。同时，新浪微博具有关注朋友或网页的功能，教师可以选择性关注与教育教学有关的人或工作室等，获取第一手教育教学资料，及时了解教育教学最新动态，下载教研资料，留意相关课程改革信息，发表反馈意见等。此外，教师通过新浪微博网络交流平台，可以将学习、教研工作等与附近的交流群体紧密地结合起来，培养自己的科研意识，熟悉教育教学科研流程，从而使教研工作的落实与开展变成一种现实。

三是利用慕课（MOOC）丰富的资源平台。“慕课”是 2011 年开始流行起来的一种网络课程，所谓“慕课”，“M”代表 Massive（大规模），与传统课程只有几十个或几百个学生不同，一门慕课课程的学生动辄上万人，最多达十几万人；第二个字母“O”代表 Open（开放），以兴趣为导向，凡是想学习的，都可以进来学，不分国籍，只需一个邮箱，就可注册参与；第三个字母“O”代表 Online（在线），指学习在网上完成，无须旅行，不受时空限制；第四个字母“C”代表 Course，就是课程的意思。[①]

慕课具有以下三个显著特点：

大规模的：不是个人发布的一两门课程；“大规模网络开放课程”（MOOC）

① 秦寄翔，高波，韩明哲．加强智慧社区建设，促进居民在线学习［J］．才智，2013（7）．

是指那些由参与者发布的课程，只有当这些课程是大型的或者大规模的，才是典型的MOOC。

开放课程：尊崇创用共享协议，只有当课程是开放的，它才可以被称为MOOC。

网络课程：不是面对面的课程，这些课程材料散布于互联网上，上课地点不受局限。无论你身在何处，都可以花最少的钱上美国大学的一流课程，只需要一台电脑和可用网络。斯坦福大学校长约翰·L. 汉尼希（John L. Hennessy）说："由学界大师在堂授课的小班课程依然保持其高水准。但与此同时，网络课程也被证明是一种高效的学习方式。如果和大课相比的话，更是如此。"

慕课的以上特点决定了其资源是丰富的、开放的，目前国内外已经开发出了一些大型的慕课平台和学习社区，提供各种各样的学习课程。慕课不仅仅是广大学生的学习平台，也是广大教师的学习平台。慕课这一平台汇聚了国内外很多资深教师的精彩授课内容，更为重要的是，这些都是免费开放的，也是最新鲜的。因此，教师在专业发展的过程中，可充分利用慕课这一平台，学习、观摩国内外优秀教师的课程教学，并与同行进行交流、互动，提高自己的教育教学技能，这是一种更为前沿更为高效的教师学习方式。

总之，反思性教学理论应用于教学实践，有利于发挥学生在教学主体中的作用，调动学生学习的主动性和积极性，使学生真正把知识化为实践，促进学生人格的健康发展，改变应试教育带来的高分低能现状，同时也能改变教师传统的教书匠形象，优化教学实践。教师掌握了反思性教学的几种途径，将有利于实现新课改要求的探究型教师目标。

在实际教学中，教师反思最直接的效果就是能促进教师积极主动地探究教学问题。借助反思，教师对教学经验特别是问题性经验做批判性分析，这样他就能主动地将与行为有关的因素纳入教学过程中，重审自己在教学中所依据的思想，并积极寻找新思想与新策略来解决所面临的教学问题。①

在新的时代背景下，教育教学及教研工作将会面临更多不同层次的教育问题及现象，同时教学反思也是一个伴随教师一生的必要的历练过程，教学反思仍然存在着巨大的可以挖掘的教研空间，在未来教研反思的板块上，可以将新兴的网络及创意教学与教育教学反思联系在一起，提炼出更有意义、更有价值的教研理论及实践指导思想。

---

① 杨书海．教育科研是培养政治教师反思能力的重要途径［J］．时代报告（学术版），2011（8）．

策略篇

6 教师教育教学艺术策略

怎样使整个教学活动“活”起来呢？这是个很值得探讨的话题。因为教育的目标不仅仅在于给学生知识，更在于激发学生对知识的热爱和追求，引导学生成才。这不仅是一门科学，也是一门艺术，必须讲究策略。如今的教育教学不再是用单调呆板的方式去施行，而是教师根据实际的教学环境，按照教育规律的要求，灵活地选取、运用一定的教学艺术策略，科学地规划、组织教学，更好地促进学生发展，达到教学目的，提升教师自身的幸福感与荣誉感。

早在 2 500 多年前，我国伟大的教育家孔子就创立了启发教学、因材施教等教学艺术；古希腊著名的三贤之一——苏格拉底也通过长期的教学实践，形成了一套独特的教学艺术——“产婆法”；17 世纪捷克民主主义教育家夸美纽斯在《大教学论》中开宗明义：教学是“把一切知识教给一切人的全部艺术”。作为一名普通教师，能否实现转变，成为一名优秀教师，关键在于能否灵活地运用规则，制定出较好的教学艺术策略，巧妙地将自己的思想、个体的经验融入教学艺术。教师只有不断总结经验，细心发现学生的需要，灵活使用教学与管理的妙招，才能发展与培养学生的心智与思维，让学生在获得知识的同时也学会做人。

6.1 善于营造良好的工作氛围

如果希望成为一名优秀的教师，那么良好的工作态度和与同事相处融洽就显得至关重要。若能与人善交，与人为乐，给自己及他人营造良好和谐的工作氛围，那么工作起来往往就会事半功倍。

6.1.1 做好学生的领袖

近代教育家夏丏尊曾说过：“教育之没有情感，没有爱，如同池塘没有水一样。没有水就不称其为池塘，没有爱就没有教育。”① 可见，爱是教育的起点和基础。

要对学生施以有耐心的爱，以爱唤爱，才能使学生全面发展。俗话说，罗马不是一天建成的。也许你已对某些学生说了很多做人做事的道理，但他们就是不管不顾，依然我行我素，甚至产生反抗的情绪，把你的表扬当作哄骗，把你的批评当作整治。当他生病，你去看看他；当他家里有困难，你及时给予适当的帮助；当他产生疑惑，主动找他交流，关心他，他可能就会下定决心听你的话。“人心都是肉长的”，教师对学生长久的关心和爱护，会触到其心底最柔软的那根琴弦，引起学生情感上的共鸣，使其懂得理解与接受教师的好意。当然，这样的做法不仅需要爱心，更需要耐心。

只有以有耐心的爱为基础，严格贯彻对学生有益的教育方针，尊重学生，才不会让学生对教师的严格产生反感。教师要重视自身的表率作用，举止文明，治学严谨，不断提高教学水平，以言行统一来获得学生由衷的肯定和支持。

“孩子王”这一称呼肯定不是对教师最正面的诠释，但作为教师，如果一味地认为自己是学生的老师，是学生的长辈，是课堂的管理者，应当在学生面前保持权威，树立威严的职业教师形象，那么，这样的“威严”反而会使学生望而生畏，不敢靠近。所以，在不影响正常教学秩序的情况下，教师也可以成为学生这个大家庭中的孩子王，既当良师又做益友。

在教学中，我们要始终把学生摆在第一位，以学生为本，要亲近他们，缩短距离。玩是孩子的天性，闲时，教师同样可以与学生玩闹，如讲笑话、做游戏、运动等，在欢笑中建立友谊。此外，还可以试着去听学生喜欢的歌，看学生爱看的电影、电视剧，玩学生喜欢玩的游戏，了解学生的语言，这样教师和学生就会有一定的共同语言，就可能拉近彼此间的距离，让学生对老师多一分亲切，少一些陌生。

不过需要注意的是，教师与学生玩闹、沟通时也应不失分寸，须随时把握好彼此间言行的尺度。如教师在学生面前随意抱怨、发泄自己对学校的种种不满或说出与教师身份不符的言论，这些都会直接引起学生对教师形象的质疑，对学生的价值观间接产生不良的影响。而有些较调皮的学生习惯了与老师开玩笑之后，也可能会得寸进尺，趁机捣乱，反而不易于管教，例如给老师起外号，或在课堂上毫无礼貌地与老师顶嘴。所以在师生交往的过程中，教师要制定相应的纪律和规范，让学生懂得什么可以做，什么不可以做，让学生明白老

① ［意］亚米契斯．爱的教育［M］．夏丏尊译．上海：华东师范大学出版社，1995.

师给予的包容与爱心，并不代表纵容和娇惯。

例如，一到上课时间，教师应与学生一样准时上课。但有的教师迟到了，却若无其事地进入教室，不说明原因就上课，这无疑是给学生一个不好的示范。调皮的学生会说："老师可以迟到，为什么我不能迟到？那下次我也晚点来好了，反正我也没什么损失。"即使是教师，犯了错同样要勇于承认，向学生表示歉意，告诉他们事情的缘由，让学生理解，请他们原谅。

只有这样开诚布公地交流，与学生共同遵守规范，坚持教师的诚信，才能让学生信服。不管身处何种境况，教师都应处处给学生做出表率。注重修养，注意言行，言教辅以身教，身教重于言教，这样学生才会真正受到教师的影响，从而约束自身不良的行为和习惯，并加以修正。就拿某体育教师的例子来说，开学初，即使老师一而再再而三地强调体育课的纪律问题，反复介绍运动的好处，但部分学生依旧我行我素，以早退、逃课对待体育课，对此现象，新接手课程的郭老师并没有像其他老师那样处罚违纪学生，而是带头和大家一起做运动。两三周后，大多数学生都渐渐跟着运动起来，他们说："体育老师陪着我们跑，陪着我们运动，我们跑几圈他也陪我们跑几圈，不会像其他老师那样只会看着我们跑，感觉更有动力了。"郭老师还在枯燥的训练项目之间设定了一些小游戏，既让体育课变得有特色，也让学生爱上运动，达到了很好的锻炼效果。

6.1.2　把家长当作好帮手

在对学生进行教育的过程中，家长总是教师最有力的帮手。现在的家长教育知识不断丰富，对孩子所受教育的要求越来越多，也越来越高，教师很有必要与家长保持良好的交往关系，共同教育和规划孩子的未来。

（1）充分尊重家长。

教师和家长其实是同盟军，共同教育着孩子，引导孩子健康地成长。所以，教师要摆正自己的位置，用平等的身份虚心诚恳地与家长交谈，切勿以专家自居，采取居高临下的态度"教训"家长，不要老是以"必须这样""应当那样"作为回应，更不能指责家长，否则会造成教师与家长之间的隔阂甚至对立，而要尊重家长，态度平和、语气委婉，拉近教师与家长的距离，多倾听他们的建议，共同探讨教育孩子的最佳方法。

其实尊重家长，也是在尊重教师自己。教师应多站在家长的角度，换位思考，理解家长的心情，让家长感受到教师的诚意及对孩子的关心。只要学生家长真正认识到教师给予孩子的是发自内心真诚的关爱，是有诚意也可以信赖的，他们自然而然也会对孩子多加督促和关心，对教师的意见和建议也会欣然接受，并与之配合。

（2）帮助家长树立对孩子的信心。

教师与家长的沟通交往是为了更多地了解学生的信息，鼓励家长参与对学生的教育，并不是为了向家长告状，经常性地把某某同学上课不注意听讲、不写作业、贪玩、上课迟到等一系列问题都告诉家长，既让家长觉得没面子，也使他对教育好孩子失去信心，认为孩子一无是处，甚至无可救药，从而放弃对孩子的教育。

事实上，家长十分在意教师如何看待自己的孩子，教师跟家长交流学生的情况时，要报忧，更要报喜。见面时，可先与家长坐下来，肯定孩子的优点与进步，再婉转真诚地指出孩子存在的问题。这样，家长会比较容易接受，从而提高家长教育孩子的积极性。同时共同分析孩子犯错的根源，达成共识，配合研究出最好的解决方案。此外，偶尔也可以给家长写张纸条或打一个有积极意义的电话，告诉他们孩子在校表现良好，成绩有所提高，按时完成作业或某方面有新发展，感谢家长能参与学生的教育，这样既能帮助家长树立对孩子未来发展的信心，也可给予学生鼓励，以此来培养学生的自信心和进取心。

（3）保持长期有效的联系。

有一所学校对学生平时的在校行为采取扣分制，按出现的问题程度进行不同层次的扣分，达到固定的分数指标时，就要求学生停课一星期，由家长带回家教育。某一次，有学生屡教不改，达到扣分指标。于是，教师便联系其家长将其带回，但当家长听到这一消息时，不由得错愕了几秒，说："我孩子在学校的表现不是挺好的吗？我一直都不知道他在学校出现问题，老师也没说呀，怎么现在就说扣分满了，要让孩子停课一星期呢？"

事实上，若教师事先摸清情况，对家长进行有针对性的接触，了解学生的家庭情况，并主动向家长反映学生在学校的情况，告知其学校的规章制度，家长也不会对学生和学校的情况一无所知，对孩子的协助教育无从下手。而等到学生出现问题时再与家长沟通，为时已晚，这样不仅不利于学生的发展，也会令家长对教师及学校产生不满情绪，使参与教育的积极性下降。

某高中的一位女学生因感情问题不想上学，便托同学向班主任请假。而班主任收到学生的请假信息后，没有向学生家长证实并了解情况。故当学生跳河自杀的消息传来时，教师和家长都十分愕然，教师以为学生在家休养，家长以为孩子在校上学。就这件事而言，双方都有错，未能及时发现学生近来的思想变化，缺乏引导。而教师也未尽到责任，没有及时与家长联系，了解学生请假的缘由，这才造成双方的误解，没能挽救孩子的生命。可见，教师与家长进行长期有效的联系尤为重要。

在与家长联系的过程中，教师应当直接表露出对家长的期待，告诉家长并让他明白：教师与家长的目的是一样的，都是为了孩子的发展与成功。双方若能共同合作，将会对孩子的发展十分有益。

教师在与家长交流时要有一个良好的开端。开始与家长接触时，教师可向家长简要介绍自己，并收集了解学生信息，阐释学生成长阶段的特点，询问他们有什么问题，并给予解答，欢迎家长参与学校活动，适当地帮助学生学习。

（4）创建学生情况记录本。

学生情况记录本是教师用于系统观察记录学生平时表现情况的评价工具，通过了解学生的学习行为，教师可更有针对性地辅导学生。同时，教师通过准确记录学生的在校表现，能在和家长谈论孩子时，针对问题举出相应的例子，说出事情发生的具体时间，促使家长更多地了解孩子和理解教师的工作，自觉加强有关教育工作。教师不应在家长毫无准备的情况下，就严厉地批评学生的缺点和错误，而应多主动与家长进行有效沟通，保持信息的更新，让家长了解学生及学校的情况，必要时须寻求家长的协助，另外，双方要互留电话、QQ、电子邮箱等，多进行双向沟通。

（5）采取多种形式加强与家长的联系。

传统书面形式：书信、家校联系卡等，省时省力，可将学生某一时段的学习、生活等方面的表现告知家长，并提醒家长写上意见或建议反馈，但要注意言辞，维护孩子的自尊心。例如，若学生经常不完成作业，教师便可这样写：某某同学最近学习较之前用心，但有时作业马虎，家长如能抽出少许时间辅导一下孩子的作业，相信孩子的进步会更大。

网络平台：设计班级网站、博客，让家长了解课程内容、校纪班规、作业及有关活动，让他们及时了解班级动态；发送电子邮件，定期与家长沟通。

电访：挑选合适的时间，提前想好要与家长谈论的主题，可先写一些提纲或笔记，帮助回忆并始终围绕主题讲；用积极的话语结束谈话，强调双方达成的共识，为家长付出的时间与支持表示感谢。

家访：保持端正的教师形象，事先了解每一个学生的家庭状况和家长的相关信息，约定好时间，多报喜，巧报忧，引导家长多观察和了解孩子；多角度认识学生，讲话深入浅出，可向家长推荐有关家教方面的文章，也可以介绍他人的经验或相关书籍，帮助家长树立正确的教育理念。

另外，家长会也是一个与家长加强沟通联系的好机会，作为教师，要把握好并开好家长会。

①学年初家长会。

事先准备系统的学生档案，细心拟定计划书，发一封公开信给家长，讲明家长会的目的、意义及主要内容，使家长清楚家长会的各项基本信息，并做好准备，提高家长的重视程度及参与率。召开家长会时，热情接待家长，话题应紧紧围绕孩子开展，注意措辞，给家长们营造一个舒适的环境，让家长意识到教师希望与他们共同努力帮助孩子进步；按计划行事，遵守时间安排，确保家长有发言的机会，适当为家长提供协助管理和帮助孩子的方法；用积极的方式结束家长会，让家长们知道，家长会的目的仅仅是和他们建立积极的关系，使孩子受益。最后要记住感谢家长们的参与。

②解决问题式家长会。

召开这种家长会的难度相对较大，如果处理不当，不仅会失去家长这位盟友，还会伤害到学生，不利于学生的发展。所以，教师要用积极的方式与家长沟通，耐心倾听，共同寻找出解决方法。召开会议前，教师应该查阅学生的相关资料、档案或学生情况记录本，草拟一份计划书，然后再通知家长参加家长会。召开会议时，应就事论事，不要擅自评价，给学生贴上“坏孩子”的标签；认真陈述问题，尽量找到并告知家长事情好的一面；诚恳地向家长提问，不要让他们忙于为自己辩护，请他们给出具体的答复，获取一些关于学生有价值的信息，与家长共同解决问题；对家长的提问，耐心回答，若解释遇到困难，要直接诚恳，让家长理解。

例如，你可以说：“李先生，您的孩子在班上表现不错，经常积极主动帮助学生和老师。但是，一到做作业的时候，他就会遇到很多问题，我不知道您在家是否注意到了这一点？”有以下情况的时候说：“李先生，您的孩子性格活泼开朗，与同学相处融洽，在课堂上也很活跃，会做出一些可爱的动作。尽管大家都很喜欢他，但偶尔还是会被影响到，没办法专心学习。”若家长提问这种行为是否正常，可以委婉地说，这种行为是比较特别，但是我们可以与孩子共同努力来改进。

与过于专制的家长交谈时，要小心地表达你对他们教育方式的担忧，提出对孩子的责罚不应全用打骂来完成，还有其他一些好的方法。若家长把怒气发泄到教师身上，可让他们发泄出来。面对教师耐心的态度，或许他们也会不好意思这样对待教师，反而会愿意与教师合作解决问题。

对于存在不满的家长，教师不能简单地敷衍了事，也不能置之不理，而是应当想方设法让他们放松下来，避免与家长对抗或争吵。同时以一颗平等的心来对待家长的挑剔，以宽厚的胸怀接受家长不同的意见，以积极的心态和得当的方法来对待家长的埋怨。如果情况较严重，超出了自己的能力范围，无法很好地解决时，可以请求学校领导介入。

6.1.3 把同事当作好伙伴

学校教育不可能也不是一个教师就能完成的，这需要教职员工的通力合作。与同事、领导和睦相处，保持同事间的团结和学校内部的和谐，这不仅有利于各项工作的开展，也是教师愉悦心情的重要保障。

真诚友好待人，是建立和睦关系的基础。尊重与信任每一位同事，善于发现别人的长处和优点，保持宽广的胸襟，学会与不同性格的人打交道，以增进彼此的感情。

有这样一则小故事，说的是一位教师在一块白布上涂上一个小黑点，然后问学生看到了什么。同学们异口同声地说："一个小黑点。"教师却说："不！这首先是一块白布。为什么你们仅仅看见那个小黑点而看不到这块白布呢？"可见，我们在看问题时不能一叶障目，只是盯着别人的"小黑点"，而对其长处视而不见。

当发现问题时，应给予理解，以诚恳的态度指出问题，而不是专挑别人的毛病和缺点，甚至借批评来整人；当同事因误会自己而愤怒时，若自己立马严厉反驳，不仅会使对方反感，且有失涵养，所以应该在尝试安抚对方情绪后再心平气和地与之交谈；当同事有困难或麻烦时，主动伸出援手，而出于回报心理，别人也同样会在你遇到困难时施以援手；知道同事隐私，请加以尊重，为其保密；避免说大话，要说到做到，做不到宁可不说。

几乎每个人都从心底里渴望得到他人对自己的认同和赞赏，以此获得自信。故发现同事身上的优点时，应毫不吝啬地给予真诚的称赞。

向老教师求取经验也是促进教师成长的好办法。老教师有着丰富的教学经验，对整个教学知识体系也有着清楚系统的认识。特别是新教师，应多向老教师虚心请教，尤其是当自己遇到难题，解决不了或处理不好时。

首先，要虚心听取老教师的教诲，如教师应该具备什么素质，怎样才能把课上好，与学生打好关系应注意什么等等。其次，要向老教师学习如何上课，从备课到课堂的言语组织、板书再到课后的反思等等。由于新教师对教材把握不够准确，又缺乏经验，在教学中往往会出现许多问题，所以一定要多听课，吸取老教师的经验，但不能生搬硬套老教师的教学设计。听课前，新教师先要熟悉教学内容，初步形成自己的教学思路。听课时，做好相应的记录，学习、借鉴他们处理得较好的地方，对自己的教学思路进行适当的调整，这样才有利于自身教学能力的提高。

与学校领导相处融洽有利于教师开展工作，从领导处得到较大的助力。学校是个整体，学校领导与教师各有分工，教师须爱岗敬业，认真完成工作任务，踏踏实实地做好自己的本职工作，在小事上显风格，在细微处见精神，支持并服从领导的工作安排。在领导安排工作时，不要打断领导的话，应边听边思考，要充分理解指示的内容，明确完成工作的期限和主次顺序。若领导做出的决策与自己的思路有偏差，不要意气用事，当面彻底否定此决策，而应理解领导出于对全局的考虑而做的决策的合理性。可以先执行领导的决策，再私下找领导交流，提出自己的看法，弄清此决策的意图，这样才能把握好分寸，在实际工作中适当地加入个人意见，能更好地完成任务，达到预期的工作效果。

教师要本着增进团结、维护领导威信的原则为人处事，对在自己权限之内的班级小事凭自己的判断，把事情处理好，而对于权限之外的事情或关键地方就要多向领导请示，征求领导的理解、支持与指导。这样既能体现自己对领导的尊重，也能体现自己工作的严谨、细心，有利于形成科学、民主的工作风格。

6.2 构建快乐课堂

对于怎样对待学习，古今中外不乏名人志士对此发表言论。捷克著名的教育家夸美纽斯主张让教育像磁石一般吸引学生去主动学习，使教育成为学生的一种享受；美国教育家斯宾塞认为教育对学生来说应该是一个快乐的过程，使学生在快乐中度过；苏联教育理论家苏霍姆林斯基主张教育是一个让学生享受脑力劳动的快乐和学习成功的喜悦的过程；苏联著名的教育家、心理学家赞可夫认为教育工作者应该创造无拘无束的气氛，让学生和教师在课堂上都能“自由呼吸”，兴趣盎然地学习，把学生的学业负担转变为快乐、鼓舞和全面发展的源泉，使学生在精神上获得兴奋；美国结构主义教育思想的代表布鲁纳主张学习的最好刺激是学生对所学材料的兴趣，强调内在动机对学生“快乐学习”的作用；苏联著名教育家沙塔洛夫倡导学校开展合作教育，他认为教育应是“使学生自觉自愿地接受教育”的过程，教师要特别注重使学生乐于学习，让学生乐于参与到教学中来，使学生感到进步、成功和发展的愉快；我国著名教育家陈孟义在自己的论文《“愉快教育”基本理论探微》中对愉快教学的基本原则、内容和方法也有深刻的论述。

6.2.1 感知快乐课堂

如果你能够回忆一下自己过去作为学生时的经验，你就会知道为什么有些教师的课比另外一些教师的课更能吸引人，更受欢迎。其实绝大部分学生都不喜欢教师只注重知识的传授而照搬课本中的知识，采取填鸭式的教学方式，而作为学生只能面对着死气沉沉的课堂，被动地接受知识。当然，我们更喜欢那些能在课堂上引经据典且谈吐幽默的教师所上的课。这些教师，不仅具有渊博的知识，还能依据所教学生的情况，选择不同的教学模式，创造出灵活多变又快乐的课堂。这也正是为学生所接受的快乐课堂。捷克大教育家夸美纽斯曾说："快乐的课堂才是令人向往的课堂。""课堂应是快乐的场所。"苏格拉底说："教育不是灌溉，而是点燃火焰。"

快乐课堂能够发挥学生的主体地位和教师的主导作用，教师在课堂教学的过程中用一系列方法、技能、技巧，潜移默化地影响学生，激发学生的学习兴趣，使其在快乐中主动地接受知识，愉快地完成学习任务，在学习过程中不断克服困难并获得学习的快乐。同时，教师也可以实现自己的教学目标，完成自己的教学任务，并在此过程中实现自身价值，收获幸福感和成就感。

任何优秀教师都是从无经验的教师发展而来的。刚开始上课可能都有些不适应，仅能严格按照常规的、标准化的程序来上课。但随着时间的沉淀和经验的积累，新教师也可以在教学中不断摸索总结并创造出不同的快乐课堂，点燃学生心中好学的火焰，培养学生终身学习的好习惯。

6.2.2 构建快乐课堂的原则

主体性原则。坚持以学生为主体，充分发挥他们的主动性、积极性和创造性，让他们成为知识获取过程的主动参与者，有问题随时提出，有感受随时发表。

启发性原则。学生学习的主动性和积极性主要是靠教师引导，即启发而来的，教师设计的问题应具有启发性，引发学生的独立思考，培养学生的思维能力，使学生自觉地促进认知水平的提升。

开放性原则。随着科学的急速发展，教师不能局限于课本知识，应从多角度出发，开阔学生视野，启迪学生智慧，扩大学生知识面，培养学生的发散性思维和独特个性。

例如，在学习朱自清的《春》时，有一位教师就先让学生回忆以前学过的关于"春"的古诗词，说出来后还得指明古诗词说的是春天的什么东西，学生一个个都积极思考，踊跃回答："不知细叶谁裁出，二月春风似剪刀"（春风）；"竹外桃花三两枝，春江水暖鸭先知"（春水）；"春色满园关不住，一枝红杏出墙来"（春花）；"好雨知时节，当春乃发生"（春雨）；"天街小雨润如酥，草色遥看近却无"（春草）……诗词的联想积累，唤起了学生们的情感，气氛正浓的时候，教师因势利导："春天是如此的绚丽多姿，引得古往今来无数文人墨客为之泼墨挥毫，今天我们来学习一篇朱自清先生的散文《春》，看在他的笔下，春风、春花、春雨、春草是怎样的。"这种授课方式，发挥了学生的主体性，让学生积极参与到与新课相关内容的思考中，激发学生的学习兴趣，通过教师的启发引导，学生初步感知新课的内容，自然地进入学习状态，这也是一种快乐的学习状态。[①]

6.2.3 构建快乐课堂的方法

从学生方面而言，课堂是学生获取知识的重要场合，是成长的平台。从教师方面来看，课堂又是教师生命活动的一部分，课堂教学对教师而言，不只是为学生成长所做的付出，不只是别人交付的任务，它同样也是教师生命价值和自身发展的体现。在追求教育的生命意义与价值的今天，快乐课堂便是师生双赢的课堂：教师喜欢教，学生乐意学，有助于教学目标的实现，又有利于教师的专业发展，是师生共同学习、展示智慧的地方。

教育家第斯多惠说："教学成功的艺术在于使学生对你所教的东西感到有趣。"爱因斯坦说得更明确："兴趣是最好的老师。"兴趣是指个体力求认识某种事物或从事某种活动的心理倾向。每个人对于他感兴趣的事物都会给予优先注意和积极的探索，并愿意投入大量时间和精力。当有了学习的兴趣，学生的学习自觉性和主动性便随之产生，学习状态便会得到极大的改善，这样有利于学生在课堂上保持兴奋的状态，课前预习，上课认真听讲，课后主动复习和巩固。所以，教师应当激发学生学习的兴趣，使之成为学生学习过程中的催化剂。

要让学生有学习的兴趣，应先分析学科分类的误区，让学生喜欢上每一门学科。有些学生、家长将一些学科与语数英相比，称之为"副科"，所以学生对这些学科就会产生无所谓的心态，那么必然会应付课堂的学习，忽视日常的教学过程，当然也不会在课堂上获得应有的快乐，导致偏科现象。对待学科的态度不同就会有不同的学习效果。积极的学习态度会唤起学习的激情与主动性，相反，消极的学习态度会带来厌学的情绪，即使教师讲得津津有味，学生也置若罔闻，费力不讨好。

此外，教师的个人魅力也会影响学生对学科的学习兴趣。学生往往会因为喜欢一位教师而喜欢他所讲授的课程，也可能由于讨厌一位教师而讨厌这位教师所讲授的课程。所以教师需要深入地寻找原因和探索方法来提高学生在课堂

---

① 张新霞．浅谈语文课堂导入［J］．学问（现代教学研究），2012（6）．

上的学习兴趣，实现课堂的快乐学习。

创建快乐课堂，不是只追求表面活跃和形式完美的模式，而是要注意收效，讲究实效，采用快乐教学法来激发学生的学习兴趣，营造和谐、愉悦的学习氛围，让学生主动提出问题，在思维、情感、认识的火花碰撞中，生成能力、方法、习惯，让快乐充斥整个课堂。这既贴近了学生的心理需要，达到使学生好学的目的，体现素质教育理念的要求，也会激发教师的激情与智慧，使其体会到教学生命的个人价值。

（1）创建良好的师生关系。

长期的教学实践证明，亲其师而信其道。师生关系越是融洽和谐，教学效果就越好。学生得到教师的爱，自然会激发出对教师的爱，这种师生间真挚的感情必然会引发学生的激情和信心，也会变为学生刻苦学习的动力，使其提高学习的主动性、自觉性，积极配合教师的教学活动。通过感情投资和学习交流，学生喜欢上教师的讲课风格，从内心深处喜欢学习，那么课堂才会充满快乐。

学生受教师教学风格的影响比较大，不同教师的讲课风格会使学生产生不同的心理效应。一般情况下，学生较喜欢知识渊博且幽默风趣型的教师。面对这类型的教师，学生会有更强的学习动力和学习欲望，能主动参与课堂，从而在课堂上获得知识和学习成就感。①

（2）精心备课，用心上课。

①精心备课。

只有备好课才能上好课。如何将教材的内容讲得生动活泼，讲得使学生产生兴趣，讲得使学生乐于主动接受，是每个教师需要思考的问题。教师可经常这样问自己：我选择的教材是什么？学生的基本情况怎样？教材对学习者有何要求？用哪种教法更利于学生学习？

备教材。解读课标，精通教材，掌握教材的知识结构，理解教材的内在联系、纵向关系及广度深度，把握重难点，抓住教材的关键，结合教学资料，但不能机械地照搬照抄，避免教学错误。

备学生。课堂是以学生为主体的，一切教学活动都需要学生的参与，所以在备课时就要对学生有较为详细的了解。应了解班级基本状况，学生的思想状况、兴趣爱好、知识水平、学习习惯以及学习的准备情况，以人为本，掌握学情，分类推进。

---

① 郭金标．构建中学历史快乐课堂的策略研究：以河南师范大学附属中学为例［D］．河南师范大学硕士学位论文，2012.

备学法。不仅要让学生“学会”，更要让他“会学”“乐学”。因此，教师在备课中还要备学生的学法，即备学法指导。学法指导通常有以下几种：一是渗透指导，在课堂上见缝插针，随时渗透；二是交流指导，组织学生总结、交流学习经验，相互沟通，取长补短；三是点悟指导，巧用时机，当学生学习遇到疑惑时，给予恰当的诱导、点拨。

备教法。教师“一支粉笔，一本书”的教学模式已不能满足现代教学的需要，会扼杀学生的创新思维和创新能力。教师必须更新观念，学习多种教学手段和方法。根据教学内容，确定课型，选择合适的教学方法，科学合理地设计课堂的结构，如可以采用探究教学法、情景教学法、程序教学法、发现教学法等。

②丰富课堂知识。

课堂上，教师讲得多未必就讲得好。一节高质量的课必定是教师根据学生的学习水平，有选择、有计划、有技巧地处理内容得来的。只有有效、合理地处理教学内容，把课本中的知识和学生的生活实际紧密联系起来，并引导学生将所学知识运用于解决现实问题，才会激发学生的学习兴趣，引起学习的欲望，从而提高学生的自主学习能力和自我发展能力。

教师不应故步自封、墨守成规，而应不断地汲取知识，不管是本专业知识还是课外知识，都应有所涉猎。教师只有不断学习，才能获得知识的“源头活水”，只靠老本来教学生，学历再高的教师也会落后，跟不上科学文化发展的步伐。

首先，教师应熟悉学科的基本结构和各部分知识之间的联系，这样才能透彻地理解教材、灵活地处理教材、准确地讲授教材。试问，如果教数学的教师解不了三角函数，教化学的教师不懂离子共存，教地理的教师不知道北大西洋暖流在哪里，连自己所教学科的知识都不清楚的话，如何能胜任教师这一职业，如何能为学生所欢迎？所以，教师要在知识上融会贯通，才能在课堂教学中信心百倍，有能力、有针对性地启发、引导学生从多方面进行思考，从而使其对知识的处理与新课程理念协调一致。

其次，教师还应关注前沿知识。在经济知识全球化的时代，教材也一直在更新和补充，但由于知识、科技正在以前所未有的速度向前发展，而教材建设具有相对的滞后性，所以，教师要多关注前沿知识，有意识地收集与教学内容相关的信息资料，及时补充教学内容，使学生能够了解到知识的最新进展和发展前景。比如，化学教材中“科学视野”这一板块提及未来金属钛时，有这样一句话：“当钛的冶炼技术获得突破、成本降低时，钛必将得到更加广泛的应用。”但事实上，我国钛工业在这十多年的高速发展中，已严重失控，致使钛市场严重供过于求，造成钛产能过剩。

最后，教师应不断更新自己的教育教学理念及课外综合知识，不断扩大自己的知识面，力争做到文理兼容，这样才能在课堂上引经据典、信手拈来，也促使教师教学风格的形成，良好的教学风格一旦形成，便会对学生产生积极的影响。

所以，教师要多读书、读好书，这样才能在课堂上以睿智、渊博的知识吸引学生，使自己立于不败之地。

③快乐导入。

特级教师魏书生说过："好的导语像磁石，能把人们分散的思维一下子聚拢过来；好的导语又是思想的电光火石，能给学生以启迪，催人奋进。"

教师的技巧性导入必然会调动学生的学习积极性和主动性，使沉闷的课堂变得活泼起来，促使学生乐学、想学，实现收获知识、提高素质的目标。下面介绍几种课堂导入的方法：

一是影视资料导入法。一般地，教师在讲授一些说理性或者理论性较强的课程内容时，总有部分学生不感兴趣，这在很大程度上影响到学生的学习效果。这时，有经验的教师可借助网络上丰富的影视资源，在备课时精心挑选和上课内容相关的背景或现实案例，上课时先播放这些影视资料，再引入相关的内容，这种导入法可以很好地吸引学生的注意力，激发他们学习新课的兴趣。比如，在讲授道德课、法律课时，可播放近期社会上发生的热点事件的视频资料，进而提出与新课内容相关的若干问题，引导学生进行讨论，这就能自然地将学生的注意力吸引到新课的教学当中。

二是图片导入法。图片的特点是直观、形象、生动。教师运用各种图片进行课堂导入，能给学生带来新奇感，吸引学生的注意力，使学生产生兴奋与快乐，一上课就产生问题意识和思考意识，激发学生对知识的渴求，唤起学生的求知欲，从而使他们愿意主动探究知识并参与教学互动，最终实现课堂的师生双向交流，激活班级课堂氛围。图片导入法和影视资料导入法的原理是类似的，可结合授课的内容和资源的情况进行灵活选择。

例如在讲授"物质跨膜运输的实例"一节时，便可采用此法。利用图片可以展示"在不同浓度的溶液中，红细胞的外部形态的变化情况：第一种情况：当外界溶液的浓度与细胞质的浓度相同时，水分进出细胞保持动态平衡，细胞的形态不发生改变；第二种情况：当外界溶液的浓度比细胞质的浓度高时，细胞失水皱缩；第三种情况：当外界溶液的浓度比细胞质的浓度低时，细胞吸水膨胀"。这样的形式一目了然，形象生动，利于学生吸收掌握知识。

三是设置悬念法。美国心理学家布鲁纳指出："教学过程是一种提出问题和解决问题的持续不断的活动。”中小学生富有好奇心，对新鲜的事物和新知识充满着渴望。通过在教学之始设置悬念，引导学生去猜测、去思考，可以培养学生的探究精神，唤起学习的主动性。这种方法通常运用在物理、化学等与观察问题、解决问题密切相关的课程上面。比如，在讲授重力加速度的内容时，学生们可能认为这种现象是很自然的，因为他们平时接触到的都是有重力的情况。教师可以提出“假如没有重力，那我们的生活会怎样”的问题，引导学生进行讨论。然后播放宇航员在太空生活的短片，让学生验证一下自己的回答是否正确。通过这一过程，学生对重力的理解必将大大加深。

四是趣味导入法。这种导入法主要是结合学生的兴趣爱好，可通过做游戏、讲故事、猜谜语等方式，使学生在轻松、愉悦的氛围中以饱满的激情投入新课学习。这种方法是有科学依据的，因为“注意力”是人最重要的心理素质之一，意大利著名教育家蒙台梭利说：“最好的学习方法就是让孩子聚精会神学习的方法。”善于集中注意力的人，就等于打开了智慧的天窗。注意力是有年龄特征的。心理学家研究表明：儿童注意力的稳定性随年龄增长而延长，一般来说，2～5 岁专注时间为 10～12 分钟，5～7 岁为 12～15 分钟，7～10 岁为 20 分钟，10～12 岁为 25 分钟，12 岁以上就可以达到 30 分钟。这就提醒我们在平时课堂教学时，要明白不同年龄层次的学生注意力的持续时间是不一样的，我们需要在适当的时候以适当的方式汇聚学生的注意点。学生通过上一节课的学习，注意力已经有所下降，因此在新课开始的时候，使用趣味导入法，可以很好地放松学生的心理状态，通过短时间的调节，使学生的注意力再一次集中起来，看似“无用”的游戏其实能有效地提升课堂的效率。

有位教师在讲授“等比数列的前 n 项和”这一节课时以讲故事的形式引入课题，取得了不错的效果：一穷人向富人借钱，穷人唯恐富人不愿意，岂料富人竟一口答应了，但提出了一个条件，富人第一天只借给穷人 1 万元，第二天借给穷人 2 万元，之后每天所借的钱数都比前一天多一万元；与此同时，在借钱的第一天，穷人要还给富人 1 分钱，第二天还给富人 2 分钱，之后每天所还的钱数都是前一天的 2 倍，一个月后互不相欠。穷人听到后觉得甚是划算，暗自欢喜，但又想到“天下没有免费的午餐”，况且富人平时是出了名的吝啬，所以很为难，不知道要不要借。请大家帮穷人出出主意，看看他到底该不该借。这顿时引发了学生的好奇心，教室内沸腾了起来。本节课的教学体现了新课改所倡导的设计好教学情境，激发学生的学习兴趣，引导学生积极参与教学过程的基本教学理念。在教学过程中，教师通过创设趣味情境，利用学生的求知好奇心理，以故事为切入点，很好地增强了学生学习本节课的兴趣和积极性。

五是实验设疑法。课前演示与本节课有密切联系的小实验，给学生以充分的感知材料，让学生在实践中进行学习，激发学生对学科的热爱。实验设疑法是指通过直观教具进行演示实验或引导学生一起动手做实验来巧妙地导入新课的方法。著名美籍匈牙利数学家、数学教育家波利亚曾精辟地指出："抽象的道理是重要的，但要用一切办法使它们能看得见摸得着。"很多抽象的教学内容要让学生看得懂、学得透，最合适最有效的方法就是直观地呈现给学生或者让学生亲身体验。通过实验，能使抽象空洞的教学内容具体化、形象化，让学生在实践中体会，这样导入印象深刻，能满足青少年的好奇心理，且这种导入有利于培养学生从形象思维逐步过渡到抽象思维，培养学生的感性认识和观察动手能力。

六是文献导入法。利用有关的文献资料给学生以科学、真实、可靠的体验，激发学生学习的兴趣。我们的教学从本质上讲，是对人类创造的优秀精神文明的传播，让学生阅读前人积累下来的相关文献资料，可激发学生对知识的敬畏和崇拜；让学生学习、参考当代最新的研究成果，更能激发学生传承、创新、创造知识的信心和动力。结合讲授内容，适当通过文献导入新课，对于培养学生科学、严谨的学习态度，具有重要意义。

④教学幽默。

有幽默感的教师往往是随和又理性的，会自我解嘲，会转移冲突，不硬碰硬；会用轻松幽默的语言，将抽象的概念形象化、枯燥的内容趣味化，从而加深学生对知识的理解与巩固，使学生保持浓厚的学习兴趣。

幽默的教学若以学生喜闻乐见的形式展现，会有极强的情绪感染力，能有效地活跃课堂气氛，使学生精神抖擞。在这种轻松、愉悦的课堂气氛中，不仅使学生受到教师情绪的感染，而且能使师生之间的交流畅通无阻，易于学生将教师的学识、才干转化为自己的智慧。心理学研究表明，人们在良好的情绪状态下往往思路开明、思维敏捷，能较迅速地解决问题；而在情绪低沉或郁闷时则思路阻塞、动作迟钝，毫无创造性可言。[①]

教师要变得幽默，应努力培养自己乐观、开朗的性格，收集一些富有幽默感的言语和素材。如"昨天梦见上帝，他说可以满足我的一个愿望，我拿出地球仪说希望世界和平，他说太难，换一个吧，于是我拿出自己的照片说要这人变漂亮，他沉思了一下说，还是再看看地球仪吧"[②]。

---

① 苏小麟．高中政治课教学中幽默的作用［J］．中学课程辅导（教学研究），2012（30）．

② 李倩．从功能文体学的角度看幽默祝福类短信的文体特征［D］．中国海洋大学硕士学位论文，2011.

尽管教师在课堂上运用幽默有很多的好处，但也不能肆无忌惮地使用。教师应该明白：第一，运用教学幽默的出发点应该是真诚善意的，不能出现损人等低级趣味的幽默；第二，教学幽默并不是单纯为逗乐而存在，也不是一大堆笑话的堆积，而是服务于教学内容。教师应根据教学的目的和教学内容的需要，巧妙适当地使用教学幽默，以加深学生对教学内容的理解；第三，教学幽默应适可而止，在严肃中见活泼，恰到好处。如果一堂课幽默不断、笑声不绝，反而会冲淡教学内容和目标。

⑤创设情境，体验课堂。

课堂教学情境，是“情”与“境”的融合，是由课堂的具体教学环境和教学内容、师生情绪及情感所构成的教学氛围，包括物理氛围和心理氛围。知识总是在一定的情境中产生和发展的，若脱离了具体的情境，有关知识的认知活动将是效率低下的。创设教学情境，往往能激发和促进学生认知活动和实践活动的开展，而提供丰富的学习素材，则有助于建立平等合作、相互尊重的师生关系，优化和改善教学环境。

有效创设课堂教学情境，要坚持在课堂中践行以学生为本的理念，为学生创设良好的学习情境，引导学生在体验、探索和发现中掌握知识，使教学达到情理交融、激趣乐学的效果。教师只有通过合理挖掘教材，加强新课程内容与生活的紧密联系，才能实现学生学习方式的变革，促进学生全面和谐发展。

不同的情境会产生不同的效果。要创设良好的教学情境，必须学习、领会和运用下面的基础理论：

建构主义学习理论。学习者的学习过程就是在现实的生活环境中建构知识的过程，强调学习的主动性、社会性和情境性。

多元智能理论。美国哈佛大学霍华德·加德纳考察了大量有关人脑与智能的研究，分析提出了智能的独特理论。加德纳认为智能就是在实际生活中解决所面临的实际问题的能力，而每个人都拥有九种主要智能，即语言智能、逻辑数理智能、空间智能、肢体运作智能、音乐智能、人际智能、内省智能、自然探索智能、存在智能。每个人所拥有的各种智能领域不同，没有轻重之分，适当的外界刺激和个体本身努力可以发展和加强自己的任何一种智能。

最近发展区理论。儿童的发展水平有两种，一种为现有水平，另一种则是通过他人的帮助、集体活动或者模仿可能达到的发展水平，而最近发展区就是指介于这两者间的区域，指的是那些未发展完成但正在发展的知识和技能，这可以明确学生发展的可能性，为教学指明方向。

创设教学情境应坚持以下五个原则：

目标性原则。教学情境必须考虑教学实际需要，紧紧围绕课堂教学目标和内容来进行，在课程的开展中自始至终发挥重要的导向作用。若脱离了目标，教学情境就毫无意义可言。

真实性原则。不同年龄段学生的心理特点、认知水平和思维方式都有所不同。教师要根据学生的真实情况来区别设计，更要把握学生特点，灵活运用各种方法来激励、调动学生，使学生在不知不觉中融入教学情境。

在某节“影响价格的因素”的课堂教学中，教师独具匠心，在投影屏幕上播放白菜、茄子等新鲜蔬菜的照片，然后设问：影响蔬菜价格的因素有哪些？在哪些情况下会昂贵，哪些情况下会便宜？为什么？经小组讨论后，教师在此基础上继续追问：在影响蔬菜价格的诸多因素背后隐藏着的主要因素是什么？可以说这节课是经过精心准备的。但是实际的课堂气氛比较沉闷，学生的思考和回答漫不经心，甚至游离于教学设计的轨道之外，教师的情绪也受此影响，教学过程显得毫无生机。在课后的问卷调查中，部分学生反映听课时感觉比较紧张；另有一些学生反映：“我们从不买菜!”

“我们从不买菜”一语道出在新课标下，教师应该更好地设计生活化的情境教学。在教学实践中，教师戴着“成人的眼镜”去观察学生的内心世界，自认为贴近了学生的生活，但事实上贴近的是成年人的生活。成年人认可的，学生也许很陌生，学生熟悉的，成年人未必了解。学生的认知体验都是在教师设计的教学思路牵引下进行的，学生大部分时间处于被动接受的从属地位。这就使学生在学习过程中对教师产生依赖心理，大大削弱了学生在体验过程中的主动性和参与性。

创新性原则。用巧妙的方式表现教学内容，展示各教学内容之间的联系，强化基础知识，激发学生的创造性。

趣味性原则。以学生兴趣为出发点，使创设形式新颖，内容丰富有趣，使学生爱看、想看、爱提问，便于学生理解。

层次性原则。根据学生的认知规律：从简单到复杂，从已知到未知，从具体到抽象，从感性认识到理性认识，设置的教学情境要具有层次性和阶梯性，把学生的思维引向新的高度。

那么，如何创设一般性的教学情境呢？起码应做到以下四个方面：

创设物理氛围：教师应根据教学目标与教学内容，布置相应的创意教室，配置或制作相关的教具，有效利用多媒体技术，营造出适宜的气氛。

创设心理氛围：在师生交往互动中，依靠教师的情绪感染、教态影响、语言调适等，对学生的心理氛围加以烘托和营造。

创设问题情境：综合考量学生的身心特点、知识水平及学习目标等因素，通过设置具体的教学问题，刺激学生的认知，从而制造悬念，激起学生的求知欲望并形成教学情境。教师的作用就是精心设计问题情境，促使学生积极主动地发现、猜想、学习、内化。

创设开放性教学情境：从学科与生活、社会的结合点入手，给学生提出信息搜集与处理的任务，扩大学生的视野，使学生对已有知识进行纵、横方向的拓展并加以运用，发展创造性思维。

（3）设计学生喜欢的教学活动。

在能够达到教学目标的前提下，教师可以依据学生的心理特点，从学生熟悉的事物出发，设计学生喜欢的活动，用丰富的课堂活动来传递知识，有的放矢地进行教育。在设计活动时要注重面向全体学生，难度适中，让大家都能参与，满足学生的好奇心，真正做到在参与中学，在竞争中学，在学习中成长。

小吴老师是一位体育老师，在一次武术课的教学时就是从学生熟悉的事物出发，设计学生喜欢的活动，用丰富的课堂活动来传递知识，有的放矢地进行教育。他首先提问学生："大家都看过《霍元甲》吧，知道里面的迷踪拳，还有《天龙八部》里面乔峰耍的降龙十八掌吗？"话音未落，满场的学生互相比画着"迷踪拳、十八掌"，场面好不热闹……接着他控制了场面。"今天我不是让大家学这个，我也不会这些。但是我可以让大家自己也来设计武术套路，让你们过把像霍元甲或是乔峰这样的武林高手的瘾。"于是全场顿时安静了下来，纷纷期待着这一节课的开始。接着他仔细地示范并让学生跟练了四个单一的武术套路中的动作，并详细地介绍了这些动作的发力顺序、用力特点和做该动作的时机。待学生熟练掌握以后，他将学生分成了6个小组（女生由于人数较少由原来的两组变成一组），并要求学生在6～8分钟内，从今天所学的4个单一动作中选择任意3个或3个以上的动作，组合成连续、完整、合理的武术套路，然后由每个小组推荐几名同学"上台"表演，在每组表演结束后，由场外6位小组长组成的评委团现场评分，最后再选出得分最高的武术套路进行推广教学。

这一节课下来，教师不但很好地完成了教学任务，而且从学生练习过程中的种种表现来看，学生很喜欢这种上课的形式，很轻松、很自主。每组都表演了自己的套路，可以看出这节课得到了大多数学生的认可。整节课学生看似都只是在玩，但是，通过这样的教学，学生们的练习积极性提高了，都在为取胜而积极、主动地练习，而且，也达到了让学生体验武术教学的目的。

①合作探究，分组讨论。

邓涛先生在《名师高效课堂的引导艺术》一书中提及"关注学生的学习过程，注重学生的主体作用，强调生生间以及师生间的多边互动，让学生通过实践、体验、参与、合作和交流等方式，积极主动地投入课堂中，从而对学习的目标做到心中有数。”[①] 在每一节课的教学中，教师可以根据教学内容设计出科学适度的探究问题，并将学生划分为几个小组，进行合作探究，让学生意识到自己的存在，全方位地参与到课堂教学中来，大胆地展现自我的个性。

在学生进行探究讨论的过程中，教师应让学生充分表达自己的意见和想法，并寻找证据来支持自己的观点，反驳别人的观点，同时，教师应在关键的地方对学生进行点拨，给学生以正确的导向，启发学生思考、判断及得出结论。

学生通过小组合作探究学习，自由讨论，归纳总结出最后结果，将其展示给全班学生。这使学生真正乐于参与课堂、收获成就，既调动了学生学习的热情，开阔了学生的思维，又增进了学生之间的交流和友谊，使课堂动起来。

②尝试小组竞赛模式。

教师可以尝试制定赏罚分明的竞赛规则，明确设定的任务，通过设置小组竞赛模式，营造一种竞争的课堂气氛，鼓励学生主动思考问题、回答问题，促进学生发挥学习潜能。任务的设置要由易到难，前后相连，从学生的实际出发，满足各个层次学生的需要。要注意设置的问题应难度适中，难度太小，缺乏挑战性，使学生失去兴趣；难度较大，容易挫伤学生的积极性和自信心，使学生处于被动状态。[②]

③游戏互动，快乐体验。

生活与知识相联系。教师可以把教学中一些相关的知识设计成简单的游戏，让学生通过“玩”来学习，加强对知识的理解和巩固，激发学习的兴趣。游戏是为课堂教学服务的，时间不宜过长，达到教学目的即可。在游戏中，教师也要适时地进行调控，可在游戏高潮时结束，并给予确实的评价，让学生回味无穷，对下节课充满期待。若没把握好，让学生玩得过度，反而会不利于课堂学习氛围的营造，弱化教学效果。

下面介绍三种课堂小游戏：

“辨别真假”：把全班学生分成几个小组，指导各组学生在纸条上写出与活动内容有关的三种陈述，其中必须有两个是事实，一个是假象；让这个小组的成员读出自己的陈述，请其他小组的成员猜测哪些是假象哪些是事实，并让同学分析这些假象或事实。

“择纸团答问题”：活动开始时给每位学生发放一张纸，在纸的顶端写上名字，再把纸对折，在上半部分写上一个与学习内容相关的问题，下半部分作

---

① 周小妹，李欢．“三段七步”模式在生物学教学中的应用［J］．考试周刊，2011（33）．

② 崔建勇．如何提高历史课堂教学效率［J］．都市家教（下半月），2011（11）．

为答题的区域；写完后把所有的纸揉团投进纸箱中，再由学生随机抽取纸团进行作答，而后再投回纸箱中；让学生重新抽取纸团，检查第一位同学给出的答案，确保正确后，将纸团归还给他们的主人。

“问问题猜卡片”：准备多张卡片，将其分别贴在几位学生的后背上，要求这些学生通过提问是非题来确定他们卡片上的内容。如讲授元素周期表时，就可以采用这种方法，在学生后背贴上一张只含有一种化学元素的卡片，可提醒他们这样提问：“我是一种固体吗?”“我重吗?”“我能与酸反应吗?”其他学生只能回答“是”或者“不是”。

（4）科学评价，激励本能。

著名的心理学家马斯洛曾说：“人都有一种趋于健康的积极倾向，一种趋于成长或者趋于人的潜能实现的本能，即自我实现的本能。”美国著名教育心理学家威廉·詹姆士也曾说：“人类的本质中最殷切的需求是渴望被肯定。”所以，快乐课堂的构建要在坚持以人为本的前提下，科学地对学生进行激励化评价，促进学生的自我实现。

快乐课堂教学是一种提倡赏识的教学，教师应该善于发现学生的优点，不要轻易打击学生幼小的心灵，对学生多鼓励，多表扬，多夸赞，使其体验到成功的幸福感，激发学习兴趣和主动性，化激励为学习的动力，参与课堂、享受课堂，实现师生的课堂互动和师生良好的教学合作。

尽管我国早已提出“素质教育”，但我国的中学教育始终摆脱不了应试教育的束缚，中考、高考的压力始终存在，大部分学生认为现在学习就是为了以后能考到一所较好的大学，得到文凭，找一份好工作。而有些教师为了提高自己班级的升学率和自己的知名度，也确实只看重学生的成绩，过分夸大了成绩的影响，忽略学习本身的意义。

教学评价应采取结果评价与过程评价相结合的模式，对学生的评价除了考试成绩（结果评价）之外，还有教师教学过程中的口头表扬，作业评阅的言语赞赏，学生间的互相鼓励，教师的一个微笑、一个赞许的眼神等（即过程评价），让学生体验到成功的喜悦，有激情、有兴趣、有动力去学习学科知识，自觉提高自身的修养、素质，得到全面发展。

教师在评价学生时，要善于使用弹性尺度，针对处在学习过程中的不同个体，采用不同手段，让每一位同学都能得到肯定和欣赏，尤其对于基础较差、信心不足或平时表现不佳的学生，教师更应看到学生的细微进步，如学生学习态度变积极，上课更加认真，不再胡乱打破课堂纪律等等，适时给予他们表扬、肯定，增强信心，给予学生希望和力量。

在一堂语文课上，李老师按学生写作的不同水平将作文分成几个等级组，定出不同的要求和评价标准，学生自动“对号入座”。如C级组的标准是“语言通顺”，符合要求的就给高分，不少学生高兴地说：“我的作文在小学时就经常不及格，今天李老师给我打了100分，我觉得写好作文还是有希望的！”李老师又及时鼓励达标的同学继续向B级、A级组进军，激励学生取得更大的进步，还将最终达标结果计入学生综合测评中。

上述案例中，李老师的做法是正确且成功的。其做法体现了新课程中过程评价的内涵，突出了评价的激励与调控功能，激发了学生的内在发展动力，促使学生不断进步，最终取得了意想不到的教学效果。

6.3 提升课堂教学艺术

课堂教学艺术以实现教学的高效率为目的，是教师遵循教学规律，科学地运用各类教学手段、方法，提高课堂教学质量的综合创造性活动，能让所有学生在课堂教学中得到最大限度的发展。通俗地说，就是教得好，教得巧，教得美。

教师面对不断变化、千差万别的教学对象，不能用刻板如一的现成模式去解决出现的所有问题。课堂上会遇到各种预想不到的偶发事件，教师既不能照搬别人的经验，也不能把自己的经验年复一年地照搬使用，教师只有因人、因事、因时、因地制宜地去创造，不断地创新课堂教学的各个环节，锤炼自己的课堂教学艺术，才能促进学生的全面发展。①

2009年“美国年度教师”安东尼·马伦指出：“职业教师必须超越现有的教学理念和教育哲学的模式，成为一位‘艺术家’。教师必须把他的工作当作一门艺术来完成，因为与所有艺术家一样，教师也是在创造。”② 实践证明，课堂教学艺术一经掌握和创造性运用，就能直接服务于学生的学习，促进学生的全面发展。

从更高层次分析，课堂教学艺术是按照美的规律进行的独创性教学实践活动，它与教师的教学思想，诸如价值观念、审美情趣等息息相关，绝不仅仅是教学形式问题。可以说它是形神兼备的，其形是教学的技能技巧，而神则是教

① 李雪莹．新课改下中学物理课堂教学艺术的探究［D］．沈阳师范大学硕士学位论文，2005.

② ［美］萨拉·布朗·韦斯林．来自美国最优秀教师的建议［M］．王正林译．北京：中国青年出版社，2010.

师内在的先进教学思想。因此，教师课堂教学艺术的形成不是一朝一夕的，而是伴随着教师的专业发展而逐步积累、沉淀、升华的，教师只有在教育教学实践中不断积累经验、认真反思、乐于学习，不断吸收前沿的教育教学理念，完善自身的专业知识结构，加强自身的职业道德修养，提升自身的教育教学技能，才能逐步形成属于自己的课堂教学艺术风格，使学生喜欢听、渴望听，同行乐于听、主动听自己讲授的课程。课堂教学艺术的成型和成熟，也是一个教师专业成长的重要标志之一。

6.3.1 课堂教学艺术的特点

课堂教学艺术主要有以下六个特点：

一是实践性。整个教学艺术过程都是与教学实践紧密联系且不可分割的，课堂教学艺术既是在实践中不断探索而获得的成果，又是要经过实践的反复验证才能得知是否具有实际效能的一门艺术。

二是创造性。教学艺术活动是富含创造性的活动，教师要根据学生的实际情况，将教学内容创造性地展示在学生面前，以自己独特的方式进行教学，激励、启发学生创造性地学习，掌握知识并运用于实际生活中。没有创造性，是无法很好地完成教学任务的。

三是形象性。与教学的科学性相比，教师在教学过程中应更注重运用生动鲜明的教具来辅助教学认识，例如教师的形象解说，挂图、模型等传统教学工具，录音、幻灯片等电化教学工具，多媒体等现代教学工具。

四是表演性。教师在课堂教学中的言语、行为，如同演员在舞台上的表演，以轻松愉快的方式激发学生的学习兴趣，能促进学生理解力和思维力的培养，直接影响到课堂教学艺术的效果。

五是审美性。在整个教学活动中，师生思想和情感的相互交流和融合，能创造出情理交织的教学情境，极具感染力，给人以强烈的审美感受，既促进学生审美能力的提高，又符合艺术的审美要求。

六是学科性。不同专业学科的课堂教学艺术带有本学科的特殊性要求，所以有了不同于其他学科的独特表现和审美魅力。

6.3.2 课堂教学的艺术策略

(1) 积极的教学态度与精神风貌。

弗兰西斯·培根说："教师是知识种子的传播者，文明之树的培育者，人类灵魂的设计者。"在日常学习生活中，教师的一言一行都躲不过学生的眼睛，学生会根据自己的观察，做出相应的反应，甚至模仿老师，进而在不知不觉中就跟着老师的影子走。所以，不管是古代还是信息网络化的现代，都强调教师要为人师表，正人先正己，时刻做学生的表率。

我国著名教育家陶行知先生提出："捧着一颗心来，不带半根草去"，"教师应当以身作则"，"以教人者教己"。为使学生感同身受，陶行知先生毕业后尽心为农民服务，身为洋博士的他经常以身示范，脱掉长袍，穿上草鞋，与学生一同在土地里开垦，受到广大师生的尊敬和爱戴。丰子恺把人格喻为一个鼎，而支撑这个鼎的三足分别是：思想——真，品德——美，情感——善。只有"三足鼎立"，真、善、美和谐统一，相辅相成，才能为人师表。①

教师要使自己尽可能得到全面的发展，应努力形成一种健康和谐的人格，找准自己的职业定位，意识到自己身上的重任：学识教人、品德育人，树立高尚的道德观、正确的人生观和价值观，爱教学、爱学生，力求以自身独特的人格魅力和丰富的学识获得学生的认可和信任，以自己模范的品行来教育和影响学生。对于一名希望成为优秀教师的人来说，德与才的分离，言与行的相悖，大节谨慎而小节不拘，聪敏过人而举止轻浮等都是应当避免的。诚如厦门大学李伟光教授所说："学生看老师，既看才，也看德。无才无德，学生厌恶你；有才无德，学生敬畏你；有德无才，学生同情你；德才兼备，学生才会真心拥戴你。"

教师应有积极的教学态度和较强的时间观念（早候课、不迟到、不早退、不拖课），做好充分的课前准备工作，对教学充满高度的激情和热情。此外，教师还应从仪表、举止、语言、礼仪方面加强修养，这不仅是教学需要，还反映了教师热爱生活的精神风貌，有助于加强教育教学效果。

仪表。包括衣着发式，修饰打扮，这些都是教师展现在学生面前的外部形态，若整洁朴素，协调得体，往往会得到学生的尊敬和好感；若衣冠不整或穿奇装异服，将会有损教师在学生心目中的形象，不利于教育工作。

举止。应自然大方，沉稳端庄，既不拘谨，又不矫揉造作，表现出良好的教养和振奋的神态，与教育教学过程密切配合，发挥出最佳的辅助作用。

语言。既要规范简洁，准确鲜明，生动幽默，以此来激发学生求知的欲望，诱发学生上进的心态，又要寄情于理，情理交融，引导学生树立良好的品德素质。

礼仪。礼仪能表现出教师应有的风度，反映出对他人的尊重，不但能促进师生间情感的交流，同时也能发挥教师榜样力量，潜移默化，培养学生正确的审美情趣，提高学生的综合素质。

---

① 陈树娟．师德：最高的学位［J］．民风（上半月），2013（2）．

每一位教师都应有意识地加强仪表仪态上的自我训练，提高自己的知识修养和审美素养，为学生树立良好的教学形象，给学生以良好的精神感染，使学生从中受到良好熏陶。

（2）教学三维目标的设计与完成。

知识与技能、过程与方法、情感态度与价值观是教学的三维目标，对于教学的实施具有举足轻重的作用。

①知识与技能：即各个学科的基本知识和基本技能，须把握好教学知识所处位置及其前后内容之间的关系。

②过程与方法：指对学科知识生成、发展、形成及其应用过程的感受和体验，学会思考，学会学习，形成创新精神和实践能力，确定前须了解学生科学探究能力所处的发展阶段。

③情感态度与价值观：体会学科价值，形成正确的学习动机，对己、对人、对自然及其相互关系的情感态度、价值判断，做事应具有的科学态度、科学精神。

教师对三维目标的落实，并不意味着对学科知识和技能教学的弱化，而是体现了对学科知识与技能的深度理解，强调以人为本的全面发展。三维目标因学生实际情况和发展需要而各有侧重，各有其本体的内涵和价值，彼此间又相互转化，相辅相成。“过程与方法”“情感态度与价值观”是体现于“知识与技能”的建构中的，反过来，“过程与方法”是“知识与技能”生成的导控保障系统，而“情感态度与价值观”是学习“知识与技能”的动力支持系统。同样，若脱离了“过程与方法”中对“知识与技能”的培养，“情感态度与价值观”便失去了根基。①

教学目标是教学设计、教学实践和教学评估的出发点和落脚点，是课堂环境的向导，是教师进行教学活动的依据和导向。而学生提高对教学活动的参与程度便是实现教学目标的决定性因素，也是学生提升个人素养、形成正确人生观的必要途径。所以，在整个课堂教学中，教师既要紧紧围绕教学目标开展教学活动，提高学生对教学活动的参与度，改变只注重知识传授的倾向，又要从单纯的知识传授转到重视学生体验和感悟培养，牢固树立学科教学三维目标意识，以此来指导自己的教学实践。

（3）教学设计与实施。

教学设计是以优化教学活动为目的，以教育教学理论及传播理论为理论基础，而预先构思关于教学活动的目标、过程、结果的方案的过程。教学设计针

---

① 王丹．提高英语语感之我见［J］．新课程学习（中旬），2012（12）．

对的是整个教学过程，使教学活动具有明确的方向性、有序性和自觉性，其最终目的是提高学生的科学素养，促进学生全面发展。

教学设计应是一个系统化的过程，从“为什么教”入手，确定学生的学习需要和教学目标；根据教学目标，确定具体的教学内容，即确定“教什么”；如何将知识更好地传授给学生，应采用什么策略，“如何教”更有利于教学三维目标的实现；教学整体过程完成后，学生会有什么反应，能否取得较好的教学效果，需要对各个环节进行回顾、评价：该教学设计是否体现整体性和联系性？能否展现教师的自主创新意识？衔接过渡、首尾照应等有没有相应的内在逻辑关系？符不符合循序渐进原则？是否做到目标明确，重点突出，难点准确？思考过后，再针对教学设计所出现的问题进行修改，确保所做教学设计能为学生的发展提供正向作用，扩大学生的发展空间。

在实际教学中，教师应以教学设计为教学活动的依据，可根据教学过程中实际出现的问题进行灵活适当的调整，而不应被教学设计所束缚，生搬硬套原计划。例如，有些教师为了完成教学设计，一味地追求答案的标准性，不让学生表达出自己的思想，导致学生失去主动参与的机会，失去主动参与课堂教学的欲望，养成墨守成规的习惯，限制了学生思维的广度。

要上好一堂课，做好充分的课前准备是十分必要的，但由于课堂上往往会出现许多教师始料未及的情况，有的是学生在学习中必须解决的困惑，有的是可供教师利用的教学资源，所以教师还应根据学生在课堂中的实际状况适当地调整教学设计，使课堂既能立足于设计又能超越设计。要超越设计，教师必须要有一定的教学才智及应变能力，对课堂上出现的情况做出及时的反应和变动，避免有限教学时间的流逝。

《教育大辞典》中“教学机智”的释义为：“教师面临复杂教学情况所表现的一种敏感、迅速、准确的判断能力。”例如，在处理事前难以预料而又必须特殊对待的问题时，以及对待处于一时激情状态的学生时教师所表现的能力。① 教师对教学机智的运用主要体现在对偶发事件的处理上，可以表现为因势利导，顺水推舟，顺着学生的心思有效地加以引导，将学生的注意力引导到学习上来；借题发挥，把课堂教学中的偶发事件巧妙地融进自己的教学中；随机应变，灵活处理一些事先没有预料到的教学问题和教学事件。

当教学场面失控时，教师应先让学生明白你的出发点是为他们好，努力得到他们的认可；其次，保持镇静，思考怎么做才能恢复正常的课堂秩序，是组织一项填补性的活动还是重温一下上课的内容；要想重新抓住学生的注意力，

---

① 顾明远主编．教育大辞典（上）（增订合编本）［Z］．上海：上海教育出版社，1998.

则须适当地做一些调整。为了预防下次出现类似的状况，可以事后调查和了解学生们的想法。

下面这一教学案例对如何调节失控的教学场面有一定的借鉴作用。有一天，当小王老师的公开课进行到一半时，忽然从窗外飞进一只燕子，有几个贪玩的男生忍不住嘘了一声，但大部分人还是努力克服观望的好奇心，小王老师若无其事地继续讲课。燕子突然撞向玻璃窗并晕倒在地上，此时，所有同学都被摔下来的燕子吸引，纷纷起身探头看，还不时叽叽喳喳地讨论，完全无视课堂和班级后排领导、老师的存在。此时，一般的老师可能会尴尬不已，不知如何继续讲课或是恼怒批评同学，而小王老师并没有这样做，她微笑着说："看来我们班的同学都很有爱心啊，老师很欣赏你们这点，我曾经也养过几只这样撞伤的鸟儿，它现在只是暂时晕过去，不如靠窗的同学先把鸟儿包起来拿到讲台上来，我们下课一起帮它疗伤吧！还有，今天的课后作业也先布置了，就是运用我们这节课即将学习的写作技巧，用一段话描写鸟儿受伤前后的情形。现在继续上课，可以吗?"学生小心翼翼地把燕子放在讲台旁边的小桌上，课堂秩序很快又恢复如初，赢得了领导的会心一笑。小王老师的这一举措，因势利导，将一个意外完美地转变为一次具有意义的实践活动。

(4) 知识整合与重组。

教师应根据课程标准、学生实际和教学目标，灵活运用教科书，提炼主干知识，清晰地构建知识结构；选择和整合多种教学资源，进行教学内容"量"的控制和"序"的调整，突出最关键、最有价值、最近发展区知识的教学；体现学科内与跨学科的知识组合迁移及其纵横联系，引领学生自主建构新知识，联系实际并加以实践，形成新认识。

(5) 教学手段的选择与使用。

教学手段实际上就是教师在教学过程中为了达到使学生学习的目的，而采取的教学信息传播方式，是教师为帮助学生提高学习效率所采用的方式。若能恰如其分地使用教学手段，便能激发学生的学习兴趣，增强其对知识的理解和记忆，有利于提高教学质量。随着科学技术的发展，教学手段经历了口头语言、文字和书籍、电子视听设备、多媒体网络技术四个使用阶段。如今，随着教学改革的不断深入，多媒体辅助教学正以其教学容量大、形象生动直观等优势，为大多数教师所推崇。在多媒体教学中，多媒体课件扮演着非常重要的角色，制作多媒体课件也成为每个教师必备的技能。多媒体课件的制作有两类方法：一类是采用多媒体创作工具，如 PowerPoint，AuthorWare，Flash 等，另一类是用高级程序设计语言，如 Visual Basic，Visual C + + 等。前者由于预先综合了许多多媒体创作功能，将编程过程大大简化，使得课件制作者经过短时间的学习便可自由地创作多媒体课件，因此得到了广泛的应用。

这里主要讲一下如何制作一个有助于增强教学效果的 PPT 课件。目前，PPT 课件作为多媒体教学的一个重要形式，已成为多数教师必须掌握的一项基本技能。虽然很多老师都会做 PPT 课件，但是停留在简单复制课本内容的低层次阶段的不在少数，许多课件仍然存在着内容逻辑不清晰、单张页面内容繁多、页面多为文字元素而枯燥乏味、课件配色方案不科学等问题。这样的 PPT 课件设计使教师在上课的过程中，仅仅简单地将 PPT 当作粉笔板书的代替品，解放了双手，而让学生在听课过程中感觉教师就是在“念 PPT”，多媒体教学的作用没有得到充分的发挥，因此有的学生将 PPT 戏称为“骗骗他”。那么，怎样制作一个合格的 PPT 课件呢？要注意以下几个方面：

一是 PPT 文本选择的合理性。我们时不时听到这样的言论：“PPT 很简单，就是把 Word 里的文字复制、粘贴呗。”这其实是对 PPT 的一种无知与亵渎。如果直接把文字复制粘贴就能达到演示的效果，PPT 根本就没有存在的必要了。做好一个 PPT，需要教师认真研读授课的内容，将课文中的重点难点进行有效提炼，再将其组织在 PPT 的页面上，做到重点清晰、难点突出，这样才能使学生的注意力集中在最有效的课程内容上，增强学习的效果。

二是 PPT 素材的多样化。PPT 的本质在于可视化，就是要把原来看不见、摸不着、晦涩难懂的抽象文字转化为由图表、图片、动画及声音所构成的生动场景，以求通俗易懂、栩栩如生。因此，教师不仅要充分改变“复制 + 粘贴”的简单制作方式，精心选择 PPT 显示的内容，还要充分利用 PPT 多媒体化的特点，大胆加入相关的多种多媒体素材，使 PPT 形象化。复制粘贴的 PPT，需要学生记住的是文字，这个难度较大，学生即使记住了也很容易忘记；而形象化 PPT，可以让学生轻松记住其中的图形、逻辑或结论，大大提升学习效果。但是人的注意力总是集中在某一个兴奋点上，如果 PPT 加入了太多的多媒体素材，反而会使学生的注意力转移，不利于学生掌握知识点，因此，PPT 中多媒体素材的利用应适度，点到为止即可。

三是 PPT 制作的条理性。在有的 PPT 课件中，页面上的内容全是文字的罗列或堆积，无法看出其中的逻辑关系来。这样的课件在使用时，学生很难快速理解其含义，往往产生疲惫感和放弃态度。PPT 的制作要充分体现教学内容的逻辑关系，课件中不同幻灯片之间以及同一张幻灯片中的内容之间的逻辑关系要清晰地表达出来，这样既方便教师讲课，又能使学生在上课过程中始终保持清晰的思维，使学习得以逐步推进。

四是 PPT 制作的结构化。当前的 PPT 辅助教学往往容易出现这样的情况，就是教师需要回顾之前讲过的某一个知识点时，往往得退出正在放映的演示文稿，寻找所需知识点的位置，再重新进入放映模式讲解，这样不仅浪费了上课时间，也打断了学生的思路，对教学效果产生不好的影响。这就是 PPT 课件制作不注重结构化的表现。这里所谓的结构化，是指一门课程的课件应当是一个完整的系统，每一章都应当是可以随时查看的；每一章中各小节之间的内容也应当是可以随时查看的。也就是说，一个 PPT 在使用时，可以在不同章节之间进行任意的跳转。这就要求课件中有完整的导航，这些导航能将一门课程的所有内容有机地组织在一起。这需要教师在课件制作之前分析课程的需求，考虑好课件的结构和板块划分，从而设计课件的版面风格和框架，并在制作过程中保持设计好的框架结构。

诚然，一个好的 PPT 是上好一节课所需要的工具，但是，是否每一节课都可以或必须使用多媒体来进行辅助教学呢？的确，多媒体的使用令课堂教学发生了变化，它以声形并茂、感染力强、形象生动等特点影响课堂教学，运用多媒体教学，能在较短的时间里向学生展示大量的教学信息，省去板书和擦拭的时间，使教学的信息容量成倍地增加，在形式上是以往的课堂教学手段无法比拟的。但多媒体毕竟只是一种辅助教学手段，况且多媒体教学手段的运用也会产生一定的副作用，由于教学容量太大、密度太高、节奏太快，令学生接受不了，反而使教学效果减弱，达不到预期的课堂教学目标。我们不能为了追求课堂的热闹和教学手段的现代化无节制地使用多媒体，不能认为有了多媒体，教学就一定有效，就可以抛弃传统的教学手段了。传统的教学手段，自有它独特的优势和价值，若一堂课下来，教师仅依靠多媒体，连一个粉笔字都没写，这也是不利于学生学习的。其实，不管是黑板、粉笔、挂图、模型等传统教学工具，还是录音机、幻灯片、放映机等电化教学工具，抑或电脑、网络和多媒体等现代教学工具，都是为了帮助学生更快、更好地理解和掌握知识，提高课堂教学的质量。所以，在教学过程中，教师应根据教学内容和教学的方式方法，采取传统教学手段与现代教学手段相结合的模式，这样既能发挥多媒体的独特功能，又能结合传统教具（黑板等）的优点，保持课堂教学的整体性和系统性。

其他的多媒体教学手段也是使课堂增色的好途径。在讲授《雨霖铃》一课时，林老师引导学生观察那蝉，那亭，那柳，想象远处的月亮，想象邈远的雨，慢慢欣赏诗人艺术地创造出来的一幅情味隽永、幽静凄迷的江南水乡晚秋暮夜图。老师边放背景音乐《弯弯的月亮》边给学生吟诵，优美的音乐和老师的吟诵声把学生带入迷人的情景中，让学生充分体会到流落江湖的孤旅及缠绵悱恻的意境。在老师的精心引导下，学生都产生了浓厚的兴趣，学习这首诗歌也比较容易。林老师在教学过程中，十分注重对古诗词的宣传，制作了精美的课件，在课程的结尾还让学生发表一下对诗歌的主要思想感情的看法。特别值得注意的是，老师在吟诵这首诗歌时尤其注重吟诵的节奏和感情轻重，所营造出来的学习气氛推动了整个教学活动开展。

(6) 学习方式与能力培养。

掌握学习方法是提高学生学习能力的要素之一，要使学生掌握好学法，教师应加以指导，体现学生的学习主体性，使学生在学习活动中能表现得活跃而主动。俗话说，“教是为了不教”，“授人以鱼，不如授人以渔”，这就要求教师在课堂教学中教学生学会学习。

新课程倡导的学习方式主要有自主学习、合作学习、探究学习，为的是让学生更大限度地参与课堂教学。要实现对学生学习方式的指导，教师要做到以下几个方面：

①给学生充分的时间，让学生进行自主学习。教师在教学过程中要创建积极的课堂环境，留出一定的时间，让学生独立思考、自主学习；让学生带着教师预设的问题，思考或通过阅读教材，寻找要点，归纳总结，自己解决问题，使学生学会独立地获取和选择教学信息，培养学生的自主性、创造性，这样才能充分发挥学生的主体地位，既能增强学生学习的自觉性，又能培养学生的学习品质。

②恰当地选择合作学习的时间和内容。合作学习是以小组为单位，力求通过组内合作，使每个学生倾尽所能，得到最大程度的发展，提高整体学习成绩的学习组织形式。在课堂教学中，教师只有灵活把握好合作学习的实际内容，才能提高合作学习的实效性，使合作学习不流于形式。合作学习的实施，可选择教学内容的重点和难点，选定课题，安排小组工作，可把学习水平不同的学生安排在一起，力求小组成员的能力具有互补性。小组间成员合作学习，互相启发、探讨，整合成果，完成学习任务，可培养学生的合作精神和协作能力。

③让学生用探究的方法获得知识。传统教育仅仅是把获取知识看作教育的结果，它关注的是传授给学生多少知识；而现代教育则把获取知识看作一种学习过程，它除了关注教师所传授的知识数量外，还关心传授知识的途径和方法。探究学习是学生在教师的指导下，主动发现问题，运用科学的方法对问题进行分析和研究，从而解决问题和获得知识的一种过程与方法。课堂中，教师要对学生的发展情况有所了解，通过设置适当的问题情境，激励学生提出问题，进行大胆猜想或假设，指导学生从问题出发制订具有可行性和可操作性的研究计划并加以实施探究，通过亲身活动发现答案、生成知识，发展发散性和创造性思维。

④边学边练，以学带练，以练促学。教师要让学生明确练习的目的在于强

化对知识技能的理解和技能技巧的掌握，帮助学生做好练习所需的知识和技能的准备，进行讲解、示范和指导练习。

（7）学生情感教育与培养。

朱小蔓老师在《情感教育的意识及其特殊机制》一文中指出："情感教育是与认知教育相对的教育观念。它把情感作为人的发展的重要领域，对其施以教育的力量。重视情感增长率，就是关注人的情感层面如何在教育的影响下不断产生新质，走向新的高度；也是关注作为人的生命机制之一的情绪机制如何与生理机制、思维机制一道协调地发挥作用，以达到最佳的功能状态。"① 好的情感教育是学好知识的重要因素，也是课堂教学的重要任务之一，符合素质教育的要求，教师应关注教育教学过程中学生的态度、情绪、情感和信念，促使学生在德、智、体、美等方面得到全面发展。因此，在教学实践活动中，教师要注意和优化对学生的情感教育，利用情感因素在完成教学任务的同时，逐步培养学生高尚的情感。

在课堂中，师生间良好关系的建立，有助于教师对学生做出榜样示范，维持教师在学生心目中的地位，同时会使学生形成情感上的依恋，为获得教师的认同感，努力让自己的行为达到教师的期望。师生关系融洽，相互尊重信任，容易使学生产生情感的共鸣与转移，产生积极的情感，积极配合教师的教学活动，积极思考，踊跃发言，有利于营造和谐、欢乐的课堂气氛，指引教师的教学，帮助教师较高质量地完成教学任务。

教师应通过自己的教学活动，以身立教，以情优教，既要使学生学习和掌握一定的理论知识，又要使他们树立正确的人生观、价值观。

①确定情感目标。结合教材与学生的情感发展，设立贴近学生实际的情感目标，将情感教育巧妙地融于教学中。情感目标的设立应恰当并且以适当的方法达成，成功率要高，这样才有利于学生的成长。

②激发情感。教师在课堂教学过程中，应注意声音的抑扬顿挫和轻重缓急，充分发挥情感因素在学习活动中的积极作用，把学生的生活经验和情感体验有机结合，使课堂教学成为情智协调发展、互相促进提高的过程。

③发展情感。教师在课堂上要善于使用鼓励性话语，以拉近师生间的距离，拉近学科与社会、生活的距离，加强对学生在学习态度、学习方法上的指导。可多开展合作、探究学习，培养学生积极健康的学习情感，增强学生对学习的兴趣。渗透情感教育，提高课堂思想层次，激发学生学习兴趣，培养学生热爱社会的意识和爱国的情怀，鼓励学生努力学习，为国家及社会的进步做出

① 朱小蔓．情感教育的意识及其特殊机制［J］．教育研究，1993（7）．

贡献。

④激励情感。尊重学生的人格，同时充分调动学生认知的动力和积极性，帮助他们发挥潜能和发展个性特长。当学生回答问题正确时，在教师的肯定下，他们会尝到成功的喜悦，情感就会受到充分的激励。教师要善于恰到好处地给予学生鼓励和赞扬，使学生情感的发展进入高潮。

例如，一位小学语文教师在讲授《北京城，真漂亮》一课时，就很好地将德育教育渗透到教学的各个环节中。课前，她请学生搜集有关北京城的资料，在揭示课题的时候，先让学生介绍北京城，同时展示相关图片、文字资料，学生看着一张张图片，听着精彩的介绍，不时发出赞叹声，充分感受到北京城的美，自觉地接受了爱国主义教育；在课文教学过程中，她引导学生紧紧围绕着"为什么说北京城真漂亮"这一问题，先让学生读，读后交流，在交流的过程中采用范读、自由读、对比读、比赛读、配乐感情朗读等各种不同形式的朗读，激发学生的情感，使之产生共鸣，得到美的享受、情的熏陶。针对《北京城，真漂亮》一课需要认识并学会书写九个生字的情况，该教师根据低年级学生爱表现自己、争强好胜的心理，把学生分组，以小组为单位进行识字、写字的比赛，优胜小组会得到相应的奖励，培养学生的集体荣誉感。该教师还让学生互相交流，分享识字、写字方法，让学生互帮互助、共同进步。该教师通过精心设计，让学生对祖国首都北京的了解逐步加深，热爱北京、热爱祖国的感情也逐步增强，而这是一个自然而然的过程，值得借鉴。

(8) 尊重学生个性，注重因材施教。

在一定的年龄阶段，学生的身心发展具有一定的稳定性和普遍性，但由于每个人在生理素质、生存环境、所受教育以及观念等方面的差异，每个年龄阶段的学生又表现出差异性。教师应尊重学生个体的差异，不能硬性地用同一个标准来评价或要求每个学生，既要一视同仁，平等对待每位学生，也要分层施教，根据每个学生的情况因势利导，帮助学生在各自的基础上取得发展和进步，增强学生的自信心，激发学生潜在的能量，体现教学公平。

早在两千多年前，我国伟大的思想家、教育家孔子就已开始进行因材施教。"材"并非指"天才"，不能只重视对"尖子生"的教育，而放弃对后进生的培养，阻碍这部分学生的健康发展。要做到因材施教，教师应深入了解学生实际，从学生的平均水平出发，按照"一般"学生所能接受的程度进行教学，再适当照顾水平较低的学生，分层教学，促进全体学生的全面发展。

(9) 课堂语言特色与艺术。

苏霍姆林斯基说："教学语言表达能力的强弱极大程度上决定着学生在课堂上的脑力劳动效率。"众所周知，教师课堂教学语言艺术是教师最主要的教学手段，是沟通师生心灵的桥梁。要优化课堂教学质量和提高效率，就要求教师把握好课堂教学语言艺术，要从几个“度”上下功夫：一是严密度。教学语言艺术内在的逻辑性，可使所表达的内容系统、条理而更具有说服力和论证性。做到准确地使用概念，科学地进行判断，富含逻辑性地推理，避免学科知识表达错误。二是启发度。用教学语言启发并鼓励学生质疑问难，拓展思维。三是清晰度。教师语言表述的清晰度和流畅度将会影响到学生对知识的掌握程度。四是生动度。教师语言的感染力强弱和学生的语言接受程度直接影响着教学的效果。①

课堂教学语言可分为口头语言、体态语言和符号语言。

①口头语言要适应教育教学要求，符合学科特点，具有逻辑性、形象性、感染性、趣味性、精确性、启发性；声音清晰、洪亮，具有节奏，深入浅出，拥有机智和激情，巧妙地运用丰富的语言准确地表达出每一个知识点；有感染力，又不格调低下、庸俗化。

②体态语言，也称无声语言，通过面部表情、手势、眼神、姿态等进行信息传递，能够增强口头语言的形象力和表现力，促进学生的情感发展，协助组织教学活动、调控教学过程，例如，点头（表示同意）、摇头（表示否定）、皱眉（表示不满）、拍拍肩头（表示亲热）、竖起拇指（表示赞赏）等。体态语言力求舒展大方，切忌过度夸张，如适当的走动和手势可以让学生活跃起来，积极开拓思维和开展其他活动。而教师频繁走动会使学生烦躁；手舞足蹈和反复的无意识动作会分散学生的注意力，降低学习效率。使用时，教师应努力做到：

善用眼神，传情达意。眼睛是心灵的窗户。教师要善用眼神的变化来表达自己的意图，可通过眼神表达出对学生行为的赞同或限制、否定，也可通过眼神暗示、诱导、启迪学生。若学生在课堂中出现不良行为，教师可皱一皱眉，或眼光一撇，或停止讲话片刻，使学生的不正确行为在教师严肃的目光下停止。

巧用姿势，形象生动。运用身体与手的摆动，与语言紧密配合，使学生精神振奋，更加认真地投入学习。

用表情说话。教学中教师的情感也可以用表情的变化来表达，端庄中见微笑，严肃中有柔情，引导学生的学习情绪，加深师生感情。

巧识学生体态。根据体态传情的规律，正确识别学生的体态语，如某个学生身体后仰，嘴角下垂，眼神呆滞，便说明这个学生没有很好地参与教学活

---

① 刘慧敏．教师语言艺术［J］．科技信息，2009（22）．

动，这时教师就可以采取适当的手段，引导学生投入课堂学习中。

③符号语言，即板书，有提纲式、图解式、表格式、综合式等，因教师风格、教学内容和教学策略而异。板书要与讲练相结合，速度适宜，吸引学生的注意力；内容精练、重点突出，可用画圈、画箭头等方式强调重点、难点，以引起学生的重视，在课内帮助学生听好课、记好笔记，课外有利于学生复习巩固，加深理解和记忆；板书应条理清晰简洁、纲目清楚、层次分明、布局合理，板书字迹工整、大小合适，便于观看，增强直观性，集中学生注意力、启发学生、给学生美的感受；正（左）、副（右）板书得当，“主板书”写在黑板的显著位置并尽量保留，而“副板书”写在黑板的次要位置，起到辅助正板书的作用。

（10）课堂组织技巧与管理艺术。

课堂组织与管理是指教师为了达成教学效果而对课堂教学中的各种要素进行调控，保持和集中学生的注意力，使教学得以顺利进行，主要表现为对课堂教学的有序实施，营造课堂学习气氛，调动学生以最佳状况参与教学。

①课堂纪律的组织与管理。有效维持课堂教学的秩序，有助于激励学生潜能的释放，提高教学效率。教师要努力做到下面几点：

一是遵循课堂纪律，形成良好的行为习惯。学生是教学的主体，而教师是学生学习的促进者，所以两者在教学中都要正视自己的身份和行为。教师要耐心地教，学生要认真地学，避免角色混淆，不要让学生误以为：我与老师私下是朋友，课堂上就可以为所欲为。制定良好的课堂纪律，让学生知道应该如何做，可以做什么，为课堂的组织节省大量时间。

二是加强良好的班风教育，找出学生问题行为的原因，采取措施，合理处理问题行为。如针对上课走神的学生，可以走近该学生，对其进行暗示、口头提醒、提问或点名，帮助学生重新回到学习的正轨。

教师处理问题时，最好不要经常中断授课，这样不仅耽误上课进度，还会影响到本来在认真听课的学生，可给学生一些微妙的暗示或是让当事人课后留下来解决问题。若上课过程中经常性地停下来责备某位学生，不仅会使课堂教学受到影响，还可能会带来恶性循环。如有些学生不想听课，会想方设法捣乱；受到责备的学生不甘心，进一步制造麻烦等。

②教学程序的组织与管理。有效执行教学程序，体现较好的课堂教学调控管理机制与教学机制。

导入。学习知识技能需要教师按照教学目标的要求，选择导入方式，将学生导入学习状态。如故事导入、实验导入或情境导入等。

讲授。讲授是教师向学生呈现、说明知识，并使学生理解知识、掌握知识的行为，具有单向性，有利于发挥教师的主导地位。讲授有下面几种形式：

一是讲述，运用生动具体的语言对教学内容做系统叙述和形象描绘。多用于讲授具体的知识，发展学生思维。

二是讲解，用通俗易懂、科学准确的语言对教材内容进行解释、说明、阐述、论证，侧重于发展逻辑思维能力，分为解说式（以学生熟悉的事例或已知的知识，将未知的内容联系起来，引导学生接受新的知识）、推理式、解答式。

三是讲读，将讲述、讲解和阅读材料有机统一，以讲导读，以读助讲，培养学生的自学能力。

四是讲演，以演说或报告的形式在较长的时间里全面而系统地讲授教材内容，旁征博引，科学论证，得出科学结论。

③活动的组织与管理。

组织学生合作学习。合理组建学习小组，让学生明白合作学习的好处：合作学习是行之有效的方法，既能增强自己的学习效果，又能促进同学间的情感交流、相互帮助，促使学生共同参与；鼓励小组进行赞赏式评价，让学生体验合作学习的快乐。

组织学生探究学习。教师创设问题情境，让学生发现问题，激发探究的兴趣，留给学生探究的空间和时间；对学生在探究中遇到的疑难问题，不必急于解释，利用学生的已有知识加以引导；鼓励、促进、指导和监督每一个小组甚至每一位学生积极主动地参与探究活动。

组织学生进行练习。练习前，引导学生复习有关知识，进行审题和解题指导，讲清要求和格式；学生练习时，偶尔巡视检查，分类指导；也可抽选学生演示练习过程，其他学生观摩、评论；完成练习后，及时讲评，做好练习总结。

教师设计练习题，要依靠教材，抓住教材，紧扣教学目标要求、重难点，符合学生的实际情况，由浅入深；要分层次，既要有基本题，又要有综合性强的题目，不要一次性搬出难度较高的题；以学生对基础知识与基本技能的理解与掌握为重心，从几道难度适中的题目入手；适度研究分析难题，不搞偏题。

总之，教师要善于实现讲课内容和课堂管理的良好结合，建立并维护有创造性的有序学习环境，营造出和谐愉悦的课堂氛围，这样有利于教学内容的开展，增进师生间积极的情感交流。

（11）提问设计与处理技巧。

用什么样的问题培养学生的思维能力，如何用最好的方法提出同一个问题，是教育教学能否最大限度地提高学生思维能力的关键。课堂教学中的问题大致可分为下列类型：

①导向性问题，引导后续活动向一定方向展开，要求问题具有科学性、趣味性和思考性，有效吸引学生，引起学生解决问题的兴趣。

②形成性问题，针对学生思维的角度设置问题，引导学生思考。

③评价性问题，为检查、评价学习效果而提出的问题。

在课堂上，教师要避免涉及精心编制的问题，这类问题只能让少数学生有发言权，而大多数成了旁听者；也要避免机械的一问一答方式，应注意双方的双向交流，应鼓励学生提问和回答，并为此创造条件，正确引导和督促。

教师在设计课堂提问的内容时，应该考虑学生现有的认知水平和不同层次的学生需要，围绕授课内容有目的地设计高低深浅不同的问题，引起学生求知的兴趣。若所提的问题过于简单，会使学生失去兴趣，体验不到成功的喜悦。对成绩好的学生，所提的问题可以相对难点，使他们在解决问题时自信心更强；对成绩较差的学生，所提的问题可以偏简单点，让他们在重复的成功体验中，逐渐恢复自尊心，找到积极向上的动力。

教师可以充分利用教材和教学资料来挖掘问题：第一，增设问题台阶，由浅入深、由表及里、由易到难，层层递进，逐渐启发、引导学生不断收获学习成果。第二，提高思维的层次，多设置障碍，引导学生得出答案。此外，教师还要根据课堂教学实际需要，把握提问的时机，选择学生注意力最集中、好奇心最强烈的时候提出疑问，使问题的提出恰到好处，给学生留有思考的时间。

教师在提问过程中，要慎重选择提问对象，防止为得到圆满的回答而过多地提问水平较高的学生的现象，或过多地提问一般水平的学生而令水平高的学生起不到榜样作用，水平低的学生得不到激发。应拓宽提问面，不要连续让一位学生回答多个问题。同时，教师也要分清轻重主次，避免提问模糊不清或过于空泛，灵活运用多种方式，让学生与教师密切配合，共同完成教学任务。如可使用反向提问法：“为什么不那样呢?”“不这样可以吗?”促使学生打破思维定式，引发逆向思维。不管是一名还是多名学生进行补充回答，教师都要对学生的回答做出反应，给予适当的评价，促使学生更好地学习。

（12）课堂小结、延伸设计与处理。

课堂的成功，不仅依赖于良好的教学导入和绘声绘色的授课过程，还取决于合理和恰到好处的课堂教学小结。有没有做好课堂教学总结，也是衡量教师教学整体水平的标志之一。许多优秀教师都很讲究恰到好处的“结课”，或归纳总结，强调重点；或留下悬念，引人遐想；或含蓄深远，回味无穷；或新旧联系，铺路搭桥等，显示出了精湛高超的教学艺术。好的课堂小结、延伸设计与处理应做到：师生共同完成或引导学生自主完成，能简明扼要、提纲挈领、承上启下和提炼升华。

常见的课堂教学小结有：

①归纳总结式。再次强调重点、难点，引导学生以准确简洁的语言，对课堂所学知识进行总结，归纳出一般的知识结构、解题规律和方法等，使知识条理化、系统化，强化课堂知识，整理学生思维。

②辨析比较式。指教师引导学生将新学的概念与原有的认知结构中的类似概念或对立概念进行分析、比较，既找出它们各自的本质特征，又明确它们的内在联系和区分它们的异同点，加深学生对知识的理解和记忆。

③前后呼应式。对教学导入所提的问题进行解答，前后照应，升华课堂教学。

④悬念式。教师小结本课知识的同时，通过设疑自然地引出下节课要学习的知识，产生“欲知后事如何，且听下回分解”的效果，激发学生学习新知识的向往。

⑤拓展延伸式。不仅总结归纳课堂所学知识，也要与其他有关知识联系，使学生所学知识向其他方面延伸，拓宽知识面，给学生“言有尽而意无穷”的含蓄结尾，引导学生发散思维。

⑥考查式。通过提问、练习或小测验等方式考查学生对所学知识的掌握程度，有利于知识的巩固。

（13）反馈矫正技能与效果。

反馈矫正，指教师通过课堂教学将教学信息传递给学生，根据反馈得到学生接收信息的情况后，采取相应的措施，有针对性地进行讲解，点拨启发，以调控教学过程。

教学过程是师生教与学的双边活动，要了解学生的学习情况，教师就必须掌握了解一定的反馈信息。实践证明，通过多种形式获得的反馈信息比单一形式取得的反馈信息要来得更为准确、可靠。[①] 反馈信息一般有以下形式：

①课堂观察法。教师从学生的动作、表情等情绪反应中获取反馈信息。

②课堂考查法。利用课堂时间，检查、了解学生对所学知识的掌握情况，及时发现问题，抓住学生知识的疑难点、模糊点，及时加以解释、强调、补充，可分为提问、小测验、做练习、写学习小结等。

③实践操作法。让学生动手操作实际的仪器设备、材料或工具，检查学生的技能、技巧掌握程度。

④考试测验法。同时考查教育教学效果和学生情况，有计划地了解各类型

① 郑杰．反馈矫正是调控教学质量的重要手段［J］．科技信息，2010（32）．

学生。

⑤课后反馈法。教师利用课后时间检查学生作业、笔记，查阅实验报告，征求学生意见，及时了解学生学习的真实情况，逐步提升教学效果。

教师接收到学生反馈的信息，即了解学生的认知结构、知识与技能的掌握程度后，采取措施，及时改进教学方法和调节教学程序，有针对性地对学生的片面认识、错误行为进行矫正。矫正的方法有如下几种：

①集体矫正法。对大多数学生都存在的问题在课堂教学时予以提出并矫正，提高教学质量。

②自我矫正法。教师诱导学生自学，使学生找到出现错误的原因，进而将其矫正。

③复习矫正法。重新回顾相关的知识，正确理解知识，达到教学要求。

④变式矫正法。根据学生的错误点，适当地转换说法，从另一角度解析问题，延伸发展，发挥学生个性特长。

⑤辅导矫正法。对个别学习成绩差的学生给予特殊的个别辅导，也可以好带差，逐步提高。

事实上，当教师接收到学生的负反馈信息，即发现学生的错误时，不要直截了当地就给出正确解答，应先让学生谈谈自己的想法、思路，了解学生产生差错的原因，再加以点拨指正，促进学生的思维发展，如此既能起到较好的矫正效果，也能强化知识与技能。

（14）评价多元化。

过去的教学评价特别是课堂教学评价，总是过多地关注教师的“教”：教师的教学设计、教态、语言、教学技能……总之，是从教师的角度来判断评价教师教学的质量。新的教学评价方案是从关注教师的“教”转向学生的“学”，虽然最终评价的还是教师的“教”，却换了角度，打破以教师为主的评价方式，构建教师评价学生、学生互评、学生自我评价、家长评价学生等多元化的评价机制，以学论教。

在课堂上，教师不再仅从自己的角度出发来评价教学，而是一切以学生的发展为主，指导学生学会自我评价，适度地采取学生互评的方式，让学生做课堂的主人，激发学生的学习热情，促使学生努力向前。如可以适当提问学生：“你认为他（她）说得合理吗？为什么？”“这样的回答跟你的想法一样吗？为什么？”促使其在课堂教学中专心听、认真想、大胆说。

评价要素要涵盖所有有利于学生发展的因素，要以学生学习的全过程来确定评价的方式；以学生在课堂学习中呈现的状态，评价教师的教学策略；以学生的学习状况，评价教师的教学质量。对学生学习的评价，不仅要关注结果和水平，更要关注他们在学习和教学活动中表现出来的情感态度。这样的设置和权重，才更有利于发挥评价的诊断、激励、导向和质量监控功能，促使教师不断调整、改进自己的教学策略和方法。

教师对学生进行教学评价时应当注意：

第一，坚持正向评价原则，尽量少采用负向评价。教师评价应以鼓励引导为主，采取积极的态度肯定学生，激励学生学习，增强学生的自信心，促使学生积极参与教学。

第二，立足实际，根据学生的个性特点和学习实际情况进行合理公正的评价，不可草率地凭个人的好恶和主观臆想轻易地对学生下判断。

第三，着眼当下，放眼未来，从有利于学生发展的因素着眼，包括学习的态度、习惯、方法、知识与技能的掌握、探究与实践能力、合作与交流能力等，以发展的眼光评价学生。对学生的进步给予适切的肯定性评价，挖掘学生成长的潜能和可能争取到的新发展，使现在的学习成为其将来生活和终生发展的基础。

第四，评价要有利于全体学生的发展，应当让学生都明白自己是具有学习能力的，促使其产生上进的动力，努力学习。

第五，面对班级中众多的学生，教师无法深入接触、了解到每位学生的相关信息，所以采取他评和自评结合的方式，可使教师更为正确深刻地了解每位学生，同时也使学生对自己有更深的认识，能有目的地提高个人的素质，加强自身人格的塑造。教师应当重视对学生自评能力的培养，指导其学会对自己进行正确的评价。

第六，注重评价用语及方式的适当性、多样性和含蓄性。如当学生遇到困难时，可用亲近、微笑、点头表示可提供帮助；当学生回答正确时，给予积极的强化，可微笑、点头、重复和阐述学生的正确答案；当学生回答错误时，应鼓励学生继续努力，可以对学生说："不错！""有进步，哪位同学能再补充一下？"①

此外，教师可以针对每节课不同学生之间的评价，建立学生成长档案袋，将过程评价与阶段评价相结合，更多地关注学生的多元智力和非智力因素，鼓励学生在教学过程中大胆质疑、积极参与，增强其学习动机。

学生成长档案袋包括学生个人成长记录袋和课题小组活动档案袋。

①学生个人成长记录袋：指在活动过程中，由学生自己收集、筛选、整理形成的包括活动经历、活动体验、活动收获、活动反思及他人评价等在内的相

① 陈加贤．历史课堂提问的优化设计与能力培养［J］．青海师专学报（教育科学版），2005（S1）．

关资料，能在一定程度上记录学生的成长轨迹，培养学生收集、处理信息以及评价的能力，促进学生自我完善。在学生自主建立个人成长记录袋时，教师应根据具体活动课题和学生实际，进行必要的指导。

②课题小组活动档案袋：指在个人成长记录袋的基础上，以课题小组为单位，采取组内合作方式，融集体智慧而共同建立的档案袋。主要的资料来源包括：课题组的共有资料，如课题研究计划书、小组活动计划表、小组报告及成果等；课题小组成员的个人信息，即对学生个人的信息资料进行筛选、整理形成的图文资料集、成果集等。课题小组活动档案袋除了能为学生自评和他评提供证据外，还有利于资源共享，实现共同发展。

(15) 课堂反思。

学而不思则罔，思而不学则殆。教师在课堂教学中应及时反省与变通，思考能否恰当处理课堂进程中发生的意外，有没有充分利用课堂教学中生成的教学资源。教师由教学新手到骨干教师，再到专家型教师，是一个由量变到质变的渐变过程，在这一过程中，教学反思起着至关重要的作用。教师进行反思，有助于教师自我理解，丰富实践知识，促进决策能力的发展。苏霍姆林斯基说得好："只有善于分析自己工作的教师，才能成为得力的、有经验的教师。"

在一节课上完后，教师要透过课堂教学过程和学生学习情况的信息反馈，重新审视自己的教学过程，认真进行反思，记录下这节课的成功之处、失误、教训，学生在课堂上出现的问题以及自己从中得到的启示。与同事或专家型教师共同分析，提出解决方法，供以后教学参考和使用，这有助于教师通过联系自己的教学经验内化新的知识，提高自身素质和教学水平。教师通过对自己的教育教学理念、教学设计、教学过程等方面的反思，能更为正确地认识和把握教学活动，使教学行为更理性，积累教学经验，形成自己的教学风格与教学特色。

综上所述，教育教学艺术的实质就是教师如何通过艺术的手段使学生更好地学习知识，使学生的潜力和创造性得到最大限度的发挥。要取得高质量的教学效果，就必须有高超的教育教学艺术。有了它，教师便能在学生面前充分展示教学的美，能使自己和学生共同融入充满活力的教学氛围中，学有所成，教有所长，提升自我的生命质量。因此，教师必须不断培养自身的教育教学艺术，以应对当今教学环境的新挑战。

7　教师的专业发展策略

自20世纪80年代教师专业发展被提出以来，经过三十多年的理论研究与实践探索，其已经成为许多国家教育研究领域共同关注的课题，是当今教师教育改革的主流课题之一。分析教师专业发展现有的观念及所存在的问题，探索教师专业发展的可行性模式，对于提升教师素质、提高教育质量具有重要的理论意义和实践价值。[①] 那么我们在进入教师专业发展策略分析之前，是很有必要了解教师专业发展的概况的。

7.1　教师专业发展的概念及内涵

“教师专业发展”理念被正式提出后，引起了学者的广泛关注，激起了专家的探究兴趣，由此带动了教师专业发展相关概念及理论的提出和辩论，教师专业发展成为教育研究领域的热门话题，从研究热度和趋势可以看出教师专业发展研究的必要性、重要性、自发性和专业发展问题亟待解决的现状。

“教师专业发展”研究的大方向，单从概念的构成部分来看可以分为“教师专业”的发展和教师的“专业发展”，两种研究的共同点是均为提高教师职业水平，促进教师个体的专业化发展。差异点则体现在前者的研究领域比较宏观，内容涉及教师职业和教师教育形态整体的历史演变，旨在寻找教师专业演变的规律，以指导教师专业发展研究并提出教师专业发展的创新理论，对于整个教育领域有较深刻的意义；后者则是强调教师由非专业人员不断演进转变为符合专业标准、具有专业特质并获取相应的专业地位的完备成熟的专业人员的全部成长过程。[②] 教师的专业发展的研究侧重于教师的专业发展结构以及教师

① 严军．促进教师专业发展的“三自”培训模式研究［D］．苏州大学硕士学位论文，2009.

② 陆虹．教师成长的“心灵按钮”：小学教师专业发展中关键事件的叙事研究［D］．华东师范大学硕士学位论文，2012.

发展的养成与完善计划。

什么是教师的专业发展？不同学者依据不同的标准对其下定义，其中比较常见的定义有：

霍伊尔（Hoyle E.）认为："教师专业发展是指在教学职业生涯的每一阶段教师掌握良好专业实践所必备的知识和技能的过程。"

格拉特霍恩（Glatthorm A.）认为：教师发展即"教师由于经验增加和对其教学系统审视而获得的专业成长"①。

韦登（Wideen）认为，教师专业发展有下列含义：协助教师改进教学技巧的训练活动；学校改革的整体的活动，能促进个人的最大成长，营造良好的气氛，增强成长效果；是一种成人的教育，要依据教育原理，增进教师对其工作和活动的了解，不仅是提高教学效果而已；是利用最新的教学成效的研究改进学校教育的一种手段；专业发展本身就是目的，协助教师在受尊敬的、受支持的、积极的气氛中促进个人的、专业的成长。

从霍伊尔的定义可以看出他强调教师专业发展结构要素，认为教师专业发展的主要内容是提高知识和技能的储备以适应教育实践；而格拉特霍恩提出教师专业发展需要对经验进行反思；韦登对教师专业发展的概述则更为完善，突出了教师的主体地位，阐明了专业发展的内容及方法。

另外，我国部分学者对教师专业发展的概念是这样理解的：

台湾学者罗清水先生认为："教师专业发展乃是教师为提升专业水准与专业表现而经自我抉择所进行的各项活动与学习的历程，以其促进专业成长，改进教学效果，提高学习效能。"②

肖丽萍老师认为，教师专业发展是增进教师专业化、提高教师职业素养的过程，强调教师从个人发展角度对自己的职业发展目标做出设想，通过学习进修等来提高教育教学能力，最大限度地实现自己的人生价值。③

叶澜教授提出："教师专业发展是指教师的专业成长或教师内在结构不断更新、演进和丰富的过程。"④

我国学者对教师专业发展的理解关注的是教学意义、个体自我实现意义以及社会意义，认识到了教师专业发展是一个动态的自我发展的过程，在这个过程中，教师的教学能力、教学情意、自我价值、社会价值、职业规划等都得到

---

① 徐廷元，林瑞玉．网络时代的教师专业发展［J］．中国校外教育（理论），2009（3）．

② 欧用生．教师专业成长［M］．台北：师大书苑有限公司，1996.

③ 肖丽萍．国内外教师专业发展研究述评［J］．中国教育学刊，2002（5）．

④ 叶澜等．教师角色与教师发展新探［M］．北京：教育科学出版社，2001.

了长足的发展。

对于教师专业发展的定义可以总结为两大流派，一个是强调教师职能性的认知派，它是从个体和群体的角度对教师专业发展进行定义的；另一个是强调教师自我学习的人本派，该理论认为：“教师发展是不断成长、不断接受新知识、促进专业发展的过程，在这个过程中，教师通过不断的学习、反思和探究来深化其专业内涵、提高专业水平，从而达到专业成熟的境界。教师专业发展强调教师的终身学习和终身成长，是从职前培养、新任教师培养到在职培训，直至结束教职的整个过程。教师专业发展不仅包括教师个体生涯中知识、技能的获得和情感的发展，还涉及学校、社会等更广阔情境的道德与政治因素。”①

7.1.1 “专业”和“发展”的内涵

（1）“专业”指什么？

教师作为一门独立的职业，承担着教书育人的责任，有着区别于其他专业的教育性、师范性，教师要接受的专业培养，不仅仅包括学科专业知识，还包括教育教学理论、教育教学技能等等，具备以上这些要素，才能构成教师完整的专业结构。

但是现在的高等师范院校，一直在教师的“师范性”和“学术性”之间摇摆不定，是要侧重于师范生的师范技能的培养，还是要加深学科专业理论知识学习以培养师范生的学术水平？目前我国的现状是各种学校对代表着学术水平的教育学历越来越看重，如小学—初中—高中—大学招聘教师的学历要求依次是专科—本科—硕士—博士；又如教师招聘会上，某些学校明文规定：非“211”“985”的师范院校毕业生不予以录取，尽管一些非重点师范院校的师范生的教育教学水平并不会比重点师范院校的师范生低；又如综合性重点大学毕业生与师范院校毕业生同台竞争教师岗位，最终录取重点大学毕业生等等。这些现象在一定程度上反映出一种思想：教师专业水平的高低似乎取决于学历学业水平。

进一步思考这种标准，我们不难发现，它侧重的是学科专业知识量的增加。这种由学历高低代表教师的专业发展水平的教师专业观，忽略了教师职业最大的特点——师范性，缩小了教师专业发展中的“专业”范围，从根本上否定了教师这个职业专业性的存在。有一个例子可以证明教师专业的师范性的重要性。我国曾经的中等师范教育，就堪称中国师范教育史上的一座里程碑，它培养的小学教师，虽然学历只相当于高中水平，但教师的专业能力很突出，

① 卢乃桂，钟亚妮．国际视野中的教师专业发展［J］．比较教育研究，2006（2）．

他们中的绝大多数在小学实践岗位上教书育人，比大学生甚至研究生都有明显优势。①

我们应该保证教师专业结构中“师范性”和“学术性”的兼顾统筹，在高等师范院校中要合理控制师范课程和学科专业课程的比例结构，对于师范生师范技能的培养不能太过单一，要综合运用各种模式如微格教学、微课教学、试讲等；教育实习时间不能太过仓促，至少要有两个月，师范生实习把关要严格；同时也要加强师范生的专业知识教育。只有这样才能深谙教师专业发展中“专业”一词的含义。

（2）“发展”指什么？

很多人对教师专业发展的认识只停留在概念化、形式化的层次上，教师职业发展的动力也来源于外界的规范要求，而非自发的动机、需求，如对于教师职业道德发展，只知道遵守纪律、无私奉献、忠于事业、热爱学生、为人师表、诲人不倦等等，而对于自身应该追求怎样的职业道德、如何追求却很少有自己的想法，只是人云亦云地依照道德规范行事，不是自发、主动地追求自身发展，这不是实质的发展；另外，外界所谓的学者、学校领导层热衷于给教师的发展增添新的内容，也开展了很多与这些内容相对应的教师培训。这些各种名目的关于教师发展的培训大多都流于形式，缺乏群众基础，不仅没有使教师得到实质的发展，反而让教师疲于应付；学校在对教师发展的评价方面认识不清，单一使用量化评价，而教师发展很多情况下都是无法量化的，这种发展评价方式也打击了教师发展的积极性。

7.1.2 教师专业发展论

基于不同的教学理念，不同的学者提出了具有各自特色的教师专业发展理论。从宏观上概括，教师专业发展论可以划分为两大流派：现代专业发展论和后现代专业发展论；从微观概括，教师专业发展论依照不同的标准又可以分为不同取向的流派（见表7.1）。

① 杨启亮．教师专业发展的几个基础性问题［J］．教育发展研究，2008（12）．

表 7.1　教师专业发展理念宏观归类对比一览表

项目	现代专业发展论	后现代专业发展论
认识论基础	教师知识是一种纯抽象、纯理性的产物，它具有普遍性、确定性、客观性、权威性和标准化的特征，它倾向于追求技术、追求理性	教师知识是教师将理论知识应用于实践后再生产，是一种被教师认知结构过滤后的、新建构的实践知识，具有情境性、复杂性、不确定性和个体性
教师专业伦理道德	从教师专业职能的角度，强调专业的利他性、自律、服务取向等等，教师能精确完整地传授知识给学生，就说明教师具有良好的职业道德	从人文伦理出发，强调教师要关怀学生，不仅要传授学生知识经验，而且要传授给学生学会共处、学会合作、学会做人等非智力知识，教师除了教书育人外，还要参与社会变革和社会事务
教师专业自主性	教师仅仅是一个“教书匠”，教师授予学生的知识是固定不变的，教师没有改进教学、参与社会变革的自主权	教师依据其专业知识和技能，在教育过程中遵守专业伦理，在教育领域从事专业服务时做出的专业判断与决定不受外界干预
专业发展动力	教师发展来源于外在的要求，即发展“外铄论”	提出“内在发展”思想：“发展越来越被看成是一种唤醒的过程，一个激发社会大多数成员创造性力量的过程，一个释放社会大多数成员个体作用的过程，而不是被看成是一个由计划者和学者从外部来解决问题的过程……因此教师发展的本质是发展的自主性，是教师作为主体自觉、主动、能动、可持续的建构过程。”①

① 余怡春．促进大学教师发展的管理环境探讨［J］．宁波大学学报（教育科学版），2014（3）．

表 7.2　教师专业发展论微观归类对比一览表

分类标准	流派取向
教师专业发展的目的	成长取向
	“补短”取向
	变革取向、解决问题取向
教师专业发展的内容	理智取向
	实践—反思取向
	生态取向
教师专业发展的阶段	关注阶段论
	教师社会化发展阶段论
	心理发展阶段论
	职业生命周期阶段论

从以上教师专业发展理论中可以看出，后现代专业发展论更符合当前教师发展的规律和需要，它强调了教师专业发展是一个内发的、自主的、充满活力的过程，它肯定了教师在教学研究、教学改革中的主体参与地位，深化了教师专业发展的内涵。专业发展理论的先进与否，决定了它是否能够正确引导教师专业的发展方向，改正教育领域存在的思想陋习；是否可以依据该先进理论制定适合教师发展的策略与方法。

7.1.3　成长培养模式

从师范生到专家型教师，教师经历了“非关注”“虚拟关注”“生存关注”“任务关注”和“自我更新关注”五个发展阶段。真正的专家型教师之所以能在教育领域取得如此巨大的成就，除了善于总结、善于反思、积极钻研等自身优秀的内在品质外，还离不开学校、社会等外界力量对教师的培养。学校、社会对教师的培养分为职前培养、入职培养和在职培养。

7.1.4　新课标下教师专业发展策略

新课程标准阐述了新课程的基本理念，明确指出将“为教师创造性地进行教学和研究提供更多的机会，在课程改革的实践中引导教师不断反思，促进教师的专业发展”。这表明课程基础教育改革对教师的专业化提出了更高的要求，教师的自身发展成为必然。下面主要从专业知识、教育科研和教学反思三方面探讨新课程标准下教师的专业发展策略。

(1) 拓宽知识结构。

教师专业知识包括学科专业知识、教育理论知识和教学实践知识。学科知识是教师教学活动的基础和中心，在新课标背景下，教师不但要熟悉、理解学科知识，还要掌握本学科与其他学科的联系及实际应用。通过研读论文、期刊和其他信息，了解国内外专业的发展趋势及最新科研成果，不断扩展自身的知识面，从而提高教学质量。教育理论是树立教师教育观、学生观的专业知识，是实现教师发展的必然要求，它可以确保教师有效地履行自己的专业工作。教师除了系统的学习外，更重要的是在教育实践中积极主动地去接纳、运用教育理论知识。

(2) 提高教育科研水平。

教师不仅是教育教学的实践者，而且也是教学活动的研究者，教师应当结合学科的特点，积极探索教学的普遍规律，逐步深化对教学活动的过程及其本质的认识。在教育实践中，要及时发现教学中的新问题，运用新的教学理论知识分析问题、解决问题。

(3) 提升教学反思能力。

教师既要重视自己的教育实践经验，又必须敢于质疑自己的教学行为和教学经验，通过反思，及时更新和完善自己的教学方案，补充和调控自己的教学行为，增强教学的实效性和高效性。教师可根据自己的教学风格和性格特质选择不同的形式、内容、主题进行理性的反思。

7.2 行动研究策略

教师专业发展是当前教师教育发展的主流，也是教育发展的重要部分，是当前教育改革和发展的必然趋势和选择。随着国家教育事业的不断改革和发展，社会对教师专业化要求更加迫切，教师的专业水平面临很大的挑战，因此，教师专业化发展策略显得尤为重要。

7.2.1 行动研究的内涵和意义

反思可以使新教师向有经验的教师逐步靠近，我们在前面已做了专题阐述，但要使教学方法趋于成熟，还须进行行动研究。有一定经验的教师要发展为学科专家，需要形成属于自己的教学模式，需要学会在自己的教学风格的基础上，结合教学过程中遇到的问题，设计课题，研究解决问题的因素，从而获得教法、技能、理论上质的提升，这个过程就是行动研究。

行动研究是国外比较成熟的一种教育专业成长过程研究，20 世纪 40 年代在美国的社会科学研究中出现，50 年代被运用于教育领域，并越来越受到课程专家、教师教育工作者的欢迎。行动研究有效地解决了教育理论与教育实践相分离的问题。

关于“行动研究”的定义目前争议很大，比较公认的是《国际教育百科全书》中澳大利亚的凯米斯教授从教育角度所下的定义：“行动研究是由社会情境（包括教育情境）的参与者，为提高对自己所从事的社会或教育实践的理性认识，为加深对实践活动及其依赖的背景的理解所进行的反省研究。”[①]并不是教师在“教育实践”中有所“思考”就是执行了“行动研究”，也不能认为有大学或研究机构的研发人员一起“合作”就是“行动研究”了。真正的行动研究，必须具备三个关键特征：“参与”“促进”“系统和公开”，这是“行动研究”的本质特征，单纯的“教师研究”（参与）、“实地研究”（改进）或“科学研究”（方法）不能算是“行动研究”，三个因素缺一不可。

有的教师对“研究”望而生畏，认为这不是中小学教师所能承担的任务，甚至认为这应该是教育专家分内的事。从教师的现状来看，教师难以适应新课改提出的研究型教师的角色转变，他们的头脑中形成了“畏惧”科研的思维定式。下面我们一起对教育行动研究进行解析，期望能够揭示“教育研究”的内涵，促进教师产生自觉的研究意识和强烈的研究愿望。

“行动研究”提倡教师直接参与研究，独立完整地参与“计划—行动—观察—反思”的整个策划过程，必须以教师为主、专家为辅来开展行动研究，这深刻地体现了“教师是教学活动过程中的直接参与者、研究者、实践者”这一观念。

行动研究的意义也是显而易见的。

第一，行动研究促进教师对学生的深入了解。依托行动研究，一方面教师充分利用了身为直接观察者，与学生长时间亲密接触的优势，进一步洞察学生的各方面表现，发现平时课堂所不能了解到的一些现象；另一方面教师在行动研究过程中为了使研究更有说服力，会自觉地去收集第一手资料，除了常规的全面、持久地对学生进行观察外，还引入了各种研究学生的方法如问卷调查法、测验法、访谈法等等，通过行动研究，教师对学生的了解将更全面、更深入，也更客观准确。

第二，行动研究有利于增强教师处理教材的能力。行动研究实质上是教师

① 张旭．浅谈行动研究与外语教学［J］．科技信息，2012（22）．

进行批判性思考、建设性实践的过程，是教师根据“理论的批判”“意识的启蒙”来引发和改进行动的。教师要在行动研究中结合自己在教学实践活动中面临的教学问题有针对性地筛选自己需要的教学理论和教学方法，通过实践验证挖掘教育教学理论对解决具体问题的现实意义，提出有效的干预方法和行动策略，就必须学会分析整体性和要素间的差异性、教育问题与教育背景的关系、现象的本质、发展的趋势等等，通过这些能力素养的训练，教师建立起发展性和批判性思维，提高对教材的组织、教材内容的增删等处理能力。

第三，行动研究有利于提高教师的人际交往能力。行动研究根据研究的主体可以分为：教师个体研究、教师集体研究、教师与校外研究者共事研究。教师由于缺乏足够的研究理论以及必要的研究技能，在开展行动研究、深入分析问题、准确表达结果方面有一定的困难，因此教师个体行动研究取得成功难度较大。所以，群体性行动研究成为主要的研究形式。教师在群体性研究中难以避免与其他教师、学者沟通交流合作。教师能否正确处理好与合作研究者的关系，决定了行动研究能否取得成功。一般而言，行政领导起保障作用，专家学者起咨询指导作用，真正的研究主体是教师。无论是问题的确定和理论的优选，还是策略的实施和运用，都必须建立在彼此理解与尊重的基础上，相互支持、真诚合作、共同研究，才能使行动研究富有实效。行动研究对于提高教师协调人际关系的能力有很大的帮助，在行动研究的过程中教师能够与学校领导、专家学者、同事、学生、家长进行交流，建立和谐的人际关系，扩大交际圈，提高教师自身的个人魅力和个人影响。

第四，行动研究有利于提高教师的教学监控能力。行动研究本身是一个螺旋式加深的发展过程，教师制订计划，行动实施，通过学生反馈的信息进行反思总结，再更新计划，实施行动验证。由此可见，行动研究注重制订相应的行动计划，强调各个环节的及时反馈、及时纠正和调整，这个过程的理念和实质与教学监控的实质是相通的，行动研究过程和教学监控过程都离不开教师对活动的计划、执行、评价与调控。因此，行动研究能够促进教师教学监控能力的提高。

7.2.2 开展行动研究要努力的方向

（1）深化教学理论知识。

行动研究很重要的一个方式就是中小学教师和校外理论工作者的合作研究，这种模式的研究既克服了教师理论基础偏差、研究技术单一、研究层次较浅的缺点，又弥补了理论研究者理论向实践转换的困难。教师开展行动研究，从一定层面上弥补了以往行动研究理论脱离实践的缺陷，教师在与校外研究者的合作中得到了理论指导，完善了教学技能，增加了教育研究经验。

（2）增强研究的实效性和针对性。

行动研究的出发点和最终目的是改进和解决教学实践中遇到的问题，它强调教师的主体性，教师作为教学活动的直接参与者，对教学实践活动的参与程度是其他教育研究工作者所无法比拟的。教师在行动研究中通过反思和实践，不断解决教学中存在的问题，使行动研究更有利于加强教学的针对性，使教育实践成果对教学实践更有指导意义。

行动研究在方向上具有明确的步骤规定，教师可以依照其基本操作步骤——选题、计划、行动、反思、总结，结合自己的教学经验、教学风格进行设计操作。中小学教师亲自开展行动研究，使得行动研究具有个性化、贴近教学第一线的特点，使得行动研究不再是远离教师和教学实践问题情境的、高高在上的、操作性差、理论水平要求高的专家学者的研究。

7.2.3 行动研究的现状与问题

目前的教育行动研究存在着这样的尴尬局面，即对行动研究参与者——教师与校外研究者哪个占主体地位和起主导作用的“度”把握不好。当教师打算以行动研究的方式解决教学过程中遇到的问题时，由于不少教师本身研究能力较差，科研素养较低，研究经验匮乏，不得不借助校外研究人员的帮助。校外研究人员可以提供相关的专业支持，比如通过讨论、协商或者专题讲座等方式为教师提供相关的教育理念和研究方法。然而，现阶段的所谓“教育行动研究”大部分由校外研究人员选择课题，由教师提供教学场景执行，教师不再是课题发起者，研究的内容不是源于教师在教育教学领域遇到的亟待解决的问题。教师变得懈怠，在这样的情况下教师怎么会对行动研究感兴趣？教师在“合作的行动研究”中丧失自己的独立性，丧失自己的专业自主权，故学校管理阶层要注意在校外人员介入的情况下，必须以教师为主体，以保持“专业自主”为前提。除了行动研究的主题偏离教学实践活动、教师主体地位意识淡薄外，行动研究还陷入了教师对行动研究质疑、认识层面浅、积极性不高的困境（该困境与上述行动研究中研究者与教师的权利不对等现象有很大的因果关系）以及教师教学与非教学事务缠身以致没有时间做研究的困境。

以甲校为例。[①] 甲校近年来做过许多研究课题，这些课题一般由上级教育部门委托给学校校长，校长交给科研主任负责，再以子课题的名义布置给不同

① 周钧．教师从事行动研究面临的困难及解决建议：基于三个行动研究案例的分析［J］．当代教师教育，2013（1）．

的教师，由教师回去写论文，然后以提交论文的方式结题，最后评奖。该校A老师的感受是，整个研究过程就是东拼西凑地写论文，没有问卷调查、收集数据、处理数据的过程，也不清楚研究与自己的教学有什么直接的联系。这种研究与教学脱离的现象在乙校也存在，“教学科研两张皮”。当研究者在乙校给教师们介绍如何做行动研究并鼓励他们尝试的时候，有教师提出，所介绍的研究太复杂了，能否不做研究，写一篇文章就可以？由此可见，教师形成了“研究就是写论文”“研究与教学无关”的印象。

甲校的教师一听说大学研究者来学校做研究，就立刻产生了质疑，他们担心自己又成为被利用的研究工具。

在研究者采访乙校的教师时，有一位教师也提出了类似的问题。B老师说：“今天有一个博士来调研，把他需要的东西带走，明天又有一个博士来调研，又把他需要的东西带走，这类事情太多了，可是对我们老师有什么帮助呢?”C老师也问研究者：“你采访我们，完成论文，这对我们的教学有什么意义?”教师从被研究者的角色出发提出了对大学研究者的质疑，这种质疑容易导致教师对大学研究者的不信任。

由于高等师范院校课程结构的不合理以及对教育研究等知识不重视，师范生在校期间没有学习相应的教育科研理论知识，一旦走上岗位，接触到教育科研，教师就显得手足无措、无所适从了，对于研究的是什么，为什么而研究，怎样去研究一概不知。中小学校领导层不是没有意识到这个问题，因此邀请专家开展行动研究的理论讲座，然而令人遗憾的是，专家所讲的知识太过理论化，脱离教师实践，不仅没有推动教师行动研究的进展，反而让教师产生畏难的情绪。

乙校的D老师说，他们也听一些专家的报告，但是专家讲的理论太高深，离教师太遥远，她总结说，教师们需要理论，但是专家讲的理论他们又用不上。学校领导认为，教师们有丰富的教学经验和鲜活的实践案例，但是不知道如何将经验提升为理论。其实，教师们需要的理论不是象牙塔里空洞的、脱离实践的理论，而是真正对教师实践具有指导意义的理论。

那么针对这种现象，新教师应不应该开展行动研究呢？

对于新教师，学校不应该不加区分地要求他们与有研究经验的老教师一样独立承担课题。这种做法不切合实际，因为新教师暂时还不具备研究能力，由他们主持，不仅达不到促进教师专业成长的目的，还会使新教师因为失败而丧失对研究的兴趣，甚至对行动研究产生畏难情绪。比较合理的做法是让新教师做行动研究主持人的助手，在主持人的指导下先从收集资料、调查情况等基础环节做起，在行动中熟悉基本理念与基本环节，锻炼实践能力。一定的周期后可以让教师自行独立开展行动研究。

教师如何开展并执行行动研究呢？行动研究的程序和步骤是怎样的呢？新教师是否能够通过自主开展行动研究来提升自己的专业教学能力，从而寻找到成为学科专家的一条方便快捷、行之有效的路呢？

7.2.4 行动研究过程与策略

行动研究有很多研究模式，但本质上可以归纳为以下四类：计划、行动、观察、反思；其中计划是行动研究的方向，在设计过程中要通过反馈的信息不断调整；行动是主体；观察、反思是行动研究有效性的保证。其步骤如下：计划──→行动──→观察──→反思──→重新计划。

（1）计划。

计划是发现问题，并由教师分析后，确定课题的过程。行动研究的主题如果是教师自己在教育实践中遇到的问题，那么研究的效果以及其实际意义最佳。研究的主题还可以来源于：在阅读他人的研究成果时或在工作过程中发现的认为有更好的解决方案的问题；又或者是教师在教育领域深感兴趣、深有领悟的问题等等。那么怎样才能使行动研究的课题具有现实意义与价值呢？我们可以从下面几个方面来考虑：

①阅读教育专著和教育期刊。教师的职业特点决定了教师自身需要不断充实完善自我，在教学的同时也要不断地从外界汲取知识，更新知识结构。我们要阅读三四本教育专著如杜威的《民主主义与教育》、罗素的《论教育》、联合国教科文组织编写的《学会生存》等教育专著。专业学术期刊也是开阔视野、开阔思路，使自己在行动研究中得到理论指导的途径。学术期刊会刊发大量优秀的课题研究报告，教师可以在这些报告中找到适合自己的教学实践的课题。

②教育课题指南。教师可以参考教育科研规划指导小组或是科学研究管理机构发布的教育科研“课题指南”，从中筛选自己感兴趣的课题，这也是一种确定课题的捷径。

③关注有争议的教育问题。现代教育理论可谓“百家争鸣”，很多教育理论存在矛盾和争议，有待教学实践验证。教师也可以选取教育问题进行教育实践研究。选题的时候要格外注意，研究的课题不能太过“宏大”，而应着眼于具体的教育问题。

④行动研究的课题范畴。由于学校体制等诸多无法控制的因素，行动研究的课题选择并不是没有限制的，教师必须“从可以改变的地方开始”。除了常见的教学方法的改善和调整外，教师还可以涉及校本课程开发、学生管理、教

师管理等方面的研究。确定了研究的方向后，教师还要对课题进行分析，明确问题产生的根本原因，为问题的解决打下基础，最终确定研究课题。

确定课题后，接下来就是确定研究方法了。如前所述，行动研究不仅仅是简单地创设一个情景，教师通过学生反馈的信息进行反思、批判。斯登豪斯说过，行动研究首先必须是一种“研究”，而“研究就是公开而系统的探究”。教师必须在行动前系统地“收集资料”和“解释资料”，并且在必要的情况下接受校外研究人员的方法和技术指导。当然，教师也可以在教育科研理论指导下独立制订计划，或者选择与有经验的同事共同探讨。

教师在制订整个行动研究计划时不仅要考虑到行动的整体方向，还要顾及具体的每一个步骤，以及各种不可控制的外界因素。

⑤做出行动研究结果及其效果的教育猜想。验证行动研究理论是否符合实际，要大胆而细致地对研究的结果做出猜想，这有助于激发教师的研究期望，增加内部驱动力，并且研究后要验证假设，增强教师的专业自信。

（2）行动。

根据制订的计划以及建立的假说，教师可以有目的地实施行动，在行动的过程中教师要不断收集资料和数据，获得行动的反馈信息，比如学生的反映、测试的结果等；同时要根据反馈结果不断调整计划，推动行动的继续前进。①

①常见的研究方式。行动研究有不同的方法，例如，教学叙事研究、教学反思研究、合作研究等等。

第一，教学叙事研究。教学叙事是以叙事的方式开展的教育研究，它是教师通过对有探究意义的教育教学实践经验、教育教学事件和校园生活的描述与分析，进一步揭示或发掘隐藏在这些经验、事件、行为和生活背后的教育思想、教育理论以及教育信念，得以发现教育潜在的价值意义和本质规律。教学叙事的特点是情境性、事实性、过程性，它要求教师必须通过观察和探究，在教育活动中记录实情、实境、实事和实际过程，从而在叙事中获得对事件或事实的解释性意见。

教学叙事研究实际上是一种反思型研究，教师通过叙事进行反思，深化对事件或问题的认识。

因此，教师在开展教学叙事研究的时候，要做到四个方面：一是勤学，只有掌握丰富的教育教学理论，才能为开展教育叙事研究打下坚实的理论基础；二是敏事，处处留心皆学问。教师要提高自身的问题意识，多留意身边的问

---

① 侯霞，姚勇，张新明．浅探行动研究法在教师专业发展中的运用［J］．福建论坛（社科教育版），2008（2）．

题，就可以找到很多可以探讨的话题，例如，教学反思案例、教学设计案例、教育生活故事、学生成长个案、教育教学对话、教师成长记录等等；三是善思，思考和反思对于叙事研究而言是必不可少的，教师只有经过叙事研究中的反思，才能够深刻地解读先进的教育思想和理念，从而让自己在叙事中自觉积极地更新教育教学观念，才能从根本上改进教育教学工作；四是得法，相对于其他研究方法，叙事研究更有弹性、更灵活、更多样，叙事研究几乎没有统一的规范、格式和要求，这就确保了教师在进行叙事研究时更能够发挥创造性，体现现实针对性。

在实际操作中教师应该遵循叙事研究的五个基本要素：其一，问题要引人入胜或有鲜明的主题；其二，要有解决问题的方法和技巧；其三，描述问题时要具有情境性、过程性、冲突性、复杂性和角色变化等等；其四，在解决问题过程中及解决后要有反思；其五，理性地、批判性地反思在事件中获得的经验或教训及事件蕴含的教育思想和教育理论。只有这样才能有效地实现教师自身的教学行为和教育教学观念的转化，实现课堂教学的变革。

第二，教学反思研究。在实践中反思是研究型教师的重要特征和品质，也是教师进行研究的必经阶段，是教师获得实践智慧的重要途径。根据教学的进程，教学反思分为三个类型：

一是教学前反思。所谓的教学前反思是指反思活动指向还没发生的教学活动，具体的步骤是拿别人的经验与自身的经验对照，通过比较和分析归纳，在已有的经验基础上完善和优化教学设计。二是教学中反思。教学中反思指反思活动指向正在进行的教学活动，监控、调整、修正和改造进行中的教学活动，使教学效果超出预期。三是教学后反思。教学后反思指反思活动指向经历过的教学活动，教师回顾教学方案的执行情况以及结果是否达到预期效果，对自身的教育行为进行解构、剖析，从而发现教学中存在但当时没有发现的问题，积极寻求解决问题的方法，避免以后的教学活动再犯同样的错误。

反思的方式可以是课前或课后写反思日记、教学构想、教学故事，教学观摩交流，文献分析研究等。无论使用哪种反思方式，都不能搞形式主义，而应该注意务实，比如教学后的反思可以选择在教案的某个教学环节对应部分或是在末尾部分，在总结教学实施情况的基础上言简意赅地写上批注；或者是抓住教学中存在的某一个突出问题，分析总结其成败得失，全面或单项地找出原因，提出应该进一步采取的措施；还可以把自己对教学的看法、感悟、联想、灵感及设想及时写下来并附于对应教案的末尾。教学反思研究法贵在实用、及时、理论联系实际、简明扼要，应不中断地整理归纳，通过点点滴滴的心得体会感悟，掌握教学规律，促进教学的创新。总之，教学反思研究法应成为教师的一种教学研究方式，教师要注意经常系统地运用多样化的反思方式进行研究，只有这样，教师才能获得教学技能的优化和实践智慧的提升。

第三，合作研究。合作研究一方面是指与校外理论工作者的交流和合作，教师通过与理论工作者的对话和合作更新教育理论、教学策略方法，使自己的教学行为得到反思，自己的教育思想得到丰富，自己的理论素质得到提升，获得了研究必要的理论支持与专业引领。另一方面，教师与同事对话和合作，成长为一种“彼此支持，经验分享，共同成长”的研究共同体。通过对话交流、分工合作、专业切磋，达到开阔视野、拓展思维、获得理论援助的目的，同时也在一定程度上为同事的研究贡献智慧力量，从而获得同伴互助、共同进步和提高的良好效果。

②资料的收集与分析。教师可以通过观察、调查、实验及文献查阅等形式收集资料。

资料包括：课堂实录，佚事记录，课堂档案（如学生作文、绘画、考试分数、学习活动记录表、学生档案），教学札记，教学日记，课堂教学的录音与录像等现场记录，调查表，访问记录，口头切磋记录，教师学习教育教学理论的心得体会等几个方面。

归纳起来，研究资料可分为背景资料、过程资料和结果资料三种。背景资料是分析计划设想的有效基础材料；过程资料是判断效果“是否由方案带来的和怎样带来的”的研究依据；结果资料是分析方案带来了什么样的效果的直接依据。这些资料对于效果分析而言是缺一不可的。资料的收集与问题的解决之间尚有一段距离，在问题、资料和答案之间，还需要不断地分析与反思。分析、反思应该贯穿在行动研究的每个阶段，离开了它，不仅找不到问题的答案，而且收集到的许多资料也会显得杂乱、累赘；离开了它，即使找到答案，也不一定是最适切的；离开了它，甚至不可能形成自己的研究问题。可见，分析与反思是行动研究的重要组成部分。

③研究过程。行动研究主张在行动（即教学实践）中进行研究，就是说要将研究活动和教学工作结合起来，不能放着教学活动不管，而去另搞一套所谓的研究。依据参与者的不同，行动研究可分为：单个教师的行动研究，学校范围内的行动研究以及协作型的行动研究。单个教师的行动研究指一个教师对某一门学科开展的教学行动研究。学校范围内的行动研究是指学校组织多个教师组成研究组，在校外研究者指导下开展的行动研究。协作型的行动研究指的是由教师、专业研究人员、资助者、政府主管部门等组成研究队伍，各种因素综合起来一起参加行动研究。协作型行动研究是典型的行动研究，也是行动研究的最高层次、最终追求。为了使行动研究获得预期结果，我们应该考虑：如

何获得关于行动本身的反馈信息？如何获得外部帮助？如何获得资料？以教师为单位组成的研究组和由不同类型的教育工作者组成的协作型研究组如何协调好各方面的力量保证行动实施到位？行动研究只有在有目的、负责任、按计划采取实际步骤、结合实际情况及时改进的前提下，才能逼近解决问题的性质。

④研究成果的呈现方式。教学与研究的整合，决定了行动研究并非一定要产生新的理论，而是要实现实际工作的改进和创新，行动研究的成果呈现方式也应该是多样化的。如：一个充满教育智慧的教学设计；一件设计与制作精良的教具；师生共同创造的一堂精彩的课；在教师的指导下学生的小发明、小制作；一个生动的教学案例和故事；一篇充满生活体验的教学感想和随笔；一本自己编写的深受学生欢迎、教育效果显著的教材；一份内容真实、材料丰富的经验总结、报告等等。这些成果都源自教师对教育实践的理性思考，既是教师教育理念的外在体现，又是教师教育智慧的凝结，其中也不乏具有理论深度的成果。因此，在将论文和研究报告作为教师研究成果呈现的主要形式的同时，也应该赋予其他成果呈现方式应有的地位。①

（3）观察。

观察即对行动的过程、结果、背景以及行动者的观察，贯穿整个研究环节。观察要科学灵活，要采取不同的观察技术，多视角、多层面地进行观察，为重新制订计划、行动提供材料。

（4）反思。

在每一次行动结束之后，都要反思这次行动的成效在哪里，缺陷在哪里，有什么需要继续改进的地方，研究是否得出了新的理论成果或实践经验；通过研究自己获得了什么，以后遇到类似的问题又该如何做。②

行动研究能系统全面地锻炼教师各项专业教学能力。新课程理念下的教师专业能力包括教学实践能力、教学研究能力、沟通交往能力、组织管理能力。这些专业能力是教师熟练进行教育教学的内置的“操作系统”，是教学活动得以顺利进行的必备能力。

“纸上得来终觉浅，绝知此事要躬行。”教师专业能力的提升是一个自我思考、不断探索和尝试的过程，它既需要教育理论的指导，又需要在教学工作中不断地实践、反思，从“做”中“学”。单纯地学习理论知识永远是纸上谈兵，一味地蛮干仅仅是重复机械教学动作而实际能力没有提升。行动研究可以

---

① 陈欣．论中小学教师行动研究的优势及其策略［J］．继续教育，2006（1）．

② 侯霞，姚勇，张新明．浅探行动研究法在教师专业发展中的运用［J］．福建论坛（社科教育版），2008（2）．

很好地满足上述两方面的要求，教师依托行动研究展开新尝试，在教学设计、实施评价等方面取得质的突破。

7.3 科研策略

7.3.1 我国教育科研发展的变革

我国的教育科研领域在20世纪70年代末，提出了“科研兴校”“校兴科研”的主题，教育科研进入了教师的视线，教育科研的引入极大地推动了学校的变革，并且随着研究的深入，主题越来越贴近学校教育教学的实际生活。让我们来看一下它的演变过程：

第一，从一统到校本。20世纪80年代初，提出教师为什么要从事教育科研。其原因主要有：一是恢复“文革”前教师从事教育科研的传统；二是要改变片面追求升学率这一弊端，端正教育思想，借助教育科研探索新路，改变旧的教学模式。当时教育科研的绝大多数主题是探讨教育科研的必要性和紧迫性，只是呼吁教师关注教育科研而已，实质性的研究不多。到90年代，教师从事的教育科研基本上与自身教育实践没有关系，没有把改进学校教学实践、解决教育教学问题作为研究的对象。90年代末课程改革的尝试，使教师重新认识到了教育科研是为了学校、基于学校以及自身的教育实践而研究的，不能脱离学校实际。“校本科研”进入了教师的视线。①

第二，从定量到定性。80年代，中小学教师对教育科研的了解还是不深入的，教育科研停留在“实验”阶段，教师认为教育科研必须用统计、测量这些方法来量化，认为只有这样教育科研才具有科学性、客观性。90年代以后，这种状况开始改变，定性成分增加。教育研究的定性化，避免了科研脱离教师实际生活的现象，扩大了教育科研的适用范围。21世纪以后，教育科研的主要成果形式由实验转为“叙事”。

第三，从宏观到具体。80年代，教育科研刚推广到中小学，教师还没有充分利用身边的教育教学实践活动的意识，在选题方面大多模仿教育专业人员，所选的课题都涉及较高层次、比较宏观的纯理论知识，如“教育功能”“教育本质”等等，教育科研活动虽然开展得有模有样，但实际研究价值不

---

① 郑金洲．教师教育科研三十年的变迁进程［J］．上海教育科研，2008（10）．

高。随着新课改的开展以及素质教育的推进，教师以往的教学模式无法适应时代的发展，很多教师面对新教材的组织形式和要求束手无策，新型的师生关系冲击着教师的观念，种种问题迫使教师认识到需要通过各式各样的教育研究来解决他们面临的教学问题，他们开始把眼光从“大”“空”“泛”的纯理论教育科研课题转移到自己教学实践中遇到的“小”“实”“精”的具体问题上。加上校本科研的推广实施，教育科研开始步入正轨。在比较扎实的学校的教育科研中，我们较少看到对宏观教育问题的关注，可见科研的课题针对性增强，实效性也相对增强。

第四，研究动力从外在到内发。教师进行科研的动力在哪里？对于中小学教师来说，对这个问题的回答，也许是解决现在教育科研规模小、成效低的问题的关键所在。影响教师科研动力的因素是多方面的，可以是外在的、内发的，也有可能是内外相互作用的。

80 年代初，推动教师进行教育科研的主要是教育行政部门以及学校制定的教师考核、学校教育科研等制度，那时候学校领导层以及教师对教育科研还是存在质疑、观望的态度，认为自己在以往的教育实践中没有教育科研也培养了大量人才，因此，教育科研工作的开展主要是为了完成上级交付的任务。

到了 90 年代，教育教学的改革使教师意识到了自己的教育教学本领与发展迅速的教育教学理论的距离越来越大，自身的本领已经不能适应时代发展的要求，并且当教师在实践中遇到问题时，也难以从教研员或者是教育专家那里获得符合实际的具体解决方案，自己做研究反而是符合现实的处理方法。此时，教师教育科研的动力从外在约束向内在主动转变，科研成了教师提高自身业务水平、综合素养的有效途径，科研正成为教师生活中不可替代的一部分。

第五，研究成果从固化到灵活。区别于教育专业研究者，教师进行教育科研的目的是解决教学实践中遇到的问题，研究的目的是应用。80 年代，大量有价值的科研成果涌现，全国很多学校推广这些教育成果和经验，并且在本校的教育研究中时时刻刻体现出这些“权威”的理念。教师在自己的科研中也注重提炼模式化的做法，一切向“标准”看齐，推广标准化的成果运用于教育教学情境。这个时期教育科研的作用是为同行提供经验，研究的价值在于能够作为经典被运用推广。这样的科研失去了开拓创新的精神，研究意义太过狭隘。

90 年代后，经典受到质疑和冲击，典型的经验越来越不能适应日渐复杂的教育教学情境，“标准化”不能解决所有教育问题，加上教师科研水平不断提高，人们对教育科研的作用有了新的认识，教育科研不再是固定地“套用模式”，前人所遗留成果的价值更多地体现在借鉴意义上，教育科研洋溢着旺盛的生命力。

7.3.2 教育科研的意义

新课程的实施和推广要求教师不断发展其专业素养。新课程背景下的教育科研，不是脱离实际的纯理论的研究，而是以解决教育教学问题为出发点所进行的研究，教与研要紧密相连。教师专业化要求教师从传统的知识传授者转变为教育实践研究者。教师除了必须具备基本的教学能力外，还被要求不断地增加自身的知识储备和提高学科素养，只有这样，教师才能完成教书育人、振兴民族的伟大任务。

7.3.3 教育科研的策略

（1）“教、学、研”并举。

教师要改变传统的职业教学惯性思维，新课程要求教师不再是一名“教书匠”，而应该是一名“研究者”，教师要养成“教、学、研”互动的工作方式，注重教学科研，在平时的工作中有意识地反思，自觉而愉快地通过教学研的互动来提升和巩固自己的业务水平和理论基础。

（2）学校大力支持。

学校在支持教师科研方面应该鼓励或者帮教师订购相关学科专业的期刊以及报纸，请教育专家为教师做科研指导，积极开办各种教育培训；争取与当地高校合作，选择新课程改革中的一些重点和难点，利用实验仪器和设备，组织交流研讨活动，获得共赢。

新教师教学经验尚少，很多技能还未掌握，他们的注意力重点放在备课和批改作业上，反思、学习、研究的时间很少，认为科研对自身教学技能的提高没有多大帮助，反而占用了自己的时间。为此，学校应该选择教师反馈的教学实践中迫切需要解决的问题作为教育科研课题，切入点不宜太大，要真正符合教师提高教学技能、解决教学问题的需要，如对教材的处理与探讨、日常教学行为的反思与改进、实验的改进等课题，让教师感觉教研对自身发展、提高教学技能、解决实际问题有很大的帮助，从而树立科研意识，真正接受教研，乐于研究。

（3）科研能力的培养。

科研能力的培养既需要学校等外部因素的带动与培训，更需要教师注重自身素质的培养。

教育科研对教师的素质要求很高，教师必须有意识地学习教育科研理论和教育科研方法，提高自己的专业知识水平和实践能力。教师进行教育研究的出发点必须端正，不可以将教育科研当成追名逐利的敲门砖，更不可以把教育科研当成拼凑文献，对现行理论进行修补和延伸。教育科研要求教师具有以下素质。

表 7.3　教师教育科研素质一览表

思想基础	基本能力	操作技能
实事求是的科学态度	搜索文献资料的能力	确定课题
坚强的意志	合作能力	制订研究计划
团结的协作研究精神	阅读能力	课题资料收集
勤于反思，勤于动手	沟通与交流能力	课题资料分析
理论研究的兴趣	写作能力	观察和访谈
正确积极的研究动机	计算机多媒体的应用能力	设计调查表
		使用测验法
敏锐而强烈的科研意识		教育统计分析
崇高的理想、责任感、事业心、科学的价值观		撰写研究报告
		评价分析研究报告

（4）师范学校课程设置。新教师之所以对科研不了解，不知道在新课程环境下为什么要做研究，课题怎么选择，科研从何入手，有哪些方法、步骤和规范，很大部分是因为师范院校缺少教育科研内容的学习和训练。因此，师范院校应与中学积极合作，通过与中学教师及学生的交流和互动，在中学开展科研工作，又通过中学教师及学生反馈的信息增加科研的理论教育内容，加强对师范生教育科研能力的培养。师范院校从课程设置、教育实习到毕业论文的完成，对师范生进行科研能力的系统培训，使大学师范专业素质结构、课程建设、培养模式、教育方法及手段更加完善，为师范生以后进行科研奠定理论基础，并使其初步形成基本的科研素养。

（5）构建“合作研究”。教育科研并不是孤身奋斗的过程，教育科研更有效的方式是群体研究，是教师与教师之间的合作、教师与校外研究者之间的合作。合作研究主要有以下三种模式：一是以专业知识为基础的学科课题组模式，研究课题为某一学科专业知识，合作人员可以是同一学校或者不同学校相同专业的老师；二是以实际教学内容为中心的教育科研课题组模式，合作人员主要来自教育机构（教育研究所、教研室等）和中小学自设的教研室，由学校行政领导、教育研究员以及有丰富教学经验的教师组成，这种合作研究参与人数多，课题针对性强，主要探讨应用开发性的教育课题，旨在提高教育质量，深化教学理念；三是以教育实验研究为中心，由高等师范院校教育理论专家与教师合作参与的科研模式，通过形式丰富的科研合作研究，调动各方面教育力量，去除个体科研、单成分人员科研的弊端，形成教育研究合力，只有这样，教育科研才能取得最大的进展，才能避免教育科研流于形式，才能通过教育科研真正促进教师的专业发展。

7.4　以教师成长记录袋为主的发展性评价体制策略

7.4.1　奖惩性评价制度和发展性评价制度的比较

一个学校的优劣取决于教师的质量，因此学校的发展和教师的发展是一致的。教师职称式评价模式是我国最主要的教师评价模式。这种教师评价模式具有很大的弊端，那么新时期的教师需要什么样的教师评价模式呢？

根据评价的目的和定位，教师评价可以分为两种：奖惩性评价和发展性评价。前者侧重教师评价前的表现，注重成果，并以此作为教师晋级加薪或降级、解聘的依据；后者注重教师的专业发展。

我国中小学普遍采取的教师评价制度就是奖惩性评价制度，这是具有鉴定选择功能的评价，把评价结果与教师晋级加薪挂钩，强调社会和学校对教师的要求，以为这样就能规范教师行为，用教师的利益来督促教师向所谓的优秀教师发展，表面看起来教师的确是达到了要求，但实际上这种评价制度使得教师或疲于应付，或弄虚作假，教师自身没有获得实质性发展。

这种评价制度忽略了教师作为教育主体的地位，教师被动接受学校下发的任务，很难有所谓的主动性，教师的评价结果与实际情况的不符合又很容易引起教师之间的矛盾，不利于教师团队的健康发展。除此之外，奖惩性评价制度对新老教师一视同仁，没有考虑到教师个体的差异性，不符合“以人为本”的理念。将评价的依据建立在发表论文数的等量化的结果上，会使教师不注重自身发展而是想方设法往对自己有利的方向发表论文，做“职称科研”而非“教学科研”，对教学技能的改进以及教学改革没有多大的热情。高职称的教师缺乏专业发展动力，出现所谓的职业“懈怠期”。奖惩性的教师评价制度严重制约了教师的专业化发展，与新课程改革的宗旨相违背，改革教师评价体系，营造教师发展的良好环境刻不容缓。

发展性教师评价包含以下三个特点：

（1）注重在评价过程中体现教师的主体性。

在以往的教师评价中，评价者结构单一，往往是校长和专家型教师高高在上，评价由他们所掌控，教师只是作为被评价者，不能与评价者沟通交流，让评价者了解教师之前的专业状态、专业现状以及进步的程度，教师往往处于被动受评的尴尬位置上。由于没有必要为自己的教学方法、教学理念辩解，显然，教师也无须主动去认识、表达、解释自己的教学理念与行为，教师丧失评价主体性的同时也失去了教学反思、教学成长的机会。评价要注重教师的主动参与，要认识到教师不仅仅是被评的对象，同时也是评价的主要参与者，没有教师的参与，就无法确定教师评价是否符合教师自身发展，就难以准确获得教师专业发展的现状与信息，这样得出的评价结果对教师既没有针对性，也没有体现出教师进步的程度，不被教师认可甚至可能打击教师的积极性。

教师是评价不可或缺的主体，应该在评价体系中增加教师自己的声音，教师可以自我评价，或是与其他参评者平等对话。教师参与评价的过程也是一个自我职业清晰化、内隐的专业理论显性化、感性的教学行为理性化、零散的职业认知系统化的过程，有利于教师的专业成长。

（2）要在教师发展中进行评价。

以往的教师评价制度大部分采取的是奖惩性质的，是从教育管理者的价值追求出发，教师评优必须符合某些定量的标准，并且评价的结果与教师的现实利益挂钩，这种评价制度使得教师追求短期效果，忽视长期发展。要真正做到客观有效地评价，必须在发展过程中评价，以教师的教学过程作为评价的对象，以教师在教学过程中自身是否得到发展，教育理论、教学技能是否有进步为评价结果，这样才能通过评价有效地督促教师专业成长。

（3）以人为本，多元促进教师成长。

以教育管理者的教育价值追求为标准去评价教师的劳动成果太过单一，也不切合实际。不同的教师能力不同却被要求达到同个标准，一方面会阻碍教师成长，打击新教师的积极性，老教师也会因此出现“职业懈怠期”；另一方面，教师发展被模式化、固定化，奖惩式评价制度无法引起教师的反思，无法促进教师的专业发展。

教师的评价体系亟须构建起多元化的评价模式，不能单单注重教师的教学效果、发表论文数量等等，而应结合教师的实际，提供个性化且具有针对性的评价结果，有的放矢地全面促进教师成长。

7.4.2 教师的“假性成长”

教师在专业成长过程中会陷入教育管理者设计好的“假性成长”中，教师在管理者的设计下可能在短时间内成长为优秀教师。造成教师“假性成长”的原因与教师发展目标、教师成长的评价标准、模式化的培养措施以及过分的包装和宣传有关。

教师的成长是需要一定时间的，一般要经过熟悉教学阶段（3~5年）、经验积累阶段（5~7年）、深刻领会理论阶段和成熟阶段。这四个阶段的年限可能因为教师个人能力以及所处的环境的差异而变化，但在短期内大批量促成的教师成长不是真正意义上的成长，而是“假性成长”。

造成假性成长的原因有多种，主要有：

（1）成长目标定位偏差。

大部分人眼中的“名师”是善于提高学生成绩的教师。如果考察这类教师的教学过程，很容易发现，他们对学生的要求很严格，并且在教学过程中，习惯按照自己的观点和理论解释学生提出的各种问题，对学生的创新思维和个性发展重视程度不够，有时为提高升学率而占用了学生发展其他素质的时间。这类教师正是由于能够提高学生的成绩，因此迎合了应试教育的要求，赢得了家长的认可、社会的赞誉，为学校赢得了荣誉和利益，学校管理者自然而然推崇这类教师，力求以这类教师为标准大批量培养这样的教师。

（2）成长评价标准的偏差和过分包装的偏差。

目前不少学校评价教师常用的标准是教师的教学成绩以及那些“看得见的指标”。但是单纯的“成绩”是很难体现出教师真正的综合素质的，因此以此作为评价标准是有很大偏差的。

影响教学成绩的因素有很多，可能是学生的水平，学校、社会、家庭的支持力度，好成绩甚至可能是以学生其他方面的发展为代价的。尽管授课比赛可以反映教师的教学技能和基本素质，但目前很多公开课都有过分作秀和过度包装的问题，只要教师掌握最基本的教学技能，就可以在短期内包装出一个看似拥有丰富教学经验的“人造”专家型教师。例如一个教师参加讲课比赛，学校就会安排专家团体对该教师进行全方位的培训和包装，既帮忙分析课程设计和教学知识，又为其出谋献策，寻找获得高分的方法。

（3）培养措施的模式化、规范化造成的偏差。

学校对于教师的培训本应该根据教师的成长经历和个性特点，有针对性地促进其专业发展和教学水平提高，但是实际上很多学校管理者出于量化的精确和管理的方便，硬性规定教师的训练内容及目标。现在举目都是教学量化表，比如教案也要按照规定的格式来写。教案本来就是教师教学理念和教学能力的一种载体，增强教师对教学内容的处理和呈现能力，具有个性、风格倾向性，教案的设计能够促进教师的成长。如果一个教案硬性要求分为固定的几个部分，每个部分要写什么内容等等，那么教师的思路就得不到展现，这样的培养措施培养出来的教师看起来是守规矩的，但也可能是缺乏个性和创造力的。

7.4.3 有效成长的途径

(1) 经历升级为经验。

一个教师若不能形成教育思想，那么他终究只是一个拥有教育经历的“教书匠”，一直在重复着机械的教学行为。教育思想的形成是基于教学经验的。这里要注意区别教育经历和教育经验。吴刚平教授指出教育经历不等同于教育经验，教育经历仅仅是教师参与教学的过程，而教育经验则更多地强调体验，它在更大程度上取决于教师个体的思考。消极的教育经验使得教师减少相关行为出现的频率，积极的教育经验使得教师不断强化有利于学生发展的教育教学行为。

教师的发展并非只是停留在外部教学行为的规范化以及教学内容的优化上，教师的真正发展要体现在内部对教学过程中点点滴滴的重视，将教育经历经过自己的思考总结深化为教育经验，其中一个重要的途径就是反思。反思不是应付式的生搬硬套，教师要真正地反思自己的感受。反思后要具体阐述教学情境以及教师自己的看法，通过积极的思考逐渐形成自己的教育思想。教师积累教育经验时要突破个体的局限，应通过不断与同行交流从而使教育经验得到更好的沉淀、保存、积累、弥补和扩展，通过相互分享、交流，碰撞出教育思想的火花。

(2) 积极进行职业规划。

教师的发展最忌没有职业的规划和发展目标，或者没有设计达成目标的方案。教师只有确立发展目标，才能实现自己的“教师梦”，同时，为国家实现“中国梦”做出应有的努力。有效的自我规划包括设立终结性目标、阶段性目标，以及实现这些目标的阶段、途径和方法。

(3) 采用合理的评价方式，引领教师成长。

教师的评价体系无论怎么改革都离不开必要的制度和标准。评价需要标准，没有客观统一的评价标准，也就不存在所谓公平、公正的评价，现在的评价标准提倡多元化，更多地注重教师发展的过程。目前不少评价标准引领教师走进“量”性敬业的误区网，使得教师只注重自己在教学中投入的时间与精力的数量，而忽略了自己投入的时间与精力所取得的成果。教师没有时间去思考，又不能不去完成“制度”规定的任务，这样导致的结果往往是本应该用脑袋思考的教育问题，却简单地让两只手或两只脚代替。没有了思维支撑的教育行为并不能有效地促进教师的成长，尽管教师是认真的、尽职的，但也仅仅停留在这个肤浅的层面上。

7.4.4 发展性评价的新载体——教师成长记录袋

传统的评价制度在形式上和内容上都存在着诸多问题。为了增强评价的有效性，提高教师在评价中的参与程度，越来越多的学校在评价实践中采取了一种评价的新载体——教师成长记录袋，旨在为教师发展水平的评价提供更为客观的标准。

（1）成长记录袋的指导思想。

按照目前教育论的观点，成长记录袋集中体现了建构主义的诸多理论。以教师成长记录袋为依据的评价具有全面性和真实性，又体现了发展性评价倡导的注重发展过程的思想。成长记录袋的运用去除了传统评价过度强调观察评估的弊端，其基本形式是收集有关教师实践情况的信息。这些信息是由教师自行选择的，用来证明自己的才能、履行的教学职责和参加的教学实践。

教师成长记录袋的建立必须遵循以下三个原则：

一是主体性原则。教师成长记录袋的项目及内容，除了一些最基本的框架设计需要依照规范外，其设计要提供教师自由发挥的空间，既要有规定的相关内容，又要有展示教师个性风格的相关资料，给予教师自行增添成长记录资料的机会，这样有利于提高教师记录自己成长道路的积极性，更好地体现教师在成长过程中的主体地位。

二是互动性原则。成长记录袋并不是教师简单地把平时的成果收集进去写写反思、自我评价就了事了，学校的评价组织还应经常抽查成长记录袋进行分析评价，并以此为评价依据，结合教师的自我评价，综合地给出评价结果。这样，教师成长记录袋就能够结合多方面的评价，使评价呈现动态和全面的特点。

三是多元化原则。记录袋内容设置应该体现角度多元化的特点，要体现师生关系、师德修养、业务学习、课程开发、教学活动、团队合作、教学资源等方面，校本科研等方面发生的变化及取得的成绩也都要体现在记录袋中，并参与评价。只有全方位、多角度地评价每一位教师，才能真正地衡量出教师的发展情况，更好地调动所有教师工作的积极性。

（2）成长记录袋的内容。

教师的发展离不开学校的发展，而学校的发展很大程度上也离不开教师队伍的建设，因此只有当学校的发展目标和教师发展目标和谐一致时，教师的发展才是有效、健康的发展。根据以上指导思想，在设置成长记录袋的基本内容时，我们应把教师自身的发展内容与学校教师队伍建设的重点工作结合起来，这样，记录袋既能反映教师在某一时期的成长轨迹和进步，又能实现教师和学校的和谐发展、共同进步。教师成长记录袋的内容包括以下几个方面：

①个人基本信息。主要包括个人特长、从教年限、教师资格类型、教育教学岗位、所学专业、相关聘书、最高学历、工作经历等几个方面。

教师成长记录袋要确定信息范围，内容由教师自行设计，没有规定详略。每个教师在设计时，可根据自己的关注点和对相关问题的重视程度，对各部分信息进行详略得当的描述，使评价组织可以从中看出教师的个性和素质。

②个人成长系列。具体内容包括个人成长三年规划，阶段性目标，与专业发展有关的奖励证书复印件，发表的教研文章复印件，参与课题研究的情况，开设研究课或讲座等活动的记录、报告、证明、评价表，代表作品，教师专业学习、培训情况，继续教育证书，个人反思的相关材料等等。①

③评价系列。如果教师成长记录袋只单纯记录相关事项，而不收录对教师的阶段评价，那么教师成长记录袋对教师的激励督促作用就会减弱。记录袋的评价主要包括学校领导、同事及学生对教师的评价和教师的自我评价。

一是领导和同事评价。领导和同事的评价会促进教育思想的碰撞，对于被评教师反思自己的教学行为、提升自己的教学理论知识有很大的促进作用，有利于教师的专业成长。领导和同事的评价可以放在教研组中进行，同教育教学活动紧密结合起来，并且要针对被评教师的记录袋中“个人成长系列”内容的科学性、发展性提出建议，为其改正缺点和解决困惑提供帮助。②

二是学生评价。学生对老师的评价从某种程度上来说更具客观性和真实性，这是教师专业发展评价的一个重要内容，体现了师生共同发展的新课程理念。与教师接触最多的是学生，教师的师德、教学能力、教学风格学生感受最深，最有发言权。学生对教师的评价方式可以是直观的问卷调查、组织学生对被评教师进行教育活动观摩等等。

三是自我评价。自我评价是指教师针对起始目标的实现程度和实现的有效性进行的自我评价，分析存在的问题，思考改进的方向和方法。这要求教师平时养成观察反思、记录现象、评估教学效果的良好习惯，并以总结报告等形式收录于教师成长记录袋。教师自我评价既是所有评价中最能代表教师发展现状和发展要求的评价，又是最能反映教师关注自我成长的评价，可以作为教师评价的一大依据。

---

① 李伟，韩秀霞，刘永恒．关于建立教师成长档案的思考［J］．党史博采（理论版），2006（5）．

② 戴晓明．建立教师成长档案　促进教师专业发展［J］．学前教育研究，2005（10）．

幸福篇

8　教师的“中国梦”

捷克教育家夸美纽斯曾指出：“教师是太阳底下最光辉的职业。”教师心系学生的成长、民族的发展、国家的富强。在习近平总书记所描绘的“中国梦”的宏伟蓝图中，也涵盖了属于教师自己的“中国梦”。

8.1　何为教师的“中国梦”

8.1.1　教师的“中国梦”的释义

“中国梦”不仅追求个人的成功，更要实现中华民族的伟大复兴；“中国梦”既是宏伟的国家梦，也是具体微小的个人梦。“位卑未敢忘忧国”，教师作为一名教育工作者，应当深切感受到“中国梦”给校园带来的新气象，同时，也要思考如何把个人的理想汇入“中国梦”的大潮中，让教师自己的“中国梦”引领学生走上人生之路，让年轻一代用青春力量扬起梦想的风帆，奋力远航。那么，什么是教师的“中国梦”呢？

在中国文化中，“梦”是理想，是奋斗目标的喻称。“梦想”是一个无比美丽的字眼，它让我们对未来充满了憧憬，让我们拥有了不惧风雨、勇往直前的勇气与魅力，它指引着我们走向胜利的彼岸。梦想，人人皆有，每个人都有做梦的权利，不管梦是伟大的还是渺小的，只要代表着希望，便会在自己的内心生根、发芽、茁壮成长，由一颗种子成长为参天大树。

13 亿人口汇聚成一个泱泱大国——中国，13 亿人的内心有着一个美丽的“中国梦”，即“中国梦 = 国家富强 + 民族复兴 + 人民幸福 + 社会和谐”。习近平总书记在第十二届全国人大一次会议闭幕会上的讲话中指出：“实现全面建成小康社会、建成富强民主文明和谐的社会主义现代化国家的奋斗目标，实现中华民族伟大复兴的中国梦，就是要实现国家富强、民族振兴、人民幸福。”[①]“中国梦”作为一个日渐走红的官方词语，早已深入广大中华儿女之心。

放眼梦想，直面中国，教育是国家之本，也就是说，教育是一个国家和民族最根本的事业，中国不管处于哪个发展时期，都始终把教育放在优先发展的战略地位。如果把教育比作跷跷板的中点，那么它的两端分别坐着“教师”和“学生”，也就是说，教育是连接教师和学生的“纽带”。不言而喻，教师在教育这项宏伟的事业中扮演着不可替代的角色，没有教师的教育怎可称为真正意义上的“教育”呢？也许有人会质疑，通过各种途径阅读相关书籍，不也一样可以获得知识？不否认吸收知识有多种多样的途径，但我只能说这是文化熏陶，而不能把它笼统地称为教育。

毋庸置疑，教师是一个简单的生命个体——人，一个普普通通、有思想、有梦想的人，就算是孔子——教育硕果累累的老师，也不能称为“圣人”，因为他并不是无所不知、无所不能的，他面对教育这个难题时，有时也会显得困惑而迷茫。尽管如此，教师依然会有各式各样的梦，比如希望自己有幸福快乐的生活，教出成绩优异的学生，自己的教师之路走得顺畅等等。但是在这里，需要引起我们关注的是广大教师共同怀抱的一个梦想——“中国梦”。如果把“中国梦”比作一个集合，那教师的“中国梦”则是当中最丰富多彩的子集，也就是说，这两者是息息相关的，教师的“中国梦”是通往中华民族“中国梦”的桥梁之一。

8.1.2 教师“中国梦”的内涵

（1）奉献自己，服务教育。

“小时候，我以为你很美丽，领着一群小鸟飞来飞去。/小时候，我以为你很神气，说出一句话也惊天动地。/长大后，我就成了你，才知道那间教室，放飞的是希望，守巢的总是你。/长大后，我就成了你，才知道那块黑板，写下的是真理，擦去的是功利。”每每听到《长大后我就成了你》这首歌，我们就会发自内心地感受到教师这个职业的崇高与神圣。教师的职业特点就是无私奉献，奉献的岂止是智慧和知识，难道没有青春和生命？岁月悠悠，年轮在教师的额头上深深刻下岁月的沧桑，时光用飘洒的粉笔染白了教师的双鬓。教师衰老了的是容颜，不变的是对教育的那一份执着。然而，纵使世间万物都在不知疲倦地更新变化着，唯一不变的却是教师对教育事业的无限忠诚。教师深知肩上担着“教书育人”的重任，他们明白教出好的学生对国家的富强、民族

① 石仲泉．伟大的中国梦［N］．光明日报，2013－01－10.

的振兴起着巨大作用；他们知道学生是祖国的花朵，是祖国的未来，所以他们愿意奉献自己的全部，浇灌一棵棵幼苗，帮助他们长成参天大树，用自己的无私付出来托起明天的太阳，让未来更加灿烂。祖国的将来要靠学生的双手，祖国的命运紧紧攥在教师的手中，这使得广大教师们不敢对教育事业有丝毫懈怠。教师都很重视教育事业，他们乐于奉献自己，包括付出时间、精力，乃至生命；他们竭尽所有去呵护学生，去热爱学生，用自己的心血浇灌出姹紫嫣红的鲜花。

教师在神圣的三尺讲台上无私地奉献着自己，培育出一批批“有理想、有道德、有知识、有纪律”的“四有”新人；教师心怀教育事业，不仅向学生传递人类文明的精华，而且无形中影响着学生，促使他们形成“奉献自己，服务社会”的精神。教师的“中国梦”孕育出的知识渊博、高素质的新生一代将会形成一股强有力的“龙卷风”，扫尽社会的阴霾，还社会一个全新的面貌，给中国一个富有生命力的未来。我们还需要害怕中国无法成功走上富强的道路、民族无法实现振兴吗？还怕“中国梦”沦为空想，无法实现吗？

教师们用情用心奉献自己、热爱学生，在那一间间教室里一次次地放飞希望，哪怕最终守巢的总是自己，也甘心用一支支粉笔画出学生的彩虹人生，即使再一次洒下的依旧是汗滴，也会坚持在那一块块黑板上，写下真理，擦去功利，奉献自己。

（2）关爱学生，提高素质。

苏霍姆林斯基曾说：“教育技巧的全部奥妙就在于如何爱护儿童。”关爱既是教育的目标，又是一种重要的教育途径和手段。关爱学生是促使学生提高素质、形成健康人格不可或缺的重要因素，是教育培养的一个重要维度。关爱学生的本质是快乐地以己之力助他们成长，并让学生感到快乐。关爱让教育变得人性化，是学生接纳教师、接受教育的中介桥梁。

教育事业是爱的事业，没有爱何来的教育，就算有，也是违背人性的教育，是干枯的教育、苦涩难懂的教育、专横的教育。正如苏霍姆林斯基所说：“孩子的心灵是教育的圣地，应该由智慧、善良来驾驭。”我们知道，“智慧”“善良”起源于人类爱的本能，只要教师怀着一颗宽容、无私的爱心，与学生建立平等、和谐的师生关系，成为学生的良师益友，就会收到春风化雨、润物无声的教育效果。

爱是双向的，一个真心实意地爱着学生的教师，能使学生发自内心地“亲其师，信其道”。只有当学生愿意亲近教师、信任教师的时候，教师所传授的知识才能被学生真心地接受，教师的教育才能在学生身上产生良好的效果。充满爱的教育不仅帮助学生拓宽了知识面，也促进了素质的提高，在学习知识的同时懂得了为人处事的道理，提高了自身的道德素质，获得了德、智、体、美的全面发展，为将来能更好地适应社会发展打下基础。

为此，教师要有意识地、经常性地组织一些有益活动，为学生提供提高素质的机会和平台，让学生明白素质对个人实现人生价值的重要作用和意义，充分发挥学生自我改造的积极性，强化学生“我要素质”的观念，让学生为未来的工作和生活打下坚实的基础，为了美好的明天，自觉提高素质，成为社会栋梁。

教师的“中国梦”实践了爱的教育，教师把每个学生都当作自己的孩子一样去疼爱、去关爱、去呵护，让学生在爱的氛围下汲取知识，开阔视野；让学生在知识的海洋里吸收人生哲理的精华，帮助学生健全人格，全面发展，不只成为知识的“强者”，更是人生的“智者”。让学生懂得什么是助人为乐，让学生能够明辨是非，让学生能自信地追求自己正确的选择，在一切危害社会的行为面前毅然地放弃，不给自己做社会的害群之马的一点机会；让学生乐于奉献，心甘情愿地把自己的一切与任何有需要的人共享。学生有自己的生活圈，他们会把从教师身上学到的一切美好品质，潜移默化地传递给周围的人，影响他们的生活作风、待人接物等其他方面。培养出高素质的人才，相信我们的“中国梦”也一定能渐行渐近。

8.1.3　实现教师“中国梦”的途径

梦，对于人生来说是极其重要的。无梦无追求的人只是为了生活而生活，这样的人生就如一潭死水，激不起一点涟漪。而有梦的人则目标明确，知道如何走自己该走的路。打个比方：一个是整天沉迷于诱惑力极强的网络游戏、享受获得金币的快感、摘取桂冠的人；另一个则是合理安排时间，适当享受生活，通过各种渠道给自己充电，为自己的世界投射极具生命力的阳光，逐步走向梦的彼岸的人。试问，这两种人孰优孰劣？

做梦是每一个生命个体与生俱来的能力，也就是说，我们都有权利做梦。我们更要敢于做梦，做适合自己的梦，但我们不能只停留在做梦的阶段，我们应当突破生活的重重磨难，勇敢、理智地“圆梦”，让梦想超越幻想，成为现实。

提及“中国梦”，相信每个中国人的内心都会不自觉地为之沸腾，心跳加速，因为我们在憧憬美好的未来。教师的“中国梦”是“中国梦”中重要的组成部分，当教师的“中国梦”浮现在教师的脑海中时，相信教师们都会从内心深处真正地爱上教师这个职业，愿意奉献自己，不辞辛劳地为中国输送一批又一批人才。那么教师要怎么做，通过什么途径，才能让梦想成为现实呢？

首先，要遵循“责任与奉献”的教育理念。教师，是一份神圣而崇高的职业，自然也就要求教师有高度的责任心。教师的责任心是有弹性的，是不能被完全量化的，教师的责任心决定着学生的前途和命运，这也是检验教育成功与否的标准。责任，是教师爱岗敬业、教书育人的根本，是至高无上的师魂，是教师努力工作的源泉，是教师应有的使命感。实践证明，师德，只有在责任心的土壤上才能茁壮成长；师魂，只有在责任心的天空下才能自由翱翔。

奉献，要求教师把学生的呼声作为第一信号，把学生的需要作为第一选择，把学生的利益列为第一考虑，把学生的评价当作第一标准，把学生的发展立为第一目标；要求教师勤耕耘，少索取，淡泊名利，甘心奉献，安贫乐道，甘为人梯；要求教师常修为师之德，不仅要有“春蚕到死丝方尽，蜡炬成灰泪始干”的奉献精神，还要有“衣带渐宽终不悔，为伊消得人憔悴”的执着。只有这样，教师才能无愧于“人类灵魂的工程师”的光荣称号。[①]

教师应当时刻谨记“责任与奉献”的教育理念，并将其落实到实际工作中。教师要真诚热爱自己的职业，恪尽职守地爱自己的学生，想方设法地调动学生学习的积极性和主动性，而不是对教学持敷衍了事的态度，平时不备课，匆匆上完课就夹书走人，只是单纯地、机械地完成教学任务。教师对学生负责更要关注学生的全面发展，健全学生的人格，不应仅局限于传授知识，要以学生的综合素质来评价学生，提倡学做人，做好人，进而达到教书育人的目的。教师对学生要始终怀抱一颗奉献之心和理解之心，把成功达到教育、教学的最终目的作为自己的最高追求。

其次，要懂得“关爱”是教育学生的法宝。只有学生乐意接受的教育才能称为好的教育，那么学生真实的心理需要就必须引起教师足够的重视。我们都知道，教育是由“爱”贯穿始终的事业，一般的爱是无法与师爱相提并论的，因为老师给的爱是理智的爱，是积极主动的爱，是严与爱的完美结合体。师爱的宗旨是“一切为了学生，为了一切的学生，为了学生的一切”。因此，这种爱应该是博大无私的。这种爱是一种责任，更是一种力量，它能开启学生的心灵之门，帮助学生获得自尊、树立自信，让学生敢于表现自己，并且激情百倍地投入学习和生活中，在自己的闪光点处发挥潜质，让自己的闪光点“自信”地绽放光芒。

有这样一则寓言：一把沉重的铁锁挂在门上，有一个人拿着一根铁棒去敲打它，不管用多大的力气都打不开。这时，又有一个人来了，他拿出一把小小的钥匙，往锁孔一插，“咔嚓”一声，锁开了。等那两人都走了，迷惑不解的

---

① 任燕，周进．浅析“爱与奉献”教育理念的内涵与效能［J］．延边大学东疆学刊，2008（1）．

铁棒问小钥匙："为什么我用那么大力气都打不开锁，你轻轻一下就可以打开呢？"小钥匙回答道："因为我懂它的心。"[①] 当然，这只是一个寓言故事，但小钥匙出乎意料的回答应当引起教师的思考。懂得对方的心，知己知彼才能百战不殆。归根结底，教师需要做的就是"用心灵赢得心灵"。

作家毕淑敏说过："前世的五百次回眸，才换来今生的擦肩而过。"教师的心与学生的心就好比两个陌生人，当它们擦肩而过时，如果教师能伸出自己的手去握紧学生的手，那么这两颗心便能像磁铁一样相互吸引，相互靠近。只有爱学生的老师才会想方设法地靠近学生的心灵，走进学生的精神世界，品读学生的微妙情感。师爱在教师必备的素质中占有举足轻重的地位，有时甚至比拥有渊博的知识更为重要。因为师爱本身是一种积极且充满活力的情感，它能带给学生温暖和活力，能为学生的精神世界注入一股全新的生命力，这正是每一位学生盼望能从教师身上得到的精神雨露。

教师用自己的爱心体会学生内心的微妙情感，采取各种方法保护学生稚嫩的双翅，用自己的言行举止感染整个班集体，让每一个学生保持自爱、自信、自尊。相应地，在这个过程中，学生也能充分感受到教师崇高的人格魅力，并为这种魅力所折服，欣然跟随之、效仿之。这样的成果依赖于教师从骨子里投射出的人格光芒，仰赖于教师对爱的言传身教。

如果教师能利用这种殷切的师爱作为纽带，与学生建立起真挚的感情，那么就能收到良好的教育实效。当然，学生是有生命、有灵魂的"小孩子"，他们在感受到老师的爱后，自然而然地就会有所反馈，形成爱的双向回流，这也就是心理学上所说的"动情效应"。

最后，关爱学生要讲究方法。懂得了什么是关爱，领悟了关爱的魅力，这还不够，因为"爱"也是一门学问，教师对学生的关爱更是一门艺术，如何正确地关爱学生，让学生在阳光下爱上学习、健康成长呢？

（1）要深入了解学生。

就整个教育而言，学生在"排行榜"上居于首位，也就是说，学生是教育存在的首要理由。充分了解学生，是整个教育、教学工作的重要环节。就像农民想要得到好的收成，就必须了解如何挑选肥料和种子，如何根据土壤的酸碱性播撒不同的种子，如何根据气候的变化为植物筑造一个最舒适的家；园丁想要让树木枝繁叶茂，就必须了解不同种类的树木有自身独特的生活习性，如此才能给予树木最周到的"服务"和最温暖的"照顾"；医生看病也必须先诊断病因，了解病情，才能更好地对症下药。同样的道理，教师要取得教育的真

① 钟九英．如何赢得学生的心［M］．长春：吉林大学出版社，2010.

正成功就必须了解学生。当然，我们希望教师对每一个学生都能有较全面的了解：了解学生的年龄特点，了解学生在某个年龄阶段的一般、典型、本质的特征，这样才能设计出最适合学生发展的教育内容和方法；了解学生的家庭情况，都说家庭是性格的制造厂，对学生的家庭情况有了适当的了解，就能更好地掌握学生的性格特点，从而有针对性地展开工作；了解学生的人际交往情况，帮助学生分清友情和“哥们义气”，分清友情和爱情，避免早恋，从而引导学生建立起积极健康、和谐的人际关系；了解学生的学习情况和思维特点，分析学生在学习上存在什么问题，从而有目的地引导其学好功课；了解学生的行为特点及品德表现，这样教师才能胸有成竹地制订教学工作计划，采取有效的教育措施，从而提高学生的思想品德修养。

对学生“对症下药”往往会有意想不到的收获。游老师有这样一次教育经历：游老师班级里有个叫小凯（化名）的男生，小凯在前几年还算是个优等生，只是后来不知因为什么开始顽皮起来。游老师刚接手小凯的班级时，也常常因为小凯的频繁违纪而批评他。有一天，游老师再次因为小凯生气了，想联系家长一起解决，可是小凯知道后哭了。“男儿有泪不轻弹”，更何况是这么一个看似“天不怕地不怕”的小伙子。游老师很是纳闷，那晚班长发信息告诉他，小凯之所以会这么叛逆，是因为七岁时爸妈离异了，十岁时爸爸找了个后妈，可是爸爸长年在外，新妈妈对他并不好，总是打他骂他，还经常不给他吃饭，他现在大部分时间都是在网吧度过的。小凯的家是缺乏温暖的，这让游老师感到心酸，她也意识到了要想改变小凯，只能用“爱”，用“温暖”。于是游老师要来了小凯的 QQ 号，以聊天的方式逐渐走入小凯的内心，为小凯重新点燃“希望之灯”。

当今世界最具有实践经验的教育家和演说家伊丽莎白·布鲁瑞克斯说过这样的一段话：教学之路并非一帆风顺，因为我们要教的是一个个生命，而非那些冰冷的课本和分数，学生一届又一届，一年复一年，他们有各自的特点、肤色和成长背景，学习水平也参差不齐，可他们是一个个有生命的个体，带着各自的闪光点，正如“世界上没有两片一样的树叶”一般，没有两个一模一样的学生，正因如此，世界才会转动，教师这个职业才与其他职业不同，作为教师——我们是学生未来的缔造者。[①] 这一段话字里行间流露出教师在了解学生的基础上因材施教，为了教育的发展而教育学生的必要性。

我们来看这样一则事例：面对同样的学生，不同的老师采取的是两种截然

① ［美］布鲁肖，布鲁瑞克斯．好老师应对课堂挑战的 25 个方法［M］．田丽，沈冰洁译．北京：中国青年出版社，2011.

相反的教学方法。

艾老师（喜欢唉声叹气的老师）和龚老师（她认为每个学生皆有成功的可能性）都是教小学三年级，他们班里学生的水平不相上下，但是这两个班的学生成长情况迥然不同，为什么会这样呢？我们看了这两位老师的教学方法，答案便不言而喻。

艾老师认为学生的基础都不一样，而且一个比一个差，上课教的内容，有的学生能很快掌握，有的学生却依旧似雾里看花一样迷茫，这演变成了一个很棘手的问题，久而久之艾老师乱了分寸，她只能选取一种消极的办法，那就是上课内容只针对那些中等水平的学生，这就造成了优等生上课觉得无聊透顶、无心听课，然而差生也没得到“便宜”，他们依旧是云里雾里，更不用说提起对学习的一点兴趣了。

相反，龚老师意识到班里的每一个学生都是与众不同的，他们都是有不同特点的个体，她愿意花时间去深入了解学生的学习能力、背景、成长状况等，从而结合学生的自身条件设计有效的教学方法。在她的课堂，每个学生都能得到应有的照顾。每次在讲解新知识点之前，她都会精心设计一些有趣的活动来很好地调动学生的积极性，然后才会开始讲解内容，在课堂的最后会留出一定的时间与学生一起做练习，有效地帮助学生掌握新知识点。通过练习，龚老师很清楚哪些基础不太好的学生还需要加强练习，哪些需要个别辅导。接着她就采取措施了，让已经掌握知识点的学生自己独立练习，有时会给他们一些事先准备好的扩展练习，帮助他们开阔视野，而将那些差不多快要学会的学生分成小组，以小组的形式给予时间再练习。她就利用这些时间空隙去帮助那些需要单独辅导的学生。所有的这些事情几乎都是同时进行的，这样的因材施教能让优等生更优，同时也帮助差生挖掘出自己的亮点。

毋庸置疑，艾老师的教学方法是失败的，而龚老师的成功正是因为了解学生的实际需要，对症下药，因材施教。试想一下，如果在医院听到医生这样的回答：“对不起，我不能给你治病，我只会给一般症状的病人看病。因为你的病需要特殊的治疗方法，我也没什么好办法！我就一个人，不可能满足所有病人的需要。”听起来很荒谬吧？同样，如果老师认为无法教授那些需要特殊关照的学生，她的行为也同样荒谬。[①] 有这样一句话：“没有学不会的学生，只有不会教的老师。”与其承认自己技不如人，不会教学生，还不如反省自己，从爱出发，花些时间、精力去了解自己的学生，从而设计出切合每个学生发展

---

① ［美］布鲁肖，布鲁瑞克斯．好老师应对课堂挑战的25个方法［M］．田丽，沈冰洁译．北京：中国青年出版社，2011.

需要的教学方法、教学内容，提升教学效果。

分数与学习成效之间并不能画上等号，一个成绩好的学生并不能完全表示他就是一个好学生，因为我们不排除他是靠“死读书”才获得优异的成绩。作为一名人民教师，更不应该用成绩来衡量学生的智力与学习效果。

（2）要信任学生。

我们知道，每个学生都是资源丰富的宝库，要想“创造财富，促进成长”，关键是要找到打开宝库的钥匙——信任。信任是打开学生心灵之门的钥匙，是到达学生心灵的桥梁，是学生自我教育的强心剂，使学生在得到尊重、心情愉悦的情况下，积极主动地学习。实际上，这种看似没有教育的教育，就是教育的最高境界，就是春风化雨、润物无声的境界。

“爱是双向的，而充满爱的信任也是双向的。”教师信任学生，学生就会产生勇往直前的动力；学生的信任是老师成功教育的基石，学生信任老师，自然就会“亲其师，信其道”。世上本就没有笨学生、后进生，只有可塑性很强的可爱学生。信任学生的老师才有资格教育学生，也才能教育好学生。《孙子兵法》云：“攻城为下，攻心为上。”在攻心的药方中，信任是学生最乐于接受的一味良药。如果把信任比作一颗胶囊，那么胶囊里就有宽容的药、期待的药、赏识的药、捧在掌心细心呵护的药。

美国的一所学校，为刚刚装修好的大厅安了一扇门，可是自启用那天起，那扇门就不断被学生拳打脚踢，不难想象，过不了多久，它必定伤痕累累，不得不撤换。学校想了很多方法来制止学生踢门的行为，诸如讲道理、“杀鸡儆猴”的现场批评教育，可结果就是学生风平浪静一段时间后又开始踢门。教务长愁眉不展地向校长建议换道铁门，看是铁门硬还是学生的脚硬。而校长只是笑了笑说：“放心吧，我已经为学生们准备了最坚固的门。”新门安上之后，引来所有人的诧异：这是什么思维，校长安装的竟然是脆弱得一踢就碎的玻璃门。他们断定，此门不消片刻，必死无疑。可是奇迹发生了，当学生走到那扇洁净透明的玻璃门前，都默契地停下了冲撞的脚步，然后小心翼翼地推开它，出去后再慢慢关上它，踢门的事件再也没发生过。

这道“最坚固的门”代表着校长对学生的信任，而他的信任得到了回报，孩子们珍惜这份信任，在踢门的行为上有了根本改变，懂得约束自己的行为，于是本易碎的门，却华丽变身，成了最坚固的门。

无独有偶，著名的“罗森塔尔效应”也是信任造就发展进步的例子之一。心理学家罗森塔尔曾在学校做过一个“预测未来发展”的测验。他当场公布一些随意抽取的学生名单，并预测这些学生具有最佳的发展前途。一年以后，他回到学校，结果发现，名单上的学生成绩都有很大的进步，而且他们活泼开朗，充满了自信。这就是“罗森塔尔效应”。其实这些学生跟其他学生没什么大的差别，他们之所以能取得如此大的进步，是因为他们相信这个权威的心理学专家的预测，相信他们具有最佳的发展前途，是信任造就了他们的进步。当孩子得到信任时，他会觉得他的身后有许多人在支撑着自己前进，他有不负众望的心，自然再重的负担都不可能轻易把他压倒。

有个小女孩在学校丢了50元，她知道是班上一个同学拿的，可是她不知道该怎么办，于是就回家问爸爸她应该怎么做，要不要告诉老师是谁偷了她的钱，让老师惩罚她。爸爸说：“这样做不是一个最好的方法，你让拿钱的女孩以后怎么抬头做人呢？你应该信任她，相信她会主动把钱还给你。”

第二天，当老师问起这件事的时候，女孩大方地说：“老师，我已经找到我的钱了，是我粗心，不小心放错了地方。”

下课后，拿钱的女孩把钱还给了她，十分感激地对她说：“谢谢你这样做，谢谢你没有当众拆穿我。”我们应当佩服这个爸爸，他看重的不是50元的价值，而是一个活生生的孩子。他信任这个孩子，相信她只是一时糊涂才会做出这个错误的决定。是信任，唤回了这个“小偷”的良知，让她自觉地把钱还回去，承认自己的错误。

信任是美丽的，信任是无价的，教育因信任而辉煌，愿我们以那位爸爸为镜子，在信任的道路上，用心开垦这一片芬芳的园地，努力创造教育的奇迹。

有一个学生刚转学到一所新学校，周围的一切显得如此陌生，陌生的老师，陌生的同学，他因为不被了解、不被重视而失意，整天郁郁寡欢。他的数学老师察觉了他那敏感的心思，给了他一个展示自我的机会，那就是推荐他去参加数学竞赛，他的肩膀似乎插上了翅膀，心一下子就飞了起来，连脚步也变得如此轻盈。老师的信任让他获得了自信，经过充分的准备，他在比赛中过关斩将，出乎意料地以优异的表现取得了骄人的成绩。从此他不再失意，他的生活“改头换面”，世界又重新对他绽开了笑脸。

信任，能使一个学生找回自信，找到力量，找到快乐。信任是老师种在学生心里的一颗种子，任年月更迭，时光飞逝，心却始终难以忘怀老师付出的真情，珍惜老师给予的信任，因为那是学生获得自信的源泉。

他迷恋网络游戏几乎达到忘我的境界，为了玩，他可以不吃不喝甚至不睡。他心知肚明，这样继续下去等于亲手葬送了自己的学业，可那又有什么用呢，就算内心经过了激烈的痛苦挣扎和无数次的决定和反复，但他就是无法自拔，他对自己已经不抱有一丝一毫的信心了。“自拔”宣告失败，若是“他拔”又如何呢？学校运动会时，他报名参加了赛跑，起跑前，他的班主任对他说：“我相信你能行，你可以超越自己，不管你能不能摘取桂冠，我和同学们都会为你加油，只要你能坚持跑到终点，在我心目中，你就已经成功了。”老师的话让他的心为之一震，因为他想不到老师会这样信任他，他不想辜负老师的期望，只想赛出自己的水平，名次对他来说显然不是那么重要了。期中考试时，老师又对他说：“不要在乎分数，不用在乎排名，只要你尽了自己最大的努力，那就是成功。”老师这一番鼓励的话在他心里掀起了滔天巨浪，他感受到老师对他的爱和支持。他深知自己的软弱，为不辜负老师的良苦用心，他用顽强的毅力战胜了自己的懒惰，改变了自己，奋发向上，积极进取，重新回归到正常的学习轨道上来。

老师给学生一朵迎春花，学生还老师一个灿烂的春天。老师给予学生的信任，无形中催生出让学生积极向上的力量。老师的学生很多，但学生的老师不多，老师给学生的关心很多，有些甚至已经在老师的记忆深处抹去痕迹，但学生却将老师曾给予自己的信任、关怀铭刻在心。学生对老师的感激之情，似一杯醇香老酒，愈久弥香。

一个即将中考的初三女孩在日记里写道：今天，我们班的每一个同学都收到一封班主任寄出的信。老师在给我的信中是这样写的：“你是聪明文静的女孩，你勤学好问，你有不服输的精神，你不会轻易地向困难低头，老师相信你一定能在中考时，认真审题、仔细答题，考出骄人的成绩，请你一定要相信自己的实力。”老师对我的信任，让我觉得阳光是如此灿烂，花儿是如此美丽，脚步是如此轻盈。她开始自省过去的行为，感谢老师的赞美和老师不计前嫌的宽容，她变得比往常更加努力，因为她不想在中考中辜负老师对她的期望，想要考出好的成绩。

这只是一封普通的、平常的信，是全班每个同学都有的信，但这个女生有着一颗敏感的心，她从信中感受到老师对自己的信任，得到老师真诚的赞美，并自我批评，自我激励，从而孜孜不倦地去学习，去拼搏。教育家夸美纽斯指出：“人的精神生命中最本质的需要就是渴望得到赏识。”老师的信任萌生的真诚赞美，会使学生变得兴奋，会无形中提高学生思维的灵敏度，从而提高他们的学习效率。越多发自内心的赞美就会让学生变得越自信，越能干，越聪明。因此，我们说，不是越聪明的学生越会受到表扬，而是赞美会使学生越来越聪明。

教师一句信任的话语，一个信任的眼神，一个信任的微笑，能让学生进步，能唤回学生的良知，能让学生变得自信，能给学生积极向上的动力。老师的信任，能给学生带来无穷的力量和阳光般的温暖，会成为他们踏上新征程的起点。信任是学生的心理需求，而满足学生的心理需求又是老师的责任，那老师为什么要吝惜自己的信任，不给予学生信任呢？

信任，能使人萌生出巨大的能量，能充分挖掘一个人深层的潜力。教育不应只是单纯的教育，教师也不是纯粹为了教书而存在的一个职业，我们更希望教师能把“育人”作为己任，善于利用信任这个法宝，相信每一个学生都可以成功。只有相信学生身上暗藏着成功的机缘，相信每个学生的心里都有有待激发的潜能，教师才能发现学生身上的潜力，让每个学生都有成功的机会。因为信任，学生的潜能才能被挖掘出来，他们的闪光点得到绽放光芒的机会。

伊丽莎白·布鲁瑞克斯写过这样的一段话：您告诉我，完成这项作业。我并没有尽全力去做，因为我只想完成任务，并不在乎是否做得出色，我平庸的作品并未引起您的注意。其实，我可以做得更好。对于这些，您也许不会知晓，在您眼中，我仅仅是个孩子，而我也无法了解，这些作业跟我的梦想到底有何关联。倘若您想看到，最优异的我，请您走进我的心灵，抓紧我，带我走出自己的世界。在此，我还想告诫您，也许，我会哭闹、大叫，对您不理不睬，因为我在内心留有一片自己的天地，不想让您轻易走进。因此，请您不必介意，在我哭闹的时候，请您忍住心中的怒火，其实我并不是针对您。微微地一笑，发掘最优异、最真实的我，不要吝啬您的称赞。①

世间很多人，表面看似平凡，但是都会拥有小小的优点，可这些“千里马”常常由于缺乏“伯乐”而被遗忘，更不要说能一点点地放大它的亮点。其实，每个平淡无奇的生命中，都蕴藏着一座金光闪闪的宝库，只要善于发现，教师便会挖掘出令人惊讶不已的宝藏。看待孩子也是一样的道理，其实他们也有许多优点，只是往往被埋没、被忽略，甚至被贴上了后进生的标签。北京前门小学钱红石校长有一句名言：“只要看重您的孩子，就会让蒙尘的金子闪光！”信任，就是最富有力量的爱，它让孩子的潜能得到被发现的机会。

（3）要尊重学生。

我们先来看一个故事：有一个乞丐跪在地铁通道靠摆铅笔摊维生。有一位商人经过，看到这个情景，丢下一美元，便匆匆离去了。过了一会儿，这位商人竟跑回来，非常认真地对乞丐说：“咱们的身份是一样的，都是卖东西的商人，我刚才给了你一美元，却粗心地忘记拿走东西了，现在我要拿回属于我的东西。”说完，蹲下来，挑了几支铅笔转身离去。商人的话，让乞丐的心为之震动，因为这是他第一次听到有人称他为“商人”，第一次听到有人说他在卖东西而不是乞讨。他一下子找到了丢失的做人的尊严，瞬间充满了力量，迅速站立起来，掸掸身上的土，从今往后，开始认真经营起他的铅笔摊。经过几年

① ［美］布鲁肖，布鲁瑞克斯．好老师应对课堂挑战的25个方法［M］．田丽，沈冰洁译．北京：中国青年出版社，2011.

的努力，他华丽变身，成为名副其实的商人。一次，他衣冠楚楚地去参加一个商界聚会，在这里，他找到了当年的那个商人，于是对他深深地鞠了一躬，充满感激地对他说：“谢谢你，先生，是你让我找回了尊严。”①

有一位作家曾经说过：“人受到震动有种种不同，有的是在脊椎骨上，有的是在神经上，有的是在道德感受上，然而最强烈、最持久的则是在个人尊严上。”一个得不到尊重、从小失去尊严的孩子，我们很难想象他长大后能拥有健全的人格，能堂堂正正地做人。

学生的自尊心是灵魂中不可践踏的东西，应该得到老师细心的呵护。相反地，如果学生的自尊心受到摧残、伤害，学生就会产生被否定的消极情绪，从而不思进取，自甘堕落。

苏格拉底说过：“一个人能否有成就，只看他是否具有自尊心与自信心两个条件。”教师肩负着教书育人的重任，理应充分认识到尊重学生、维护学生的自尊心是启迪学生思维、开发学生智力的钥匙，是培养学生良好心理素质的基础，这样的学生才有可能成长为具有健全人格的人才。

在教育和教学管理过程中，教师维护学生的自尊心要注意下面四个问题：

一是课堂提问要讲究方法。尊重学生，首先应从课堂教学抓起。教师在设计课堂提问内容时，应充分考虑到不同层次学生的需要，有目的地设计不同层次的问题，让成绩好的学生在解决问题中享受成功的喜悦，让成绩比较差的学生能在回答问题中体验到进步的快乐，激发全体学生乐学、爱学的上进心和积极性，特别是让后进生找到“我也能行”的感觉，唤起学生的上进心。

二是尽量避免当众批评学生。俗话说：“伤树不伤根，伤人不伤心。”教师当众批评学生会在一定程度上伤害到学生的自尊心。当学生犯错时，适当的批评是必要的，教师的批评是为了指出学生的错误，帮助学生纠正错误，这是对学生的爱护，是对学生负责任的表现，但是教师的批评要讲究场合，讲究语言艺术。如果批评不分场合，不顾学生的自尊心，那么就算教师批评得对，学生也难以真心接受，这样就达不到教育的目的。教师的批评要就事论事，一般不翻出学生以前的错误来强化学生当前的差错，语言表达要真诚，恰到好处，这才是有效的批评。在对学生进行批评教育的过程中，要做到真正尊重学生，教师必须“动之以情，晓之以理”，才能让学生心服口服地接受批评、承认错误，这是改正错误的前提。

三是平等沟通，将心比心。尊重学生，需要教师多创造机会与学生沟通交流。在与学生的闲谈中，教师要把握分寸，掌握讲话艺术。喜欢成绩优异的学

---

① 仁笙．心灵成长需要尊严［J］．中国民营科技与经济，2004（9）．

生是人之常情，但教师也要平等地对待其他学生，不能偏心。我们曾经也是学生，我们也曾经很在意教师的一字一句。讲肯定的话，学生会开心；讲否定的话，学生会很在意。因此教师在与学生沟通交流过程中要时时处处注意语言措辞，在与学生交往过程中要善于“将心比心”，懂得换位思考。

四是宽严适度，严中有爱。“严师”当真能出“高徒”吗？许多老师把这里的“严”理解为对学生一味的严厉和随心所欲的体罚，学生遭体罚致伤、致死的新闻事件还嫌少吗？由此看来“严师未必出高徒”这种说法并非空穴来风。

现在的学生对老师的要求很高，就算没有体罚，学生对“严”也不满意；出于对孩子的疼爱，害怕孩子受伤害，家长们对教师的“严”也是质疑不断。这一切使得教师不想管，吓得教师不敢管，学生在课堂上为所欲为，肆无忌惮。放松对学生的要求，放任学生，这些都是有辱教师职业道德的行为，是不负责任的体现，我们还能堂而皇之地称这就是教育吗？

成长中的学生，思想尚不成熟，没有严师的指导和引领，学生会像小树苗一样被歪枝劣枝扭曲而变形。成长中的学生有很强的可塑性，就像可以捏成任何形状的橡皮泥一样，如果没有严师的教导，学生有可能自由过度以致散漫，甚至变形。因此，我们不敢断定，严师一定会出高徒，但我们也不得不承认，教育需要严格的教师，教师只有严格要求学生，严格履行教师的职责，才能教出名副其实的“高徒”，学生才会青出于蓝而胜于蓝。可是，“严”的前提是教师必须真诚地爱学生，爱，是任何人都不会拒绝的。没有对学生的爱心，教师就会“严”得变味，“严”得出格，这就有可能引起学生的严重反弹，其结果往往事与愿违。

英国的皮特丹博物馆收藏了两幅画，一幅是狗的骨髓图，一幅是狗的血液循环图。人们一直以为能摆在这家博物馆的画肯定出自大画家之手，可恰恰相反，这两幅画只是一个小学生的作品。

这个小学生就像一个好奇宝宝，对什么东西都充满了无尽的好奇心。有一天他看见校长养的一只很漂亮的小狗，好奇心作怪，他想看一下小狗的心脏究竟是什么样子，于是就偷偷地把小狗打死了。当校长发现自己的爱狗就这样莫名地离开了自己，他很伤心，更是火冒三丈，想要惩罚打狗者，为狗讨回个公道。

可是该怎样惩罚他？校长的做法超乎我们所有人的想象。在他了解到这个小学生打死狗的真正原因后，他做了这样的惩罚决定，那就是要小学生画两幅画，一幅是狗的骨髓图，一幅是狗的血液循环图。这样的惩罚迫使那个小学生为了成功作画不得不认真地研究狗的内部结构。惩罚的结果激起了该学生对动物的组织结构的浓厚兴趣，使他有了进一步深入研究的欲望。这个小学生就是英国著名的科学家麦克劳德。

正是这种理解、宽容和善待的胸怀以及满怀爱的“惩罚”，使麦克劳德爱上了生物学，并最终因发现胰岛素在治疗糖尿病中的作用而走上了诺贝尔奖的领奖台。①

（4）要开展阳光教育。

所谓“阳光教育”，是指教师用爱心来关怀、理解、激励学生，教孩子播下思想的种子，形成规范的言行，拥有善良的心灵、辨别是非和美丑的能力，同情别人的不幸，养成帮助他人的习惯等等，从而发展学生的道德，培养健全的人格，使他们成为性格活泼、自立自强、合群合作的一代新人的一种教育。道德能够得到发展的学生是阳光的学生，是这个社会所需要的人才，那么教师如何在教学活动中践行阳光教育、发展学生的道德呢？

教师应该向学生传输这样一种观念，罗马不是一日建成的，不积跬步，无以至千里。同样地，美德善行也需要依靠平时的积累。教师应号召孩子们积累日常生活中的“美德善行”，让每个学生都能做到“怀大爱之心，从小事做起”。

“八个一”等系列训练活动也是可供教师参考的方法，其重点是从学生的每日行为着手，促成学生优秀品德和良好习惯的养成。“八个一”即每天多一点笑容，多一份快乐，多一份责任，多一次帮助，多一个问号，多一点宽容，多一份自信，多养成一个好习惯。②

教师要致力于为学生创设一个适宜成长的环境，一个宽严有度、有张有弛的生活环境，因为良好的环境是成功进行某种教育的必要条件。古人云：“蓬生麻中，不扶而直；白沙在涅，与之俱黑。”可见环境对人的成长起着很大的作用。阳光教育所要求的，是一种人人平等、交流畅通、互动和谐、其乐融融的环境。有了这样一种环境，学生自然就能够无拘无束地成长、快快乐乐地生活，教师的期待与要求就更容易变成学生进步的内在驱动力，高素质人才的形成便指日可待。

阳光教育的具体目标是要求学生在教师的教导下做到四个学会：学会做事、学会学习、学会关心、学会生存，使孩子获得自由、和谐、健康的发展。至于其内容，简要地说，学会做事主要包括：为什么要学会做事；学会做什么事；怎样做事。学会学习主要包括：认清学习的意义，明确学习的内容，掌握

---

① 卢进．“反面”批评正向转化例谈［J］．科学大众（科学教育），2011（9）．

② 刁荣普．阳光，让每一个生命有爱［J］．教育科学论坛，2007（9）．

学习的方法，拓宽学习的途径。学会关心包括由近及远、由浅入深的五个方面，即关心自己、关心他人、关心社会、关心环境和关心人类。学会生存则包括学会自理、学会自立、学会自主、学会自信、学会自律、学会自强六个方面的内容。① 四个学会相互联系，构成一个完整的目标体系，全面促进学生的健康成长。

8.2　教师的幸福感

教师是一个让人肃然起敬的行业，为了实现教师的"中国梦"，教师不辞辛劳，不计较付出，全身心投入到教育事业中，竭尽所能为中国的教育事业贡献自己的一分力量，培育出一批批人才，为中国的富强、民族的振兴打下坚实的基础；教师真正践行了"爱的教育"，全身心地去关爱自己的学生，让他们能快乐学习，享受幸福，教师对学生加强德育教育，提高学生的整体素质，并让他们像春风般去感染身边的每一个人，让和谐之风吹遍整个社会。

从某一个层面来说，在潜移默化中，教师的责任似乎变成了让学生幸福，给他人带来幸福。可是我们忘记了，"幸福"本是每一个生命个体的基本能力，教师也有幸福的权利。人是一种情感动物，爱是双向的。你对学生付出了关爱，就如在春天播下了种子，到了秋天必定硕果累累。你用爱灌溉了孩子们的心灵，孩子们从你这里学会了如何去爱别人，首先是以爱回报你。当教师获得了孩子们回报的爱，教师能不感到幸福吗?

8.2.1　教师的幸福感

（1）幸福。

众所周知，"幸福"是一个关系自身命运的永恒主题，是任何人都无法回避的。"幸福"也是一个众说纷纭、常谈常新的话题，任何人都有资格、有权利从不同的角度去赏析幸福，似乎每个人都有对幸福的独特理解，因此想要对"幸福"下一个完整的定义是一件十分困难的事。

从规定性定义和纲领性定义相结合的方法出发，幸福是人们在社会生活实践过程中，由于生存需要得到适度的满足并感受到自己人生价值的实现或正在实现而形成的一种精神上的总体愉悦状态。这样一种界定表明，幸福是一种过

① 周洪宇．我的阳光教育论［J］．湖北教育（政务宣传），2004（5）．

程和总体状态，它来源于人的劳动。生存需要的适度满足是幸福的基础，人生价值的实现是个体幸福的最高境界。幸福是自己历经时光的磨炼后，所产生的一种积极的心理体验和精神满足。

（2）幸福感。

幸福感是人们以社会经济、文化背景和价值取向为基础，对自我存在状态的主观心理体验，是由动机、目标、认知、情感、人格等心理因素与外部因素交互作用而形成的一种心理状态。在心理学意义上使用“幸福感”这一概念，特指幸福的主观体验。①

（3）教师的幸福感。

所谓职业幸福感，是指主体在从事某一职业时基于需要得到满足、潜能得到发挥、力量得以增长所获得的持续快乐体验。而教师的幸福感，就是教师在自己的教育工作中，基于对幸福的正确认识，通过自己不懈的努力，实现自己的职业理想，实现自身和谐发展而产生的一种自我满足、自我愉悦的生存状态。教师的幸福就是教师在自己的教育工作中实现自己的职业理想的一种教育主体生存状态，对自己生存状态的意义的体味构成教师的幸福感。简而言之，教师的幸福，就是一种状态，一种主观感受。

在职业中感受幸福，作为人的目的和权利，具有恒久弥新的意义。我们不得不承认，从来没有哪一个职业像教师这样，肩上同时承载着家庭、民族、国家的未来这样的重担。教师的教学工作是繁忙的，承受的心理及外界压力也是巨大的，教师有甘于奉献自己、服务于国家的教育事业心。但是当他们默默工作，如春蚕般付出时，更应该追寻自己的幸福。

孟子曾提出：“君子有三乐……父母俱存，兄弟无故，一乐也；仰不愧于天，俯不怍于人，二乐也；得天下英才而教育之，三乐也。”也就是说，教师从事教育工作本身就是一件幸福快乐的事情，借助教育这座桥梁，培养出越来越多的全面型人才，为国家的发展做出贡献，尽自己的努力为祖国的富强锦上添花，难道这不能使教师深深体会到幸福的滋味吗？

由于人的生活态度、生活价值观和心境心态等是有差异的，由此形成的幸福感和幸福观也就截然不同，对幸福的体验更不能相提并论。而对于教师来说，能否时时处处感受到幸福是一件很重要的事情。一个没有幸福感、没有积极心态的教师，不仅身心无法健康发展，也不可能培养出具有积极心态的阳光学生，更不可能教育出新时代需要的人才。

---

① 王传金．教师职业幸福研究：以 C 市的小学教师为例［D］．上海师范大学博士学位论文，2008.

正如袁卫星老师的个人领悟："教育不是牺牲，而是享受；教育不是重复，而是创造；教育不是谋生的手段，而是生活的本身。教师的一生不一定要干成什么惊天动地的伟业，但它应当如百合，展开是一朵花，凝聚成一枚果；它应当如星辰，远望像一盏灯，近看是一团火。应该庆幸，在教育中享受着生命，和学生一起成长，采摘到了一路的幸福体验。"①

8.2.2 教师幸福感的源头

（1）职业劳动特点——学习创造与自我实现。

相信很多教师是主动选择教师这一职业，充满憧憬地走上教师这一岗位的，他们觉得这是一个能够不断促进自己学习，而又时时具有创新挑战性的职业；借助教师这一职业，教师们能够在不断的学习和创造中使自身也获得持续性成长以及自我完善。

孔子是我国的至圣先师，他的名字早已家喻户晓，从某种意义来说他是我国历史上第一位职业教师，在他的教学成就面前，这样的说法并不为过，这样的荣誉是名副其实的。《论语》一书堪称中国人的圣经，而《论语》中的第一句话就是："学而时习之，不亦说乎？"从而可以看出，孔子认为学习就是快乐的第一要素，一种职业终生与学习为伴、与知识为友，长时间地与探索、成长打交道，教师这一职业该是多么令人神往和喜爱呀！正如培根所说："读书足以怡情，足以博彩，足以长才。其怡情也，最见于独处幽居之时；其博彩也，最见于高谈阔论之中；其长才也，最见于处世判事之际。"② 读书能帮助我们颐养性情，陶冶情操；能让我们善于辞令，博得掌声；能帮助我们增长才干，开阔视野。诸此种种，难道不都是人性的弘扬吗？因此具备与读书长伴、求知特点的职业必然能够给人带来持久和深刻的内在幸福。

自古以来，教师被认定为知识分子的主体，被赋予了"读书人"的标签，同时这也是他们的生存状态，更是他们的爱好与快乐源泉。除此之外，在教书生涯中，老师所面对的是一群生龙活虎、富有个性的学生，与学生之间的交往不单单是情感的、人文的，而且由于所面对的是个性丰富的鲜活的生命个体，因此，其教学活动必须是时时体现着创造性的，而不是千篇一律、机械重复的"苦役"式劳作，这种毫无新鲜感的教学哪里能称得上是教育呢？教师的教学并无固定不变的规范、程式和方法可以套用，一个优秀的教师自然不会故步自封，坐井观天，这也就是教师创造性劳动的体现，从这个意义上说，教师的教

---

① 袁卫星．采摘一路的幸福体验［N］．人民政协报，2002-11-28.

② ［英］弗兰西斯·培根．培根论说文集［M］．水天同译．北京：商务印书馆，1983.

学生涯随处都有创造的机会。教师从事的这种最富有创造性的劳动，不仅帮助教师实现了工作目标，而且在这种劳动过程中实现了自己的价值，从而获得了一种持久深刻、源远流长的幸福感。

（2）职业人际快乐——教书育人与收获成长。

儒家亚圣孟子提出的“君子三乐”中有一乐是“得天下英才而教育之”，不可否认，教师这一职业的崇高性体现在教师能传授自己的知识，实现教育的目的。见证并且收获学生一点一滴的成长，这的确是教师职业幸福感的内在根源。

我们在选择一种职业时，必然会考虑到该职业本身的社会价值以及所要面对的职业对象。如医生的职业虽然也很高尚，但每天面对的基本是病人，而教师面对的则是青少年学生，他们正处于健康活泼、活力四射的成长期，幼儿园的老师面对的更是天真可爱、纯真无邪的小孩子。难怪有的老师会说，和孩子们整天待在一起，自己仿佛变成了小孩子，年轻的感觉自然涌上心头。不仅如此，为什么在古代中国，教师的地位能够与“天地君亲”不相上下呢？就是因为教师是教化之本。从人的成长过程来看，如果说父母是我们的肉体生命之源，那么教师则是当之无愧的人的精神生命之源。说得直白一点，教师的工作就是在传承文化，延续知识，他们将人由一个简单的生物个体精心培养成一个文化人和社会人，难怪人们说教师是“人类灵魂的工程师”，是“太阳底下最光辉的职业”。教师不仅读书还教书，把自己所拥有的知识和读书的心得通过教育传递给学生，这本身就是一件令人愉快的事，不是吗？当学生在学业上取得了进步，道德素质得以提升，个性得到发展的时候，甚至是今后能为社会的发展贡献自己时，教师不就能从中体验到职业的最大幸福吗？

17 岁的马克思在中学毕业论文《青年在选择职业时的考虑》一文中写道：“在选择职业时，我们应该遵循的主要方针是人类的幸福和我们自身的完美，人类的天性本来就是这样的：人们只有为同时代的人的完美、为他们的幸福而工作，才能使自己也达到完美。”① 教师是一个影响人一生的职业，教师的教导是点亮学生心灵的蜡烛。在处于成长期的学生心目中，教师是无与伦比的灿烂阳光，教师的一句话可能会成为学生终生追求的信念，一次偶然的提示可能成为点亮学生发明创造兴趣的天火，教师的人格魅力及一言一行、一举一动都会对学生起到耳濡目染的作用，会在学生幼小的心灵深处留下难以磨灭的痕迹。“传道、授业、解惑”，教师不仅传授知识，而且育人，通过自己的双手，把人类文明的薪火传给祖国的花朵，使学生在文化的熏陶下，焕发出人性的光

① 中央编译局编译．马克思恩格斯全集（第 40 卷）［M］．北京：人民出版社，1982.

辉。这样高尚而富有意义的职业，会使教师时时刻刻体验到一种崇高感，而这种崇高感、责任感恰恰是教师永不干涸的精神动力，更是教师职业幸福的内在根源之一。如果我们选择了教师这个行业——一个最能为人类幸福而劳动的职业，那么，在重担面前，我们绝不能被压倒，我们需要高昂头颅，自信地面对，因为这是为了大家的幸福而奉献自己，到那时我们所感受到的还会仅仅是可怜的、有限的、自私的乐趣吗？教师的幸福不单单属于自己，它更属于千百万人，他们在默默地付出着，却能永恒发挥作用。

教师职业幸福的来源不仅在于教师工作本身的崇高价值，更在于教师无私耕耘之后见证与收获学生进步的快乐，在于学生与教师朋友般的师生关系。当教师看到自己亲手培养出来的学生成为国家栋梁，有能力为国家的富强贡献自己的一分力量时，相信他们会感到无比幸福；当教师与学生之间建立了深厚的情谊时，教师赢得了学生的心，内心自然会被欢乐所充盈。学生的学业进步、道德成长印证了教师的生命意义，师生之间在知识授受和道德、人生上的精神交流、情感沟通都是其他职业难以享受到的，教师只有充分认识到这种精神性质，才能发现其实人生诗意就在自己身边，才能体会到内在、持久、深刻的精神幸福。

（3）职业生活方式——丰富多彩与自由优雅。

教师职业劳动本质是一种脑力劳动，校园是他们职业生活的主要场所，多姿多彩的校园文化活动，让教师在紧张的教学中享受悠闲，自由优雅的生活方式是每一个人都向往的，是吸引人终生为此职业奉献并感到幸福的源头。古希腊有位哲学家曾说过，闲暇产生哲学。精神的劳动如果是紧张的、机械而单调的，必然使人压力重重而感到乏味，从而失去幸福感。其实，任何心灵的劳作都是需要有张有弛的，适当的放松不是颓废，而是为了以一种更好的姿态走进下一站，享受工作，享受生活。教学活动不应是校园生活的全部，教书更不应当是教师的全部工作，如果学校有一些丰富多彩的教育活动如文艺体育、教育比拼、踏春秋游、两个假期的灵魂休闲和充电进修，师生、同事盛会能够和谐合作、共同成长、共同进步，这样的学校还会害怕没有教师选择吗？不得不承认，人性的教育应当是让教师拥有一种丰富多彩、自由优雅的生活方式，而缺乏人文关怀的教育则是教育人文价值的丧失。因此，要使教师真正拥有幸福感，享受教书育人的幸福，就要让教师不仅成为有专业素养的教师，更成为有人格尊严、独立思想、丰富情感、科学精神、人文关怀的“人”。[①] 成为一个持续学习的，有能力更有动力吸收人类思想和知识的精髓的，不断成长和发展

① 范桂兰．论教师幸福感的内在根源［J］．云南民族大学学报（哲学社会科学版），2009（1）．

的教师，让学习更多的是出于自己内在的需要，而不是被逼着去学习，人民教师需要不断扩展精神的空间宽度，才能更好地教育学生，升华学生的道德素质。教师职业的崇高价值是永存的，教师职业需要培养学生对老师的感恩意识，教师需要得到相应制度的支持，需要社会的认可和尊重。

学校应努力营造充盈人文关怀、释放人性光辉的氛围，使生活于其中的广大教师能够充分获得人的尊严、生命的价值和职业幸福感。丰富多彩的校园文化、自由优雅的生活方式是每个教师都梦寐以求的。总之，教师职业幸福的内在根源在于其职业内在的人文价值。社会应加强对教师的人文关怀，构建教育的人文主义理想，使教师职业工作更有利于教师人格的健全发展和自我价值实现，使教师充分享受职业的幸福感。

8.2.3 教师幸福感的影响因素

（1）来自社会的压力。

①社会对教师的过高期待。

人口数量的“秒增”有如一块巨大的石头，把中国的发展压得喘不过气，于是，计划生育应运而生。独生子女在父母的精心呵护下，含着“金钥匙”来到这个世界，父母将自己全身心的爱倾注到孩子的成长过程中，他们拼命工作，为的就是给孩子最好的一切。然而时代在进步，社会的就业竞争越来越激烈，而现实又是无比残酷，这一切进一步强化了家长“望子成龙，望女成凤”的心愿。一方面，他们认为“教不严，师之惰”，认为教育好孩子就是教师的任务，如果孩子学习成绩止步不前抑或是品行不端等等，家长就理所当然地“归罪”于教师，认为是教师没有用心去教育好自己的孩子，无法给学生创造一个好的未来；另一方面，家长把孩子捧上了天，溺爱有加，言听计从，在孩子的“操控”下干预、干扰教师正常的教学活动，甚至一而再再而三地纵容孩子的错误，把矛头直指教师。身为旁观者，都会忍不住为教师喊冤，而作为当事人的教师又怎能不长期处于身心疲惫的状态呢？教师的幸福感也就随之下降。

②社会大环境的冲击。

当今社会发展日新月异，然而维系教师职业的道德准则却在不断受到冲击。不少教师开始怀疑自身的社会地位以及最初的教育理想，对事业的未来愈加迷茫；条件优异与条件落后的学校，教师的实际待遇大不一样，不公平的趋势越来越明显，我们还能奢望所有教师都能被一视同仁地对待，都能平等地分享到公平的阳光吗？尊师重教的社会氛围逐渐淡化；百年树人的教育正在遭受功利化的评价；学生的思想道德建设举步维艰；家长的不合理“插手”，加大了教育的难度。教师在教导学生时明显感到心有余而力不足，如履薄冰，职业的幸福指数逐渐下滑。

③薪酬偏低。

国家规定了教师的工资收入标准，教师近年来工资、福利待遇也有所提高，可事实上，与不少行业相比，不少地区教师的工资还是偏低的，实际薪酬与付出不成正比。我们必须承认，教师看到学生的成绩有所提高，看到学生绽放光芒，或者是学生其他方面的进步，都会产生很大的成就感和幸福感。但教师也有自己的家庭、自己的物质世界，也要承担相应的社会义务和家庭责任，这种不对等的收入，只会导致教师心理失衡，产生失落情绪，对教育失去激情。

（2）来自职业本身的压力。

不少人会认为教师是一份不错的职业，尤其羡慕教师有双休日，又有寒暑假，工作环境稳定，生活又有规律。其实不然，“台上一分钟，台下十年功”，为了在激烈的生存竞争中顽强地存活，更为了适应新课改的教学理念以及学生不断发展的新特性，教师必须利用课余时间不断学习充电，接受各种类型的培训，考取各式各样的证书，还要“应战”教学比试以及各类教师考核评估等。

教学本身就是极具创造性的脑力劳动，教学内容和方法是动态的，教师必须紧跟时代潮流，与时俱进，所面对的学生不是一成不变的，而是富有个性且不断变化的，这就意味着教师要下功夫、花精力去研究学生、管理学生，要付出更多的时间才有可能真正做好教育工作。这样的职业压力已经影响到教师的身心健康，导致相应的“职业病”，如有些教师存在心理问题，有些教师患有心理疾病，容易感到心累、精神疲惫，有时无法较好地控制自己的情绪。很明显，职业压力已经严重制约教师职业幸福感的提升。

（3）来自学校的压力。

“十年树木，百年树人”说明教育效果的滞后性，教师的教学成效不是立竿见影的，这导致社会无法对当下的教育效果做出及时的评价与肯定。长期以来，学校在管理方面过分强调量化、细化，动不动就把教师的教学工作分解成十几个甚至是二十几个小项目进行量化赋分，并根据得分进行相应的奖惩；更夸张的是，有些学校甚至把企业管理的方法——末位淘汰盲目地嫁接到教育上，这种做法真的就是人性化的吗？并非如此。教师绞尽脑汁，顾不上学生的需要，拼命地、硬性地提高学生的成绩，为分数而忙，为分数而累。我们希望教师的教育是人性化的，可现在学校又何曾人性化地评价老师的教学成效呢？想要使广大教师在幸福的氛围下教书育人，学校就应当反思，设计出较为科学、全面、公平的评价标准，客观地评价教师。

（4）教育体制与管理。

高度统一的课程设置模式以及应试教育，导致教师长期从事机械的、缺少创意的劳动，职业倦怠感随之而来。在这样统一步伐的环境下，教师丧失了自主权，他们无法自由选择教什么以及怎样教，无法选择评定学生学习成绩的标尺，无法选择公平的奖励与惩罚学生的方式等等。应试教育使教师的创造力受到很大的挫伤，教学成为机械化的劳役，学生变成分数的奴隶，教与学缺少生趣，教师的幸福感从何而来？

（5）教师自身的心理因素。

教育部门要求教师要有高尚的师德，并明确规定教师应履行的义务及责任，要以身作则，为人师表，这使得教师的心理长期承受着无形的压力，精神如紧绷的弦一样处于紧张状态，做任何事都须小心谨慎，甚至强行抑制正常的需求和行为。除此之外，部分教师由于受各种因素的影响，缺乏积极的上进心，教学观念更新迟缓，没有自己的职业生涯规划，更谈不上有明确的奋斗目标。于是，教师努力工作的动力下降，热情不高，幸福感下降，职业幸福的背后，隐藏着太多的无奈。

8.2.4 教师幸福感的提升

（1）社会层面。

①对教师持合理期望。社会应该对教师持有合理的期望，不能让过高的期望造成教师的压力；社会应该给予教师更多的支持和关心，尊重教师职业的特殊性、复杂性和艰巨性。教师难免有缺点，也会有犯错误的时候。古语说得好："人非圣贤，孰能无过？"现代社会发展日新月异，知识更新速度加快，就算教师拼命地吸收新知识，也绝不可能是个上知天文、下知地理的"全才"。社会过高的期望只会给教师造成一种巨大的压力，严重影响教师的工作热情和心理健康。因此，社会大众、家长、学生都应该对教师抱有合理的期望，要以一种宽大的胸怀来包容他们，允许教师有不知道、不懂的时候，不苛求教师的知识领域一定要比学生宽，允许学生比教师聪明，正如唐代的文学家韩愈所说："弟子不必不如师，师不必贤于弟子。闻道有先后，术业有专攻，如是而已。"

②正视教师职业的重要性，提高教师的社会地位和收入。只有适度地提高教师待遇，提升教师的社会地位，才能使教师在内心建立起对教师这一职业的认同感。

③对教育的持续关注和各种资源投入的稳定增加。教师在教育活动中不断付出的同时更需要得到爱护和关注，所以有必要满足他们的合理、正常需求，

充实他们的精神世界，使他们感受到社会的关爱，感受到做教师的幸福与快乐，从而安心于教学岗位，热心教育事业，精心培养学生健康成长。

社会对教师教学成效的评价除了要做到公正、客观、透明之外，还要注意物质与精神奖励的有机结合，尤其是精神上的鼓励和褒奖。当教师在教育上取得某种成功时，社会应及时给予积极评价，让教师充分体验从事教师职业的幸福感。①

（2）学校层面。

①提升教师对自身地位的认知。

学校作为教师最主要的工作场所，应当让教师始终感觉到自己是这里的主人。切实提高教师在学校的地位，这对提升教师的幸福感无疑是至关重要的。学校人性化的制度能让教师感受到这是适合工作的场所。然而，教师的需求不仅仅停留在获得关爱上，他们更需要在学校占有自己的一席之地，在有关学校发展方向的定位、新课程理念的实施等方面，有足够的话语权，他们正确的意见与建议能够为学校所采纳。相对于明争暗斗的环境，教师更愿意生活在平等的同事关系、民主的校园氛围中。给予教师一个良好的环境，提供“有口可开，有话可说”的平台，教师自然能在得到学校尊重的过程中提升幸福感。因此，学校要加大力度，建立多种渠道让教师的意见有机会反映，强化教师作为主人翁的感觉；另外，学校要致力于提高学校声誉，一个拥有人性化评价制度、社会认可度高、美誉度高的学校，是万千教师梦寐以求的。

②改善人际关系。

不良的人际关系被认定为妨碍教师人生幸福的最大障碍之一。干群关系、同事关系、师生关系的恶化只会腐蚀教师的幸福感，这也可能成为不少优秀教师跳槽的主要原因。因此，学校要努力为教师创设一个宽松的工作氛围，让他们能置身于良好的人际关系之中，让他们发自内心地觉得在学校里工作是愉快的、幸福的。

我们并不回避冲突，但我们相信，学会理解、沟通才是形成良好人际关系的催化剂。首先，学校领导要做好表率，彼此精诚团结、以诚相待。如果领导总是钩心斗角，拉帮结派，教师之间的关系能不紧张吗？其次，要制定公平的工作制度，赏罚分明。再次，适度弱化教师之间的竞争，“末位淘汰制”闹得教师人人自危，人心惶惶，俗话说“狗急了会跳墙”，更何况是人呢？因为害怕被残忍地“踢除”，教师之间形成了鲜明的竞争关系，团结协作的力度骤减，结果教师从相亲变成相轻。所以，学校应该提倡和鼓励教师之间的合作，

① 穆玲．教师幸福感的影响因素及提升途径［J］．卫生职业教育，2008（1）．

促成交流，并在一定程度上缓解教师焦虑，解放教师的心智，提升教师的幸福感。

③关注教师情感，维护教师尊严。

学校管理不能单纯地管理教师的工作，更要重视教师的情感状态，因为教师的情感状态不仅会影响到学生的学习，也会影响到学校的正常运转。居高临下、以大欺小的管理方式已经过时，新时代的管理者应该充当服务者，认真倾听教师的想法，耐心为教师解开心结，及时帮助教师调整好情感状态，让教师把自己最好的一面展示给学生。

要善于满足教师的心理需要。心理学家马斯洛认为："除少数病态的人之外，社会上所有的人都有自尊、自重和被他人尊重的需要和欲望。""你敬我一尺，我敬你一丈"是教师的普遍心理，尊重是人的基本需要，更是作为知识分子的教师的第一需要。要维护教师的人格尊严。有些学校的校长打着管理的幌子，却做出实欠妥当的管理行为。有一个事例，某天，某校长铁青着脸瞪了一位迟到的教师一眼，而那位教师也大胆地发了脾气，不甘示弱。结果校长与教师之间本应和谐的合作关系就被"瞪眼"与"发脾气"破坏了。也许那位教师的迟到另有隐情，可校长不分青红皂白地责怪，完全不把教师的人格尊严放在眼里。如此偏激的行为摧毁了领导层与教师之间的尊重与信任，形成隔膜，只会导致教师带着不良情绪走进课堂，殃及无辜，最后受伤害的总是学生。因此，教育管理者应该走进教师和学生中间，多制造机会与其进行沟通，让他们感受到管理者的真诚、人格魅力，感受到自己的人格尊严是被重视的，进而感受到学校这个大家庭的温暖。同时，要尽可能地尊重教师对岗位选择的意愿。教师能自由选择岗位，做自己喜欢的工作，这本身就是一种无法言尽的幸福。学校应千方百计尊重教师的意愿，可以在每学年结束前，让每位教师像高考填报志愿一样自主选择工作岗位，学校再根据具体情况进行调整。自己选择的才是自主的，也只有自主才能实现真正意义上的创造。自然而然，教育的愉快就与教师的职业绑在一起，使得教师的工作变成一种享受、一种幸福。

（3）教师个人层面。

①提高自身的专业水平。

想要提升教师的幸福感，就必须大力促进教师的专业发展。教师的底气来源于自身的知识理论水平和专业技术水平，当教师的专业素养达到一定的高度时，教师在应对教育教学工作时就能胸有成竹、游刃有余，赢得领导的赏识和同行的尊重；就会自然形成自己的教学特色，构建幸福课堂。在幸福课堂里，教学活动演变成师生共同的幸福旅程，师生一起享受求知的快乐，这样的教师就会获得学生的爱戴、家长的信任。具有专业素养的教师不会再像过去那样为教育工作的烦琐而力不从心，不会再因所教学生成绩进步缓慢而痛苦，这样的教师时刻充满着职业幸福感。

一位教师在其博客上写道："在我两年的教学生涯中，深深体会到了作为一名教师的幸福。当我全身心地投入教学工作，每个孩子都吸引着我时，我对工作有了一份承诺，于是我全然忘掉了时间，我感到幸福；当我营造一个充满生命活力的课堂，和学生一起克服困难、一起享受成功时，我感到了幸福；当我所教的孩子成绩有所提高、思想有所进步的时候，我感到了幸福；当我渐渐地发现，知识得到不断充实、自身得到不断完善时，我感到了幸福。"①

②提高职业认同感。

教师的最高境界就是把教育当作幸福的活动，并且是双向的幸福——付出的与收获的，学生的与自身的。教师只有从心底真正地爱上这一职业，把它当作"生活方式"而不是"谋生手段"，才能实现自己的职业理想，才能把学生的成功看作自己的成就，从而享受幸福。正如伟大的教育家陶行知所说："教师的成功是创造出值得自己崇拜的人。"看到学生一点一滴进步，一天一天成才，看到自己的付出得到了最美好的收获，学生撷取了幸福，此时的教师便是天底下最幸福的人，因为给学生带来了知识、光明、幸福，由这种成就感带来的幸福感更是甜蜜的。教师的这种幸福体验是任何物质刺激都无法取而代之的。席慕蓉说："一直以为幸福在远方，在可以追逐的未来，后来才发现，那些拥抱过的人、握过的手、唱过的歌、流过的泪、爱过的人……所谓的曾经，就是幸福。"平平淡淡才是真，道出了幸福的真谛。学生对教师的尊重、理解和感恩能让教师感受到教育的幸福。

③保持自身的心理健康。

林肯曾经说过："人快乐的程度多半是自己决定的。"笑着过生活，还是哭着过每一天，选择权在自己手上，快乐与否就得看自己做出的是什么样的选择。提升教师幸福感的内在动力是愉悦的心境和积极健康的心态。教师能否享受到教育的幸福就得看他们是抱着什么样的态度来对待教育的。教师应当学习一些心理保健知识，学会在压力面前自我调节，学会遇到挫折时安抚自己。掌握必要的方法如意识调节、自我宣泄、体育锻炼、变换环境、升华转移等，使自己长期保持愉悦的心境。教师要擦亮自己的双眼，善于从自己的职业优势中寻找人生乐趣，为自己拥有一份稳定的职业而倍感欣慰。要耐得住寂寞，保留心中最原始的职业神圣感。让教育的梦想种子萌芽于心间，教师就会感到释然。

---

① 陈玉琨．教育 从自发走向自觉［M］．上海：华东师范大学出版社，2012.

8.3 教师的价值观

一个人的价值观决定着他相信什么，需要什么，坚持什么，追求什么。价值观所特有的这些内容，普遍影响着个人生活的方方面面，渗透在社会的政治、经济、道德和文化领域等方面。

教师具有什么样的价值观，不仅直接影响到教师的教学态度和教学活动，更为重要的是影响学生价值观的形成。

教师工作的主要目标是培养人，培养出能为国家富强、民族振兴做贡献的人才；造就人，要造就能真正适应未来动态发展，能够享受幸福，靠自己的力量让和谐之风吹遍大地的新青年。

教师自身的社会价值体现在他的职业价值上，即他的教育方式、教学成效、教学行为的创造性上面，但是这些不是表现在个人身上，而是表现在整个教育事业上。学生的学业成绩、品德行为、学习态度、价值观的变化，都要经过教师长时间的教育，由一系列的微小变化累积起来从而发生明显改变。从总体上看，教师的确为社会培养和造就了一代又一代新人，为国家的发展做出了无私的奉献。

身为教师，必须明确在教育事业中做出成绩的思想，应当具备奉献的价值观，不在乎个人的得失，甘于奉献，尽心尽力地教育好自己的每一个学生，服务于国家的教育事业；践行“爱的教育”理念，把每一个学生都当作自己的孩子，付出真挚的关爱，提高学生的道德素质，让学生成为一个有思想、有道德、有创造能力的新生一代，从而放飞教师的“中国梦”。

教师的“中国梦”是每一位无私的、真正的教育工作者共同怀有的梦想。在追寻、实现教师“中国梦”的旅途中，让每一位教师能够尽情地享受到幸福的滋味。而在追梦的整个过程中，教师正确的价值观则是关键“法宝”。试想一下，一个连自身价值方向都摇摆不定的教师，我们还能奢望他为人师表，教育好祖国的新一代吗？我们还能希望他有甘于奉献这样高尚的品质，愿意全身心地服务教育事业吗？我们还能期盼他爱自己的学生、教好学生、提高学生的道德素养吗？诚然，答案是很明显的，如果教师没有正确的价值观，我们就没有必要谈教师的“中国梦”。毋庸置疑，教师如果没有正确的价值观的指导，“中国梦”就有可能是空想，是幻想，是一个虚无缥缈的梦。那么，什么才是教师的价值观呢？其核心是什么，又是如何形成的呢？为了更好地实现教师的“中国梦”，又该如何建构教师的价值体系呢？

8.3.1 教师价值观的内涵

（1）价值观的含义。

对于“价值观”的定义，学术界给出的答案总是因人而异，有人说：“谈论‘价值观’是一项艰苦的事，因为其含义在于对它的解释。‘价值观’一词就像‘母性’，看起来慈祥而又积极。然而，一位吵吵嚷嚷、性格外向的意大利妈妈十分不同于一位戴着白手套、声音柔和、含蓄保守的新英格兰主教派母亲。‘母性’就像变化莫测的万花筒那样，‘价值观’一词亦复如此。”①

价值观是指引一个人做出决定和采取行动的经济的、逻辑的、科学的、艺术的、道德的、美学的、宗教的原则、信念和标准，是一个人思想意识的核心。人的价值观决定了人的价值目标，即决定了人对客观事物价值的追求与取向。②

价值观是在总结生活经验中所形成的一种抽象的思想观念，主要存在于人们的大脑中。首先，它是认识标准。帮助人们判断自己或他人的言行是否重要，是否符合美的要求，是否属于善，又是否妥当。其次，它是欣赏和鉴别标准。价值观是一个感情色彩浓厚的概念，它引领着我们爱什么，恨什么，赞成什么，反对什么，鉴别事情的真伪，界限非常清楚。再次，它是行动选择标准。价值观仅仅是选择行动的标准，并非行动的目的。它不能与治理社会的法律或政策相提并论，却是不成文的、无形的规范性准则，是社会正常运转或个人行动的强大力量。最后，它是道德标准。价值观包含道德责任感和自我评价能力等良心因素，具有很强的道德倾向。如果我们做了什么违背道德的事情，内心就会感觉到不安，会受到良心的谴责，这也就是道德责任感无形中给自己形成的一种压力。因此，价值观作为个人良知的中心内容，对个体的态度和行为起着指导、监督、评判等作用，从而间接影响到个体的生活观以及独立、自由、平等的观念。③

（2）教师价值观的含义。

我们要了解“教师价值观”的含义，就必须先明确社会主义核心价值观和教师职业价值观的概念，因为教师的价值观就是这两者的总和。

---

① ［美］唐玛丽·德里斯科尔，迈克·霍夫曼．价值观驱动管理［M］．徐大建，郝云，张辑译．上海：上海人民出版社，2005.

② 赵立伯主编．教师论［M］．北京：教育科学出版社，1992.

③ 郭翠菊．论教师的价值观及其作用［J］．教育学术月刊，2010（3）．

社会主义核心价值观是指“坚持马克思主义指导思想，坚持中国特色社会主义共同理想，坚持以爱国主义为核心的民族精神、以改革创新为核心的时代精神和坚持社会主义荣辱观”。这是广大中华儿女必须学习和践行的价值观。

我们一旦选择了教师这个职业，就意味着同时选择了高尚。教师不仅是社会主义核心价值观的坚定信仰者，更是其积极的传播者和模范践行者；而且作为教育者，还应具有宁静致远、淡泊明志的风范，爱岗敬业的职业态度，视生如子的师生情怀，甘于奉献、服务教育的园丁精神，极富感召力的人格魅力，德艺双馨的教师形象等主要职业价值观；与此同时，教师也应该具有作为国民应具备的社会品德如诚实守信的优良品质、尊老爱幼的传统美德、扶危济困的宽广胸怀等。这些皆是作为一位国家的教育工作者所必须具备的价值观。

与此同时，教育行政主管部门和学校的各级管理者，应当以正确的舆论作为导向，不断增强对正确的教师价值观的政治认同、理性认同和情感认同，经常性地对教师进行宣传教育，从而厘清教师价值观的内涵和外延，将教师的价值观内化为教师的精神动力，外化为教师的实际行动。①

8.3.2 教师价值观的核心

“育人”道出了教育的真谛是“铸人”，是培养人，是造就人，强调教育是为了人的发展而服务，教师不仅要传授给学生适应现代化建设与生活的知识技能，更要把学生教育成现代社会的合格公民。那么“德育”又是什么？

我们认为，“德”就是“人的灵魂”，跟人的脊梁一样重要，是人的精神支柱，更是一个人立身处世的价值观的真实体现，是一个人做人的根本。对于民族来说，“德”就是一个民族的“民族精神”，是一个民族发展和壮大的动力，是永久生存的根本。“民族精神”的形成，贯穿整个民族生存和发展的漫长过程；而个体“德”的形成，则贯穿人的一辈子。

教师的职责是“铸魂”，它要求教师把以人格为本位的教育观念，内化成学生丰满的个性品质和健全的人格。意大利诗人但丁有句名言：“一个知识不全的人可以用道德去弥补，而一个道德不全的人却难以用知识去弥补。”一个人单有品行却缺乏知识是脆弱的，然而，满腹诗书却品行不端的人可以称为“危险人物”，对社会来说是潜在的、巨大的威胁。

随着国家经济的飞速发展，一个国家的经济建设已越来越离不开科技的推动，而科技的进步，从根本上讲，取决于劳动者素质的提高和高素质人才的源源不断，而这些要靠教育才能成为现实，归根结底要依赖人民教师。正如邓小

① 肖锋．用正确的价值观引领教师成长［J］．湖北教育（综合资讯），2011（9）．

平所说："一个学校能不能为社会主义建设培养合格的人才，培养德智体全面发展、有社会主义觉悟的有文化的劳动者，关键在教师。"

"十年树木，百年树人"简洁有力地道出了"德育"之不易，时间之长远。教育是传承人类文明薪火的接力棒，育人为本，德育为先，这不正是要求广大教师必须起到"人类灵魂工程师"的作用，发挥教育的功效吗？那么，教师如何发挥教育的功效，在教育过程中实现教育的核心价值呢？

（1）忠诚于人民的教育事业，是教师职业的基本前提。

教师要忠诚于人民的教育事业，对教育工作有高度的责任感和强烈的使命感，爱岗敬业，志存高远，甘为人梯，乐于奉献。热爱人民的教育事业，把全部的心血无私地奉献给学生，这是国家和人民对教师提出的要求，是教师这一光荣职业对教师的要求。

我们都知道，教师是一份崇高的工作，但是平凡中又穿插着艰苦。传授给学生以知识，教给学生以道德，使学生聪明、成才，使学生高尚、成人。这并不是一件容易的事。这需要教师数次甚至无数次不厌其烦地讲解和示范，才能取得最好的教学成效。我们把教师比作蜡烛，"燃烧了自己，照亮了学生"。

所以，想要教育事业真正得到蓬勃的发展，需要的是教师对这一事业的忠诚：以献身教育为荣，以献身教育为重，以献身教育为乐，为国家的富强、民族的振兴奉献自己的一分力量，培养更多高素质的人才，造福人民。

（2）关爱学生，是教师职业的本质。

关爱学生，是教师职业的本质。教师要关心爱护每一位学生，严慈相济，培养他们心灵中闪光的智慧和思想品格，帮助他们弥补不足、纠正错误，做学生的良师益友，尊重学生人格，公正平等地对待学生。

学生在家庭中需要父母之爱，同样在学校里也渴求教师的爱，因为爱是阳光，能让学生感受到温暖，感受到自己努力奋进的必要。教师是一个充满爱的职业，教学是一种爱的艺术，教育需要师爱。教师在教育过程中，无私地奉献自己，让自己的爱洒遍学生的心，如此才能奠定教育成功的基石，取得优异的教育成效。

无论是优生还是差生，内心深处都会有这样一个心愿，那就是希望得到老师对自己的关注。因此，教师应该发挥博爱的魅力，把每一个学生都当作自己的孩子，以慈母般的爱心去关怀他们，让他们在感到被关爱的基础上，自愿消除抵触心理，以愉悦的心情"心甘情愿"地接受老师的教育。教师对学生的理解、尊重、信任、宽容必然能换来学生对教师的亲近、信赖、仰慕以及敬佩。教师要成为学生的良师，更要做他们的益友，平等相待，尊重学生人格，真诚相见。学习上要不厌其烦地诱导，循序渐进地指导，适时给予鼓励，帮助他们树立学习信心，使他们勇于克服困难，积极进取。与此同时，教师还要关心他们的健康，了解他们的性格特点、家庭情况、生活习惯、兴趣爱好，这样才能更好地帮助他们排忧解难，养成良好的生活习惯，培养正确的兴趣爱好。

教师对学生的爱，不是出自个人的恩怨、私心、喜恶，而是出自社会的需要和教育的需要。这种师爱是与教师所肩负的社会责任紧密相连的，是稳固的爱，是深厚的爱。教师应用自己无私的爱去温暖每一位学生，感染每一位学生。只有发自肺腑爱学生的教师，才具有神奇的穿透力，才能走进学生的心灵，真正地亲近学生、关心学生，也只有这样才能更好地激发学生对知识和真理的追求。

彼得·基·贝得勒在谈及自己的职业时，他说了这样一段话："当教师也确实提供了一些除了金钱和权力之外的东西：它提供了'爱'。不仅仅是对学习的爱，对书本的爱，对思想的爱，而且是作为一个教师所能感受到的那些难得的学生步入教师的生活并开始呼吸的爱。或许'爱'用在这儿并不尽意，用'神奇'一词更为恰当。我当教师是因为我生活在那些开始呼吸的人们中间，我有时甚至能感受到他们的气息中也有我自己的气息。"①

（3）教书育人，是教师职业的根本任务。

教书育人，是教师职业的根本任务。教师要遵循教育理念，实施素质教育；知行合一，循序渐进，学思结合，诲人不倦，因材施教；提高学生的学习成绩，培养学生的良好品德，激发学生的创新精神，促进学生全面发展。

我国的教育方针也体现了教育的本质思想，并在《中华人民共和国教育法》中明确规定："教师是履行教育职责的专业人员，承担教书育人，培养社会主义事业的建设者和接班人，全面提高民族素质的责任。"教书育人是教育的基本要求，是教师的崇高职责，是教师应尽的义务，能否自觉地做到教书育人，是衡量教师职业道德水平高低的重要标志。

所谓教书育人，其特定内涵是教师既是科学文化知识的传播者，又是社会精神文明的建设者。教师要根据社会发展的需求和学生的个性发展特点，在教育教学过程中，自觉地把教学和教育完整地结合起来，寓德育于智育之中，尽职尽责，既传授科学文化知识，帮助学生"成人"，又进行思想品德教育，把学生培养成德、智、体、美全面发展的"四有"人才。

（4）为人师表，是教师职业的永恒要求。

教师要知荣明耻，自尊自尚，严于律己，以身作则。为人师表是教师职业道德规范之一。为人师表，简单地说就是教师以身作则，自觉地以自身的高尚

---

① 李如密．教学美：教师职业追求的境界［J］．教育学术月刊，2009（3）．

情操和优良品德为学生做表率，做榜样，做示范。教师能够影响学生的不仅是所教授的某些知识，还有其行为和生活方式以及为人处事的态度。知识贫乏的教师，当然不是一个称职的教师，而没有高尚的品德，思想作风不正，同样是一个不称职的教师。

孔子说："其身正，不令而行。"对于教师来说，凡是要求学生做到的，那么教师自己必须率先做到，因为身教重于言教，活生生的、真实的、直观的身教比空洞的说教来得更有意义。青少年都有较强的模仿性和极大的可塑性。教师优秀的思想、行为和品德，在与学生的平等交往中起着潜移默化的作用，学生在无形中耳濡目染，这样最容易激发学生对教师的尊敬、敬仰、信任和共鸣。

为人师表，还要求教师在言语上应当文明幽默；在仪表上应当朴素大方；在待人接物上应当热情诚恳，严于律己，宽以待人；在工作上应当勤勤恳恳，认真负责，一丝不苟；在品格和情操上应当言行一致，表里如一，富有正义感；在思想修养上，应当谦虚谨慎，正确对待工作中的成绩和缺点。[①] 这样一个能发挥榜样示范作用的教师，才堪称师表。

（5）严谨治学，是教师职业的必然诉求。

严谨治学，是教师职业的必然诉求。教师要有崇尚科学的精神，树立"活到老，学到老"的终身学习理念，更新知识结构，开阔知识视野。刻苦钻研，学而不厌，勇于创新，奋发进取，在学习中不断提高专业素养和教育教学水平。

教师的根本职责，就是把人类千百年来通过艰苦努力创造的科学文化知识以及正确的思想观念传授给学生，提高学生的道德素质。严谨治学，理应是为人师者义不容辞的责任，更是每一个教师都应当直面的道德要求。

教师想要做到严谨治学，就要树立优良的学风，勤奋地学，努力地吸收新知识。如今是一个知识爆炸的时代，科学发展日行千里，令人目不暇接，这必然导致知识老化速度加快。教师只有紧跟时代潮流，做科学的弄潮儿，掌握最新的知识动态，拥有广博的知识，才能使自己的教学手段丰富多彩，增强说服力；上起课来才能旁征博引，游刃有余，得心应手，有效地启发学生独立思考。一个治学态度严谨、学识渊博的教师，就像磁石一般具有诱惑力，能够吸引大批的学生，因为这样的教师能够满足学生无止境的求知欲望，受到学生的爱戴。孔子说："默而识之，学而不厌，诲人不倦，何有于我哉？"所以作为以传授知识为己任，以传授知识为职业的教师，应"终身学习"，对学习始终保

① 武汉教育学院等．教育学简明教程［M］．武汉：湖北教育出版社，1987.

持浓厚的兴趣和不倦的探索精神，不断地更新教育思想和教育观念。

教育家苏霍姆林斯基说过："一个好教师是这样的人，他精通他所教的科目据以建立的那门科学，热爱那门科学，并了解它的发展情况、最新的发现、正在进行的研究以及最近取得的成果。除此之外，本人若能热心于本门科学正在探讨的问题，并具备进行独立研究能力，这样的教师则可成为学校的骄傲。"①

如果一个教师在今天这个时代中仍然认为"教育劳动很简单，一张嘴，一本书，一支粉笔，一根教鞭"，满足于自身的知识广度而闭目塞听，拒绝接受新理念、新知识，那么一定会因孤陋寡闻、浅薄粗鄙而被社会所淘汰。只有秉持对教学工作认真负责，精益求精，不断探索，敢于创新，勇于发现真理并捍卫真理的职业态度，才能适应社会发展的需要，真正成为严谨治学、科学施教的榜样。

8.3.3 教师价值观的形成

教师价值观是否正确对于每一个教师来说是极其重要的，因为人的行为是在其价值观或理念的指导下进行的。从心理学的角度看，教师价值观的形成是一个复杂而艰巨的自我教育过程，是一个不断地由"知"经"情"和"意"再到"行"的转化过程。

(1) 教师价值观形成的前提——认识的提高。

正确的认识是教师价值观形成的前提和基本源泉，保证教师价值观能往正确的方向发展。教师想要形成正确的价值观，在认识上应当做到：

第一，要努力学习理论知识。每个教师应坚定信念，站稳立场，在以马列主义、毛泽东思想、邓小平理论、"三个代表"重要思想和科学发展观为指导思想的基础上，树立科学的世界观、人生观和价值观。这些指导思想是在无产阶级的科学世界观和全人类精神文明这两块"奠基石"上产生的伟大成果，对我国整个精神文明的建设发挥着重大的指导作用。因为只有在马克思主义的指导下，新时代人民教师的价值观才能明显区别于以往任何时代的教师价值观，也才能深刻地体现出教师价值观所具有的时代性。尤其是邓小平教育理论，它联系中国的实际情况，不仅把教育摆在优先发展的战略地位，而且强调了教师是培养合格人才的关键。这一切都为现代教师价值观的形成指明了正确的方向，奠定了理论基础。

① 张丹丹．苏霍姆林斯基论教师必备素养及其培养途径探析［D］．上海师范大学硕士学位论文，2007.

第二，汲取优秀的文化教育思想。孔子曾提出教师应当有教无类，学而不厌，诲人不倦，热爱学生，对学生无私无隐，以身作则，身教重于言教；朱熹认为读书人应当“博学之，审问之，慎思之，明辨之，笃行之”；现代教育家陶行知则提出教师要做到“民主教育、教学做合一”。在国外，捷克著名的教育家夸美纽斯认为“教师应该是道德卓越的优秀人物”，同时认为“教师是太阳底下最光辉的职业”，这一描述至今仍激励着无数教师；俄国教育家乌申斯基认为“教师的人格就是教育工作中的一切”①；英国教育家洛克则把教师描述成“做导师的人”。

当然，古今中外，许多教育家和思想家所提出的关于教师职业的思想是举之不尽的。他们经过长期的教育实践，对教师的地位、作用和行为准则等多方面进行了分析和探讨，才形成和积淀为这些深厚的思想。这些宝贵的教育资源至今仍对教师价值观的形成具有一定的指导作用。

第三，虚心向优秀教师学习。古今中外的教育思想是“过去式”，是教师形成正确价值观的历史资源，而以虚心的态度向优秀教师学习则是教师形成价值观的现实资源。

任何一个新上岗教师都要尽快进入角色，慢慢向优秀的专家型教师“转型”，这是一个需要不断学习、不断实践才能取得持续进步的过程。在这个转变过程中，教师本人要付出极大的努力，一步一个脚印走向成功，而想要让每一步都踩得踏实有力，虚心向其他优秀教师学习成功的教学经验是非常重要的，也是非常必要的。因为优秀教师的身上体现了当代教师的许多优秀品质。他们不仅具有渊博的和结构化的专门知识，能够创造性地完成教学任务；而且他们热爱教育事业，甘心奉献，为人师表。

第四，与时俱进，提升自己。随着社会的快速发展，现代的教育已经呈现出信息化、多元化、国际化等新的发展趋势，这对广大人民教师提出了更高的要求，因此，教师必须不断更新对职业的认识，使教育价值观与时俱进。

一是要强化甘于奉献的精神。激烈的生存竞争对教师的事业心和责任心提出了更高的要求。教育是国家之本，谁能培养出更多适应现代化建设和新技术革命的高素质人才，谁就能在世界上处于领先地位。教师，这个无比崇高的职业，呼吁千千万万的人民教师树立“以天下为己任”的事业心，培养为国家的发展奉献自己的责任感，为“科教兴国”贡献自己的聪明和才智的决心。

二是要强化终身学习、不断提高专业素质的学习意识。当今科技革命已经打破了各门学科的“疆界”，关起门来研究自己所教的那一门科目的教师已经

① 王荣德．教师人格论 高素质教师研究的新视角［M］．北京：科学出版社，2001.

无法适应社会的需要，新形势希望教师能“越界”，要文理兼备，了解学术前沿的发展动向和社会发展的动态。教师要树立“活到老，学到老”的终身学习观念，紧跟时代潮流，不断学习，不断更新知识，不断提高自己的专业素质，这样的教师才能很好地适应现代教育的需要，这样的教师才是能担起教育重任的教师。

三是要强化以生为本、民主教学的意识。如今的学生一改往日“懵懵懂懂”的形象，个体意识日益觉醒，个性发展日益明显，教师的民主意识在教学中显得尤其重要。学生渴求教师的民主教学，希望教师尊重他们，平等地对待他们。其实重视师生关系的和谐，倡导师生间相互尊重，已是世界各国教育实践的潮流。民主就像一座搭在师生心灵间的桥梁，教师只有在教学中实现了民主，才能用心灵赢得学生的心；而民主程度越高，这座沟通心灵的桥梁就建造得越坚固、越宽阔。教师要关爱自己的学生，尊重学生的独立人格，充分理解学生的个性差异，让每一个学生都有闪光点可寻，采取适应学生年龄特征和心理特点的方法进行教育。

四是要强化依法执教的意识。依法治国是我国的治国方略，是社会文明、社会进步的重要标志。同样地，教育也要走依法执教的道路。教师要自觉依照国家的教育法律，履行教书育人的职责，依法执教，树立教育公正观念，在教学工作中依照法律选择教师职业行为；坚持真理，秉公办事，赏罚分明，平等待人。

（2）教师价值观形成的基础——情感的熏陶。

情感是人对客观事物的体验，是人的需要是否获得满足的反映。人是一种感觉动物，周围的一切都能引起人的情感体验，或快乐或悲伤。在长期的工作实践中，教师会逐渐产生对教育和教学工作的情感；在长期的交往中，教师也会产生对所教学科的情感以及对学生的情感。如果教师在教学活动中经常体验到喜悦、快乐等积极的情绪，那么该教师就容易对社会生活，对教育、教学工作做出积极向上的反应，并从中提炼出肯定的认识，从而形成正确的价值观。由此可见，情感对教师的现实生活、精神生活都有举足轻重的作用。教师的情感主要表现在三方面：

一是关爱学生。“关心、爱护全体学生”，这是每个教师应当履行的义务和应尽的责任。学生是祖国的未来，民族的希望，社会的花朵。教师对学生的关爱，是基于对学生与国家、民族关系的正确认识而产生的情感。是否对每一个学生都充满真挚的、深厚的情感，而不是一般意义上的爱优等生、爱听话的学生，这是衡量一个教师是否成熟的标准。

二是热爱教育。每个教师在走上工作岗位之前，就已经事先选择了自己工作的方向，即所教的学科。实践证明，大多数教师是热爱自己所教的学科的，也有些教师是在教学过程中才慢慢爱上自己所教的学科的。一个热爱自己所教的学科的教师，才能在工作中体验快乐、感受幸福。这样不仅能持续提高自己的教学水平，而且能在潜移默化中将自己对学科的热爱传递给学生，使学生也爱上该学科。

三是热爱教育活动。“百年大计，教育为本”简洁有力地阐述了教育对国家立足世界的重要性。热爱教育活动是教师情感最主要、最关键的部分，也是热爱学生和热爱学科的落脚点。如果一个教师缺乏对教育活动的热爱，那么就算他真挚地爱学生和学科，我们也很难断定他是真的热爱教师这个职业。

上述内容是衡量教师教学技巧高低的尺度，如果教师已经具备了以上三种情感，也善于利用自己愉悦的情感进行教学，便说明教师正确价值观的形成已指日可待。

（3）教师价值观形成的保证——意志的培养。

从心理学的角度出发，意志是指人自觉确立目的，并根据目的来支配和调节自己的行动，克服困难，从而实现预定目的的主观能动的过程。教师的职业活动既包括了认识过程、情感过程，也包括了意志过程，而且三者之间紧密相关，彼此渗透。教师完成教育教学活动，顺利执行计划和实现预定目标的关键条件就是要有良好的意志品质，这也是教师价值观形成的重要保证。作为新时代的教师，应当具备哪些良好的意志品质呢？

一是自觉性。意志的自觉性是指个体自觉地确定目的，并独立自主地采取决定和执行决定的特性。它是人行动和发展的重要动力，反映了一个人在活动中坚定的立场和始终如一的追求目标。对于教师来说，自觉性体现在教师对教育有深刻的理解和对教育目的有坚定的信念，并始终如一地坚持正确的目的，不受内部及外部各种因素的干扰，在任何情况下，都能主动支配自己的行动，克服各种困难，为培养国家需要的高素质人才而努力工作。除此之外，教师要广泛听取各种教学、科研、管理人员的意见与看法，能在众说纷纭中汲取符合教育客观规律的知识，做到既不独断专行，也不人云亦云、随波逐流；对每一个学生都要有极大的耐心，做到循循善诱，诲人不倦，教而不厌。

二是果断性。意志的果断性是指面对复杂多变的情境，能够迅速而有效地采取决定并执行决定的特性。对于教师来说，意志的果断性体现在教师在进行相关的教育决策时，善于明辨是非，当机立断，采取果断有力的措施并坚决执行。当发现情况有了变化或自己决策有误时，能立即停止行动或改变已做出的决定，及时纠正错误。学生正处于成长过程中，个性生动活泼，具有复杂性、多变性，每时每刻几乎都在发生变化；而教育情境也是错综复杂、瞬息万变的，教师随时都可能遇到意想不到的问题，这时教师应该进行迅速果断的处理，使教学活动顺利进行，并收到预期的效果。倘若教师优柔寡断，犹豫不决，束手无策，就必然错失良机，造成难以挽回的损失。果断不同于武断，不是未经深思熟虑就轻率地做出决定；果断是建立在对学生、对事物、对教育规律充分了解以及深刻认识的基础上的，其依赖于思维的灵活性与敏捷性，与对教育事业的高度责任感、对学生的真诚爱护等优秀品质相联系。

三是自制性。自制性是针对克服内心障碍而产生的。它主要是指一个人能控制自己的情绪，掌握自己的心境，约束自己的言行，能够忍耐克己的品质。自制性是意志品质当中的一个非常重要的方面。教师的自制性是指教师自我调节和自我支配的能力，这是教师职业修养中必不可少的心理品质，更是衡量教育技巧高低的尺度。教师的自制性主要表现在两个方面：一是善于推动自己去执行已经决定好的想法，战胜一切困难的因素；二是善于在实际行动中及时抑制消极情绪和冲动行为的萌芽，自觉地控制和调节自己的行为，不与学生、同事及其他人发生冲突。

教师要充分认识到教师的地位与作用，时时刻刻考虑到教育效果，从培养学生的目的出发，发挥意志的自我控制机能，恰如其分地控制和调节自己的情感、言论与行为，避免让感情支配一切，做出错误的决定。

面对学生的各种错误，教师不应暴跳如雷，火冒三丈，要注意控制消极的情绪，避免产生任何冲动的行为。学生在成长过程中可塑性很强，教师要给学生造成良好的心理影响，帮助学生健康成长。除此之外，教师本人的生活和工作过程也不可能一帆风顺，有时会遇到身体不舒服、工作不顺心、遭受挫折等事件。在这些情况下，教师不能因自己的不快和痛苦就把一切怨恨“移植”到学生身上，更不要把情绪带到课堂上。

教师的自制性是教师顺利进行教育工作必备的心理品质，一个缺乏自制性的教师连自己都把握不住，还有办法对学生进行正面教育，动之以情、晓之以理吗？因此教师在日常的工作生活中必须自觉地对自己的行为进行自我评价，加强自制能力的培养，有意识地、经常性地进行自我磨炼。

（4）教师价值观形成的途径——行为的锻炼。

教师的实践活动在教师价值观形成的过程中占有非常重要的地位。长期的教育实践即行为的锻炼，能帮助教师认识到职业的社会价值，从而促使教师价值观的形成。教师行为的锻炼包括以下四个方面：

一是坚持终身学习。对于教师来说，学习与教书已经融为一体，学习是教师生活中不可分割的一部分。尤其是在科技日新月异的今天，教师的学习显得尤其重要。教师不仅要学习有关专业的知识以及教育和心理科学知识，而且还要学习其他一般科学文化知识，博览群书，这样有利于教师文化素养和教育能力的提高。值得一提的是，在教师学习型的社会里，教师必须树立“终身学习”的观念。只有把学习当成一种生活方式，不断学习，不断更新自己，才能不断提高和发展。因此“活到老，学到老”应当成为每一位忠诚于教育事业的教师的共识，造就永恒的教育事业。

二是完善的技能训练。既包括观摩和全面分析优秀教师的教学活动，也包括开展微格教学和进行专门训练。观摩和全面分析优秀教师的教学活动，是为了汲取他人的经验，弥补自己教学活动中的不足，不断提高自己的教学水平。微格教学和微课等形式是教师完善技能训练的有效途径。

三是自觉地进行教学反思。教学反思是指教师以自己的教学活动为研究对象，对自己的教育理念、教学行为、决策以及由此产生的结果进行认真的自我审视、评价、反馈、控制、调节、分析的过程。如果教师仅仅满足于获得教学成就而不对经验进行深入思考，没有进一步的认识，就无法对自己的教学进行很好的反思，那么再有经验的教师也只是停留在比较肤浅的认识层面上，其发展会有一定的局限性。之所以提倡教师在课后进行教学反思，是为了使教师明白应该使用哪些方法来引导学生乐于学习，使教师在良好的教学效果中增强自信心，从而形成自己独特的教学风格，达到提高自身教学能力的目的。

四是维护良好的威信。良好的威信是教师自信的基础，有助于教师对职业形成正确认识，从而形成正确的价值观。一个学而不厌、博学多才、学有专长、诲人不倦、热情开朗、正直诚实、意志坚强、有精湛的教育教学技巧、教学效果好的教师一定能在学生心中享有崇高的威信。有了良好的威信，教师还必须细心呵护，做到与学生保持正常的、良好的交往和沟通。当然，教师的仪容仪表、言谈举止、生活作风和习惯也是不容忽视的。

综上所述，一个教师只有从认识的提高、情感的熏陶、意志的培养和行为的锻炼等几个方面发展，才能形成正确价值观。

8.3.4 建构教师价值体系

（1）教师的人生价值观。

人生价值观是指因为不同的世界观而产生的不同的对人生的价值观，是人们对人生的内涵、过程、方式、意义、目的的价值判断与选择，是个体评价人生活动所具有的价值属性时所持有的根本观点和看法。而教师人生价值观是指教师对自己的人生所持有的基本看法和态度。教师应把甘于奉献、服务教育事业作为自己的人生目标和人生幸福，认为真正的教育是关注人的生命、促进人的健全人格发展的教育，因而淡泊名利、不计得失、作风正派、廉洁奉公是教师人生价值观的重要内涵。

教师在自己的理想追求和人生追求中，要相信“人生的价值在于奉献”，希望用自己的付出赢得教学成功，赢得社会的尊重；而不是把“争位子”“挣票子”“抢房子”当作人生追求的全部。教师既要重知识，更要重品德；既要享受教师应有的权利，也要履行相应的义务。

（2）教师的道德价值观。

道德价值观是主体根据自己的道德需要对各种社会现象是否具有道德价值做出判断时所持有的内在尺度，是个体坚信不疑的各种道德规范所构成的道德信念的总和。①

教师道德价值观主要表现在教师处理与学生关系的价值取向和内在尺度上，一名合格的教师，应当在充分认清自己工作特点的基础上，具有更高的道德要求，磨炼自己的职业精神，以实现“教书育人”的历史使命为己任。

在当今时代，教师道德价值观取向更趋多元化，各种不同思想不可避免地发生激烈碰撞。师德是以德治国的重要组成部分，更是对教师职业提出的特殊要求。因此，教师要坚守自己正确的立场，形成正确的道德价值观，要为人师表，以身作则，言传身教；在学识魅力的基础上，以自己的人格魅力更好地教育学生，要尊重学生的人格，关心爱护学生，平等、公正地对待学生；对学生严中有爱，做学生的良师益友。只有当教师对待学生的感情升华到关心热爱的高度，他对学生的教育才能进入“无私”的至高境界。

（3）教师的知识价值观。

知识价值观是指主体以自己的需要为基础而形成的对知识重要性的认识。知识价值观随着社会历史的发展而不断发生变化，具有社会性、历史性和差异性。

教师知识价值观是教师从自身专业发展的角度出发所持有的对知识的基本看法和态度，当已有的知识功底已不能满足教书的需要时，若故步自封，则只能被社会无情地淘汰。社会多元化发展的需要对教师提出了更高的要求，只有不断学习、不断更新知识的教师才能胜任教育工作。

（4）教师的职业价值观。

职业价值观是人们衡量某种职业优劣的内心尺度，是个人对待职业所持有的一种信念，并为其职业选择指明了方向，为其努力实现工作目标提供充分的理由。职业需要是职业价值观的核心，并通过职业理想、职业态度、职业动机、职业评价等形式表现出来。

---

① 黄正平．当代教师核心价值观：体系建构与内涵凝练［J］．教育学术月刊，2012（8）．

教师职业价值观是指教师对教师职业的一种态度和看法，是对教育事业及其社会地位的认同感。教育是国家发展之本，教育事业的发展直接影响到国家和民族能否兴旺发达，间接关系到每个公民的切身利益。教师应明确所从事职业的特殊性，对教育事业具有强烈的责任感和使命感，以教书育人为根本任务，对自己职业的发展有清晰的规划和明确的定位。

（5）教师的人际价值观。

人际价值观是指在人际交往的过程中所体现出来的，用以区分人际关系的好坏、适当与否，及符合或违背自己意愿等的观念系统。教师人际价值观主要表现在教师处理与同事及学校管理者的关系，教师对家长的基本态度和行为选择。我们希望教师能做到主动关心集体，明白团结互助的力量，在待人接物上谦虚谨慎，尊重同事；自觉维护其他教师在学生中的威信；尊重家长，认真听取家长的意见和建议，达到家校协调教育的良好效果。

8.3.5 教师价值观的作用

（1）影响道德教育的成效。

教师的价值观是学生德行成长的“奠基石”，对提高学生的道德素质具有持久的影响力。当今社会是一个“道德价值多元化和道德价值冲突”的社会，建立起共同的道德基础就显得迫在眉睫。在价值冲突严重的社会生活背景下，宽容他人的精神，对话的精神，相互理解的精神，共同参与、共同创造和互惠共享的精神成为指导共同生活的基本准则。具有正确价值观的教师能够巧妙地通过课堂教学带领学生进入一个“道德、智慧和感情融洽一致的世界”。这个世界有一整套的价值体系，有对过去的解释和对未来的希望。因此，学生不仅是以学习者的身份在学校生活，同时也是道德生活的主体。他们具有什么样的价值观？是否有责任感、义务感和使命感？是否对他所属的群体有一个明确的观念？是否热爱集体生活、关爱他人？是否具有环境保护意识？这些都和与其朝夕相处的教师的价值观息息相关，都与教师在教学活动中如何引领和疏导紧密相连。教师正确的价值观通过课堂教学往往能达到教育的最高境界——“随风潜入夜，润物细无声”的渗透之效和“无言之教”的影响功能。

（2）促进学生正确价值观的形成。

由于多元文化价值观念的影响，不少学生沉溺于个人生活空间或者沉迷于网络虚拟世界，对公共生活和人类的共有价值越来越冷漠。有学者认为当代青年正面对十大伦理问题：①谁是君子？谁是小人？②当善良不能引出好结果时，为什么不能作恶？③金钱万能？金钱万恶？④不扫自家门前雪，怎管他人瓦上霜？⑤为什么非要以死来捍卫正义？⑥理想只能是革命的吗？⑦干活，该不该讨价还价？⑧面对“利”和“义”我该选择谁？⑨竞争仅仅是为了赢吗？⑩人与人的距离拉大了，福兮？祸兮？这些问题都是和学生的价值观紧密相连的。一个具有正确价值观的教师才具备对这些问题进行及时引领和疏导的能力，才能教会学生如何去判断，在学生价值观形成的道路上为其指明方向。教师就像一把“筛子”，能够保留人类文明的优秀成果，通过教育传承其精髓，而这种优秀成果的析出，往往体现在教师的教育和教学内容上。哪些该讲，哪些不该讲，该讲的内容又要把握到什么程度，对某些思想该堵还是疏，这些都受教师已有的价值观和知识敏感性的制约。教师在教育和教学中要体现出实现人类文化资源的“简化”“净化”和“平衡”的功能。教师只有具备正确的价值观，才会在德行品质上严格要求自己，激励和驾驭自己，才懂得如何对知识进行筛选，做到取其精华，去其糟粕，将杂质过滤掉，将纯净的知识传授给学生，愿意向学生敞开心扉，与学生沟通交流，以达到教学相长、共同发展的目的。同时也教会学生如何为人处事，如何正确地看待一切社会现象，如何形成正确的价值观，幸福自己，造福他人。①

一个国家的强盛，离不开精神的支撑；一个民族的进步，有赖于文明的发展。中华民族的伟大复兴，“中国梦”的早日实现，不仅要在经济发展上创造奇迹，也要在精神文化上书写辉煌。在追逐“中国梦”的奋斗历程中，弘扬什么样的价值观，才能使我们的国家、民族、人民在思想和精神上更加强大？党的十八大从国家、社会和公民三个层面概括了社会主义核心价值观的价值目标、价值取向和价值准则，提出了“富强、民主、文明、和谐，自由、平等、公正、法治，爱国、敬业、诚信、友善”的社会主义核心价值观。其中，富强、民主、文明、和谐，是国家层面的价值目标；自由、平等、公正、法治，是社会层面的价值取向；爱国、敬业、诚信、友善，是公民个人层面的价值准则。广大教师作为知识的传授者和学生成长成才的指导者，其社会地位和职业特点决定了他们在践行社会主义核心价值观过程中肩负着特殊的使命，可以说，教师“中国梦”的实现与践行社会主义核心价值观密切相关。作为一个值得尊敬的人，人民教师心系国家的繁荣富强，不辞辛劳，不计较付出，全身心投入到教育事业中，竭尽所能为中国的教育事业贡献自己的一分力量，为中国的富强、民族的振兴、中华文明的传承培育出一批批栋梁，这是教师对国家层面价值目标的追求；广大教师面对建设祖国未来的接班人，以慈父慈母般的热情，公正平等地对待和关爱每一个学生，将正确的价值观传递给学生，培养德、智、体、美全面发展，具有健全人格的新型人才，让每一个学生都能得到

① 郭翠菊．论教师的价值观及其作用［J］．教育学术月刊，2010（3）．

自由的发展，这既是在为“中国梦”的实现培养人才梯队，也是教师对社会层面价值取向的践行；广大教师面对市场经济对社会价值观念的冲击和人民群众对优质教育日趋增长的需求，爱岗敬业、乐于奉献，兢兢业业、精益求精，不断增强自己的教育能力，促进教育教学水平的不断提升，在平凡的工作岗位上追求着伟大的“中国梦”，这是教师对公民层面价值准则的坚守。“中国梦”孕育出了教师的“中国梦”，这是所有无私的、真正的教育工作者共同怀有的梦想，是所有心系国家富强的人民教师所共同奋斗的梦想，而广大教师对社会主义核心价值观的践行，必将促进“中国梦”更好更快地实现。我们坚信，经过努力，每一位教师都能实现自己的“中国梦”，文明、和谐之风定能温暖每一个炎黄子孙。

后记

做一名有滋有味的好教师

——与教师们共勉

《优秀教师成长之路》终于与读者见面了。作为作者，我衷心感谢为这本书的出版而劳心劳力的各位领导、老师以及韩山师范学院的有关同学。最令我感激的是，2015 年大年初一，我收到韩山师范学院校长林伦伦教授给我的信息："新春好！《序》刚刚已发到你的邮箱里了。"我惊喜之余更多的是感动。我不仅仅深切感受到领导、老一辈教师对本书编写的无私支持，从林校长所写的序里，从他对整部书稿的精心指导和细致修改的一字一句中，还可以领悟到林校长对教育的发展和对教师的成长的一种殷切期待。

特别要感谢韩山师范学院教务处处长黄景忠教授，从本书的思路指导到出版经费，他都提供了大力支持。

对本书的编辑做出努力和给予支持的还有：韩山师范学院有关单位的领导和教师彭焕彬、黄俊盛、林浩亮、黄俊生、柯东贤、肖潜等；韩山师范学院校友、现在潮汕地区有关学校担任领导和第一线教师的陈永进、廖子盛、陈沛炎、陈谋喜、陈侨生等。韩山师范学院的王新峰、郑淑、肖晓、张艾、姚铭柱、吴泽楷、刘诗仪、刘云、白婷等同学更是为书稿的编辑付出很大的努力。

我认为，如何做一名优秀教师，不是一个简单的命题，也没有标准答案。为了在书中提供更为丰富的资料，开阔读者的学习视野，本书引用了很多专家、学者及作者的鲜明观点和独到见解，引用部分我们都已列为脚注。但由于时间较为仓促，或是校对时的疏忽，可能有一些引用资料没在参考书目中列出来，如有此种情况，敬请著者、编者见谅。

在此，诚挚地向支持和关心本书出版的领导、老师及学生表示衷心的感谢！

在本书的后记中，除了表达对大家的诚挚感谢之外，我还愿意在思想层面上再谈谈怎样做一名有滋有味的好教师。其实，在教坛上辛勤耕耘的每位同仁，不论是优秀教师还是普通教师，大多期望做一名有滋有味的好教师。

怎样才能当一名有滋有味的好教师呢？我认为，必须从思想上明确关键点，并在“教好孩子”这四个字上下功夫。每一位教师，都是社会的一分子，理应承担一定的社会责任。首先是要努力履行教师的职责，教书育人，把孩子教育好，培养好。这里所指的孩子包括两个方面，一是别人的孩子，二是自己的孩子。别人的孩子，主要就是指自己的学生。教师教好学生，就能得到学生的爱戴、家长的赞扬和社会的肯定，由此履行岗位职责和社会责任，体现出教师的社会价值。

为什么要把“学生”与“别人的孩子”联系起来呢？因为，我们虽然是教师，但也曾经是学生，对我们的教师来说，我们就是“别人的孩子”。当我们是学生的时候，希望什么样的教师来教我们，我们心里最清楚；什么样的教师最值得尊重，我们心里最明白；什么样的教师才称得上是好教师，我们心里也有一杆秤。

我们心里的“好教师”怎样像教自己的孩子一样，用心地教导我们、关心我们，我们铭记在心，并感恩于心，一生念想。“一日为师，终身为父”就是这个道理。

那么，我们现在就是教师，教的就是别人的孩子。我们应做一个怎样的教师？怎样教导我们的学生？怎样教育别人的孩子？我们是否能像以前教过我们的好教师一样，把学生当成自己的孩子来教呢？

韩愈在《师说》里说过：“爱其子，择师而教之。”我们也有（或即将有）自己的孩子，希望自己的孩子由什么样的老师来教，我们就很自然地想起我们应该怎样去教别人的孩子。其实，我们在当学生时，也时常评价老师，心里也嘀咕着由什么样的老师来教我们最好。

这就是将心比心。

其实在教别人的孩子的过程中，也不仅仅是“燃烧自己，照亮别人”，同时也在不断积累教育自己的孩子的方法和经验。别人孩子身上的优点、好的学习方法或好的生活习惯，可以移植或渗透到对自己的孩子的教育上，有利于在教育自己的孩子的过程中博采众长。

父母是孩子的第一任教师。在孩子漫长的成长之路上，作为父母理当引导他们走好脚下的每一步。身为教师的我们更应该懂得第一任教师的深刻含义。

在当今的社会现实中，作为教师，我们还感觉到有很多不尽如人意的地方，其中有很多无奈和困惑，但我们也不应该妄自菲薄。我们有自己的优势和强项——教育资源和教育能力。如果把我们的优势发挥出来，利用我们的强项，既教育好别人的孩子，又教育好自己的孩子，就能够增加我们的工作和生活底气，就能够化解很多烦恼和无奈，收获很多喜悦和欣慰，真正体现出教师在社会和家庭中不可替代的作用。

作为教师，我们把别人的孩子和自己的孩子教好了，还有什么比这些更重要的呢？还有谁会否认教师的人生价值？作为社会和家庭的一员，能把个人在社会中的价值和家庭中的价值都体现出来，我们就自然能品尝到身为教师的个中滋味和生命的荣光。

愿我们在不断探索和努力中争当一名有滋有味的好教师！

文剑辉

2015 年 8 月